高等职业教育法律类专业新形态系列教材

犯罪原因分析

主　编◎张崇脉

副主编◎孔　一　高　斐

撰稿人◎（以撰写内容先后为序）

张崇脉　高　斐　孔　一

杨　靖　张　权　王丽娜

周月宇　常艺博　付晓燕

郭晶英　陆春云　高　亭

张应立　李建淼　冯德艮

中国政法大学出版社

2025·北京

图书在版编目（CIP）数据

犯罪原因分析 / 张崇脉主编. -- 北京 ：中国政法
大学出版社, 2025.2. -- ISBN 978-7-5764-1894-1

Ⅰ. D917.1

中国国家版本馆 CIP 数据核字第 2025ND4457 号

出 版 者	中国政法大学出版社
地　　址	北京市海淀区西土城路 25 号
邮　　箱	fadapress@163.com
网　　址	http://www.cuplpress.com（网络实名：中国政法大学出版社）
电　　话	010-58908435(第一编辑部) 58908334(邮购部)
承　　印	北京中科印刷有限公司
开　　本	787mm×1092mm　1/16
印　　张	21.25
字　　数	464 千字
版　　次	2025 年 2 月第 1 版
印　　次	2025 年 2 月第 1 次印刷
印　　数	1~3000 册
定　　价	72.00 元

编者简介

张崇脉，浙江警官职业学院刑事司法系副主任，教授，法学博士。主要研究方向为犯罪学和监狱学，主讲《犯罪原因分析》《外国监狱概论》等课程。出版专著《未成年人再犯风险评估实证研究》（中国人民公安大学出版社 2020 年版），合著浙江省"十一五"重点教材《犯罪原因分析》（2010 年清华大学出版社出版）；主持和参与省部级课题 5 项；在《刑法论丛》《中国刑事法杂志》《中国监狱学刊》等刊物公开发表学术论文十余篇。曾获得第四届"京师高铭暄刑事法学优秀博士学位论文奖一等奖"、浙江警官职业学院第四届"我心目中的好老师"等荣誉称号。

孔一，浙江农林大学文法学院教授，硕士生导师，浙江大学社会学硕士、浙江大学政治学博士、澳门大学犯罪学博士后，主要研究方向为犯罪学。入选浙江省"151 人才工程"和浙江省"优秀青年教师资助计划"。兼任亚洲犯罪学会（ACS）常委，浙江省青少年犯罪研究会副会长，浙江省社会学学会常务理事，《犯罪研究》编委，《中国人民公安大学学报》等杂志审稿人。在 Asian Journal of Criminology（SSCI），International Journal of Offender Therapy and Comparative Criminology（SSCI），《中国刑事法杂志》《刑事法评论》等刊物发表学术论文 50 余篇，出版独著 5 部。主持教育部、司法部、省哲社等课题 10 余项。研究成果获浙江省哲学社会科学优秀成果二等奖和中国法学会优秀成果奖。

高斐，浙江警官职业学院刑事司法系副教授，法学硕士，浙江警官职业学院犯罪与矫正研究所负责人，罪犯心理测量与矫正技术专业负责人，国家课程思政示范课程核心成员，入选首批教育部课程思政教学名师和教学团队。主讲《犯罪原因分析》等专业核心课程，曾获全国司法职业院校刑事执行专业教学资源库教师教学技能大赛教学设计比赛一等奖、浙江省高职院校教学能力比赛一等奖等。从事犯罪学以及罪犯教育的教学与研究，主持监狱基层治理中非正式权力的运用、情感治理—监狱基层治理的运行逻辑与实践反思等厅局级课题，在《中国监狱学刊》《犯罪与改造研究》等期刊公开发表论文十余篇。

杨靖，宁夏警官职业学院教师，法律援助律师，毕业于中南财经政法大学，刑法学硕士。主持省级教学改革项目1项，撰写的教改论文在校内评选中多次获奖。发表《公安院校刑法教学模式改革之探析》等学术论文；主持或参与宁夏回族自治区公安厅、宁夏回族自治区教育厅、宁夏法学会等多项课题；荣获宁夏回族自治区人事厅"先进个人"、宁夏警官职业学院"优秀教师""优秀共产党员""先进教育工作者"等多项荣誉。

王丽娜，宁夏警官职业学院治安管理教研室主任，治安管理专业带头人，副教授，硕士，法律援助律师，宁夏诉讼法学会成员。主持参与厅级以上课题6项，主编参编教材4部，公开发表论文10余篇，获得发明专利1项。获得宁夏回族自治区教学比赛三等奖2次，指导学生参加国家级职业技能竞赛获得三等奖2次，带领教研室荣获公安部基层先进教育组织称号，服务行业培训20余次。多次荣获宁夏警官职业学院"优秀党员""优秀教师"称号。

张权，浙江省未成年犯管教所一级警长，浙江警官职业学院兼职教官，副教授。中国法学会会员，中共浙江省委直属机关委员会心理服务志愿者，浙江省心理卫生协会青少年专业委员会委员，杭州市司法局特聘社区矫正心理专家。主持浙江省教育厅等厅级课题多项。著有《象由心生境由心造：心理咨询理论与实践》（浙江大学出版社2023年版），在《中国健康心理学杂志》《犯罪与改造研究》《中国监狱学刊》等期刊发表论文多篇。曾获浙江省司法厅岗位练兵能手、浙江警官职业学院优秀教师、优秀班主任等荣誉。

周月宇，江苏司法警官职业学院第四学员大队副大队长、四级警长，硕士。毕业于美国马里兰大学帕克分校，主要研究领域和研究兴趣为犯罪学、心理学。主持校级课题、江苏省监狱工作协会课题多项，参与江苏省高校哲学社会科学研究基金项目课题研究，江苏省监狱管理局"长三角刑罚执行一体化"课题及重新犯罪课题组成员。以第一作者在《犯罪与改造研究》《中国监狱学刊》《河南司法警官职业学院学报》等多部期刊杂志发表学术论文。

常艺博，河南司法警官职业学院教师，硕士，发表《未成年人犯罪持续增长态势下未成年社区矫正的现实困境及对策》等论文，参编《监狱执法管理》《罪犯教育改造》等教材。

付晓燕，浙江警官职业学院刑事司法系教师，硕士。主要研究领域为犯罪学与刑法学。主持完成《网络直播中的人格权保护问题研究——平安浙江法治浙江典型案例研究》等校级政策理论课题，参与编写浙江省高职院校"十四五"重点立项建设教材《罪犯劳动管理》。参与多进宫罪犯心理阻断及狱内暴力团体干预等行业服务项目。

郭晶英，浙江警官职业学院刑事司法系二级调研员，教授，博士。出版《狱内暴力防控手册》（中国政法大学出版社 2023 年版）《罪犯心理咨询话语研究（Discourse Study of Prison Counseling）》（浙江大学出版社 2014 年版）等专著 4 部，For the sake of whom：Conversation analysis of advice giving in offender counseling 等 7 篇论文被 SSCI 期刊收录，主持教育部青年基金项目、司法部预防犯罪研究所课题、浙江省监狱工作协会课题，以及"罪犯有无再犯罪风险的标准化、证据化研究""狱内自杀与自杀防控、矫正项目合作开发""再犯（在囚）风险评估系统与在囚高风险罪犯矫正项目"（一期、二期）服务行业能力提升工程项目等多项。

陆春云，新疆司法警官职业学院教师，硕士，参与《自治区监狱系统铸牢中华民族共同体意识教育调研》《自治区监狱系统老病残犯国语教育调研》以及新疆司法警官职业学院专业设置人才需求及可行性论证报告、专业发展规划等科研项目，参编《突发事件预防与处置实务》教材，入职以来先后获得新疆司法警官职业学院"优秀共产党员""优秀党委工作者""优秀班主任"等荣誉称号。

高亭，浙江警官职业学院教务处副处长，副教授，硕士研究生。是国家课程思政示范课程核心成员，入选国家课程思政教学名师和教学团队。曾获全国职业院校教学能力比赛一等奖、浙江省高职院校教学能力比赛一等奖，曾荣获全省司法行政系统"最美司法行政人"称号，荣立个人三等功 2 次。从事刑事执行的教学与研究，在《中国监狱学刊》《犯罪与改造研究》等期刊发表论文 7 篇；主持浙江省第一批课程思政教学改革项目，浙江省法学会法学研究重点课题，浙江省一般科研项目等厅局级以上项目 3 项，研究成果荣获全省司法行政系统理论调研成果一等奖。

张应立，宁波市公安局北仑分局三级高级警长，宁波大学兼职教授、硕士生导师，中国犯罪学学会理事，公安部研究室特约研究员。主持或参与公安部、浙江省公安厅、宁波市哲学社会科学规划课题 8 项。中国知网 2024 年度高被引学者 Top5%。在《公安研究》《犯罪与改造研究》《犯罪研究》《青少年犯罪问题》等刊物发表 120 余篇论文，《发展犯罪学》获公安部第九届金盾文化奖二等奖，另有多篇论文分别获宁波市哲学社会科学优秀成果三等奖，中国青少年犯罪研究会、中国犯罪学会、长三角法学论坛优秀论文二、三等奖。

李建淼，浙江省第二监狱心理评估与矫治中心主任，四级高级警长，硕士，中国监狱工作协会百名理论研究专家，浙江大学、杭州电子科技大学兼职实务导师、浙江警官职业学院心理测量与矫正技术专业教学指导委员会委员、特聘行业专家，中国监狱工作协会劳动改造学等专委会评委。担任《社会治理与监狱基层基础建设》（浙江大学出版社 2014 年版）《监狱教育改造促稳机制研究》（浙江大学出版社 2017 年版）等多部著作的执行主编，在省部级以上刊物公开发表 70 余篇专业文章，撰写调研文章在中国监狱工作协会及其各专委会、长三角监狱学高峰论坛等获一等奖 11 篇。

冯德艮，浙江省十里丰监狱九监区政治指导员，一级警长，硕士。自参加监狱工作以来，政治规矩意识强，求真务实钻研业务知识，用心用情用力做好罪犯教育改造实务，积极探索罪犯教育改造规律，认真做好理论与实践的结合，潜心撰写监狱方面调研论文。在《中国监狱学刊》《犯罪与改造研究》等刊物发表论文 18 篇，参编《循证矫正浙江探索》（浙江大学出版社 2016 年版）。2023 年荣获浙江省监狱系统"先进个人"荣誉称号。

前　言

通常认为，犯罪学的学科体系由三类基础范畴构成：犯罪现象论（犯罪是什么）、犯罪原因论（为什么会有犯罪）、犯罪控制论（如何预防犯罪）。犯罪原因论是犯罪学研究的核心内容之一，它对于科学认识犯罪和预防犯罪具有十分重要的意义，在犯罪学领域具有特别重要的地位。

《犯罪原因分析》是国家高水平刑事执行专业群刑事执行专业的一门专业基础课程。2019 年 1 月，国务院印发《国家职业教育改革实施方案》，要求每 3 年修订 1 次教材，其中专业教材随信息技术发展和产业升级情况及时动态更新。随着我国经济发展水平进一步提升、人均 GDP 增长、人口流动加快，刑释人员重新犯罪、女性犯罪、电信网络诈骗犯罪不断增加，监狱押犯结构呈现新的特征，给监狱人民警察的监管改造能力提出新的挑战。《犯罪原因分析》教材需要及时进行迭代升级，重新编写，以满足学习者进一步提升犯罪原因分析能力的需求，增强课程的教学效果。我们组织国内同类司法职业警官院校相关教师、普通本科院校资深犯罪学教授、公安机关和刑罚执行机关的行业专家编写了《犯罪原因分析》。

本书以"学习者"为中心，以犯罪原因的概念、理论、要素、研究为逻辑进路，重构学习内容，设计四个模块，主要包括犯罪原因概述、犯罪原因理论、犯罪原因要素、犯罪原因研究。犯罪原因概述模块包括认识犯罪原因、调查犯罪原因的方法、分析犯罪原因的方法等三个学习单元，主要介绍犯罪、犯罪现象、犯罪原因等基本概念；阐释犯罪现象测量的指标和方法、犯罪原因研究的两个路径。犯罪原因理论模块分七个学习单元，重点介绍犯罪学家在研究与解读犯罪原因的历史进程中形成的重要理论，主要包括古典犯罪学理论、犯罪生物学理论、犯罪心理学理论、社会学习理论、社会控制理论、社会失范理论、贴标签理论。犯罪原因要素模块分为个体生理心理因素、微观个体环境因素、宏观社会环境因素三个学习单元，阐释开展犯罪原因分析的切入点。犯罪原因研究模块以典型研究样本形式，向学习者展示如何以实证方法开展犯罪原因分析，包括女性再犯的犯罪原因及特殊预防实证研究、电信网络诈骗犯罪原因的实证研究、职务犯罪原因的实证研究、HIV 携带者犯罪成因与对策的质性研究四个学习单元。

每个学习单元包含思维导图、学习目标、引言、案例导入、学习情境、学习任务、知识链接、能力测试等内容。思维导图便于学习者掌握学习单元的框架体系和知识脉络。学习目标包括知识、能力、素质三个方面，明确教与学的相关要求。第一单元至第十三单元分别遴选了与单元学习任务契合的典型案例，努力创设学习情境，便于学习者进入相关学习任务。本课程涉及刑罚、犯罪、统计、文化、传播等领域的理论知识和诸多代表人物，为了增强教材的可读性，帮助学习者理解和记忆相关知识点，我们编写了"杜鹃醉鱼"的奥秘、严景耀——中国著名犯罪学家、边沁——圆形监狱的设计者等二十八个知识链接；为了增加教师与学生的课堂互动，我们在学习任务中设置了三十余个思考题；为了检验学习效果，我们在课后设计了近二百道能力测试题，主要包括填空、选择和判断。本教材是活页式纸质教材，同时融入二维码、多媒体等现代信息技术。我们借助国家级刑事执行专业教学资源库平台，打造动态的立体化教材，多方面满足学习者和使用者的需求。

本书坚持以习近平新时代中国特色社会主义思想为指导，向世界解读中国经济快速发展奇迹和社会长期稳定奇迹。本书全面贯彻党的二十大精神，认真落实习近平法治思想"三进"工作，编写了"当今中国成为世界上公认的最安全的国家之一""遵守犯罪研究的伦理规则""科学认识创伤性脑损伤罪犯"等二十七个课程思政专题。将课程思政与教材内容有机融合，有利于培养新时代高素质的政法战线人才。

本书由张崇脉担任主编，各学习单元撰稿人分别是（以撰写章节先后为序）：

张崇脉（浙江警官职业学院刑事司法系副主任，教授，博士）：第一、五单元

高　斐（浙江警官职业学院刑事司法系副教授）：第二、十二单元

孔　一（浙江农林大学文法学院，教授，博士）：第三单元

杨　靖（宁夏警官职业学院刑事司法系教师）：第四单元

张　权（浙江省未成年犯管教所民警，浙江警官职业学院刑事司法系行业教官，副教授）：第六单元

王丽娜（宁夏警官职业学院警察管理系教研室主任，副教授）：第七单元

周月宇（江苏司法警官职业学院教师）：第八单元

常艺博（河南司法警官职业学院教师）：第九单元

付晓燕（浙江警官职业学院刑事司法系教师）：第十单元

郭晶英（浙江警官职业学院刑事司法系二级调研员，教授，博士）：第十一单元

陆春云（新疆司法警官职业学院教师）：第十三单元

高　亭（浙江警官职业学院教务处副处长，副教授）：第十四单元

张应立（浙江省宁波市公安局北仑分局三级高级警长）：第十五单元

李建淼（浙江省第二监狱评估矫治中心主任，四级高级警长）：第十六单元

冯德艮（浙江省十里丰监狱九监区政治指导员，一级警长）：第十七单元

2023年6月，初稿完成之后，编写团队在宁夏警官职业学院召开统稿会，进行交叉审

稿。会后，各位撰稿人根据交叉审稿意见，对初稿进行修改完善。2023 年 8 月，主编开始统一校对各学习单元的修改完善稿；对部分学习单元的一些内容提出修改建议，由撰稿人自己再次进行修改；对部分学习单元的一些内容由主编直接进行了较大幅度的修改；个别学习单元，主编进行了重新编写；努力使各学习单元在体例上保持一致、内容上做到连贯、结构上体现均衡。感谢宁夏警官职业学院薛芳副书记、宁夏警官职业学院刑事司法系梁丽主任和王海波书记对统稿会的大力支持！感谢各位撰稿人的辛勤付出！

　　本书为科技部国家重点研发计划专项课题"基于事理知识推理的再犯风险评估体系与风险演化技术"（编号 2023YFC3321501）、浙江省科技厅 2024 年"尖兵""领雁"省级重大社会公益项目"社区矫正对象重新犯罪精准靶向矫治关键技术与装备"（编号 2024C03267）阶段性成果。本书于 2023 年 1 月入选浙江省高职院校"十四五"首批重点教材建设项目。感谢浙江省高等教育学会教材建设分会与评审专家提出宝贵的修改意见和完善建议！感谢浙江警官职业学院的出版资助！

　　由于时间仓促，编者水平有限，本书尚有需要改进的地方。如果读者在使用过程中发现问题或者错误，或者有相关的建议，欢迎发送电子邮件，电子邮箱地址：zhangchongmai @ zjjy. com. cn。谢谢！

张崇脉

2025 年 1 月 10 日

本书课程思政元素

本书坚持以习近平新时代中国特色社会主义思想为指导,全面贯彻党的二十大精神,认真落实习近平法治思想"三进"工作,编写了"当今中国成为世界上公认的最安全的国家之一"等二十七个课程思政专题,将课程思政与教材内容有机融合。

每个课程思政专题的教学活动过程包括课程思政材料阅读与引导、展开研讨、总结分析等环节。在课堂教学中,教师可以结合下表中的课程思政材料,针对学习单元中的相关知识点,引导学生进行思考并展开讨论。

学习单元	页码	课程思政材料	思考问题	课程思政元素
第一单元	17	当今中国成为世界上公认的最安全的国家之一	我们应该如何为平安中国建设贡献自己的力量?	平安中国
第一单元	23	两大奇迹	我们如何向世界解释中国经济快速发展奇迹和社会长期稳定奇迹?	中国理论 中国话语 中国实践
第二单元	33	遵守犯罪研究的伦理规则	与罪犯进行访谈,需要注意哪些研究伦理方面的问题?	研究伦理
第二单元	36	希望广大青年用脚步丈量祖国大地	监狱人民警察如何做好基层调查研究?	调查研究
第三单元	57	遵守问卷调查的诚信原则	调查员是否可以代替调查对象补填部分未答题项? 调查员如何能够助力提高调查的信度和效度?	诚信原则 客观精神
第三单元	67	维护统计数据的真实	如何看待一些机构经常以一些谎言掩盖数据的真实性?	科学精神

学习单元	页码	课程思政材料	思考问题	课程思政元素
第四单元	86	禁止虐待被监管人员：监狱惩罚的限度	如何平衡惩罚与改造之间的关系，做到既能体现惩罚精神又能规范文明执法？	行刑人道
第四单元	93	互联网时代日常生活的必修课：防范电信网络诈骗	如何避免成为互联网时代电信网络犯罪的被害人？	反诈防骗
第五单元	105	弘扬科学精神，提升我国犯罪学研究水平	如何进一步提升我国犯罪学研究的科学水平？	科学精神 实证调查
第五单元	107	科学认识创伤性脑损伤罪犯	我们在监狱日常管理和教育改造过程中应该如何面对创伤性脑损伤罪犯？	科学精神 行刑人道 行刑公正
第六单元	117	弘扬中华传统美德，加强家庭家教家风建设	理解"实施公民道德建设工程，弘扬中华传统美德，加强家庭家教家风建设"对于预防犯罪行为发生的重要性。	中华传统美德 劳动精神 奋斗精神 奉献精神 创造精神 勤俭节约精神
第六单元	122	重视心理健康和精神卫生，推进健康中国建设	如何开展未成年人以及大学生的心理健康和精神卫生工作？	健康中国 心理健康 精神卫生
第六单元	125	科学对待患有强迫症的罪犯	监狱的民警和心理咨询师该以怎样的态度对待这些患有强迫症的罪犯？	科学精神 行刑人道 行刑公正
第七单元	131	榜样的力量	我们应该如何向身边的新时代司法为民好榜样学习？	不忘初心 牢记使命 司法为民 无私奉献
第七单元	141	提高自我调节能力	在紧张忙碌快节奏的工作、学习和生活中，我们如何提高自我调节能力呢？	自控能力 自律精神
第八单元	158	立志做新时代好青年	大学生如何成为新时代德智体美劳全面发展的社会主义建设者和接班人？	有理想 敢担当 能吃苦 肯奋斗

学习单元	页码	课程思政材料	思考问题	课程思政元素
第八单元	164	贯彻改造罪犯的教育理念	通过什么内容来教育改造罪犯尤其是未成年犯？	爱国主义 法治精神 劳动精神 公平正义 社会责任
第九单元	180	坚持和发展新时代"枫桥经验"	如何健全城乡社区治理体系？	枫桥经验 群防群治 见义勇为 人人有责 人人尽责
第九单元	186	把个人的理想追求融入中国式现代化建设的新征程	如何在中国式现代化建设的新征程中贡献自己的力量？	思想品德高尚 干事创业踏实 政治立场鲜明 坚持群众路线 勇于创新 敢于突破
第十单元	196	不随意给他人贴负面标签	如何面对他人的过错或初次越轨行为？	正向鼓励
第十单元	204	拒绝错误标签的负面影响	我们应当如何客观地看待自己的行为及别人的评价？	明辨是非
第十一单元	216	理性认识我国及世界范围内女性罪犯数量增长	当下我国以及全世界范围内的女性罪犯数量增加的原因是否还与女权主义犯罪学或犯罪路径研究的结果一致？为什么？	科学精神 实证调查 维护女权
第十二单元	227	贯彻落实《家庭教育促进法》，增进家庭幸福与社会和谐	家庭中诱发犯罪的因素有哪些？如果未来有朝一日你为人父母，你将如何扮演好家长这一角色？	亲自养育 共同参与 相机而教 潜移默化 严慈相济 尊重差异 平等交流 相互促进

学习单元	页码	课程思政材料	思考问题	课程思政元素
第十二单元	230	远离校园犯罪	学校教育不当从而诱发犯罪的因素有哪些？在大中小学校园里应如何做好犯罪预防？	防治学生欺凌 预防性侵害 预防性骚扰 心理健康教育
第十二单元	235	法治社会是构筑法治国家的基础	怎样理解乡土社会的"礼治"？乡土社会秩序的维持和现代社会秩序的维持有何区别？	法治乡村 法治中国
第十三单元	252	广泛践行社会主义核心价值观	如何把社会主义核心价值观融入法治建设、融入社会发展、融入日常生活？	社会主义核心价值观 先进文化 革命文化 传统文化
第十三单元	255	规范个人网络行为	如何从我做起抵制"自媒体"乱象？	网络安全

本书知识链接清单

本课程涉及刑罚、犯罪、统计、文化、传播等领域的理论知识和诸多代表人物，为了增强教材的可读性，帮助学习者理解和记忆相关知识点，我们在第一单元至第十三单元共编写了二十八个知识链接。为了便于查阅，列表如下：

学习单元	页码	知识链接名称
第一单元	10	加罗法洛：自然犯罪的提出者
第一单元	16	起源于美国的非官方犯罪调查
第一单元	21	"杜鹃醉鱼"的奥秘
第二单元	27	访谈小常识
第二单元	30	罪犯访谈攻略
第二单元	36	严景耀：中国犯罪学的开拓者
第三单元	54	问卷星：专业的在线问卷调查工具
第四单元	77	《论犯罪与刑罚》的历史影响
第四单元	81	边沁：圆形监狱的设计者
第四单元	90	理性选择理论诞生记
第五单元	100	格林研究的缘起
第五单元	104	基因与犯罪
第六单元	118	阿德勒：个体心理学创始人
第六单元	123	皮亚杰：著名的儿童心理学家
第七单元	131	塔尔德：被遮蔽的学术巨匠
第七单元	134	萨瑟兰：白领犯罪研究的开拓者
第七单元	141	班杜拉的玩偶实验

学习单元	页码	知识链接名称
第八单元	151	雷克利斯的犯罪学贡献
第八单元	159	赫希：当代西方最著名的犯罪学家之一
第九单元	174	迪尔凯姆的学术事业
第九单元	183	默顿的学术经历
第十单元	194	塔南鲍姆：最早的罪犯犯罪学家之一
第十单元	200	贝克尔：多才多艺的社会学家
第十一单元	213	年龄与犯罪之间关系的不同解读
第十一单元	219	智力与犯罪之间关联的有效性备受质疑
第十二单元	227	陌生情境实验
第十三单元	247	路易斯·谢利：当代美国著名女性犯罪学家
第十三单元	250	塞林：有移民背景的美国犯罪学家

目 录

模块一 犯罪原因概述

第一单元 认识犯罪原因 ·· 3

【学习任务一】什么是犯罪 ·· 5

【学习任务二】犯罪现象 ·· 11

【学习任务三】犯罪原因 ·· 17

第二单元 调查犯罪原因的方法：罪犯访谈 ·················· 25

【学习任务一】拟定罪犯访谈提纲 ································ 27

【学习任务二】控制罪犯访谈进程 ································ 30

【学习任务三】处理罪犯访谈资料 ································ 34

第三单元 分析犯罪原因的方法：问卷调查 ·················· 38

【学习任务一】制作犯罪原因调查问卷 ···························· 47

【学习任务二】实施犯罪原因问卷调查 ···························· 54

【学习任务三】统计分析犯罪原因数据 ···························· 57

模块二 犯罪原因理论

第四单元 古典犯罪学理论 ······································ 71

【学习任务一】早期古典犯罪学理论 ······························ 74

【学习任务二】威慑理论 ·· 81

【学习任务三】理性选择理论 ······································ 87

第五单元　犯罪生物学理论 ·································· 94

【学习任务一】犯罪人类学理论 ······························· 97

【学习任务二】现代遗传生物学理论 ························· 101

【学习任务三】现代体质生物学理论 ························· 105

第六单元　犯罪心理学理论 ······························· 109

【学习任务一】精神分析理论 ································· 111

【学习任务二】认知理论 ····································· 118

【学习任务三】心理障碍理论 ································· 123

第七单元　社会学习理论 ································· 126

【学习任务一】模仿理论 ····································· 128

【学习任务二】不同交往理论 ································· 132

【学习任务三】社会学习理论 ································· 134

第八单元　社会控制理论 ································· 143

【学习任务一】早期的控制理论 ······························· 146

【学习任务二】赫希：社会控制理论 ························· 151

【学习任务三】戈特弗雷德森和赫希：犯罪的一般理论 ········· 159

第九单元　社会失范理论 ································· 166

【学习任务一】迪尔凯姆的失范理论 ························· 171

【学习任务二】社会解组理论 ································· 175

【学习任务三】紧张理论 ····································· 180

第十单元　贴标签理论 ··································· 187

【学习任务一】贴标签理论的萌芽与先驱 ····················· 190

【学习任务二】贴标签理论的发展与繁荣 ····················· 197

【学习任务三】贴标签理论的修正与恢复 ····················· 201

模块三　犯罪原因要素

第十一单元　个人生理心理因素 ··························· 207

【学习任务一】年龄与犯罪 ··································· 209

【学习任务二】性别与犯罪 ··································· 213

【学习任务三】智力与犯罪 ··································· 216

第十二单元　微观个体环境因素 ……………………………………… 221

【学习任务一】家庭因素与犯罪 ………………………………………… 224

【学习任务二】学校因素与犯罪 ………………………………………… 228

【学习任务三】社区因素与犯罪 ………………………………………… 232

第十三单元　宏观社会环境要素 ……………………………………… 236

【学习任务一】经济因素与犯罪 ………………………………………… 238

【学习任务二】文化因素与犯罪 ………………………………………… 247

【学习任务三】大众传媒与犯罪 ………………………………………… 253

模块四　犯罪原因研究

第十四单元　女性再犯的犯罪原因及特殊预防实证研究

　　　　　　——以浙江省 X 女子监狱 205 名再犯为样本 …………… 259

第十五单元　电信网络诈骗犯罪原因的实证分析 …………………… 279

第十六单元　职务犯罪原因实证研究 ………………………………… 295

第十七单元　HIV 携带者犯罪成因与控制对策质性研究 …………… 308

模块一 ｜ 犯罪原因概述

犯罪原因概述模块包括认识犯罪原因、调查犯罪原因的方法、分析犯罪原因的方法等三个学习单元，主要介绍犯罪、犯罪现象、犯罪原因等基本概念；阐释犯罪现象测量的指标和方法、犯罪原因研究的两个路径。

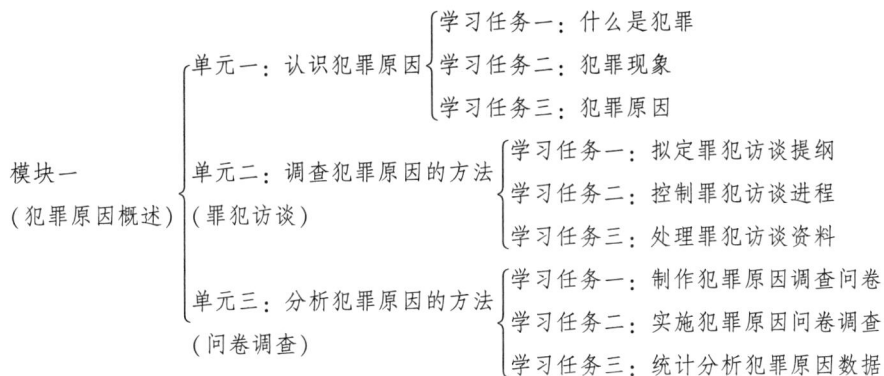

模块一
（犯罪原因概述）

单元一：认识犯罪原因
- 学习任务一：什么是犯罪
- 学习任务二：犯罪现象
- 学习任务三：犯罪原因

单元二：调查犯罪原因的方法（罪犯访谈）
- 学习任务一：拟定罪犯访谈提纲
- 学习任务二：控制罪犯访谈进程
- 学习任务三：处理罪犯访谈资料

单元三：分析犯罪原因的方法（问卷调查）
- 学习任务一：制作犯罪原因调查问卷
- 学习任务二：实施犯罪原因问卷调查
- 学习任务三：统计分析犯罪原因数据

第一单元　认识犯罪原因

【思维导图】

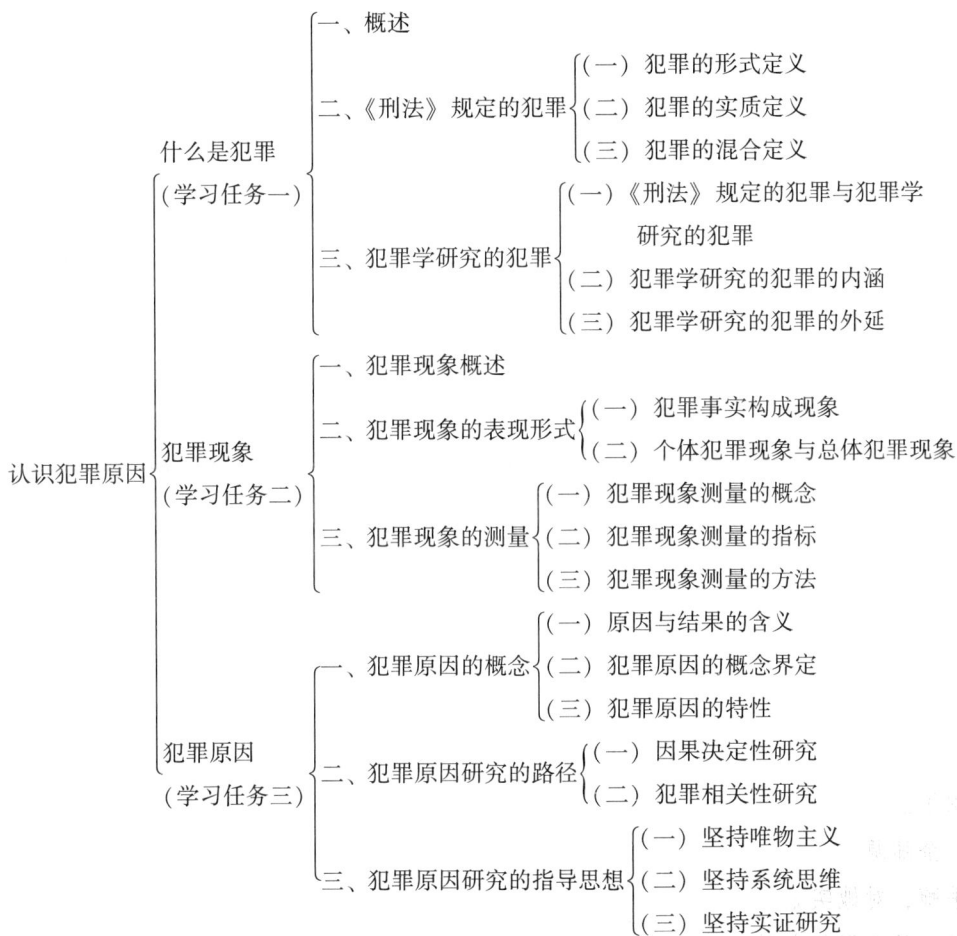

认识犯罪原因

什么是犯罪（学习任务一）
- 一、概述
- 二、《刑法》规定的犯罪
  - （一）犯罪的形式定义
  - （二）犯罪的实质定义
  - （三）犯罪的混合定义
- 三、犯罪学研究的犯罪
  - （一）《刑法》规定的犯罪与犯罪学研究的犯罪
  - （二）犯罪学研究的犯罪的内涵
  - （三）犯罪学研究的犯罪的外延

犯罪现象（学习任务二）
- 一、犯罪现象概述
- 二、犯罪现象的表现形式
  - （一）犯罪事实构成现象
  - （二）个体犯罪现象与总体犯罪现象
- 三、犯罪现象的测量
  - （一）犯罪现象测量的概念
  - （二）犯罪现象测量的指标
  - （三）犯罪现象测量的方法

犯罪原因（学习任务三）
- 一、犯罪原因的概念
  - （一）原因与结果的含义
  - （二）犯罪原因的概念界定
  - （三）犯罪原因的特性
- 二、犯罪原因研究的路径
  - （一）因果决定性研究
  - （二）犯罪相关性研究
- 三、犯罪原因研究的指导思想
  - （一）坚持唯物主义
  - （二）坚持系统思维
  - （三）坚持实证研究

【学习目标】

知识目标：理解犯罪、犯罪现象、犯罪现象测量、犯罪原因等基本概念；掌握犯罪现象测量的指标和方法；认识犯罪原因研究的两个路径。

能力目标：能够分析刑法学和犯罪学在研究犯罪方面的联系与区别；运用犯罪总量、犯罪率、犯罪结构等指标，描述特定时空的犯罪现象；判断一项犯罪原因的研究结论是否符合因果关系的四个标准。

素质目标：树立历史唯物主义和辩证唯物主义世界观，培养系统思维习惯和实证研究精神，以实事求是的态度开展犯罪原因研究。

【引言】

通常认为，犯罪学的学科体系由三类基础范畴构成：犯罪现象论、犯罪原因论、犯罪控制论。犯罪现象论回答"犯罪是什么"的问题，主要通过描述性方法，阐明犯罪现象的结构、犯罪分类、犯罪分布规律、犯罪状况、犯罪特点、犯罪规律、犯罪人以及被害人等。犯罪原因论回答"为什么会有犯罪"的问题，主要通过生物学、心理学、社会学等方法，解释个体为什么犯罪、社会为什么存在犯罪、不同国家的犯罪为什么存在差异等。犯罪控制论主要回答"如何预防犯罪"的问题，主要通过经验研究方法，寻求各类犯罪的预防策略。在犯罪学中，这三部分的逻辑关系是：首先描述犯罪现象，然后解释犯罪原因，最后提出犯罪控制对策。[1]

本单元主要内容包括：分析"什么是犯罪学研究的犯罪"；解读犯罪人、被害人、犯罪分类等犯罪现象的构成要素及其测量；剖析"什么是犯罪原因"以及犯罪原因研究的两个路径。

【案例导入】

强奸幼女的主谋却不负刑事责任[2]

T省某市区，11岁的女孩薇薇（化名），上小学五年级，性格活泼开朗，喜欢交朋友，认识一个比自己大两岁的男孩金陆源（化名）。2022年5月的一个周五，下午放学后，薇薇与金陆源以及另一男孩曹尚飞（化名）等4人玩耍。在这个过程中，金陆源邀请曹尚飞和薇薇到自己家去玩游戏，并说薇薇的一位女性好友也会去。经过一周紧张的学习，到周末了，薇薇也想放松一下，便爽快地答应了。

到了金陆源家中，薇薇发现她的好友根本没有答应前来玩游戏，感觉到不对劲，想要离开。金陆源和曹尚飞立即锁死了房门，对着薇薇，扇她耳光，猛踹她的肚子，然后按住她的手腕，对她实施了强奸！最后，这两个男孩还给薇薇录了视频，威胁她说："如果告诉爸妈，就把视频发到网上去！"

---

〔1〕 白建军：《关系犯罪学》，中国人民大学出版2014年版，第17~18页。

〔2〕 该案例由本单元编者根据真实案件编辑而成，为尽可能保护未成年受害人隐私，编者改编了相关情节。

　　薇薇在外逗留了 3 天 2 夜，在接下来的周一中午联系了妈妈。妈妈听到薇薇痛苦哭诉上述遭遇之后，第一时间向公安机关报案。警方迅速将金陆源和曹尚飞带回警局调查，周二便作出立案决定。周三，警方告诉薇薇的妈妈，金陆源将薇薇骗到他的家中，并带着自己的同伴曹尚飞一起实施了侵犯薇薇的行为。金陆源是整个事情的引导者，因未满十四周岁，已被释放，将不承担刑事责任。曹尚飞已被刑事拘留，将被移送检察院提起公诉。

【学习情境】

　　上述案例中，金陆源和曹尚飞轮流实施了强奸行为，两人受到的惩罚存在天壤之别。已满十四周岁的曹尚飞被刑事拘留，并移送检察机关提起公诉，甚至会在未成年犯管教所服刑。强奸行为的主导者金陆源，因未满十四周岁而不承担刑事责任。薇薇的妈妈无法理解，也非常气愤，并质问："据说国家已经将刑事责任年龄调整到十二周岁，为什么还要以十四周岁作为是否批准逮捕的判定标准？难道未满十四周岁的人，就可以肆无忌惮地犯罪吗？他们不应该付出相应的代价吗？"

　　关于刑事责任年龄，自 2021 年 3 月 1 日起施行的《中华人民共和国刑法修正案（十一）》，在《中华人民共和国刑法》（以下简称《刑法》）第 17 条中新增了一个款项：已满十二周岁不满十四周岁的人，犯故意杀人、故意伤害罪，致人死亡或者以特别残忍手段致人重伤造成严重残疾，情节恶劣，经最高人民检察院核准追诉的，应当负刑事责任。这一新增款项没有将已满十二周岁不满十四周岁的人实施强奸行为纳入应当负刑事责任的范围。警方释放未满十四周岁的金陆源，属于正确依法办案。一个重要的问题是：未满十四周岁的金陆源实施的强奸幼女行为，没有触犯我国《刑法》，不是我国《刑法》规定的犯罪；那么这一行为是不是犯罪学所要研究的犯罪呢？或者可以进一步追问：犯罪学所要研究的犯罪是什么？与《刑法》规定的犯罪是什么关系？这是犯罪学首先需要回答的重要问题。

【课前预习】

_____

_____

_____

_____

【学习任务一】　什么是犯罪

一、概述

　　什么是犯罪？就是给犯罪下个一般性的定义。这对一般公众来说"不成问题"，而对于犯罪学和犯罪学家来说，却是一个备受争议的难题——有多少个犯罪学家就有多少种犯罪定义。[1] 首先，犯罪是评价性事实，而评价主体存在价值多元性，从而使犯罪具有相对性，无法找到在任何时空都被认定为犯罪的现象或行为。例如，吸食毒品行为的罪与非罪，在全球范围内存在巨大的分歧。美国、法国、日本、意大利等国家将吸毒行为入罪，并配以相应的刑事处罚。在我国，吸食和注射毒品的，法律规定处以行政拘留和（或）罚款，毒品成瘾严重者处以为期两年的强制隔离戒毒。

其次，犯罪是一个多学科的概念。人们经常在宗教、神学、法律、社会、道德等领域使用犯罪概念，但其含义不尽相同。例如，根据罗马天主教的教规，一个教徒未经特许，在星期五这一天及大斋期中不能吃肉。有谁违犯这一戒规，他就是罪人，他得像对待其他罪过一样进行忏悔，以求宽恕。[2]

但是长期以来，运用多、影响大的犯罪概念当属法律和法学领域的犯罪概念。在一般社会观念里，基本上都根据《刑法》中的犯罪定义来回答"什么是犯罪"的问题。就犯罪概念的完整理解而言，应当有两个基本视角：一个是规范角度或《刑法》角度，形成《刑法》上的犯罪概念（规范性概念）；一个是事实角度即犯罪学角度，形成犯罪学中的犯罪概念（事实性概念）。这两种犯罪概念既相互联系又彼此区别。[3]

二、《刑法》规定的犯罪

从法学层面给犯罪下个一般性的定义，也不是一蹴而就的，而是经过了长期的探索。在奴隶制和封建制国家的法律中，只有具体罪如强奸罪、盗窃罪、抢劫罪，以及对这些具体罪的刑罚的规定，并没有犯罪一般概念的规定。对犯罪确定一般概念，应当说是资产阶级反封建时期所提出的要求。[4] 早在十七世纪英国资产阶级革命时期，为新制度呐喊的重要思想家霍布斯（Thomas Hobbes）就指出：没有法的地方就没有罪行。[5] 十八世纪欧洲的启蒙思想家，反对罪刑擅断的封建刑法传统，极力倡导罪刑法定主义，主张应以事先法明确"什么是犯罪"。在此之后，犯罪定义成为各国刑事立法和刑法理论中的一个重要问题。各国《刑法》和学者对于犯罪定义的表述多种多样，归纳起来，大致可以分为形式定义、实质定义和混合定义三类。

（一）犯罪的形式定义

犯罪的形式定义，就是把犯罪定义为违反刑事法律并且应当受到刑罚处罚的行为。例如，1965 年生效的《瑞典刑法典》第 1 条规定："本法典、其他法律和行政立法性文件规定的受本法典之刑罚处罚的行为是犯罪。"[6] 意大利刑事古典学派的创始人卡拉拉

---

〔1〕 孔一：《何谓"犯罪"》，载《青少年犯罪问题》2014 年第 4 期。

〔2〕 ［英］A. R. 拉德克利夫-布朗：《原始社会的结构与功能》，潘蛟等译，中央民族大学出版社 1999 年版，第 149 页。

〔3〕 张远煌等：《犯罪学专题研究》，北京师范大学出版社 2011 年版，第 10~11 页。

〔4〕 高铭暄、马克昌主编：《刑法学》，北京大学出版社，高等教育出版社 2019 年版，第 38 页。

〔5〕 ［英］霍布斯：《利维坦》，黎思复、黎廷弼译，商务印书馆 2009 年版，第 227 页。

〔6〕 《瑞典刑法典》，陈琴译，北京大学出版社 2005 年，第 1 页。

（Francesco Carrara）认为：犯罪是对已颁布的法律的侵犯。这种观点使意大利传统的法学理论比较注重犯罪的形式定义。[1] 犯罪的形式定义坚持认为，刑事法律的明文规定是判断某种行为是不是犯罪行为的唯一标准，是罪刑法定主义的重要体现。我国现行《刑法》第 3 条规定："法律明文规定为犯罪行为的，依照法律定罪处刑；法律没有明文规定为犯罪行为的，不得定罪处刑。"这在一定程度上体现了犯罪形式定义的特征。

（二）犯罪的实质定义

犯罪的实质定义，不强调犯罪的法律特征，而试图揭示犯罪现象的本质特征，说明某些行为之所以被《刑法》规定为犯罪的根据和理由。尽管犯罪的形式定义简便易用，但是仍有一些刑法学家致力于寻求犯罪的本质特征。刑事古典学派代表人物贝卡里亚（Cesare Beccaria）就是其中一位。他在《论犯罪与刑罚》中写道："什么是衡量犯罪的真正标尺，即犯罪对社会的危害。"[2] 1922 年的《苏俄刑法典》关于犯罪的定义就是实质定义，其第 6 条规定："威胁苏维埃制度基础及工农政权在向共产主义过渡时期所建立的法律秩序的一切危害社会的作为或不作为，都被认为是犯罪。"[3]

（三）犯罪的混合定义

犯罪的混合定义，是指将犯罪的形式定义和实质定义合二为一，既指出犯罪的本质特征，又指出犯罪的法律特征。我国现行《刑法》采用了犯罪的混合定义。《刑法》第 13 条明确规定："一切危害国家主权、领土完整和安全，分裂国家、颠覆人民民主专政的政权和推翻社会主义制度，破坏社会秩序和经济秩序，侵犯国有财产或者劳动群众集体所有的财产，侵犯公民私人所有的财产，侵犯公民的人身权利、民主权利和其他权利，以及其他危害社会的行为，依照法律应当受刑罚处罚的，都是犯罪，但是情节显著轻微危害不大的，不认为是犯罪。"这意味着，犯罪是严重危害社会的、违反刑事法律的、应受刑罚处罚的行为。

三、犯罪学研究的犯罪

意大利著名犯罪学家加罗法洛（Raffaele Garofalo）认为，很有必要建立犯罪的社会学概念。他在 1885 年出版的《犯罪学》著作中指出：我们研究的第一步应该是找到犯罪的社会学概念。如果认为我们正在探讨一种法律概念，并进而认为这种定义只是法学家的事，这是行不通的。社会学家必须自己去寻找犯罪的概念。[4] 力图使自己的研究视野超出《刑法》所界定的犯罪，这是 20 世纪犯罪学研究中一种十分引人注目的倾向。美国犯罪学研究中的社会学传统，也许是形成这种倾向的最初的动力。

---

〔1〕《最新意大利刑法典》，黄风译注，法律出版社 2007 年版，第 13 页。
〔2〕［意］切萨雷·贝卡里亚：《论犯罪与刑罚》，黄风译，中国方正出版社 2004 年版，第 21 页。
〔3〕张明楷：《刑法学》，法律出版社 2016 年版，第 85 页。
〔4〕［意］加罗法洛：《犯罪学》，耿伟、王新译，中国大百科全书出版社 1996 年版，第 19~20 页。

意大利犯罪学家加罗法洛（Raffaele Garofalo）[1]

（一）《刑法》规定的犯罪与犯罪学研究的犯罪

何为犯罪学研究的犯罪？与《刑法》规定的犯罪之间是什么关系？我国学者的观点可以分为三类。[2]

（1）"等同说"。该说认为，《刑法》规定的犯罪就是犯罪学研究的犯罪。也就是说，犯罪学研究的危害社会行为，必须是《刑法》上已经构成犯罪的行为。这种观点与我国将犯罪学作为刑法学的分支学科这一状况密切相关。

（2）"包容说"。该说认为，犯罪学研究的犯罪包含但不限于《刑法》规定的各种犯罪行为。犯罪学不能将自己的研究对象局限于《刑法》规定的犯罪行为，还必须研究与《刑法》规定的犯罪密切相关的背离社会规范的越轨行为。这种观点扩大了犯罪学研究的犯罪的外延。

（3）"交叉说"。该说认为，犯罪学研究的犯罪与《刑法》规定的犯罪各自服务于不同目的，它们在内涵和外延上既不等同，也无法做到相互包容，而是存在一种交叉关系。在内涵方面，犯罪学研究的犯罪概念以社会危害性为唯一要素，不受刑事违法性和应受刑罚处罚性的限制；在外延上，犯罪学研究的犯罪包括《刑法》规定的绝大多数犯罪、准犯罪（如精神病人实施的危害行为）和待犯罪化的危害行为。本书采用"交叉说"，在这一视角下，犯罪学研究的犯罪，可以被定义为：具有社会危害性、应该从国家和社会层面组织预防活动的行为。

（二）犯罪学研究的犯罪的内涵

犯罪学研究的犯罪的本质属性（内涵），在于其严重的社会危害性。这一内涵与《刑法》规定的犯罪的内涵具有相同性。如果某种行为对社会没有严重危害，《刑法》就不会将其规定为犯罪，并通过刑罚进行制裁，犯罪学也不会去研究其存在状态、产生原因和防控策略。但是，对于社会危害性这一犯罪最本质的特征，《刑法》的规定与犯罪学的理解也存在差异。

---

　　[1]　图片来源：https://lpderecho.pe/rafael-garofalo-precursor-criminologia-moderna/，最后访问时间：2022 年 10 月 18 日。

　　[2]　参见张远煌主编：《犯罪学》，中国人民大学出版社 2022 年版，第 17 页。

《刑法》所称的"社会危害"是行为本身具有的客观危害与立法者对这种客观危害的主观认定相统一的结果。在立法者看来，应当在《刑法》上被规定为犯罪的只能是这样一些行为：一方面，这些行为对社会具有一定的客观危害性；另一方面，这些行为对统治者力图建立和维护的政治、经济和其他方面的社会秩序构成了现实的严重危害。《刑法》只能从社会生活中存在的各种危害行为中间，基于包括统治阶级意志在内的综合价值判断，有选择地将其中一部分行为规定为犯罪。[1]

在犯罪学研究中，某些行为之所以被视为犯罪，不在于立法者的判定，而在于它对社会的客观侵害属性。这种客观危害既不因统治阶级（立法者）的意志和利益而转移，也不因行为人有无主观过而发生变化。犯罪学坚持从客观事实角度考察行为的社会危害性，并以此确定自己的研究对象。

（三）犯罪学研究的犯罪的外延

就外延而言，犯罪学研究的犯罪包括一切严重危害社会的行为，不论其是否被《刑法》规定为犯罪。具体由三个部分构成：《刑法》规定的绝大多数犯罪，待犯罪化的危害行为，准犯罪。这一外延与《刑法》规定的犯罪的外延存在一定差异（见图1-1）。

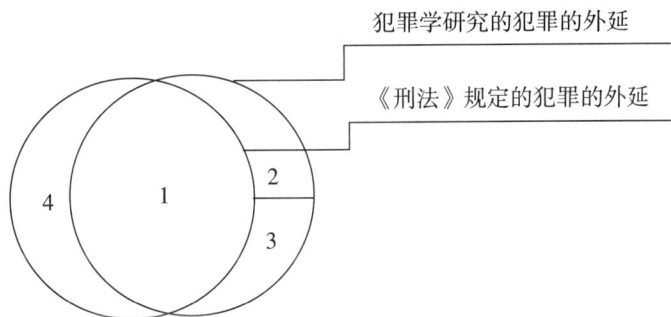

图1-1　《刑法》规定的犯罪与犯罪学研究的犯罪的外延[2]

注：1.《刑法》规定的绝大多数犯罪；2. 待犯罪化的危害行为；3. 准犯罪；4. 待非犯罪化的犯罪。

1.《刑法》规定的绝大多数犯罪。为什么不是《刑法》规定的所有犯罪？是因为《刑法》规定的犯罪当中包含一些"待非犯罪化的犯罪"。所谓待非犯罪化的犯罪，是指行为不具有或者已经失去严重社会危害性，应当从《刑法》中废除并视为一般违法行为或正当行为，但保留在《刑法》中，从而具有刑事违法性。这类行为既然不具有或已经失去严重的社会危害性，犯罪学当然就没有必要去研究这类行为的形成原因、表现方式及其防治对策。因此，这类行为不应当成为犯罪学的研究对象。

2. 待犯罪化的危害行为。所谓待犯罪化的危害行为，是指行为具有严重的社会危害性，应当由《刑法》规定为犯罪但未被规定为犯罪。待犯罪化的危害行为对社会产生的危

---

〔1〕 张远煌主编：《犯罪学》，中国人民大学出版社2022年版，第14页。

〔2〕 参见白建军：《犯罪学原理》，现代出版社1992年版，第97页。

害并不亚于《刑法》规定的一些犯罪，对其进行刑罚制裁具有实际意义；但由于立法者的意志或立法技术上的原因使其暂时未能成为《刑法》规定的犯罪。犯罪学对这类危害行为进行研究，不仅仅是由其本身的特点决定的，而且是发展、完善刑事立法和刑事司法实际工作需要。

3. 准犯罪。所谓准犯罪，是指那些不具有应受刑罚处罚性因而未被《刑法》规定为犯罪，却具备严重的社会危害性因而需要采取其他措施进行预防的危害行为。这类行为主要包括：未达到刑事责任年龄的未成年人实施的严重危害社会的行为；精神病人实施的严重危害社会的行为；自杀行为；滥用麻醉剂行为；依照《治安管理处罚法》应当处罚的行为；以及我国《刑法》第13条"但书"所指的行为等。犯罪学研究这类行为，主要基于以下几方面的考虑：

（1）从表现形式上看，这些行为类似法定犯罪。其中有些行为的手段、方式、后果、危害程度等都与法定犯罪无异，只是由于法律对行为主体的刑事责任年龄或刑事责任能力的规定才使其不成为法定犯罪。

（2）从客观效果说，这些行为也都在不同程度上对社会构成了比较严重的危害。犯罪学研究准犯罪行为的原因，并提出相应的预防控制措施。这很有必要，而且也很有价值。

（3）从犯罪本身的产生、发展、变化的规律来看，绝大多数法定犯罪都是由一些一般违法行为或其他越轨行为逐渐演变而来。因此，犯罪学把一些轻微危害社会的行为和严重危害社会的行为视为一个渐进的动态系统来研究，符合犯罪原因研究和犯罪控制研究的要求。

【思考题】

前文案例中的金陆源，主导实施了强奸幼女的行为，因未满十四周岁不承担刑事责任，被警方释放。请说明金陆源的强奸幼女行为是否为犯罪学的研究对象。

_____

_____

_____

_____

【知识链接】

加罗法洛：自然犯罪的提出者

【学习任务二】 犯罪现象

一、犯罪现象概述

何谓犯罪现象，学术界也存在一定的分歧。有论者认为："犯罪现象是一定历史阶段上的一定时间和地点在社会上所表现出来的各种具体犯罪及其总和。"[1] 有论者认为：犯罪现象可以从宏观与微观两个层面进行定义。宏观层面的犯罪现象，是指人类进入阶级社会后危害统治秩序而为国家法律所禁止的行为现象的总称。这个层面的犯罪现象与人类社会其他现象（如婚姻家庭现象、经济现象、文化现象等）并存。微观层面的犯罪现象是指一个国家或一个地区在一定历史时期内所发生的全部犯罪行为的总称。[2]这类定义的相同之处在于，将犯罪现象作为区别于个体犯罪行为的一个概念，从整体上把握犯罪，从而认为犯罪现象不是个体犯罪行为的简单相加而是复杂的聚合。

在《现代汉语词典》中，"现象"是指事物在发展、变化中所表现出来的外部的形态和联系。据此，犯罪现象是指犯罪事实的外部表现形态和联系。[3] 犯罪现象是一种直观的经验事实，在犯罪学理论体系中占有重要地位，是犯罪问题研究的前提和基础。从逻辑上看，犯罪原因引起犯罪现象，犯罪现象是犯罪原因的外化和结果。但是，在犯罪学理论体系中，要求先研究犯罪现象，通过考察、剖析犯罪现象来探究其背后的犯罪原因，从而制定有针对性的犯罪防控对策。事实上，犯罪学的所有理论及其体系，都以对犯罪现象客观、真实的描述为基础。判断某种犯罪学理论是否具有说服力，最客观最直接的衡量标准就是，看它是否运用有效的手段和方法，经过调查、测验、统计甚至实验等过程，尽可能逼近真实地去描述犯罪现象，并能自圆其说甚至运用到实践中去。

二、犯罪现象的表现形式

对于同一个犯罪现象，可以基于不同的研究角度予以观察与描述。因此，犯罪现象呈现出不同的具体侧面。

（一）犯罪事实构成现象

在刑事侦查中，"何时""何地""何人""何事""何故"通常是刑事案件事实情况的核心结构。对于犯罪学研究来说，描述具体的犯罪事实，应当特别关注犯罪主体、犯罪对象、犯罪时间、犯罪空间、犯罪动机、犯罪行为、犯罪背景等具体情况。因此，根据犯罪事实的结构框架，犯罪现象可以表现为犯罪主体现象、犯罪对象现象、犯罪时间现象、犯罪空间现象、犯罪心理现象、犯罪行为现象、犯罪背景现象等。[4]

---

〔1〕 康树华、王岱、冯树梁主编：《犯罪学大辞书》，甘肃人民出版社1995年版，第260页。

〔2〕 张远煌主编：《犯罪学》，中国人民大学出版社2022年版，第68页。

〔3〕 张小虎：《犯罪学》，中国人民大学出版社2017年版，第54页。

〔4〕 张小虎：《犯罪学》，中国人民大学出版社2017年版，第57~60页。

1. 犯罪主体现象。犯罪主体现象，也可以称为犯罪人现象，是指犯罪事实在实施者的特征这一侧面，所呈现出来的外部表现形态和联系。例如，犯罪人的年龄、性别、生理特征等自然要素及其与犯罪之间的关联，未成年人犯罪现象、女性犯罪现象、老年人犯罪现象就是这种犯罪主体现象的常见表述方式。还可以从犯罪人的社会身份、经济地位、工作环境等社会要素及其与犯罪之间的关联这一角度，来表述犯罪主体现象，例如职务犯罪现象、白领犯罪现象等。

2. 犯罪对象现象。犯罪对象现象，是犯罪事实在犯罪行为目标的特征这一侧面，所呈现出来的外部表现形态和联系，包括犯罪被害人现象和犯罪侵害物现象。犯罪被害人现象可以从被害人的年龄、性别、职业、衣着、言行、仪态进行描述，还可以观察被害人的这些要素与犯罪类型、犯罪行为之间的联系。犯罪侵害物现象的描述要素包括物品类型、物品价值、物品大小以及便携程度等，例如，物品价值、便携程度与物品遭受盗窃之间的联系状态是犯罪侵害物现象的分析内容。

3. 犯罪时间现象。犯罪时间现象，是指犯罪事实在犯罪时间的特征这一侧面，所呈现出来的外部表现形态和联系，包括微观的案发时间现象和宏观的犯罪时间现象。微观的案发时间现象主要描述具体犯罪案件发生所表现出来的时间特征与规律，描述要素主要包括时刻、昼夜、月份、季节、年份等。例如，夏季，性犯罪案件增多，就是案发时间与犯罪类型存在联系的表现形态。宏观的犯罪时间现象主要描述犯罪在时间段落上所表现出来的特征或者变化的状况。根据需要，可以描述某一时期或者不同时期之间，犯罪主体、犯罪行为、犯罪对象等所呈现出来的特征或者变化的状况。例如，"1976 年以后，特别是党的十一届三中全会以来……青少年犯罪也出现了持续上升的趋势，1978、1979 和 1980 年，青少年犯罪达到新中国成立以来的最高峰，犯罪青少年占整个刑事犯罪作案成员总数的百分比，大中城市为 70% 至 80%，农村约为 60% 至 70%。"[1]

4. 犯罪空间现象。犯罪空间现象，是指犯罪事实在犯罪地域的特征这一侧面，所呈现出来的外部表现形态和联系。犯罪空间现象的描述要素主要包括国家（或者地区）、省份、市县、城市、农村、同一市县的不同区域、城乡结合部、特殊交易场所等。单勇教授等，对照研究 Z 省 H 市 S 区 2010~2012 年的 622 起盗窃犯罪和 2017~2019 年的 332 起盗窃犯罪，通过犯罪热点制图，发现十年间两组盗窃犯罪热点的对比情况如下：犯罪热点的聚集分布区域具有良好的稳定性，热区重叠率较高，火车站、商业圈等原高密度区域仍具备较强的犯罪吸引力。街面盗窃开始向室内盗窃转移，网吧等室内场所开始成为新的犯罪高发场所。这体现了城市结构性变化对犯罪聚集性的重大影响。[2]

（二）个体犯罪现象与总体犯罪现象

根据描述犯罪事实所涉及的具体范围，犯罪现象有两种基本表现形式：个体犯罪现象

---

〔1〕 中国青少年犯罪研究学会编：《中国青少年犯罪研究年鉴（1987·首卷）》，春秋出版社 1988 年版，第 41 页。"青年"是指已满 18 周岁未满 25 周岁的人；"少年"是指已满 14 周岁未满 18 周岁的人。

〔2〕 单勇、王熠：《"建设更高水平的平安中国"的新展开——犯罪热点稳定性的再验证及其启示》，载《河南社会科学》2021 年第 9 期。

与总体犯罪现象。

1. 个体犯罪现象。个体犯罪现象，是指具体的行为人，基于特定的生活背景，实施违反《刑法》规定的行为或严重危害社会的行为，所表现出来的具体的外部形态和联系。描述个体犯罪现象的要素主要包括：犯罪人的教育背景、工作状况、人际交往、家庭结构、社区环境、不良遭遇、成长经历、犯罪经历、与被害人关系、犯罪动机、作案手段、实施犯罪行为过程中以及其后的表现等。

2. 总体犯罪现象。总体犯罪现象，是指一个国家或地区在一定时间内，基于特定的社会背景，所存在的个体犯罪总和所表现出来的具体的外部形态和联系。一般来说，可以从一定的时间和空间、社会背景或时代背景、案件数量、犯罪类型等角度来描述总体犯罪现象。例如：自新冠肺炎疫情以来，加拿大存在着仇恨犯罪显著增多的问题。卡塔尔半岛电视台报道说，加拿大多年来因自己是一个多元化、欢迎移民和难民的国家而感到自豪，但从 2019 年至 2021 年，该国针对宗教、种族、性取向等群体的仇恨犯罪率增加了 72%。数据显示，与 2020 年相比，加拿大 2021 年的"犯罪严重性指数"并无太大变化，但仇恨犯罪增加了 27%，达到 3360 起。[1]

3. 二者之间的关系。个体犯罪现象与总体犯罪现象既有区别又有联系。个体犯罪现象具有个别性、特殊性，总体犯罪现象具有群体性、普遍性。总体犯罪现象由个体犯罪现象构成，个体犯罪现象包含在总体犯罪现象之中，它们是整体与部分、一般与个别的关系。但是，整体不是部分的简单相加，而是有机结合。总体犯罪现象不是个体犯罪现象的简单拼凑，而是个体犯罪现象的系统化，是一个具有新质的结构体系，具有许多新的性质和特征。总体犯罪现象侧重于描述社会层面的犯罪状况，有助于从宏观角度研究犯罪原因。个体犯罪现象主要反映个体犯罪行为特征，便于从微观角度剖析犯罪原因。

三、犯罪现象的测量

（一）犯罪现象测量的概念

犯罪现象测量，又称犯罪测量，是指运用调查、统计等定性与定量方法，系统收集和分析犯罪数据及相关资料，按照一定的指标体系，对犯罪现象进行量化的描述和评估。从理论上讲，犯罪测量包括犯罪现象规模测量和犯罪现象严重程度测量两个方面。前者主要反映犯罪现象量的特征，后者主要反映犯罪现象质的特征。研究犯罪问题、探究犯罪原因乃至制定犯罪防控对策，都要首先掌握犯罪现象的数量特征和分布规律，做到心中有"数"。犯罪现象测量能在多大程度上客观地反映出社会中实际存在的犯罪现象，直接关系到犯罪学理论的科学性和应用价值。因此，犯罪现象测量在现代犯罪学研究中具有重要意义。

（二）犯罪现象测量的指标

犯罪现象测量的指标，又称犯罪测量的指标，是指描述犯罪现象某一方面特征，并综

---

〔1〕 任重：《疫情以来，加拿大仇恨犯罪增多》，载《环球时报》2022 年 9 月 6 日，第 016 版。

合反映犯罪现象总体情况的标准。一般来说，包括犯罪现象的量和质两个方面。量方面的指标有犯罪总量、犯罪黑数、犯罪率、犯罪分布等；质方面的指标主要有犯罪结构、犯罪的社会危害性和公众的社会安全感等。在这些指标名称下，一般用绝对数、比率、平均数、方差等描述犯罪现象，并形象地附以图表加以说明。

1. 测量犯罪现象的量。

（1）犯罪总量。犯罪总量，是指一定时空范围内具体犯罪的总和，其表现形式是具有计量单位的绝对数。犯罪总量通常是指犯罪案件或犯罪行为总数，有时也可以指犯罪人总数。值得注意的是，与犯罪人总数相比，犯罪案件总数更能直接准确地描述犯罪的严重程度。虽然一定时空范围内犯罪人的数量，也可以刻画犯罪的实际状况，但是，社会和公众承受的是一个个具体的案件所造成的损失和伤害。如果以犯罪人的数量代替案件数量来描述犯罪，就会"降低"犯罪规模。因为，实际上绝大部分犯罪人在被捕入狱前，已经作案多起。[1]

从字面上讲，犯罪总量应当是指已经实际发生的全部犯罪案件。但是，并不是所有已经实际发生的犯罪案件都能够被掌握或者被查获，实际发生的犯罪案件总数其实是一个未知数。因此，犯罪现象测量理论与实践中所说的犯罪总量，通常是指公安机关、检察机关、法院等刑事司法机关所掌握的已知犯罪案件的数据。这些刑事司法机关所掌握的已知犯罪数或记录在案的犯罪数，在犯罪学理论中，称为"犯罪明数"。

（2）犯罪黑数。犯罪黑数，又称犯罪暗数或犯罪隐数，是与"犯罪明数"相对的一个概念，指已经实际发生却因种种原因未被刑事司法机关发现或者未被纳入官方犯罪统计之中的犯罪案件数。犯罪黑数用数学等式可以表示为：

犯罪黑数 = 实际发生的犯罪案件数 − 官方统计的犯罪案件数

自从 19 世纪在欧洲国家出现官方犯罪统计以来，关于犯罪黑数的问题一直困扰着刑事司法机关和犯罪学研究人员。一方面，官方犯罪统计只描述了被刑事司法机关记录的犯罪行为；另一方面，纳入官方犯罪统计的都是刑法规定的犯罪。但是，犯罪学研究的犯罪与刑法规定的犯罪相比较，在内涵和外延上都要宽广得多。因此，实际发生的犯罪案件数要远远大于官方统计的犯罪案件数。

（3）犯罪率。犯罪率，是指特定时空范围内已知犯罪案件总数与人口总数的比值，单位通常是"起/10 万人"，也可以是"起/万人"。以万分比还是十万分比来表示，一般依据该区域人口规模大小来确定。如果该区域人口规模不足十万，适合采用万分比。

（4）犯罪分布。犯罪分布，是指犯罪现象的数量和类型在时间和空间条件下的存在状态和变动情况，具体可以分为犯罪时间分布和犯罪空间分布。例如，19 世纪法国统计学家格雷（André Michel Guerry），对英国 1834 年至 1856 年、法国 1829 年至 1860 年 1 月份至 12 月份的强奸犯罪进行统计，结果表明：每年从 4 月份开始，强奸犯罪的发案率出现

---

[1] 孔一：《犯罪及其治理实证研究》，法律出版社 2012 年版，第 19 页。

上升，至 8 月份一直处于攀升阶段，从 9 月份开始则趋于下降，7 月份、8 月份发案率最高。[1] 研究犯罪分布，可以揭示犯罪率以及犯罪类型与特定时间和特定空间的相互关系。这对警察部门更有针对性地开展犯罪防控工作，具有很好的指引作用。犯罪时间分布、犯罪空间分布与前文犯罪时间现象、犯罪空间现象的内容基本一致，不再赘述。

2. 测量犯罪现象的质。

（1）犯罪结构。犯罪结构，是指犯罪现象内部各种类型犯罪之间的数量对比关系。这种数量对比关系，可以通过计算犯罪分配率来表示，其计算公式如下：

$$犯罪分配率 = \frac{某一类型犯罪案件总数}{特定国家或区域犯罪案件总数} \times 100\%$$

犯罪结构随着社会政治、经济、文化的变化而变化，在很大程度上能够反映犯罪现象的质。当故意杀人、抢劫、强奸、纵火、故意伤害等严重暴力犯罪在整个犯罪现象中占较大比重时，就能够表明社会治安状况的恶化。

（2）犯罪的社会危害性。犯罪的社会危害性是犯罪的本质属性。犯罪总量、犯罪率等指标不能衡量各种犯罪行为的不同严重程度。例如，犯罪总量增加了，绝对不等于犯罪的危害变得严重了，因为犯罪案件的结构及其表现形式也可能发生了变化，如轻微的罪行可能大大增加了，而重大罪行却减少了。自从科学的犯罪统计学产生以来，人们就认识到，评定犯罪行为的严重程度大小、建立各种犯罪的可比性量值体系，是一个难题。美国犯罪学家塞林（Thorsten Sellin）和沃尔夫冈（Marvin Wolfgang），尝试完全脱离刑法对犯罪行为的评价，转而以客观的案件特征（例如被害人受到的人身伤害、财产损失）为依据，提出犯罪行为指数，来衡量犯罪行为的严重性。在 1964 年出版的《少年犯罪测定》一书中，他们邀请大学生、警察和法官，用三种等级来评定 141 种犯罪的严重程度。这 141 种犯罪既包括最严重的杀人犯罪，也包括很轻微的打淫秽电话。结果发现，评定者将涉及身体伤害的犯罪看得比财产犯罪严重，也将使用武器进行威胁的犯罪看得很严重。[2]

（3）公众的社会安全感。公众的社会安全感，也称犯罪恐惧感，主要反映社会公众对社会治安状况以及犯罪严重程度的主观感知和评价。公众的社会安全感与犯罪率、犯罪类型以及警察部门防控犯罪的能力密切相关。一般来说，一个区域的犯罪率越高，该区域的公众安全感就越低；警察部门防控犯罪的能力越强，公众的安全感就越高。已知的会产生恐惧感的因素基本上可以被分为三组：①犯罪的严重性；②个人的脆弱；③环境/社区因素。研究表明，在所有人群中，孤独的人、不满的人、被隔离的人、焦虑的人、女性、老人、有色人种和穷人的恐惧感度最高。[3] 另外，暴力犯罪更容易引起公众的恐惧感。

（三）犯罪现象测量的方法

一般来说，犯罪现象测量的方法主要包括个案调查和数理统计。

---

〔1〕　参见［意］切萨雷·龙勃罗梭：《犯罪人论》，黄风译，北京大学出版社 2011 年版，第 146~147 页。

〔2〕　吴宗宪：《西方犯罪学史·第三卷》，中国人民公安大学出版社 2010 年版，第 1074 页。

〔3〕　刘建宏：《犯罪功能论》，人民出版社 2011 年版，第 13 页。

1. 个案调查。个案调查，是对特定的研究对象进行解剖式、还原式的全面研究，特定的个人、群体、组织或者社区，都可以成为个案调查的对象，通过描述一定数量具有代表性的个案状况，可以反映犯罪现象的总体概况。个案调查可以通过访谈、问卷、观察、实验等具体方法开展。在大规模社会调查难以进行的情况下，研究人员可以开展个案调查，从每个犯罪者的家庭、学校、亲属、本人、交友等多个维度进行立体而全面的个案访谈和研究。如果说一两个案例分析在探索规律的过程中会"以偏概全"，那么几十个和数百个分析到位的个案就能归纳和寻找出相关犯罪问题的独特规律。

2. 数理统计。数理统计，是运用统计方法，对犯罪现象测量的一些指标，进行具体的测定与量化，试图准确直观地展示犯罪现象的总体状况。科学的犯罪数理统计，具有很强的说服力。从实施主体的角度来说，犯罪数理统计可以分为官方犯罪统计和非官方犯罪调查。

（1）官方犯罪统计。官方犯罪统计，是指各级各类刑事司法机关（公安机关、检察机关、法院、刑罚执行机关）在其职能活动中，收集、整理、分析犯罪现象的相关数量。各类刑事司法机关犯罪统计的侧重内容有所不同。在我国，公安机关有刑事案件分类统计、治安案件分类统计；检察机关有审查逮捕、提起公诉案件情况统计；审判机关有刑事一审案件情况统计、刑事案件被告人判决生效情况统计、审理青少年犯罪情况统计；刑罚执行机关有监狱服刑罪犯、社区矫正对象等方面的数据统计。可以通过《中国统计年鉴》《中国法律年鉴》《中国公安年鉴》《中国检察年鉴》《中国司法行政年鉴》等获取上述相关数据。

（2）非官方犯罪调查。官方犯罪统计具有持续性、权威性等明显优势。但是，官方犯罪统计以法律制度为依据，只是在一定程度上反映社会中的犯罪状况，很难成为犯罪现象的全面写照。20 世纪中后期，刑事司法机关以外的犯罪学研究机构和人员认识到官方犯罪统计存在局限之后，逐渐发展了一些非官方犯罪调查方法。比较常见的非官方犯罪调查方法包括案件自我报告调查、犯罪被害人调查、知情人调查。非官方犯罪调查一般都是以统计抽样的方式开展。因此，既有抽样调查中的一些共性问题，也存在着犯罪学研究中的特殊问题。这些问题涉及问卷结构、问题措辞、调查者个人特质与言行举止、样本容量、样本代表性、受访者响应率等。

【知识链接】

起源于美国的非官方犯罪调查

【思考题】

为加快建设社会主义法治国家，2014 年 10 月，党的十八届四中全会决定，全面推进政务公开，坚持以公开为常态、不公开为例外原则，构建开放、动态、透明、便民的阳光司法机制，推进审判公开、检务公开、警务公开、狱务公开，依法及时公开执法司法依据、程序、流程、结果和生效法律文书，杜绝暗箱操作。加强法律文书释法说理，建立生效法律文书统一上网和公开查询制度。在我国，如何充分运用官方犯罪统计数据开展犯罪原因研究？请谈谈你的看法。

【课程思政】

当今中国成为世界上公认的最安全的国家之一

2022 年 10 月 19 日，党的二十大新闻中心第三场记者招待会上，公安部党委委员、副部长，移民局党组书记、局长许甘露介绍，我国是命案发案率最低、刑事犯罪率最低、枪爆案件最少的国家之一。2021 年杀人、强奸等 8 类主要刑事犯罪，毒品犯罪，抢劫、抢夺案件，盗窃案件的立案数和一次伤亡三人以上的较大的交通事故，较 2012 年分别下降了64%、56.8%、96%、62%和59.3%，人民群众的安全感明显提升。2021 年根据国家统计局的调查，安全感达到了 98.6%，较 2012 年提升了 11 个百分点。当今中国成为世界上公认的最安全的国家之一。[1] 社会安定源自党的十八大以来，在习近平新时代中国特色社会主义思想的指引下，平安中国建设工作常抓不懈，久久为功，取得重要成就。作为公安司法类专业的学生，我们应该如何为平安中国建设贡献自己的力量？

【学习任务三】　犯罪原因

任何犯罪现象总是一定的犯罪原因的外在展现和结果状态。在很多犯罪学家看来，研

---

〔1〕《二十大新闻中心第三场记者招待会：坚持以习近平法治思想为指引 努力建设更高水平的法治中国》，载人民网，http://cpc.people.com.cn/20th/GB/448350/448424/index.html，最后访问时间：2022 年 10 月 28 日。

究犯罪原因是认识犯罪现象、有效预防和控制犯罪行为的重要基础。因此，犯罪原因研究在犯罪学中占有十分重要的地位。

一、犯罪原因的概念

（一）原因与结果的含义

马克思和恩格斯创立的唯物辩证法认为，世界上的一切事物和现象都是普遍联系和相互制约的。没有什么事物是绝对孤立的，任何事物只有在一定的联系中才能存在和发展。原因与结果是唯物辩证法揭示普遍联系着的事物紧密相连、彼此制约关系的一对哲学范畴。在普遍联系和相互制约的世界中，各种现象和现象之间存在一种引起和被引起的关系。我们通常把引起某种现象的现象称为原因，而把某种被引起的现象称为结果。例如，摩擦生热，摩擦是原因，生热就是结果。事物或现象之间这种引起和被引起的关系，就是因果关系。世界上的任何现象都有产生的原因，任何原因都必然引起一定的结果。

（二）犯罪原因的概念界定

犯罪学将原因与结果的联系划定在犯罪原因与犯罪形成以及发展之间关系的范畴内。然而，在对犯罪原因概念的具体界定上，犯罪学研究领域存在着不同的观点。[1]根据唯物辩证法对因果关系的理解，犯罪原因就是引起犯罪现象发生的一切因素。犯罪现象有个体犯罪现象和总体犯罪现象两种基本表现形式。个体犯罪现象主要反映个体犯罪行为特征，总体犯罪现象侧重于描述社会层面的犯罪状况。必须强调指出，引起个体发生犯罪行为的原因，与引起整个社会产生犯罪现象的原因并不完全一致。研究个体犯罪行为的原因，需要从犯罪人的教育背景、工作状况、人际交往、家庭结构、社区环境、不良遭遇、成长经历等微观角度入手，寻找引起个体犯罪的因素。研究整个社会犯罪现象的原因，则需要从一个国家或地区的政治、经济、文化、社会等宏观层面展开，探求引起整个社会产生犯罪的因素。

（三）犯罪原因的特性[2]

1. 时间顺序性。犯罪原因的时间顺序性，是指犯罪原因先于犯罪而存在。因果联系往往与时间的顺序性有直接关系。在客观事物不断更替的过程中，一般总是原因在前，结果在后。前因后果是因果联系的一个重要特点。作为犯罪原因的现象，必然是那些在犯罪发生之前就已经存在的现象。在某一犯罪行为发生之后出现的现象，都不可能是引起该犯罪的原因。因此，研究犯罪原因，就必须从犯罪发生之前、并且与犯罪存在密切联系的各种因素中去寻找。值得注意的是，并不是所有在时间上先后相继的现象之间都存在因果关系。例如，闪电之后有雷声，但闪电不是雷声的原因，闪电和雷声都是云层中正电与负电碰撞的结果。所以，犯罪原因与犯罪不仅在时间上前后相随，而且彼此之间必须存在引起和被引起的关系。

---

〔1〕 参见曹子丹主编：《中国犯罪原因研究综述》，中国政法大学出版社 1993 年，第 25～28 页。
〔2〕 参见张远煌主编：《犯罪学》，中国人民大学出版社 2022 年版，第 132～133 页。

2. 内容复杂性。犯罪原因的内容复杂性，是指犯罪原因包含许多各不相同的因素以及它们之间的相互作用。首先，对于任何特定的犯罪行为或者犯罪现象而言，引起它们的往往不是一种因素，而有可能是多种因素。其中既有政治、经济、思想、文化、法律等因素，又有心理、生理、行为等因素；既有主观因素，又有客观因素；既有直接因素，又有间接因素等。其次，这些各不相同的因素之间充满着相互作用，它们在引起犯罪方面所发生的影响力或者作用力，可能存在很大差异。一些因素所起的作用很大，而另一些因素所起的作用可能较小。同时，还要重视犯罪人的心理与这些因素之间的相互作用。任何原因因素，只有在影响到犯罪人的心理之后，以犯罪人的心理为中介，才能对引起犯罪行为产生实际作用。恩格斯在《自然辩证法》中指出："自然科学证实了黑格尔曾经说过的话：相互作用是事物的真正的终极原因。"[1]从这种普遍的相互作用出发，我们也可以认识到犯罪原因的复杂性。因此，我们在研究和探索犯罪原因时，应该对复杂的因果联系进行认真地、全面地、具体地、历史地分析，不可将复杂现象简单化。

3. 相互差异性。犯罪原因的相互差异性，是指引起不同犯罪的犯罪原因各不相同。任何事物都有它的特殊性，这种特殊性也反映在促使该事物发生的原因上。在现实生活中，犯罪复杂多样，引起犯罪的犯罪原因也是复杂多样的。虽然可以说，某种或者某些犯罪可能是由大致相似的犯罪原因引起的，但是，绝不能说所有的犯罪都是由同样的犯罪原因引起的。每个人的犯罪行为、每个犯罪群体的犯罪活动以及宏观层面的总体犯罪现象，可能都有非常独特的犯罪原因。因此，在认识犯罪的过程中，对于犯罪原因进行类型分析只具有相对意义，仅仅是为寻找特定犯罪的原因提供认识线索或者参考框架。不能机械地将犯罪原因学说生搬硬套到具体的犯罪中，应当在关于犯罪原因的一般理论或者类型分析的指导下，进一步认识具体的犯罪原因。

二、犯罪原因研究的路径

当人们在哲学层面对因果关系进行深入分析时就会发现，因果关系有两种表现形式：必然性和偶然性。有的原因和结果之间存在一种稳固的确定不移的联系，它使结果必定出现，决定着客观过程具有一种必定如此的基本趋势；这种因果关系表现了事物发展过程中的必然性。有的原因和结果之间存在一种不稳定的暂时的联系，使客观过程的基本趋势产生某种程度的摇摆和偏差；这种因果关系表现了事物发展过程中的偶然性。例如，地球上的北温带区，从一月到七月，气温逐渐升高，是一个确定不移的趋势。这是由太阳光对该地区从斜射到直射的变化这一原因决定的。但是，某一天的气温是否比前一天高，就具有偶然性，这是由当时的云层分布、气流特点等复杂条件的影响造成的。与因果关系的必然性和偶然性相对应，犯罪原因研究也有两种路径：因果决定性研究和犯罪相关性研究。

（一）因果决定性研究

这种犯罪原因研究认为，犯罪的因果关系应当是一种确定性的、必然性的关系，即有

---

〔1〕《马克思恩格斯全集·第二十六卷》，中共中央马克思恩格斯列宁斯大林著作编译局译，人民出版社 2014 年版，第 554 页。

因必有果，有果必有因。犯罪原因研究就是要阐释某种原因与犯罪之间的确定性、必然性关系。例如，意大利著名犯罪学家菲利（Enrico Ferri）认为：用偶然事件的概念来说明自然现象的性质，显然是不科学的。各种自然现象都是事前存在的，决定该现象原因的必然结果。如果那些原因为我们所知，我们则断定那种现象是必然的，是命中注定的；如果我们不了解那些原因，则认为那种作为结果的现象是偶然的。人类现象也是如此。[1] 菲利将犯罪人类学、犯罪统计学和犯罪社会学结合起来研究犯罪现象，阐述犯罪的起源，提出犯罪原因三元论，认为犯罪是人类学因素（生理及心理因素）、自然因素和社会因素综合作用而成的一种自然的社会现象。上述诸种因素，在决定性的时刻直接决定着站在罪恶与善良、犯罪与诚实十字路口之间的人的人格。人之所以成为罪犯，并不是因为他要犯罪，而是由于他处于一定的自然和社会条件之下，罪恶的种子得以在这种条件下发芽、生长。[2] "除非认为犯罪是特定生理和心理构成在特定自然和社会环境中的结果，否则不能对犯罪作出任何其他科学的解释。"[3] 菲利的犯罪原因三元论没有给犯罪的偶然性留下一席之地。

我国大陆地区、苏联以及东欧等社会主义国家关于犯罪原因的结构和层次、犯罪根源等方面的研究，也属于这种因果决定研究。这类研究，从犯罪原因到犯罪，是一条确定的、必然的直线。这种研究有助于从宏观上认识犯罪原因，对于理解、支持和论证某种宏观上的刑事政策很有意义。但是，这种研究具有思辨和演绎的方法论特点，并不重视研究犯罪原因引起犯罪行为的具体过程和微观机制，也难以回答人们关心的一些问题：在同样的社会环境当中，在同样贫穷、被遗弃和缺乏教育的情况下，为什么这个人犯罪而那个人不犯罪？为什么有的人犯盗窃罪而有的人犯抢劫罪？

（二）犯罪相关性研究

为什么这个人犯罪而那个人不犯罪？上述这类问题表明，在微观层面上，犯罪原因与犯罪之间是一种不确定的偶然性关系。虽然有犯罪原因一定会引起犯罪，但具体到某人是否犯罪，具有犯罪倾向的人何时、何地、怎样犯罪，具体犯罪由何种诱因引发，特定时空的犯罪结构如何变化，都是不确定的，具有一定的偶然性、随机性。基于犯罪具有偶然性和随机性这一基本假设，人们借助统计学，来观测某一现象（如对父母的依恋）是否影响犯罪，进而推断这一现象与犯罪之间是否存在因果关系。如果对父母的依恋确实影响了犯罪，那么在统计学上，对父母的依恋就是自变量；犯罪就是因变量。通常情况下，如果自变量（A）和因变量（B）之间存在因果关系，就必须符合以下四个标准。[4]

第一，A 和 B 具有统计学意义上的相关。例如，如果在一个全国性的样本中，对父母

---

〔1〕 ［意］恩里科·菲利：《实证派犯罪学》，郭建安译，商务印书馆 2016 年版，第 17 页。

〔2〕 ［意］恩里科·菲利：《实证派犯罪学》，郭建安译，商务印书馆 2016 年版，第 34~36 页。

〔3〕 ［意］恩里科·菲利：《犯罪社会学》，郭建安译，商务印书馆 2018 年版，第 51 页。

〔4〕 参见 ［美］斯蒂芬·E. 巴坎：《犯罪学：社会学的理解》，秦晨等译，上海人民出版社 2011 年版，第 24~25 页。

依恋较弱的青少年的犯罪率为 40%，而对父母依恋较强的青少年的犯罪率为 22%，那么 A（对父母的依恋）和 B（犯罪）这两个变量在统计学上就是相关的。需要注意的是，证明这种相关，不需要"全有或全无"的情形，即弱依恋的犯罪率为百分之百而强依恋的犯罪率为零。只要自变量（A）对应的因变量（B）的数值存在统计学上的显著差异就可以。

第二，A 在时间上必须发生在 B 之前。这就是因果关系的时间顺序要求。A 和 B 具有统计学上的相关关系，并不必然表示 A 影响了 B，也有可能意味着 B 影响了 A。上述例子中的数据，可能表明对父母的依恋影响了犯罪，也可能表明犯罪影响了对父母的依恋。例如，犯罪会导致青少年与父母产生更多的冲突，从而减少他们对父母的依恋。

第三，A 和 B 之间的相关不是虚假关系。所谓虚假关系，是指两个原本没有因果关系的事件，因第三个变量同时对它们产生影响，导致它们看上去具有相关关系。在上述例子中，家庭教养方式、家庭收入、家庭结构等变量，都有可能造成对父母依恋和犯罪之间的虚假相关。也许存在这种情况：简单粗暴教养方式家庭的青少年与民主协商教养方式家庭的青少年相比，前者对于父母的依恋更弱，也更容易犯罪。如果真是如此的话，原先提到的对父母的依恋和犯罪之间的相关关系就是虚假关系。

第四，关于 A 和 B 之间的关系，研究者提供的解释优于其他的解释。也就是说，即使满足以上所有三条标准，要想确定因果关系，还要为 A 何以影响 B 提供合理的解释。请思考这个例子：罗纳德·里根（Ronald Wilson Reagan）在 1981 年就任美国总统后不久，官方统计的犯罪率开始下降。白宫官员很快将其归功于该任政府。毋庸置疑，他们的论断满足前三条标准：首先，里根总统就职和犯罪率下降存在相关关系；其次，他的就职发生在犯罪率下降之前，所以也不存在因果顺序的问题；此外，没有明显的第三因子能够同时影响里根当选的几率和犯罪率的下降。然而，对于这种表面上的相关，还有更好的解释。里根先生赢得选举是出于好几个因素的结合，而在他就任后犯罪率的下降则是由一个主要的原因导致，那就是人口统计特征的变化。通常来说，15 岁到 25 岁是犯罪的高发年龄，而在 80 年代的美国，处于这一年龄段的人口比例有所下降。早在里根当选总统之前，犯罪学者们就预见到了这一变化，由此他们预测犯罪率在接下来的 10 年将会走低。可以有把握地说，即便里根的对手吉米·卡特（Jimmy Carter）成功连任，犯罪率的趋势仍将如此。所以，里根–犯罪率的关系不能满足因果关系的第四条标准。

【知识链接】

"杜鹃醉鱼"的奥秘[1]

---

　　[1]　程醉：《"杜鹃醉鱼"的奥秘》，载《少儿科技》2017 年第 Z2 期。

三、犯罪原因研究的指导思想

2016年5月，习近平总书记在北京主持召开哲学社会科学工作座谈会并发表重要讲话时指出："人们必须有了正确的世界观、方法论，才能更好观察和解释自然界、人类社会、人类思维各种现象，揭示蕴含在其中的规律。"〔1〕只有在正确的思想指导下开展犯罪原因研究，才能获得科学的犯罪原因理论。

（一）坚持唯物主义

习近平总书记在党的二十大报告中强调：坚持运用辩证唯物主义和历史唯物主义，才能正确回答时代和实践提出的重大问题。〔2〕我们认为，辩证唯物主义和历史唯物主义是犯罪原因研究的正确的指导思想。唯物辩证法是关于客观世界普遍联系和运动发展的科学。恩格斯在《反杜林论》中指出：原因和结果这两个概念，只有应用于个别场合时才有其本来的意义；可是，只要我们把这种个别的场合放到它同宇宙的总联系中来考察，这两个概念就交汇起来，融合在普遍相互作用的看法中，而在这种相互作用中，原因和结果经常交换位置；在此时或此地是结果，在彼时或彼地就成了原因，反之亦然。〔3〕例如，在摩擦生热、热引起燃烧、燃烧导致爆炸……一连串因果联系的环节中，生热既是摩擦的结果，又是引起燃烧的原因。如果离开这个因果链条的特定关系，就不可能说明燃烧究竟是原因还是结果。在犯罪原因研究中也是如此，同一个因素在一种关系中是原因，而在另一种关系中则是结果。例如，报刊影视等大众媒体对暴力事件大肆渲染、引起暴力犯罪增加、暴力犯罪增加引发公众的恐惧感……在这一连串因果联系中，暴力犯罪增加既是大众媒体对暴力事件大肆渲染的结果，又是引发公众恐惧感的原因。

（二）坚持系统思维

系统思维，是指以系统论的原理和观点为指导，对事物进行分析和认识的思维方式。犯罪原因的内容复杂性表明，引起犯罪和犯罪现象的原因不是单一的，而是多元的。各种原因因素不是孤立地引起犯罪和犯罪现象，而是在相互作用和共同整合的过程中产生犯罪。各种原因因素作用的大小、强弱、途径等，都受制于一定历史时期的社会物质生活条件。因此，在犯罪学研究的过程中，要坚持系统思维，始终树立整体观念和普遍联系的观念。尽管人们可以从不同侧面、不同角度对犯罪和犯罪原因进行抽象的分析和探讨，但是，需要注意从系统整体上把握所研究的内容，不能把所研究的部分与其他部分割裂开来、孤立起来。在犯罪原因研究中，可以分析某种犯罪因素，但是，绝不能忽略这种因素与其他因素之间的相互联系和相互作用，不能割裂地、孤立地看待这种犯罪因素，不能"只见树木，不见森林"，而必须在一个系统整体的框架下分析和研究。〔4〕

---

〔1〕 习近平：《论党的宣传思想工作》，中央文献出版社2020年版，第222页。

〔2〕 习近平：《高举中国特色社会主义伟大旗帜 为全面建设社会主义现代化国家而团结奋斗——在中国共产党第二十次全国代表大会上的报告》，人民出版社2022年版，第17页。

〔3〕 《马克思恩格斯全集·第二十六卷》，中共中央马克思恩格斯列宁斯大林著作编译局译，人民出版社2014年版，第25页。

〔4〕 参见张远煌主编：《犯罪学》，中国人民大学出版社2022年版，第142页。

（三）坚持实证研究

法国著名社会学家迪尔凯姆（Émile Durkheim）在谈到观察社会事实的准则时提到：我们自然倾向于以观念来代替实在，甚至把它们作为我们思考、推理的材料。我们不去观察、描述和比较事物，而只是满足于解释、分析和综合自己的观点；我们用思想的分析去代替实在的科学分析。显然，这种方法不能得出符合客观实际的结果。[1]犯罪学主要研究客观存在的犯罪事实，探讨犯罪事实的存在方式、发生原因、变化规律以及控制、预测和预防等问题。[2]犯罪学这种非规范性、事实性的学科性质，决定了实证研究是观察犯罪问题和研究犯罪原因的基本方法。实证研究方法基于观察和试验取得的大量事实、数据，利用统计推断的理论和技术，经过严格的假设检验，对社会现象进行数量分析，其目的在于揭示各种社会现象的本质联系。犯罪学实证研究的一般步骤为：确定研究主题并提出基本假设、设计变量并将其操作化、收集数据、整理数据并进行统计分析、检验假设并撰写报告。

【课程思政】

两大奇迹

2019 年 10 月，《中共中央关于坚持和完善中国特色社会主义制度 推进国家治理体系和治理能力现代化若干重大问题的决定》指出：新中国成立七十年来，我们党领导人民创造了世所罕见的经济快速发展奇迹和社会长期稳定奇迹，中华民族迎来了从站起来、富起来到强起来的伟大飞跃。习近平总书记在党的二十大报告中强调：坚守中华文化立场，提炼展示中华文明的精神标识和文化精髓，加快构建中国话语和中国叙事体系，讲好中国故事、传播好中国声音，展现可信、可爱、可敬的中国形象。作为公安司法类专业的学生，我们需要在学习借鉴人类文明成果的基础上，用中国的理论研究和话语体系，向世界解读中国经济快速发展和犯罪得到有效控制的生动实践。

_____

_____

_____

_____

_____

---

〔1〕 ［法］E. 迪尔凯姆：《社会学方法的准则》，狄玉明译，商务印书馆 2009 年版，第 35~36 页。

〔2〕 吴宗宪：《西方犯罪学史·第一卷》，中国人民公安大学出版社 2010 年版，第 26~27 页。

犯罪原因分析

【能力测试】

【课堂笔记】

_____

_____

_____

_____

第二单元 调查犯罪原因的方法：罪犯访谈

【思维导图】

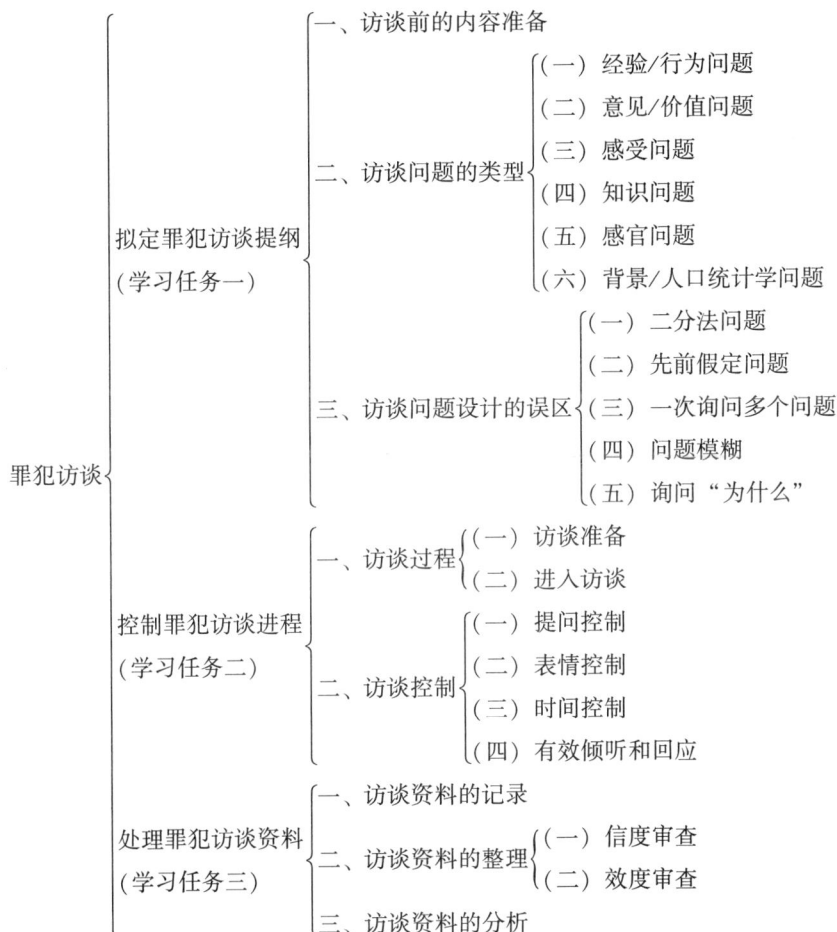

【学习目标】

知识目标：了解罪犯访谈的概念及类型，掌握拟定罪犯访谈提纲的要点与方法，掌握一定的控制罪犯访谈进程的技术，了解处理罪犯访谈资料的方法。

能力目标：根据研究主题与内容，能够制定出科学、有针对性的访谈提纲，并在实际访谈过程中加以使用，能够处理罪犯的访谈资料。

素质目标：通过学习罪犯访谈这一调查犯罪原因的方法，培养严谨、人本、尊重他人的职业素养，能够以更广阔的视角深入了解罪犯背后的犯罪原因。

【引言】

"调查研究是我们党的传家宝，是做好各项工作的基本功"。[1] 监狱一线的管教民警，同时也兼具研究者的身份，在掌握一定的犯罪原因理论以后，就面临着如何将犯罪原因理论与罪犯管教实际相结合的现实问题。而这两者的结合需要一个载体，这个载体就是罪犯访谈。管教民警对罪犯进行有效教育的前提是要知道罪犯为什么会犯罪。而了解罪犯犯罪原因的一个必经途径就是对罪犯进行访谈。为了行文方便，我们以下使用"访谈者"与"被访者"这一对概念进行阐述。

【案例导入】

一名研究者与服刑人员的访谈记录

被访者：看着你眼生啊，这位领导，你在这里做什么？

访谈者：我在这里想了解一下监狱的生活是什么样子。

被访者：你这是什么意思？了解监狱生活是什么样子？

访谈者：我来这里的目的是让我能够以一个内部人员的身份体验一下监狱生活，也就是参与式观察，而不仅仅是从外面研究监狱犯人的生活是什么样子。

被访者：哎呦，你这么说可真是让我吓了一跳，你要从监狱里体验？你觉得你体验够了就能回家了？那可真好，呵呵。

访谈者：是啊。我就是来研究你们的。

被访者：那恐怕你永远不知道监狱的生活是怎么样的。

【学习情境】

在上述案例中，我们很明显地看到，访谈者的这次访谈是比较失败的，被访罪犯很难再有兴趣跟访谈者谈下去。这次访谈失败的原因在于访谈者带着一个明显的主角光环出现。这种文绉绉、高高在上的讲话方式使得二者产生了"我们"与"他们"之间的隔阂，天然的身份差异被强化放大。被访者很难在内心接受这样的观察与访谈，即使是迫于现实不得不配合，也大概率是敷衍了事。访谈是一段相处的历程，也需遵守人与人沟通交流的

---

〔1〕 中共中央党史和文献研究院、中央学习贯彻习近平新时代中国特色社会主义思想主题教育领导小组办公室编：《习近平关于调查研究论述摘编》，党建读物出版社、中央文献出版社 2023 年版，第 2 页。

基本原则。如果访谈者有太强的研究目的，不能从被访者的角度出发换位思考，就极有可能引发对方的反感。那么，要想做好罪犯访谈，调查罪犯犯罪的原因甚至是更丰富深入的其他问题，应做好哪些准备呢？在实际访谈过程中又要如何控制罪犯访谈的进程呢？访谈谈完后收集的信息资料又该如何处理分析呢？针对这些问题，希望你可以在本章的学习中找到一些答案。

【知识链接】

访谈小常识

【课前预习】

_____

_____

_____

_____

【学习任务一】　拟定罪犯访谈提纲

需要依据不同的访谈类型，有针对性地设计罪犯访谈提纲。例如，对控制程度比较高的访谈，就要求提纲设计比较细致，提问方式紧凑。如果是控制程度比较低的开放式访谈，设计的提纲内容就会比较少，但这对于访谈者的素质要求会较高。很多罪犯虽然文化程度可能较低，但社会经验丰富，或者说"江湖经验"老道，民警在刚开始做罪犯访谈时，可以采用半开放式的访谈，以免自己被对方带跑偏。

一、访谈前的内容准备

访谈前要考虑如下内容：准备询问什么问题、如何安排问题的顺序、探求多细致的信息、访谈进行多久及如何组织实际的访谈等。比如就问题的顺序而言，一般不要上来就直接问隐私的问题，在实际的罪犯访谈中，有的访谈者上来就问对方的罪名、犯罪经过、认罪悔罪等问题，会使被访谈者产生防御、阻抗、沉默等反应，不利于进一步的访谈。在访谈前，访谈者可以提前把访谈提纲给到对方，因为有的问题需要对方思考、回忆，同时这也会让对方打消疑虑，建立安全感和信任感，但坏处就是对方可能会提前设计偏好答案。

二、访谈问题的类型

(一) 经验/行为问题

这类问题关注的是对方已经做了什么，目标是探寻有关经验、行为、行动或活动的描述。如果想要了解罪犯的成长经历，可以问"外出打工期间你都做了什么呢？""读书时，有什么让人印象深刻的（好的或不好的）表现？"

(二) 意见/价值问题

了解人们的认知和诠释。比如可以问"你信什么？""你对监狱民警的管理方式有什么看法？""你有什么建议？""你觉得什么是心理健康？"

(三) 感受问题

了解人们对其经验和想法的情绪反应。可以问"第一次走进监狱大门，在那时你有什么感觉？""在什么情况下，你感到焦虑/快乐/害怕/威胁/有信心？""被关禁闭的感受是怎样的？"

(四) 知识问题

发现对方所拥有的事实信息，即一个人所知道的事实。通过此类问题可以了解到被访者对某一问题的了解程度和认识深度。可以问"在劳动生产中，人离开机器时操作缝纫机的规范流程是什么？""监狱罪犯一日行为规范包含哪些内容？""罪犯在狱内生活中，在与他犯交往时有哪些不成文的规矩需要遵守？"

(五) 感官问题

关于看到、听到、触摸到、品尝到和闻到了什么等。可以问"当你第一次在监狱过年，你看/听/闻到了什么？""当你去监狱医院看病时，其他监区的罪犯会跟你说些什么？"

(六) 背景/人口统计学问题

关于被访者的个人特征。如被访者的年龄、民族、教育背景、职业背景、家庭成员关系、婚姻子女情况等。

表 2-1 罪犯访谈问题的类型

	过去	现在	将来
经验/行为问题			
意见/价值问题			
感受问题			
知识问题			
感官问题			
背景/人口统计学问题			

在设计问题的时候，可以参考上表的"三六法则"，这样初学者很容易在访谈时提出

十几个有逻辑的问题。一般来说，先问跟现在有关的问题，以现在的行为、活动和经验作为开始。因为有关现在的问题比有关过去的问题更容易回答。这样鼓励被访者以描述性的方式来谈话，重点在于能够萃取更多的细节。在访谈中，只有被访者在言语上重新体验其经验后，才适宜询问有关诠释、意见和感受的问题，因为这时其表达的意见和感受才可能较为正确和有意义。知识和技巧的问题需要一个情境脉络，比如给罪犯进行劳动技能培训、入（出）监教育培训之后，可以用此方式了解其课程掌握情况。最后，人口统计学和背景问题是被访者不喜欢的部分，所以应当在访谈中有策略性地使用。一般不要以一串人口统计学问题开始一段访谈，此类问题应尽可能与经验性问题等做一些链接，以使访谈更加自然。

三、访谈问题设计的误区

（一）二分法问题

二分法问题是让被访者回答"是"或"否"的问题，此类问题很容易让访谈变成一场质问或审讯，而不是一场深度的对话。"你是否认罪悔罪？""你们小组现在生产方面做的好不好？"这都属于二分法的提问。这种提问可以改为："你怎么看待自己的犯罪行为？""你们小组现在生产方面做的怎样？"因为，开放式的提问可以获得更为丰富的资料。

（二）先前假定问题

许多问题在设计时会预含一些对被访者的假设，实际上可能并不存在。例如，"你在狱内法治课堂中学到了什么？"这一问题就预先假定了被访罪犯学习到了东西。"在狱内你常跟谁发生冲突？"这一问题就假定了冲突是发生过的。这两个问题可以分别改为"你对狱内法治课堂的开设有什么样的想法、感受？""你如何看待在狱内与他人发生冲突？"

（三）一次询问多个问题

一次询问多个问题容易导致被访者困惑，不知从何答起。例如，"你第一次服刑是什么时候？那时你是什么感受？跟现在有什么不一样吗？现在是第几次入监？几次服刑的经历对你来说有什么影响？你觉得自己以后还会以犯罪为业吗？"一连串的问题让被访者会产生回答上的压力。

（四）问题模糊

初学者在问题设计时容易提出一些不够清晰的问题，让被访者困惑甚至是充满敌意。提问时应精准提问，根据对方的文化水平和理解能力使用恰当的本土词汇，而且应尽量避免使用专业术语，例如，"你怎么看待当今的社会分层现象？""社会分层"这个概念对于被访者而言可能就是一个很难理解的概念。

（五）询问"为什么"

"为什么"预设着世界普遍存在有逻辑的因果关系，行为逻辑都是理性的、完美的，同时假定了事件的发生都是有原因的，并且原因是可知的。实际上，有时被访者一些想法和行为可能是无缘由的、是非理性的决策。"为什么"这样的问题容易超出所发生的、一个人所经历的、感受与意见以及一个人所知道的范围，而变成分析和演绎推理。同时，一连串的"为什么"容易刺激被访者产生阻抗情绪。

【思考题】

"你站在桥上看风景，看风景的人在楼上看你，明月装饰了你的窗子，你装饰了别人的梦"。这是诗人卞之琳的作品《断章》，通过体会这首诗，你如何理解访谈中访谈者和被访者之间的"相互关切"关系？

_____

_____

_____

_____

【知识链接】

罪犯访谈攻略

【学习任务二】 控制罪犯访谈进程

一、访谈过程

(一) 访谈准备

访谈前，访谈者在思想上要对即将进行的访谈的目标和内容概括出一个基本的轮廓，做到心中有数。访谈者要阅读被访人的入监登记表、起诉书、刑事判决书、罪犯自传等材料，尽可能详细地了解被访者的背景资料。这样有助于访谈者选取合适的姿态与被访者进行交流，更好地建立访谈关系，同时也能够使访谈者对被访者在谈话过程中所讲的情况有更为准确和客观的了解。选择访谈的时间和地点，应考虑到被访者方便与否。例如，罪犯劳动中不宜开展访谈，这样会打乱罪犯的劳动生产节奏，影响其劳动任务的完成。如果需要利用罪犯休息的时间进行访谈，需要提前跟罪犯进行商议，尊重罪犯的意见。

(二) 进入访谈

访谈时的开场白，首先是要进行自我介绍，然后说明来访目的以及为什么要进行此次访谈，请他支持与合作。这一阶段的主要任务是，与被访者建立融洽的关系，消除其顾虑，激发其参与访谈的动机，帮助对方做好回答问题的心理准备。此外，访谈者还要告诉被访者，会对访谈内容予以保密，不会影响其在监狱内的考核与服刑生活。这一阶段最容易出现的问题主要有：一是陌生感会使双方拘束无言；二是被访者以各种原因拒绝受访或应付了事，访谈者因此会怯场或产生不耐烦情绪；三是由于访谈者与被访者地位不平等，产生不自然感。开始访谈时为了缓和氛围，访谈者可以先从被访者近期的情况入手，谈谈其熟悉的事情，如身体状况、子女情况、是否有什么困难等，然后再逐步进入主题。

二、访谈控制

（一）提问控制

1. 题目转换（功能性问题）。所谓功能性问题，是指在访谈过程中为了对被访者发生某种作用而提的问题。例如，在从犯罪问题转向家庭关系问题时，可以问"你的这些行为对你的家庭有影响吧?"这种过渡性的功能性问题使谈话容易保持连贯与自然。

访谈中被访者有时会跑题，这时就需要访谈者进行引导性提问，使他回到原来的主题上。在转换话题时，切忌粗鲁地打断对方讲话，或者说："你跑题了""你没有按要求回答"之类的话。这会使被访者感到难堪，从而产生抵触情绪。面对跑题，可使用的方法包括：

（1）归纳法，即将被访者谈的那些漫无边际的情况加以归纳，可以说："你刚才谈的是××问题，谈得很好！现在咱们接着再谈××问题"，以此把对方话题引过来。

（2）提要法，即从被访对象所谈的不着边际的材料中选取出一两句跟正题有关的话进行提问，如"你刚才谈的××问题，是怎么一回事?"

（3）以动作转换话题，如当对方将话题扯远了，可给他送个茶水以中断谈话，当谈话重新开始后，可提出新的问题请他回答，从而不知不觉地改变话题。

2. 对问题的追问。中立的追问包括：

（1）复述问题，每当被访者支吾或并未理解问题时，应将问题再次进行复述。

（2）复述回答，当访谈者不能肯定自己理解了被访人的回答时，可复述一下被访者的回答，以使被访者与访谈者确认对回答作了正确的理解。

（3）表示理解和关心，访谈者可表示自己已听到回答，从而鼓励被访者继续谈下去。

（4）停顿，访谈者若认为被访者回答不完全，可停顿不语，表示等待他继续谈完。

3. 合适的发问与插话。有时被访者在谈话中途可能停顿一下等待访谈者暗示，以便开始另一个问题的谈话。这是访谈者提出已准备好的问题的最佳时机。有时为鼓励访谈对象，特别是那些不善于讲话的人，访谈者要穿插几句话，鼓励其说下去。此外，有的插话与提问则完全是为了消除被访者的疲劳，使得谈话在彼此话语与情感的流动中更加顺畅。

4. 提问的注意事项。

（1）始终保持中立态度，即应尽力避免倾向性，不允许对被访者的回答进行诱导。

（2）把握方向及主题焦点，访谈不是闲聊，尽量减少题外话。

（3）使用语言越简单越好，以能表达意思为原则。

（4）要根据被访对象的特点，灵活掌握问题的提法与语气等。

（二）表情控制

访谈者自始至终都要使自己的表情表现出有礼貌、谦虚、诚恳、耐心。

1. 要防止毫无表情，表情过于严肃、一声不吭。这会使被访者产生一种紧张感，从而影响对问题的回答。

2. 要用合适的表情反馈被访者。例如，当访谈对象谈到挫折、不幸时，要有同情和惋惜的表情；谈到不平的事时，要有义愤情感的表示；当访谈对象谈到一些难于启口的隐私时，不要表示轻蔑和鄙视，要做出理解的表示；访谈对象谈到成就时，要表示高兴的情绪；访谈者要对被访者的喜怒哀乐表示出同感。

（三）时间控制

要注意控制访谈时间。访谈时间不宜过长，要把握住结束谈话的时机，一般以三十分钟至一个小时为宜。在访谈结束时，可以说"我们忽略了什么没有""我们有什么地方没有谈到""你还愿意告诉我些什么"等。准备离开时，一定要热情地向被访者表示感谢。

（四）有效倾听和回应

1933年，美国管理学大师梅奥（George Mayo）在人际交往理论中提出的访谈技巧包括：

1. 有效倾听。

（1）倾听——不要说话。

（2）以全神贯注的态度对待受访者，并将其表现在外。

（3）永远不要争论，永远不要给出建议。

（4）倾听：他想说什么、他不想说什么、在没有得到帮助的情况下他不会说什么。

（5）倾听的时候，对你面前的人不断做出描述并不断更正。

（6）概括被访者的话语，说出并且验证"这是不是你刚才所说的"。

（7）顾及对方的个人隐私。

在访谈时首先就要学会倾听，抑制住自己想要表达的冲动。不论这种冲动是想表达感同身受的共情，抑或是有着同样的想法和经历等，倾听他人是一种能力。在倾听时要全神贯注并表达在外，不做价值判断和情感判断。倾听中的回应并不意味着肯定对方的观点，比如"我觉得你说的太对了"，这样会有讨好对方的嫌疑，而应对被访者的话语进行意义上的重构，力争做最接近原意的解释。

2. 有效回应。

（1）认可，不轻易做价值判断。

（2）重复、重组和总结。访谈中的回应并不一定是以语言的方式进行，有时沉默胜过千言万语，如果不知道自己说什么时，沉默有时是一种更好的策略，等待的同时也是一种情感上的陪伴。重组的含义是指将对方的话进行确认，把对方说的话重新组合一下说出来，以明确对方想要表达的意思。

（3）自我暴露。需要注意的是，自我暴露技术的使用需要谨慎，尽管这种方式很容易拉近与对方的距离，但暴露太多反而会使访谈者变成"主角"而偏离访谈的目的，同时也不利于访谈者保护个人隐私。访谈需要全身心、沉浸式的劳作，真诚、专注、敏锐十分重要。访谈也是一种智力的挑战，面对不想多说的被访者，如何让他能多说一点是对访谈者能力的一种考验，步步紧逼会让对方产生防御性心理。

【思考题】

一个民警与罪犯进行访谈后记录的片段：

民警：王某某，你长得真不错，但有可能就是这个害了你！（我眼前的王某某，一米八几的个子，五官清秀还浓眉大眼，嘴巴笑起来就有点往左上方翘，露出一排整齐的牙齿，看起来还有点腼腆呢。我真的难以想象，他居然伤了两条人命，到监狱后还这样无法无天，到底是什么原因造成的呢？）

王某某（笑）：是的。

民警：你看，就是你的手上的伤疤太多了，要不就更帅了，看起来你也是"身经百战"啊？

（他又被我逗笑了，嘴巴往上一翘，觉得有些不好意思……）[1]

访谈中的王某某是一个非常危险的顽危犯，民警之前和他没有任何接触，第一次见面访谈，民警用"长得不错"和"身经百战"让王某某乐了起来。你怎样评价使用这种方式进行访谈的"开场"？对罪犯使用这种幽默的谈话方式需要注意些什么？

_____

_____

_____

_____

【课程思政】

遵守犯罪研究的伦理规则

研究伦理的问题贯穿访谈的所有环节。访谈者要能够营造一个让被访者感到安全、舒适的场景，能够谈论其私密、个人化的经历。访谈者要保持对访谈内容的兴趣点，将被访者视为完整的人，在兴趣与尊重之间寻找脆弱的平衡。这是一种人际关系的互动。你认为与作为被访者的罪犯进行访谈，需要注意哪些研究伦理方面的问题？

_____

_____

---

[1]　张建秋：《个别谈话——沟通心灵的艺术》，江苏教育出版社2008年版，第39页。

【学习任务三】处理罪犯访谈资料

一、访谈资料的记录

访谈的目的是收集相关资料，访谈记录的好坏直接关系到资料收集的客观性与准确度。访谈记录有两种方式，一种是边访谈边记录，即当场记录，另一种是事后记录。当场记录不可能也不需要每个字都进行记录，而是有重点、有选择地进行记录。如对被访者提到的时间、地点、人物、主要事件、表达的主要观点、主要态度等进行记录，最好记下原话，而非是用自己的话去概括或归纳。当场记录的缺点是使得访谈者无法全身心投入与被访者的互动之中，同时也会使得被访者产生戒备心理，不愿意多说。录音是当场记录的有效手段，但是从研究伦理的角度出发，录音需要征得被访者的同意，不可因为对方是罪犯就忽视对方的权利。使用录音可以使访谈者全神贯注进行访谈，访谈者在访谈后需要及时根据录音的内容进行资料整理。因为趁热打铁可以回忆起很多访谈时的细节，如表情动作等，时间一长则会淡忘。

一般而言，许多访谈者选择事后靠回忆记录的方式整理访谈资料。这样就可以不破坏访谈者与被访谈者的互动，提高对无记名的相信程度，利于消除被访者的心理压力和紧张感。但采用事后记录的方式容易使访谈者有时只是特别注意因自己偏好而认为最重要的话，而认为不大重要的话在凭记忆记录时就可能消失、遗忘。所以靠记忆记录也会失去许多信息，资料收集往往不全面。为此，访谈者一方面要训练自己的记忆力，另一方面可采用一些技巧，如事先列好访谈时问题的顺序，依序访谈，访谈后再依序回忆。又如可拿一张纸，访谈时遇有重点，记下几字，整理时可作联想的线索等。

二、访谈资料的整理

资料整理就是对收集到的原始资料进行检查、分类和简化，使之系统化、条理化，以为进一步分析提供条件的过程。[1]

（一）信度审查

在对访谈资料进行整理的过程中，首先要对资料的可信程度进行审查，目的是消除资料中虚假、错误的部分，以保证资料真实可信且完整，以备后续的资料分析，也就是检验资料的信度。进行资料可信程度的审查可通过以下方式：

第一，凭借经验和常识进行判断。例如，一个因组织卖淫罪被判刑的女犯说自己平时都是只管"卖"，但只是有一次帮头目收钱，就被按组织者的身份抓了进来。她把坐牢的

---

[1] 袁方主编：《社会研究方法教程》，北京大学出版社1997年版，第423页。

原因归结于运气不好，而自己没有什么主观上的过错。针对这种情况，我们就要判断罪犯说出的实话有多少，又是在怎样的程度上合理化自己的犯罪行为。

第二，根据资料的逻辑进行判断。例如，罪犯前面讲自己最看不惯狱内有犯人欺压的情况，后面又说到自己通过怎样的套路设计他犯。这就出现前后矛盾的情况。

第三，通过不同资料间的比较进行审核。例如，对于某个罪犯，可以通过访谈进行了解，也可以通过观察来了解。也就是说，不光关注对方说什么，还要观察其在日常生活中的具体表现，进行全面把握。同时，也可以听听其他服刑罪犯、民警、亲属等不同访谈对象的评价，加深对该罪犯的了解。

（二）效度审查

资料的审查还需关注资料的适用性，也就是检验资料的效度，即收集的资料是不是符合所要研究的主题。

第一，对于那些闲谈、离题太远的内容要进行剔除。

第二，要审查资料中对于具体事实的描述是否准确，如时间、地点、人物、数字等。

第三，要审查资料的深度与广度是否助于进一步地分析解释，资料是否完整等。

资料的审查需要研究者具有耐心、细致的工作态度，以方便为下一步资料的分析做好铺垫。

三、访谈资料的分析

监狱人民警察通过访谈研究分析罪犯的犯罪原因，就是将取得的访谈资料中罪犯的观点、认识、看法等进行客观的梳理，明确罪犯的犯因性问题，以便接下来开展教育矫正工作。

资料分析的关键点是找到促使罪犯产生犯罪行为的根本要素，这一要素与犯罪行为有着直接的因果关系。罪犯的犯罪原因有时十分隐蔽，有时需要访谈者对通过多次访谈收集到的资料进行比对分析，才能在错综复杂的事件中梳理出脉络。

【知识链接】

严景耀（1905~1976）[1]

---

〔1〕 图片来源：https://kdl.gov.cn/detail/cid/1816/aid/120008，最后访问时间：2024年12月30日。

严景耀：中国犯罪学的开拓者

【思考题】

严景耀先生将自己化装成一名犯人，深入监狱第一线，研究罪犯的犯罪原因。学习这一典范，你认为做好罪犯访谈工作除了要有扎实的理论功底、充分的准备之外，还需要具备怎样的研究精神？

_____

_____

_____

_____

【课程思政】

希望广大青年用脚步丈量祖国大地

按照党中央关于在全党大兴调查研究的工作方案，组织广大党员、干部特别是各级领导干部扑下身子、沉到一线，深入农村、社区、企业、医院、学校、"两新"组织等基层单位，把脉问诊、解剖麻雀，进行问题梳理、难题排查，运用党的创新理论研究新情况、解决新问题。坚持问题导向，增强问题意识，敢于正视问题，善于发现问题，既看"高楼大厦"又看"背阴胡同"，真正把情况摸清、把问题找准、把对策提实。改进调研方式，力戒形式主义、官僚主义，多到困难多、群众意见集中、工作打不开局面的地方和单位调研。善于换位思考，走进群众，真诚倾听群众呼声、真实反映群众愿望、真情关心群众疾苦，准确了解群众的所忧所盼。注重调研成果转化运用，在调查的基础上深化研究，提高调研成果质量，切实把调研成果转化为解决问题、改进工作的实际举措，防止调查多研究少、情况多分析少，提出的对策建议大而化之、空洞抽象、不解决实际问题。统筹安排、合理确定调研时间、地点，防止扎堆调研、作秀式调研。调研过程中要轻车简从，简化公务接待，不给基层增加负担。

（习近平2023年4月3日在学习贯彻习近平新时代中国特色社会主义思想主题教育工作会议上的讲话）

立足新时代新征程，中国青年的奋斗目标和前行方向归结到一点，就是坚定不移听党话、跟党走，努力成长为堪当民族复兴重任的时代新人。希望广大青年用脚步丈量祖国大地，用眼睛发现中国精神，用耳朵倾听人民呼声，用内心感应时代脉搏，把对祖国血浓于水、与人民同呼吸共命运的情感贯穿学业全过程、融汇在事业追求中。

（《习近平在中国人民大学考察时强调　坚持党的领导传承红色基因扎根中国大地走出一条建设中国特色世界一流大学新路》，载《人民日报》2022 年 4 月 26 日，第 1 版。）

请结合上述内容，谈谈你对监狱人民警察做好基层调查研究的设想。

_____

_____

_____

_____

【能力测试】

【课堂笔记】

_____

_____

_____

_____

第三单元　分析犯罪原因的方法：问卷调查

【思维导图】

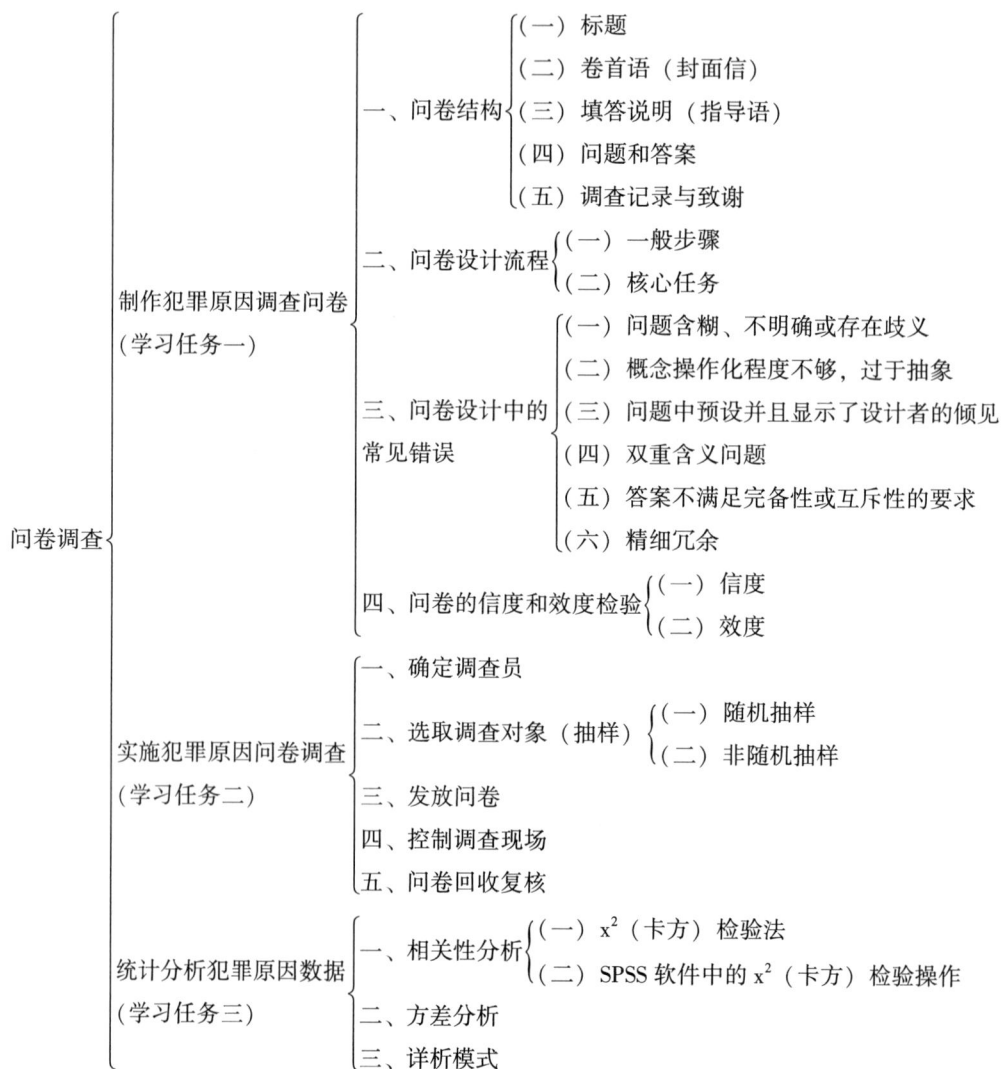

【学习目标】

知识目标：了解问卷的基本结构和设计流程、问卷设计中的常见错误；熟悉实施问卷调查的五个步骤；知道卡方检验、方差分析等调查问卷统计数据的分析方法。

能力目标：能够设计与所学专业相关的一般问卷；进行问卷信度和效度检验；组织实施问卷调查；运用相关性分析等方法处理调查问卷的统计数据。

素质目标：通过学习问卷设计和数据分析方法，增强以客观、可检验方法建立事物间因果（相关）关系的科学态度。

【引言】

犯罪原因分析中的"犯罪"既可以指犯罪现象，也可以指犯罪案件，还可以指犯罪行为。相应问题的表述也有所不同。例如，近十年中国犯罪率为什么会持续下降？X 校园发生一起校园霸凌致死案，导致该案件发生的原因是什么？张三被判刑 7 次，出狱没几天又开始偷窃了，为什么？对这些问题的回答，用社会科学的话语来说就是要建立各种（自）变量和犯罪之间的因果（相关）关系。这三个问题分属于不同的层次，用以解释的（自）变量也有所不同。我们要准确把握每个问题的答案，就要收集对应的信息资料。所谓"对应"就是层次上的对等，如我们在解释一个国家犯罪率的变化时，就不能用个体童年心理创伤来解释，而只能用社会结构变迁、贫富差距变化、社会政策调整等宏观变量来解释。如果需要跨层次解释，也需要引入一阶、甚至二阶中介变量。

本课程的主要目的之一是阐明如何分析特定罪犯的犯罪原因。因此，专注于回答：某人为什么会实施犯罪行为，某人为什么会成为累犯、惯犯，某罪犯为什么在服刑期间暴力攻击他犯或民警等微观问题。用以解释此类问题的常见（自）变量有：性别、年龄、文化程度、职业、收入、家庭教养、婚姻关系、社会交往、不良习惯、药物依赖、受刑经历、刑罚体验等。我们如何获得这些变量的准确信息？除了查阅档案记录、找知情人了解情况之外，最容易想到的办法就是找当事人本人调查。调查的方式通常有两种，一是面对面交流询问，也就是访谈，另一种是发几张表格请调查对象填写，也就是问卷调查。访谈的好处是可以很深入，能够收集到相关人和事的大量细节，缺点是比较耗时，匿名性也不够。如果分析一个犯罪人是如何走进犯罪世界、如何维持其犯罪生涯的，访谈是最好的方法。如果要分析某省监狱在押的数以万计的盗窃犯为什么盗窃，访谈就不太可行了，最省时省力的方法就是印制一套有标准答案的问卷，集中发放、填写和回收。访谈和问卷调查，就好比考试中的面试和笔试，笔试可以数十万人同时进行，面试只能一对一，最多也不过几个人或十几个人分小组进行。本章讲述问卷调查的几个基本问题，包括问卷设计、调查实施、数据分析三方面内容。

【案例导入】

重新犯罪问题调查问卷

学员/朋友：

你好！

为了更好地了解重新犯罪问题，我们设计了这份问卷，向你收集有关信息。从长远看，本调查对国家制订刑事和预防犯罪政策会有一定作用，这对你可能会有帮助；从现在看，本调查对你今天的服刑或生活不会有任何影响。所以，你不要有什么顾虑，请如实准确地填写每一道题目，答案无所谓对错，只要符合你的真实情况就可以了。题目答完我们就把问卷带走，并且会为你保密。

有些事情可能过去很长时间了，你一下想不起来，但符合真实情况的回答对本调查非常重要。因此，还是请你能仔细回想一下。

感谢你的支持与合作！

浙江警官职业学院犯罪预防协同创新中心

填答说明：

1. 请在符合你情况的项目代号上打"√"

2. 没有特别说明的题目只选一个答案

3. 请把各个题目下面的选择项目都看完之后再填写

4. 不清楚的问题可以随时向调查员提问

基本情况

Q1. 你的性别

（1）男 　　　　　　　（2）女

Q2. 你的出生年月 ＿＿＿＿＿ 年＿＿＿＿＿ 月

Q3. 你是在什么地方长大的

（1）农村 　　　　　（2）乡镇 　　　　　（3）城市

Q4. 你的文化程度

（1）本科以上 　　　（2）大专 　　　　　（3）高中（含中专职高）

（4）初中 　　　　　（5）小学 　　　　　（6）文盲

Q5. 在你放弃上学前一段时间，你的学习成绩怎么样

（1）很好 　　　　　（2）一般 　　　　　（3）比较差

早年家庭情况

Q6. 14 岁以前你爸爸妈妈的情况是

（1）爸爸妈妈都在，并且一直生活在一起

（2）爸爸妈妈都在，但是长期分居

（3）爸爸妈妈都在，但是离婚了

（4）爸爸在，妈妈去世了

（5）妈妈在，爸爸去世了

（6）妈妈爸爸都去世了

Q7. 总的来说，14 岁以前你爸爸（注意："14 岁以前爸爸去世"的学员/朋友不用填写本题）

（1）经常在家

（2）很少在家

（3）几乎不在家

Q8. 总的来说，14 岁以前你爸爸（注意："14 岁以前爸爸去世"的学员/朋友不用填写本题）

（1）什么都听你的，你的要求爸爸都想办法满足你

（2）对你的事很少过问，很多事都由你做主

（3）遇事会问问你的意见，和你讲道理

（4）对你比较严格，很多事都由爸爸说了算

（5）对你比较严厉，经常会打骂你

Q9. 总的来说，14 岁以前你妈妈（注意："14 岁以前妈妈去世"的学员/朋友不用填写本题）

（1）经常在家

（2）很少在家

（3）几乎不在家

Q10. 总的来说，14 岁以前你妈妈（注意："14 岁以前妈妈去世"的学员不用填写本题）

（1）什么都听你的，你的要求妈妈都想办法满足你

（2）对你的事很少过问，很多事都由你做主

（3）遇事会问问你的意见，和你讲道理

（4）对你比较严格，很多事都由妈妈说了算

（5）对你比较严厉，经常会打骂你

早年行为

Q11. 14 岁以前你是否主动打过别人

（1）多次　　　　　（2）一两次　　　　　（3）从来没有

Q12. 14 岁以前你是否趁人不在拿过别人东西

（1）多次　　　　　（2）一两次　　　　　（3）从来没有

Q13. 14 岁以前你是否借过别人东西或借钱不还

（1）多次　　　　　　　（2）一两次　　　　　　　（3）从来没有

Q14. 14 岁以前你是否强行要过别人东西

（1）多次　　　　　　　（2）一两次　　　　　　　（3）从来没有

Q15. 14 岁以前你是否吸过烟

（1）多次　　　　　　　（2）一两次　　　　　　　（3）从来没有

Q16. 14 岁以前你是否喝过酒

（1）多次　　　　　　　（2）一两次　　　　　　　（3）从来没有

Q17. 14 岁以前你是否和父母争吵过

（1）多次　　　　　　　（2）一两次　　　　　　　（3）从来没有

Q18. 14 岁以前你是否当面骂过老师

（1）多次　　　　　　　（2）一两次　　　　　　　（3）从来没有

Q19. 14 岁以前你是否逃过学

（1）多次　　　　　　　（2）一两次　　　　　　　（3）从来没有

Q20. 14 岁以前你是否离家出走过

（1）多次　　　　　　　（2）一两次　　　　　　　（3）从来没有

Q21. 14 岁以前你是否与人发生过性关系

（1）多次　　　　　　　（2）一两次　　　　　　　（3）从来没有

Q22. 14 岁以前你是否破坏过公物

（1）多次　　　　　　　（2）一两次　　　　　　　（3）从来没有

Q23. 14 岁以前你是否赌过钱

（1）多次　　　　　　　（2）一两次　　　　　　　（3）从来没有

Q24. 14 岁以前你是否编造虚假理由跟家长要过钱

（1）多次　　　　　　　（2）一两次　　　　　　　（3）从来没有

Q25. 14 岁以前你是否说过谎

（1）多次　　　　　　　（2）一两次　　　　　　　（3）从来没有

首次（比如被捕前盗窃 5 次，"首次"指 5 次中的第一次）犯罪情况

Q26. 首次犯罪是 ＿＿＿＿＿ 年 ＿＿＿＿＿ 月

Q27. 首次你犯了什么罪

（1）杀人　　　（2）伤害　　　（3）强奸　　　　　（4）抢劫

（5）绑架　　　（6）盗窃　　　（7）诈骗　　　　　（8）贩毒

（9）贪污或受贿　　　　　　（10）其他（请写下来）

Q28. 首次犯罪你是否做了准备

（1）是　　　　　　　　（2）否

Q29. 首次犯罪的动机是

（1）报复　　　　　　（2）为了钱财　　　　　（3）性满足

（4）觉得好玩 （5）为了帮朋友 （6）其他（请写下来）

Q30. 首次犯罪后你对被害人的态度是

（1）感到对不起他（她） （2）对他（她）有些怨恨

（3）没什么明确想法 （4）其他（请说明）

Q31. 首次犯罪前1年你做什么工作

（1）农民 （2）工人 （3）做临时工

（4）做生意 （5）职员 （6）国家公务员

（7）学生 （8）无业 （9）其他（请写下来）

Q32. 首次犯罪前1年你的就业情况

（1）有稳定的工作 （2）有时候失业 （3）长期失业 （4）在上学

Q33. 首次犯罪前1年你的收入支出情况

（1）除了维持生活，还有剩余 （2）基本能维持生活 （3）不能维持生活

Q34. 首次犯罪前1年你的居住情况

（1）固定住在一处 （2）换过几个住处 （3）经常搬来搬去

Q35. 首次犯罪前在你结交的朋友中有没有违法犯罪的

（1）有 （2）没有

Q36. 首次犯罪前你有没有见过别人吸毒

（1）见过 （2）没有

第一次被逮捕前情况

Q37. 第一次被逮捕是_____年_____月

Q38. 第一次被捕前，你作过的大多数案件是

（1）单独作案 （2）2人作案 （3）3人以上作案

Q39. 第一次被捕前，你作过的大多数案件犯罪地与居住地的关系

（1）离的很近 （2）是同一地区 （3）跨地市

Q40. 第一次被捕时

（1）你对自己的犯罪行为感到后悔

（2）你对自己的犯罪行为感到无所谓

（3）你感到犯罪是值得的

（4）其他（请写下来）

Q41. 到第一次被捕前你一共作案多少起？ 起。

第一次受刑情况

Q42. 第一次犯罪法院最终判决的罪名是什么（注意：有几项填几项）

（1）杀人 （2）伤害 （3）强奸 （4）抢劫

（5）绑架 （6）盗窃 （7）诈骗 （8）贩毒

（9）贪污或受贿 （10）其他（请写下来）

Q43. 第一次犯罪法院最终判决的主刑是（注意：没有判主刑的，不用填本题）

（1）管制 （2）拘役 （3）有期徒刑监内执行

（4）有期徒刑缓刑 （5）无期徒刑 （6）死缓

Q44. 第一次犯罪法院最终判决的附加刑是（注意：没有判附加刑的，不用填本题）

（1）没收财产 （2）罚金 （3）剥夺政治权利

Q45.（没有判有期徒刑的，不用填本题）第一次犯罪法院最终判决的刑期是_____年_____月

Q46. 你对第一次犯罪法院最终判决结果的看法是

（1）过重 （2）适当 （3）比较轻

Q47. 第一次服刑期间你是否有过自杀行为

（1）有过 （2）没有过

Q48. 第一次服刑期间你是否有过脱逃行为

（1）有过 （2）没有过

Q49. 第一次服刑期间你是否有过其他（除脱逃以外）犯罪行为

（1）有过 （2）没有过

Q50. 第一次服刑期间共获得几次"省改积"？_____次。

Q51. 第一次服刑期间共获得几次"改积"？_____次。

Q52. 第一次服刑期间共获得几次"记功"？_____次。

Q53. 第一次服刑期间共获得几次"表扬"？_____次。

Q54. 第一次服刑期间你有没有被减过刑

（1）减过 （2）没有减过

Q55.（没有减过刑的，不用填本题）第一次服刑期间你一共减刑过几次（　　），累计减刑多长时间？_____年_____月

Q56. 第一次服刑期间你的通信（包括家人、亲戚、朋友）情况是

（1）几乎没有通信 （2）很少有 （3）经常有

Q57. 第一次服刑期间你的接见（包括家人、亲戚、朋友）情况是

（1）几乎没有接见 （2）很少有 （3）经常有

Q58. 第一次服刑期间你收到汇款和包裹（包括家人、亲戚、朋友）的情况是

（1）几乎没有收到 （2）很少有 （3）经常有

Q59. 第一次服刑期间你最多一次扣过几分

（1）1分 （2）2分 （3）3分

Q60. 第一次服刑期间你是否被严管过（如果选择"是"，请填写具体次数）

（1）是　　　次 （2）否

Q61. 第一次服刑期间你是否被关过禁闭

（1）是　　　次 （2）否

Q62. 第一次服刑期间你是否被加过刑（如果选择"是"，请填写具体年月）

（1）是　　　　　年　　　　　月　　　　　（2）否

Q63. 第一次服刑期间你是否学到了就业技能

（1）是　　　　　　　　　　　　　　　　（2）否

Q64. 第一次服刑期间你获得了几项专业技术证书？　　　　　项。

Q65. 第一次释放前你的管理级别是

（1）一级宽管（A）　　　（2）二级宽管（B）　　　（3）普通管理（C）

（4）预进级（D）　　　（5）严管（E）　　　（6）其他（请写下来）

第一次出狱时情况

Q66. 你第一次出狱是什么时间？ _____ 年 _____ 月

Q67. 第一次出狱前你实际关押了 _____ 年 _____ 月

Q68. 你第一次出狱是什么形式

（1）服完全部刑期释放　　（2）减刑释放　　（3）假释出狱　　（4）保外就医

Q69. 第一次出狱后你的婚姻状况是

（1）未婚　　　　（2）在婚　　　　（3）离婚　　　　（4）丧偶

Q70. 第一次出狱后和你经常来往的家人（包括爷爷奶奶、父母、配偶、子女、兄弟姐妹）有几个

（1）没有　　　　（2）1个　　　　（3）2个　　　　（4）3个以上

Q71. 第一次出狱后你家庭的经济状况

（1）比较好　　　　（2）一般　　　　（3）比较困难

Q72. 第一次出狱后你的就业情况

（1）有稳定的工作　　（2）有时候失业　　（3）长期失业　　（4）在上学

Q73. 第一次出狱后你的收入支出情况

（1）除了维持生活，还有剩余　　（2）基本能维持生活　　（3）不能维持生活

Q74. 第一次出狱后你的居住情况

（1）固定住在一处　　　　（2）换过几个住处　　　　（3）经常搬来搬去

Q75. 第一次出狱后在你的朋友主要是什么人

（1）以前的伙伴　　（2）服刑时的狱友　　（3）同学　　（4）同乡

（5）工作上的同事　　（6）玩耍时新结识的朋友　　　　（7）其他（请写下来）

Q76. 第一次出狱后在你结交的朋友中有没有违法犯罪的

（1）有　　　　（2）没有

Q77. 第一次出狱后你有没有见过别人吸毒

（1）见过　　　　（2）没有

Q78. 第一次出狱后你有没有见过别人赌博

（1）见过　　　　（2）没有

其　他

Q79. 你的喝酒情况是

（1）从来不喝酒　　　（2）很少喝酒　　　（3）经常喝酒　　　（4）经常喝醉

Q80. 你吸毒的情况是

（1）从来不吸　　　（2）吸过一两次　　（3）吸过多次

Q81. 你赌博的情况是

（1）从来不赌　　　（2）赌过一两次　　（3）赌过多次

Q82. 你有没有文身

（1）有　　　　　　　（2）没有

Q83. 总的来说，你花钱有没有计划

（1）有　　　　　　　（2）没有

Q84. 截止今天，你一共受过几次处罚（包括收容审查、治安拘留、劳动教养、法院判刑）？　　　　次。

Q85. 第一次出狱后你再次犯罪是_____年_____月；你再次犯罪的主要原因是什么？

_____

Q86. 根据你的估计，在我们国家每100个人中有百分之多少有犯罪行为 ____%

Q87. 根据你的估计，在我们国家每100个犯过罪的人中有百分之多少受到处罚____%

Q88. 你认为导致一个人犯罪的原因中社会环境能有多大的作用____%

再次感谢你的支持与合作！

2023 年 3 月

【学习情境】

这是一套调查重新犯罪原因的问卷，其中包含了调查对象的基本情况、犯罪情况、服刑情况、出狱后生活情况等内容，涉及了一个人较长的生命历程和重要的生活事件。对问卷填答者来说，看起来问卷比较长，要花不少时间。但相对一个人几十年的人生经历来说，涉及的问题好像又比较少，生活中的大部分人、事、想法都没有涵盖到。那么，这份问卷到底是太长还是太短？多少问题组成的问卷算是合适的？从这份问卷看，问卷包含了哪几个基本部分？这几部分是不是任何问卷都必须要有？问卷每部分的功能是什么？问卷的题目是哪里来的？是借鉴类似问卷的，还是研究小组头脑风暴的？是遵循一定规则的，还是编制者自由联想的？题目是按时间顺序排列的，还是按类别排列的？问卷初稿完成了，应该找专家还是找调查对象来修改？如果调查对象有几十万上百万，是都调查还是找一些人来调查，有没有依据？问卷如何发放？调查对象中如果有人不识字怎么办？对调查对象提出的疑问，应该由谁来回答？应该怎样回答，有标准答案吗？问卷回收后，如何整理甄别取舍？数据怎样呈现？因果（相关）关系如何建立？怎么知道这些关系是可靠的。

这正是本单元要回答的问题。

【课前预习】

_____

_____

_____

_____

【学习任务一】 制作犯罪原因调查问卷

调查问卷是收集情报信息的工具之一。直观地看，问卷是由一系列按一定规则排列的问题和备选答案组成。"一定规则"指：①问题围绕某一主题；②问题数量适当，理想状态是一个也不少、一个也不多；③有好的问题和备选答案；④问题按一定顺序排列。本节要介绍的内容包括：问卷的基本结构，即问卷一般由哪几部分构成；问卷设计的流程；问卷设计中有哪些常见错误；判断问卷好坏的标准，即问卷的信度和效度检验。

一、问卷结构

在【案例导入】中，"重新犯罪问题调查问卷"是一份形式规范的标准化问卷，可以给我们一些直观的印象和认识。问卷一般由"标题""卷首语（封面信）""填答说明（指导语）""问题和答案""调查记录与致谢"五部分组成。

（一）标题

问卷的标题类似于文章的题目，要求言简意赅、通俗易懂地表达出调查主题，使调查对象一看标题就能大致想到调查的主要内容。如，"考试作弊调查问卷""监狱变迁调查问卷（1978~2020）""犯罪被害人调查问卷""罪犯教育改造效果评估调查问卷""刑释解矫人员就业意愿调查问卷"等等。标题要能反映调查的主要内容，表述上要通俗易懂，使调查对象中文化程度最低者也能够理解调查的主题。这是标题设计的一般原则，但也要考虑调查对象的实际情况，比如对"同性恋群体""性工作者""吸毒者"等隐秘群体的调查，题目有时候需要含混一些。调查对象如果是特定的高文化群体或专业群体时，标题可以书面化或专业化。

（二）卷首语（封面信）

卷首语就是写在问卷最前面的一段话，卷首语是问卷设计（调查）者写给调查对象的一封信，所以又叫封面信。封面信要有"信"的基本要素：称谓，内容，落款，日期等。卷首语的基本功能是：①说明调查的主题和意图；②取得调查对象信任，打消调查对象顾虑。如，匿名性说明，做出保密承诺，表明调查者身份，说明调查对象是如何被选中的。卷首语虽然不是问卷的主体，文字也较少，但意义很大。如果卷首语能够挖掘出本次调查研究和调查对象的关联、调查者的可信度或权威性、调查结果的效用，对提高调查质量（信度和效度）都是非常有用的。

（三）填答说明（指导语）

填答说明就是告诉调查对象怎样填写问卷，相当于某些产品的操作说明书。包括填答的方式，如勾选还是写上答案，单选还是多选，遇到不理解的问题应当跳答还是现场提问。大部分问卷的填答都比较简单，但也有一些问卷的题目比较复杂，有的涉及不止一级的嵌套问题。嵌套问题指一组题目前后关联，前一题的答案选择影响下一题的填答。如，"在过去6个月，您的财物是否被盗过？（1）是 （2）否（跳至第21题）"。

（四）问题和答案

问题和答案是问卷的主体，是收集所需情报信息的载体。根据回答方式可以把问题分为三种形式：

1. 封闭式问题。备选答案是确定的，填答者只能从备选答案中选择答案代码。如：
您的文化程度？
（1）本科以上 （2）大专 （3）高中（含中专职高）
（4）初中 （5）小学 （6）文盲

2. 开放式问题。只有问题，没有备选答案，完全由填答者自主填写。如：
您认为1978年以来对中国监狱变迁影响最大的一件事是什么？＿＿＿＿＿＿＿＿＿＿

3. 半开放式问题。如：
首次犯罪后，你对被害人的态度是
（1）感到对不起他（她） （2）对他（她）有些怨恨
（3）没什么明确想法 （4）其他（请说明）＿＿＿＿＿＿＿＿＿＿＿＿

根据问题的性质，还可以对问题进一步分类：个人信息，行为，态度。

"个人信息"一般包括性别、年龄、文化程度、婚姻状况、职业等基本变量，有时候，还涉及民族、宗教信仰、所在单位、收入等变量。

"行为"指调查对象曾经做过的事或经历过的事，如是否偷窃过？是否参与过吸毒？是否目睹过抢劫？等等。

"态度"是对某种事物，如政策、制度、观念、人、事等的看法，一般用同意、不同意，赞同、不赞同等来表征。如：
请在最符合您想法的方框里打"√"。

序号	项目	完全同意	比较同意	不太同意	完全不同意
1	马无夜草不肥，人无横财不富				
2	饿死胆小的，撑死胆大的				
3	如果不是害怕惩罚，人人都不会守规矩				

问题和答案由何而来？设计中有哪些注意事项？在后面两小点中再着重介绍。

（五）调查记录与致谢

在调查表结尾或开头，需要附上调查员的姓名、访问日期、时间等，以明确调查人员完成任务的情况。填答者花费了一定的私人时间，给调查者提供了重要的情报信息，帮助调查者更好地了解情况和研究问题。在填答完成后应当表示感谢。

二、问卷设计流程

（一）一般步骤

1. 明确研究目的。探索性研究、描述性研究和解释性研究分属于不同的研究类型。探索性研究目的在于弄清研究对象的概况，描述性研究在于通过调查明确研究对象的规模、结构、分布等具体情形。与探索性研究一样，描述性研究也没有明确的研究假设。解释性研究意在通过调查所获数据建立自变量与因变量之间的因果联系，所有问题的设计都围绕基本假设展开。

2. 建立问题库。问题可以出自案例的归纳、理论的演绎、专家座谈和借鉴其他同类研究。问题的数量应以恰好能实现调查目的为限，尽可能精简。问卷设计者应当以研究者和受访者的角度分别问下列问题：①这个询问是否确实需要？②这个询问是否能达到收集信息的目的？③受访者能不能准确回答这个问题？④受访者愿不愿意如实回答这个问题？

3. 设计问卷初稿。基本问题确定后，应按一定顺序编排，一般以时间为线索进行排列，便于受访者回忆和填答。同一时间点的问题排列一般应先易后难：先问基本情况，再问行为，最后问态度。

4. 试用和修改。试用和修改的方法有客观检查法（试调查）和主观评价法（专家评价）。应特别注意那些应答率低和未按要求回答的问题。

（二）核心任务

问题和答案是问卷的主体，问题设计和拣选是问卷制作的核心任务。如何找到与主题相关的问题？好的问题来自哪里？有哪些可靠的方法能够帮助我们发现好的问题？下面以"罪犯思想改造效果评估问卷"为例，说明"好问题是如何炼成的"。

第一步：分析维度与指标。

犯罪的形成与犯罪人的"犯罪思维"和"规则意识"直接相关，而犯罪人对"罪"与"罚"的认知不仅影响其之前的犯罪，更是预测其出狱后是否再犯的重要指标。刑释者出狱后能够真正回归社会，与其主动融入社会的意识和对社会主流价值的认同度高度相关。这三方面可以划分为罪罚认知、犯罪思维、守法意识、社会融入意识、主流价值认同等5个维度，这5个维度又可以细分为认罪悔罪意识、服刑意识等10个指标。

1. 罪罚认知：①认罪悔罪意识；②服刑意识。

2. 犯罪思维：犯罪思维。

3. 守法意识：遵纪守法意识。

4. 社会融入意识：①劳动与就业意识；②社会公德意识；③社会适应能力。

5. 主流价值认同：①财富观；②家庭观；③价值观。

第二步：构建测量题目。

测量指标的原始题目有三大来源：①理论演绎；②借用成熟量表的测量题目；③从典型案例中抽象。

下面以"犯罪思维"指标测量题目的设计为例，来说明如何利用"理论演绎"方法设计测量题目。

犯罪中和理论指出：对于经过正常社会化的守法者来说，违法悖德、伤害他人会带来内心的焦虑和冲突，他无法长时间生活在这样一种心理状态之中。而犯罪人通过否定责任、否定被害人、否定被害后果、谴责谴责者、标榜高度忠诚等中立化技术合理化自己的犯罪行为，从而降低道德焦虑。

题目的拣选方法均采用严格的统计学数据分析，题项如：

1. （否定被害人）一个人走在街上，被楼上掉下来的东西砸成残疾，是因为他/她命不好。

2. （否定责任）一个人犯罪，并不完全是他/她自己的责任。

3. （否定被害后果）大多数案件的犯罪后果，并不像被害人或法官认为的那样严重。

4. （谴责谴责者）很多执法者并不总是那么公正、廉洁。

5. （标榜高度忠诚）不少人犯罪都是为了家人或者朋友。

第三步：拣选测量题目。

经过第二步，可以设计出不少题目，但这些题目哪些可以作为正式测量题目，最后放到问卷中，还需要根据一定标准进行取舍。这涉及问卷的信、效度分析，只有有较高信、效度的题目才能进入正式使用的问卷。问卷的信、效度分析方法留待后文讨论。

三、问卷设计中的常见错误

（一）问题含糊、不明确或存在歧义

例如，您的安全感如何？

（1）高　　（2）一般　　　（3）低

安全感高低的标准是什么？这里的安全感指的是在家的还是在户外的？白天的还是黑夜的？一个人时还是有（几个）人陪伴时？

例如，您家的家庭经济状况在所在地属于哪一档？

（1）远低于平均水平　　（2）低于平均水平　　　（3）平均水平

（4）高于平均水平 （5）远高于平均水平

"所在地"是指小区？社区？城市还是省域？指涉区域范围界定不明确，填答者就会根据自己的理解来确定参照群体，这样就会导致同一答案背后的实际含义差异较大。

（二）概念操作化程度不够，过于抽象

例如，您是被孤立的吗？

（1）是 （2）否 （3）很难说

您的社会地位怎样？

（1）很高 （2）较高 （3）一般

（4）较低 （5）很低 （6）很难说

孤立可以被继续操作化到：家庭关系、朋友数目、参与社会活动的程度等。而社会地位可进一步具体到职业、学历、收入、职位等可观察可测量的指标。

（三）问题中预设并且显示了设计者的倾见

例如，现代都市中人际关系疏松、人情冷漠。你和你的隔壁邻居关系怎样？

（1）不认识 （2）偶尔打个招呼

（3）经常打招呼 （4）经常来往

（5）有很深的交情

大量科学研究证实暴力影视对青少年行为会产生不利影响。您是否认为暴力影视对青少年行为会产生不利影响？

（1）会 （2）不会 （3）不知道

调查对象若认同潮流或权威，就可能刻意符合研究者的期望；若有逆反心理，则可能故意选择与潮流或权威相反的答案。无论怎样，都会降低调查的信度。

（四）双重含义问题

例如，您认为增加非刑事化犯罪处遇方式，能减少犯罪人和被害人的烙印化程度吗？[1]

（1）能 （2）不能 （3）不知道

有的调查对象可能会认为"能减少犯罪人的烙印化程度而不能减少被害人的烙印化程度"，或者，"能减少被害人的烙印化程度而不能减少犯罪人的烙印化程度"。双重含义问题可以分解成两个问题分别提问。

（五）答案不满足完备性或互斥性的要求

例如，您的家庭月人均收入（元）落在下列哪一档？

（1）1001～2000 （2）2001～4000 （3）4001～6000

（4）6001～8000 （5）8001～10000 （6）10001元以上

---

[1] 回答此问题的调查对象如果是专业人士或问卷的填答说明部分已经对"非刑事化犯罪处遇方式"和"烙印化"给予足够的说明，则不能认为犯了概念抽象的错误。

此问题的答案没有满足完备性要求，它会使那些家庭月人均收入在1000元以下者无法选择。如果备选答案难以穷尽，则最后一项答案可设计为开放式问题，如其他（请说明）。

例如，在过去三个月里，您遭受过下列哪些犯罪行为的伤害？

（1）暴力犯罪　　　　（2）财产犯罪　　　　（3）性犯罪
（4）人身犯罪　　　　（5）盗窃　　　　　　（6）恐吓
（7）其他（请说明）

此问题的答案没有满足互斥性要求，答案相互重叠交错。这不仅会造成填答的困难，也会给下一步的资料整理带来不便。

（六）精细冗余

问题过度精细、填答者难以回答，"过度"部分对调查主题意义不大。

例如，您现在住的这套住房的套内建筑面积是：[＿＿｜＿＿｜＿＿｜＿＿]平方米（高位补零）

这是犯罪被害调查问卷中的一道题目。实际上，一般人可能只记得房子面积。不看房产证，大部分人都不知道套内面积。另外，具体面积也很难记得准确。本题只需列出房屋面积区间选项供调查对象选择即可，如20平米以下……180平米以上等。这样既方便填答，也能满足研究需要。（本题还有一个问题：如果填答者是合租甚至群租，填写房子套内建筑面积是没有效度的）

此外，还有问题与答案不匹配、语法问题、表格复杂、印刷错误等。

四、问卷的信度和效度检验

（一）信度

信度（reliability）即可靠性，是指采用同一方法对同一对象进行调查时，问卷调查结果的稳定性和一致性，即测量工具（问卷或量表）能否稳定地测量所测的事物或变量。信度指标多以相关系数表示，具体评价方法大致可分为三类：稳定系数（跨时间的一致性），等值系数（跨形式的一致性）和内在一致性系数（跨项目的一致性）。信度分析的方法主要有以下三种：

1. 重测信度法。同样的问卷，对同一组访问对象在尽可能相同的情况下，在不同时间进行两次测量。两次测量相距一般在两到四周之内。用两次测量结果间的相关分析或差异的显著性检验方法，评价量表信度的高低。

2. 折半信度法。折半信度法是将调查项目分为两半，计算两半得分的相关系数，进而估计整个量表的信度。折半信度属于内在一致性系数，测量的是两半题项得分间的一致性。这种方法一般不适用于事实式问卷（如年龄与性别无法相比），常用于态度、意见式问卷的信度分析。在问卷调查中，态度测量最常见的形式是5级利克特（Likert）量表。进行折半信度分析时，如果量表中含有反意题项，应先将反意题项的得分作逆向处理，以保证各题项得分方向的一致性，然后将全部题项按奇偶或前后分为尽可能相等的两半，计

算二者的相关系数（即半个量表的信度系数），最后用斯皮尔曼-布朗（Spearman-Brown）

公式：$r_{xx} = \dfrac{2r_{hh}}{1+r_{hh}}$（$r_{hh}$ 是两半测验分数的相关系数，r_{xx} 为整个测验的信度估计值）求出整

个量表的信度系数。

3. α 信度系数法。克隆巴赫（Cronbach）α 信度系数是目前最常用的信度系数，其公式为：

$$\alpha = \frac{K}{K-1}\left(1 - \frac{\sum S^2_{\ i}}{S^2_{\ x}}\right)$$

其中，K 为量表中题项的总数，s^2_i 为第 i 题得分的题内方差，s^2_x 为全部题项总得分的方差。从公式中可以看出，α 系数评价的是量表中各题项得分间的一致性，属于内在一致性系数。这种方法适用于态度、意见式问卷（量表）的信度分析。

（二）效度

效度（validity）即有效性，它是指测量工具或手段能够准确测出所需测量的事物的程度。效度分为三种类型：内容效度、准则效度和结构效度。效度分析有多种方法，其测量结果反映效度的不同方面。常用于调查问卷效度分析的方法主要有以下几种。

1. 单项与总和相关效度分析。表面效度（face validity）也称为内容效度或逻辑效度，指的是所设计的题项能否代表所要测量的内容或主题。主要依据调查设计人员的主观判断。对内容效度常采用逻辑分析与统计分析相结合的方法进行评价。逻辑分析一般由研究者或专家评判所选题项是否"看上去"符合测量的目的和要求。统计分析主要采用单项与总和相关分析法获得评价结果，即计算每个题项得分与题项总分的相关系数，根据相关是否显著判断是否有效。若量表中有反意题项，应将其逆向处理后再计算总分。

2. 准则效度分析。准则效度（criterion validity）又称为效标效度或预测效度。准则效度是指量表所得到的数据和其他被选择的变量（准则变量）的值相比是否有意义。根据时间跨度的不同，准则效度可分为同时效度和预测效度。准则效度分析是根据已经得到确定的某种理论，选择一种指标或测量工具作为准则（效标），分析问卷题项与准则的联系，若二者相关显著，或者问卷题项对准则的不同取值、特性表现出显著差异，则为有效的题项。评价准则效度的方法是相关分析或差异显著性检验。在调查问卷的效度分析中，选择一个合适的准则往往十分困难，使这种方法的应用受到一定限制。

3. 结构效度分析。结构效度（construct validity）是指测量结果体现出来的某种结构与测值之间的对应程度。结构效度分析所采用的方法是因子分析。最关心的问题是：量表实际测量的是哪些特征？在评价结构效度时，调研人员要试图解释"量表为什么有效"这一理论问题以及考虑从这一理论问题中能得出什么推论。结构效度包括同质效度、异质效度和语意逻辑效度。有的学者认为，效度分析最理想的方法是利用因子分析测量量表或整个问卷的结构效度。因子分析的主要功能是从量表全部变量（题项）中提取一些公因子，各公因子分别与某一群特定变量高度关联，这些公因子即代表了量表的基本结构。通过因子

分析可以考察问卷是否能够测量出研究者设计问卷时假设的某种结构。在因子分析的结果中，用于评价结构效度的主要指标有累积贡献率、共同度和因子负荷。累积贡献率反映公因子对量表或问卷的累积有效程度，共同度反映由公因子解释原变量的有效程度，因子负荷反映原变量与某个公因子的相关程度。

【思考题】

为什么问卷题目数量既不能多，也不能少？问卷题目的总量受哪些因素制约？

_____

_____

_____

【知识链接】

问卷星：专业的在线问卷调查工具

【学习任务二】 实施犯罪原因问卷调查

问卷只是收集情报信息的工具，要获得有用的信息，还需要实施调查。实施调查就是调查者邀请调查对象参与调查，调查对象填答问卷的过程。这个过程包含五个步骤：①确定调查员；②选取调查对象；③发放问卷；④控制调查现场；⑤问卷回收复核。传统的现场调查、电话调查涉及了上述五个步骤，而邮寄调查，特别是网络调查则主要包含前面三个步骤。

一、确定调查员

调查由研究者直接执行，还是委托调查员执行，与样本规模、调查对象是否可以集中、研究经费、研究周期、研究主题等有关。如果需要委托调查员执行调查，则必须进行培训，说明调查的目的、现场调查注意事项、如何回答调查对象的疑问（复杂的调查问卷，应该制作调查操作手册，对调查对象可能有疑问的问题提供标准化回答）。

二、选取调查对象（抽样）

抽样方法总的分为随机抽样、非随机抽样。随机抽样分为简单随机抽样、分层抽样、整群抽样、系统抽样；非随机抽样分为方便抽样、配额抽样、滚雪球抽样、判断抽样。

（一）随机抽样

随机抽样又称概率抽样，是指总体的全部基本单位都有同等被抽中的机会的抽样方法。随机抽样的一般过程是：先按照随机原则从总体中抽取调查样本，然后依据样本调查结果推算出总体结果，并计算出抽样误差。一般在调查之前应明确抽样误差的允许范围，这样就可了解调查的精确度。人们创造了多种多样的随机抽样方法，其中主要有简单随机抽样、分层抽样、整群抽样和系统抽样。

1. 简单随机抽样。简单随机抽样又称单纯随机抽样，是最简单、最基本的抽样方法。简单随机抽样能够确保总体中的每个基本单位都有同等被抽中的机会，样本抽选完全按照随机原则。其优点是简便易行，比较适用于总体特征分布均匀的总体，并具有较高的可靠性。通常采用抽签法和随机号码表法来随机抽取样本。

2. 分层抽样。分层抽样又称类型抽样或分类抽样，是将调查总体分成若干层，再从各层中随机抽取所需数量的基本单位，综合成一个调查样本。分层抽样在分层时，要求将同一性质的基本单位分在同一层，而处于不同层的基本单位的特征应具有较大差异，即分层后要做到层内个体特征相似，能够代表该层中基本单位的某些特征；层间个体特征相异，能够代表不同层中基本单位的不同特征。这种方法适用于总体基本单位特征存在较大差异且分布不均匀的总体。如果采用简单随机抽样，则有可能出现因样本集中于某些特征而造成样本缺乏代表性的情况，而分层抽样能够有效地避免这样的问题。

3. 整群抽样。又称分群随机抽样、聚类抽样，是将调查总体按某种方式（如地区、单位）分为若干个群体，然后以群体为抽样对象，抽取若干个群体作为调查样本，对群体内的所有基本单位进行普查。整群抽样区别于分层抽样，分层抽样要求所分各层之间具有差异性，各层内部的基本单位之间具有相似性；而整群抽样恰恰相反，要求各群体之间具有相似性，各群体内部的基本单位之间具有差异性。

采用整群抽样的优势在于，抽取的单位比较集中，因此调查起来较为方便、省时、省力。但是在分群过程中，需要注意分成的各群体之间差异要小，只有这样才能确保抽取的某一个或某几个群体具有代表性。否则，抽中的群体就不能很好地体现总体特征，抽样误差就大。

4. 系统抽样。系统抽样又称等距抽样或机械抽样，是将调查总体中的基本单位按照一定标志进行排序，然后按照固定顺序和一定间隔抽取样本。系统抽样时，可以按照与调查目的无关的标志对基本单位进行排序。例如，调查某地的家庭对空调的需求时，按照住户所在街道的门牌号码排序（门牌号码与家庭对空调的需求无关），然后按照一定号码间隔抽取住户进行调查。

（二）非随机抽样

随机抽样要求每一个基本单位被抽取的机会是相等的，因此其调查结果可信度高，误差小。但是，随机抽样不仅要求调查人员掌握总体的某些基本信息，并具有比较熟练的抽样技术与丰富的工作经验，而且需要花费较长时间，费用支出较多。因此，实际调查时，随机抽样并不是对所有调查都适用。在一些调查中，对调查总体不甚了解或调查总体过于庞杂时，往往采用非随机抽样的方法抽取样本。

采用非随机抽样通常是出于以下几个原因：①受客观条件限制，无法进行严格的随机抽样；②为了快速获得调查结果；③调查对象不确定或无法确定，如对某一突发（偶然）事件进行现场调查等；④总体中各单位间离散程度不大，且调查人员具有丰富的调查经验。

非随机抽样方法主要有以下几种。

1. 方便抽样。方便抽样又称任意抽样，是建立在方便或"易接近"基础上的一种抽样方法。例如，在入户调查中，调查人员只选择家中有人的住户；在街头向路过的行人做拦截式访问；利用客户名片上的通信地址或电话进行调查；零售商店在销售商品的过程中，向购买者进行调查；将问卷刊登在宣传媒体上，让读者自填后寄回等，都属于方便抽样。

采用方便抽样是基于这样一种假设，即认为总体中的每一个基本单位都是同质的，随意抽取任何一个单位都是一样的。而事实上，并非所有总体中的每一个基本单位都是同质的，在有的总体中，每一个基本单位都是同质的；而在有的总体中，单位间是异质的。只有在总体中的每一个基本单位都是同质的情况下，才适合采用方便抽样。

2. 配额抽样。配额抽样是指对调查总体按照一定的特征进行分层，对分层后的各层次按照一定的特征（也称为控制特征）规定配额，配额内的样本则由调查人员根据主观判断进行非随机抽样。以某些社会的、经济的特征（如被调查者的年龄、性别、收入水平、受教育程度等）为配额抽样的基础，选定的这类特征就叫作控制特征。一方面，从对调查总体按照一定的特征进行分层来看，配额抽样同分层抽样有相似之处；另一方面，从层内的抽样方法来看，分层抽样采用的是随机抽样方法抽取样本，而配额抽样采用的是判断抽样方法抽取样本。所以，从一定意义上讲，配额抽样也是一种分层抽样。

3. 滚雪球抽样。滚雪球抽样是在对随机方式抽取的一组符合要求的样本进行调查的基础上，根据他们提供的信息或由他们推荐，选择下一组调查对象，进一步对下一组样本进行调查。这样，通过上一组选择下一组，像滚雪球一样不断继续下去，直到满足样本量要求。

三、发放问卷

问卷的发放方式有现场发放、电话调查、邮寄和网络调查。只有现场发放是接触性调查，涉及调查者和调查对象的面对面互动。电话调查只闻其声不见其人，对调查者的形象、着装等没有特别要求。邮寄和网络调查不存在调查者在场的调查现场，调查者可以提出填答问卷的环境要求建议，但无法控制填答情景和进程。

四、控制调查现场

1. 向调查对象说明他们是如何被选取的。

2. 向调查对象说明进行本次问卷调查的目的。

3. 向调查对象说明调查的匿名性和保密措施。

4. 向调查对象说明填答问卷的方式（如，调查问卷表一人一份，请大家独立填写，按自己的真实想法填写就行，没有标准答案，填写时请不要互相交流）。

五、问卷回收复核

回收问卷前，调查者应该提醒填答者再自行检查填答情况，提醒填答者对拿不准的问题可以再次向调查员询问。回收问卷过程中，最好能够翻看一下填答情况，对于有漏答或有瑕疵的填答与调查对象再次沟通确认。这样可以提高问卷回收的有效率，最大限度地保证样本有效，满足研究对样本规模的要求。

【思考题】

在采用非随机抽样方法选取调查对象的研究中，扩大样本规模能否提高结论的可靠性和说服力？

_____

_____

_____

_____

【课程思政】

遵守问卷调查的诚信原则

有的（受委托/雇佣）调查员在现场调查时，没有及时对回收的问卷进行复核和补填，在调查对象离场后，发现有些问卷中的个别问题存在漏答或答案勾选不清等问题。为了提高问卷回收的有效率，调查员代替调查对象补填了部分题项。这种做法违背了问卷调查的"诚信"原则和科学研究的"客观"精神，和篡改研究数据一样，都是严重违背研究伦理的行为。这种行为对调查研究本身还有什么危害？作为调查员如何能够助力提高调查信度和效度？

_____

_____

_____

_____

【学习任务三】 统计分析犯罪原因数据

1843 年，英国哲学家穆勒（John S. Mill, 1806~1873）在其名著《逻辑体系》中，系统地论述了探求因果关系的几种方法：契合法、差异法、契合差异并用法、共变法和剩余法（见表3-1）。现代建立因果关系的方法可以分为逻辑推理和数理统计方法两大类，后者可以看作是前者的数学化。逻辑推理方法主要有：归纳、演绎、比较、类推等。数理统计方法主要有：卡方检验与交互分类、方差分析、回归分析、聚类分析、主成分（因素）分析、非参数统计方法，等等。

表3-1　穆勒五法

名称	图示	说明
契合法	若A，B，C→a，b，c A，B，D→a，b，d A，C，E→a，c，e 则A是a的因	1. 结论的可靠性和考察的场合数量有关。考察的场合越多，结论的可靠性越高。 2. 有时在被研究的各个场合中，共同的因素并不只有一个，因此，在观察中就应当通过具体分析排除与被研究现象不相关的共同因素。
差异法	若A，B，C→a，b，c B，C→b，c 则A是a的因	1. 必须注意排除了一点外的其他一切差异因素。如果相比较的两个场合还有其他差异因素未被发觉，结论就会被否定或出现误差。 2. 注意两个场合唯一不同的情况是被考察现象的全部原因还是部分原因。
契合差异并用法	若A，B，C→a，b，c A，B，D→a，b，d A，C，E→a，c，e 且B，C→b，c B，D→b，d C，E→c，e 则A是a的因	1. 正反两组事例的组成场合越多，结论的可靠程度越高。 2. 所选择的负事例组的各个场合，应与正事例组各场合在客观类属关系上较近。
共变法	若 A1，B，C → a1，b，c A2，B，C→a2，b，c A3，B，C→a3，b，c 则A是a的因	1. 不能只凭简单观察，来确定共变的因果关系，有时两种现象共变，但实际并无因果联系，可能二者都是另一现象引起的结果。 2. 共变法通过两种现象之间的共变，来确定两者之间的因果联系，是以其他条件保持不变为前提的。 3. 两种现象的共变是有一定限度的，超过这一限度，两种现象就不再有共变关系。

名称	图示	说明
剩余法	若 A，B，C→a，b，c A→a B→b 则 C 是 c 的因	1. 确知复杂现象的复杂原因及其部分对应关系，不得有误差，否则结论就不可靠。 2. 复合现象剩余部分的原因，可能又是复杂情况，这又要进行再分析，不能轻率地下结论。

一、相关性分析

解释犯罪的方法主要是比较法，与之对应的数学方法就是相关分析和方差分析。用于相关分析的常见方法有 x^2（卡方）检验、点二列相关、spearman（等级）相关、pearson（积距）相关等。相关分析必须明确各分析方法的适用对象及条件，不可随意使用。如pearson（积距）相关的要求是：①两变量均为定距以上变量；②两变量均正态分布；③两变量呈直线型关系。利用问卷收集的定量化资料，研究者可以借助 SPSS/PC（社会科学统计软件包）进行分析。

（一）x^2（卡方）检验法

下面重点介绍因果关系分析中最常用的 x^2（卡方）检验法。x^2（卡方）检验可分为单因素分类（配合度）检验和独立性检验。配合度检验利用观测值和理论值做比较，如果二者差异显著，即计算的卡方值大于在一定显著性水平（一般显著性水平取 0.05）下的卡方临界值（临界值的自由度一般为类别数减 1），则说明该变量是一个有效的解释变量。下面举例说明。

1. 单因素分类检验。某地区的自杀罪犯和罪犯总体的文化程度分布如下表所示。问自杀罪犯与罪犯总体是否有显著差异，即罪犯自杀是否与文化程度有关？见表 3-2，表 3-3。

表 3-2　自杀罪犯与罪犯总体的文化程度比较（%）

	高中	初中/中专	小学	文盲/半文盲
自杀罪犯	3.1	25.0	43.8	28.1
罪犯总体	7.97	47.5	37.28	5.43

N = 32

表 3-3　自杀罪犯与罪犯总体的文化程度分布的观测值与理论值

	高中	初中/中专	小学	文盲/半文盲
f_o	1	8	14	9
f_e	3	15	12	2

N = 32

$$x^2 = \sum \frac{(f_o - f_e)^2}{f_e} = 29.5 \qquad （基本公式）$$

查卡方表可知 $x^2_{(3).05} = 7.81$

因 $x^2 > x^2_{(3).05}$

所以，罪犯自杀与文化程度有关。

2. 独立性检验。独立性检验可以对二个因素之间是否存在"交互作用"做出判断。由于基本公式要求理论次数，为了避免求理论次数的麻烦，可以用下式直接计算：

$$x^2 = N\left(\sum \frac{f_{o_i}^2}{f_{x_i}f_{y_i}} - 1 \right)$$

下面举例说明，见表3-4。

表3-4　年龄与巡逻意愿（%）

	年轻人	老年人	f_{x_i}
参与	17	36	53
不参与	83	64	147
f_{y_i}	100	100	N = 200

$$x^2 = N\left(\sum \frac{f_{o_i}^2}{f_{x_i}f_{y_i}} - 1 \right) = 9.26$$

查卡方表可知 $x^2_{(1).05} = 3.84$

因 $x^2 > x^2_{(1).05}$

所以，巡逻意愿与年龄有关。

（二）SPSS 软件中的 x^2（卡方）检验操作

下面以是否重犯与初犯年龄为例，来说明在 SPSS for win. 10.0 中如何进行卡方检验（Crosstabs Analysis）。

1. 进入数据表格（图3-1）后，在菜单栏中依次选择：

Analyze——Descriptive Statistics——Crosstabs…

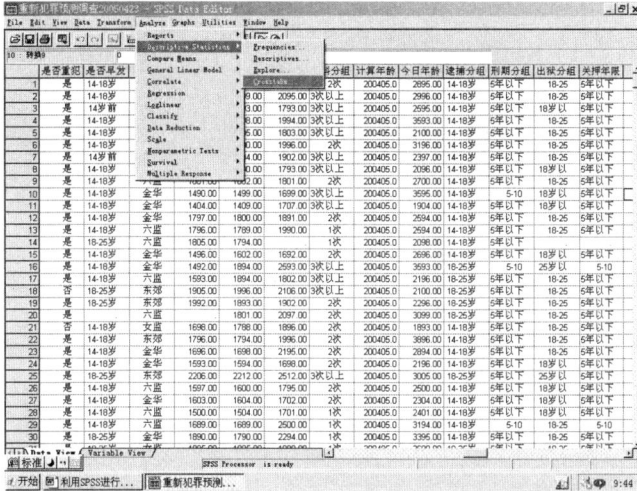

图 3-1 卡方检验菜单栏

2. 打开如图 3-2 对话框。

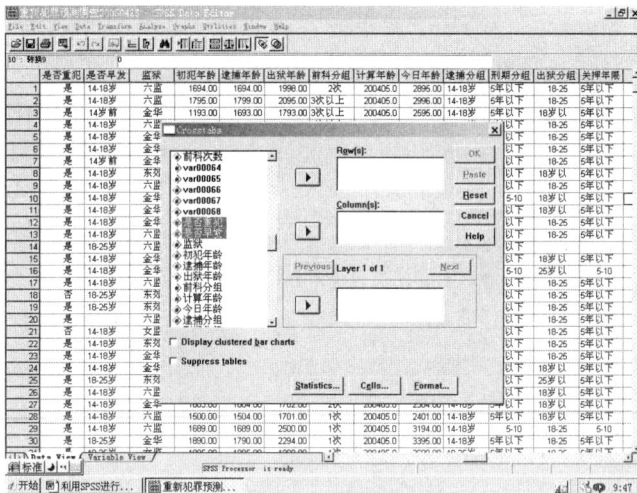

图 3-2 卡方检验分析界面

3. 在对话框左边的变量栏中选择需要分析的两个变量："是否重犯"与"是否早发"，并且把作为自变量或原因变量的"是否早发"放入 Column 框中，把因变量或结果变量"是否重犯"放入 Row 框中，如图 3-3。

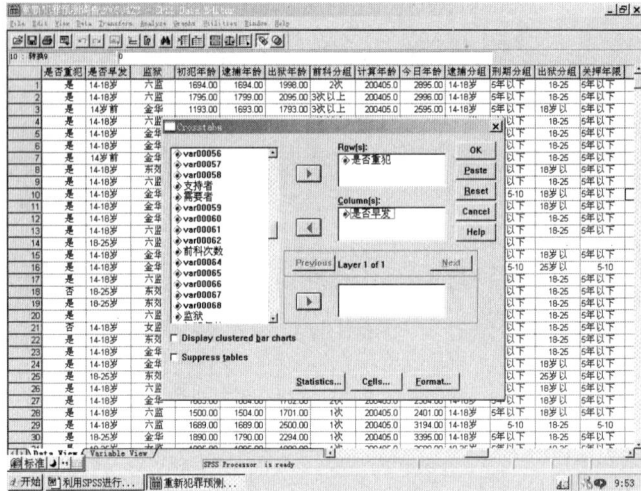

图 3-3　选择分析变量

4. 点开对话框下面的统计按钮 Statistics…，得到下列对话框，如图 3-4。Chi-square 项中，包含 Pearson 卡方值、似然比卡方值等，是对两个定类变量之间关系进行显著性检验的基础，必须选择；Correlations 项中，包含 Pearson 相关系数和 Spearman 相关系数，它只适合定距以上层次的变量，对于定类或定序层次的变量来说，可以不选择此项。

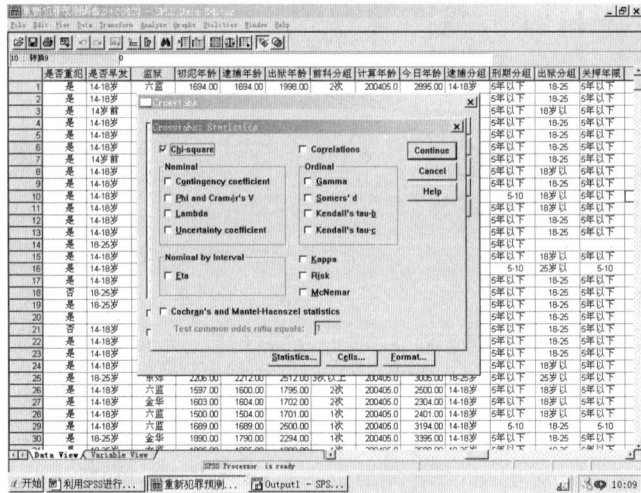

图 3-4　选择相关系数类型

5. 点击 Continue 返回上级对话框（见图 3-3），再点击 Cells…，进入图 3-5 界面。根据研究的目标，决定是否需要显示观察频数（Observed）和期望频数（Expected），百分比（Percentages），通常选择列百分比（Column）。

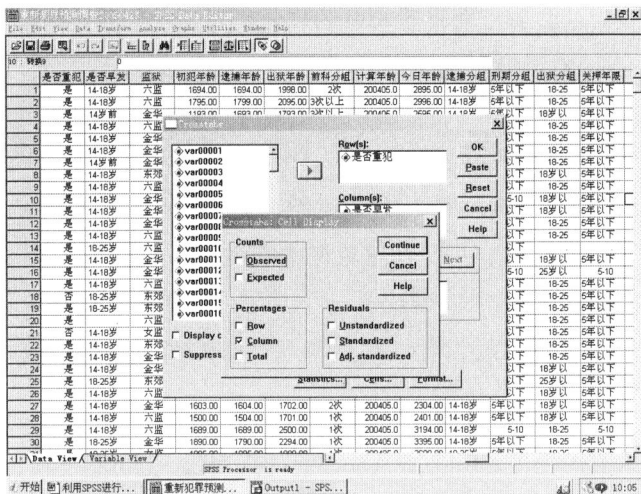

图 3-5 选择（行）列百分比

6. 点击 Continue 返回图 3-3，再点 OK 即可得到下列形式的交互分类统计结果，
如图 3-6。

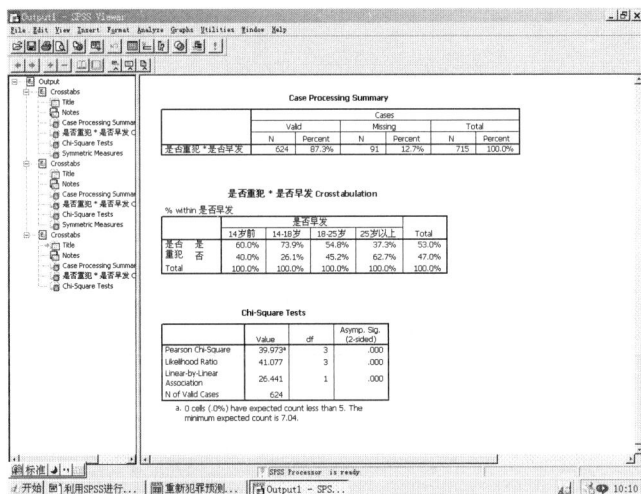

图 3-6 交互分类统计结果

由图 3-6 可知，卡方值为 39.973，显著性水平 P 为 .000。这表明"是否重犯"与
"是否早发"有显著相关性。换言之，"是否早发"会影响重犯可能性。

x^2（卡方）检验只提供了一种建立变量间关系的工具，并不是说任何在数学上成立的
关系在实际中都是成立的，结果的解释必须以一定的理论学说和实践经验为背景。否则就
会陷入数字游戏和虚假关系之中。

二、方差分析

对于定距以上变量的分析，方差分析也比较常见。在重新犯罪调查中，需要开展重犯
组和初犯组主观估计的犯罪可能性等差异比较。我们以此为例，来说明利用 SPSS 进行方
差分析的过程。

你认为你本次回归社会后重新犯罪的可能性有多大_____%。

根据你的估计,在我们国家每 100 个人中,有百分之多少有犯罪行为_____%。

根据你的估计,在我们国家每 100 个犯过罪的人中,有百分之多少受到处罚_____%。

你认为导致一个人犯罪的原因中社会环境能有多大的作用_____%。

1. 进入数据表格(图 3-7)后,在菜单栏中依次选择:

Analyze—— Compare Means——Means…

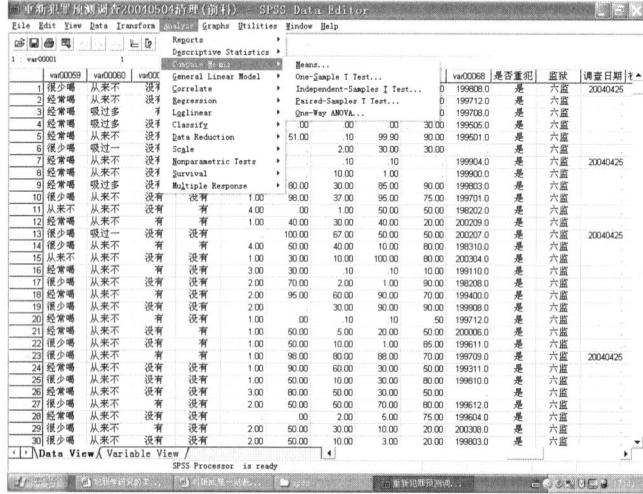

图 3-7 方差分析菜单栏

2. 打开如图 3-8 对话框。

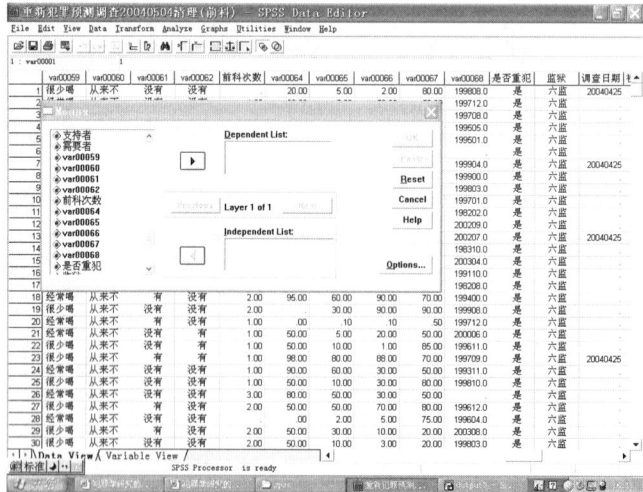

图 3-8 方差分析界面

3. 对话框左边的变量栏中选择需要分析的两个变量:"是否重犯"与"var00064""var00065""var00066""var00067",并且把作为自变量或原因变量的"是否重犯"放入 Independent List 框中,把因变量或结果变量"var00064""var00065""var00066""var00067"

放入 Dependent List 框中，如图 3-9。

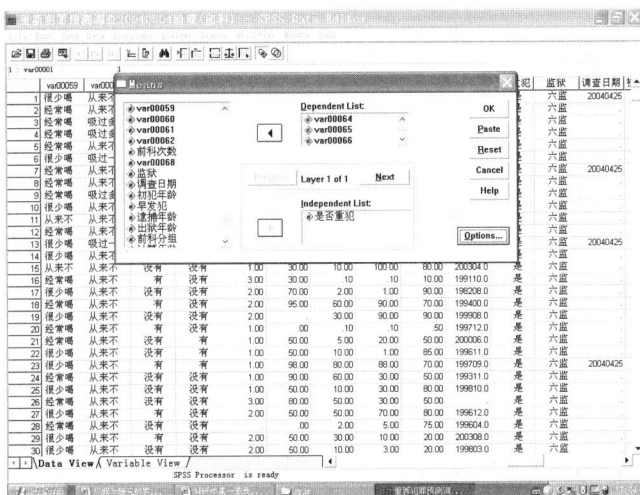

图 3-9 选择分析变量

4. 点开对话框下面的统计按钮 Options…，得到下列对话框，如图 3-10。选择 Mean、Standard Deviation、Number of Cases 和 Anova table and eta。

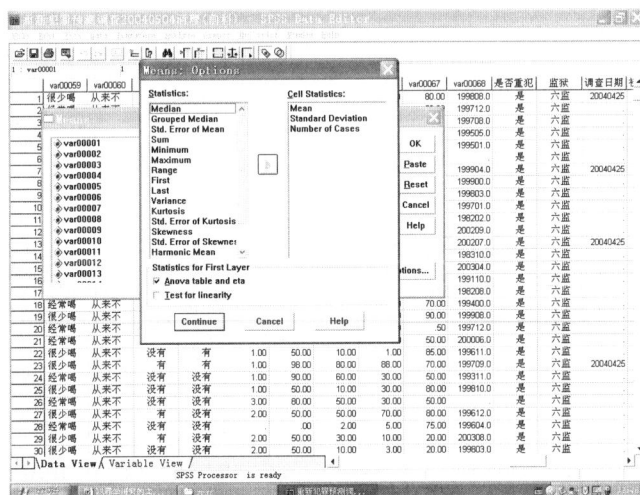

图 3-10 选择统计项

5. 点击 Continue，返回上级对话框（图 3-9），再点击 OK。得到以下分析结果，请见表 3-5，表 3-6。

表 3-5　平均数与标准差报告

是否重犯		VAR00064	VAR00065	VAR00066	VAR00067
是	Mean	32. 5055	28. 8914	35. 0205	58. 1950
	Std. Deviation	31. 2077	28. 9176	32. 0083	28. 0237
	N	311	326	321	319
否	Mean	20. 6348	22. 5621	32. 1955	54. 8428
	Std. Deviation	29. 5647	26. 7226	31. 7430	28. 4203
	N	299	310	309	311
Total	Mean	26. 6869	25. 8064	33. 6349	56. 5402
	Std. Deviation	30. 9635	28. 0269	31. 8845	28. 2476
	N	610	636	630	630

表 3-6　方差分析

		Sum of Sguare	df	Mean Sguare	F	Sig
VAR00064 * 是否重犯	Between Groups （Combined）	21480. 83	1	21480. 827	23. 223	. 000
	Within Groups	562389. 6	608	924. 983		
	Total	583870. 4	609			
VAR00065 * 是否重犯	Between Groups （Combined）	6365. 362	1	6365. 362	8. 195	. 004
	Within Groups	492430. 5	634	776. 704		
	Total	498795. 8	635			
VAR00066 * 是否重犯	Between Groups （Combined）	1256. 518	1	1256. 518	1. 236	. 267
	Within Groups	638197. 1	628	1016. 237		
	Total	639453. 6	629			
VAR00067 * 是否重犯	Between Groups （Combined）	1769. 601	1	1769. 601	2. 222	. 137
	Within Groups	500126. 2	628	796. 379		
	Total	501895. 8	629			

注：τ 与 $\tau 2$ 系数分别为：. 192/. 037；. 113/. 013；. 044/. 002；. 159/. 004。

表 3-6 说明，重犯组和初犯组在"回归社会后重新犯罪的可能性"的估计和"社会上有犯罪行为的人的比例"的估计方面存在显著差异：重犯组比初犯组更倾向于高估。

三、详析模式

如果要建立多变量之间的因果关系，可以借助方差分析、多元回归分析、因素分析、路径分析等方法。详析模式是多变量分析的基础，也是最常见的一种多变量分析方法，现做如下介绍。引入第三变量对两变量的关系进行检验，以解释或确定这种关系的过程叫做分析的详析化，被引入的变量叫作检验因素或控制变量。当我们引入教育程度这一因素，在对上例"年龄与巡逻意愿"（见表3-4）进行分析时发现：

表3-7　控制教育程度后的年龄与巡逻意愿（%）

	高教育程度		低教育程度	
	年轻人	老年人	年轻人	老年人
参与	9	11	29	32
不参与	91	89	71	68

上表显示，在控制教育程度后的年龄与巡逻意愿关系消失了。

详析模式可以帮助研究者增进对两变量关系的确信程度。一般在下列情况下应当引入检验因素：①有理论或经验证明某因素可能解释其中的关系；②无证据证明它与自变量及因变量没有关系。

【课程思政】

维护统计数据的真实

统计数据在决策时具有十分重要的意义，然而许多统计机构却经常以一些谎言掩盖数据的真实性。哈夫（Darrell Huff）在《统计陷阱》中指出，世界上有三种谎言：谎言、弥天大谎和统计数据！数据本身不会说谎，但说谎者需要数据。你对此怎么看？

_____

_____

_____

【能力测试】

犯罪原因分析

【课堂笔记】

模块二 | 犯罪原因理论

犯罪原因理论模块分七个学习单元，重点介绍犯罪学家在研究与解读犯罪原因的历史进程中形成的重要理论，主要包括古典犯罪学理论、犯罪生物学理论、犯罪心理学理论、社会学习理论、社会控制理论、社会失范理论、贴标签理论。

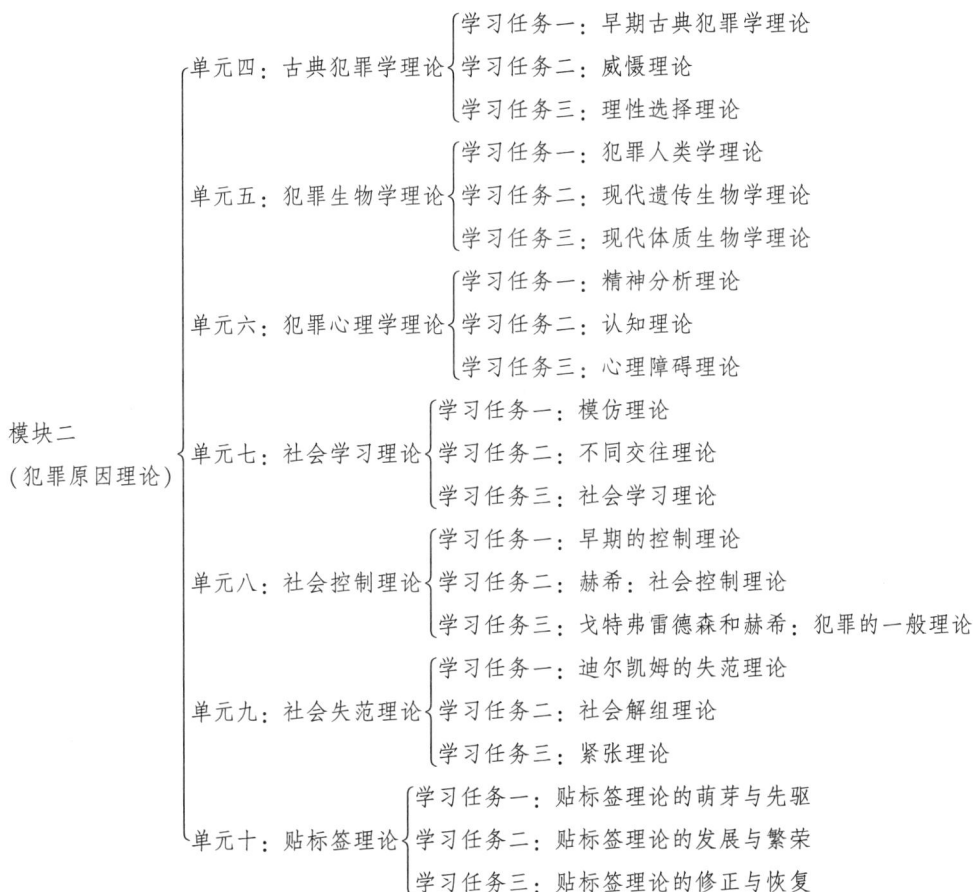

模块二
（犯罪原因理论）

单元四：古典犯罪学理论
- 学习任务一：早期古典犯罪学理论
- 学习任务二：威慑理论
- 学习任务三：理性选择理论

单元五：犯罪生物学理论
- 学习任务一：犯罪人类学理论
- 学习任务二：现代遗传生物学理论
- 学习任务三：现代体质生物学理论

单元六：犯罪心理学理论
- 学习任务一：精神分析理论
- 学习任务二：认知理论
- 学习任务三：心理障碍理论

单元七：社会学习理论
- 学习任务一：模仿理论
- 学习任务二：不同交往理论
- 学习任务三：社会学习理论

单元八：社会控制理论
- 学习任务一：早期的控制理论
- 学习任务二：赫希：社会控制理论
- 学习任务三：戈特弗雷德森和赫希：犯罪的一般理论

单元九：社会失范理论
- 学习任务一：迪尔凯姆的失范理论
- 学习任务二：社会解组理论
- 学习任务三：紧张理论

单元十：贴标签理论
- 学习任务一：贴标签理论的萌芽与先驱
- 学习任务二：贴标签理论的发展与繁荣
- 学习任务三：贴标签理论的修正与恢复

第四单元　古典犯罪学理论

【思维导图】

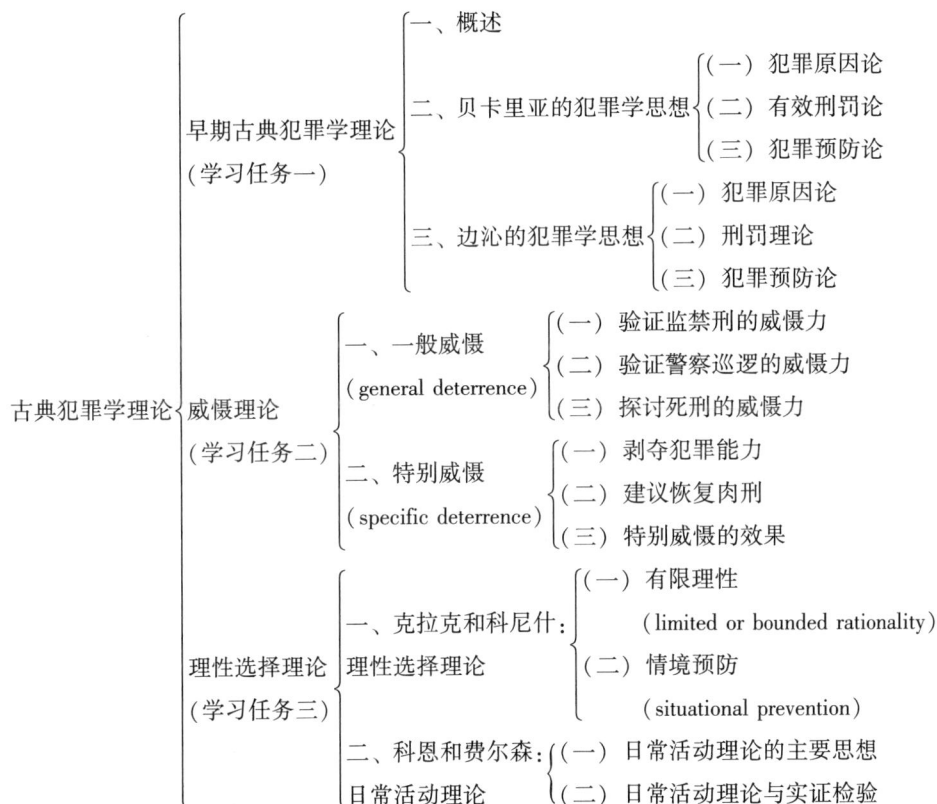

【学习目标】

知识目标：了解古典犯罪学的历史发展脉络，掌握早期古典犯罪学理论的代表人物及其犯罪学思想；掌握当代威慑理论、理性选择理论、日常活动理论关于犯罪原因的阐述与实证检验。

能力目标：能够运用古典犯罪学理论、当代威慑理论、理性选择理论、日常活动理论分析相关犯罪现象，解释相关典型案例的犯罪原因，开展犯罪预防，降低被害可能性。

素质目标：通过学习古典犯罪学理论、当代威慑理论、理性选择理论、日常活动理论，培养公正执法、禁止酷刑、规范日常生活、防范电信网络诈骗等意识。

【引言】

1764 年，意大利犯罪学家贝卡里亚（Cesare Beccaria）出版《论犯罪与刑罚》一书，标志着古典犯罪学学派（classical school of criminology）开始形成。古典犯罪学理论反对用超自然力量和"上帝意志"来解释犯罪行为产生的原因，认为犯罪是行为人在自由意志支配下、经过利弊权衡之后进行选择的结果。古典犯罪学理论对刑事立法、刑事司法、刑罚实践以及监狱改革产生了重大的实际影响。古典犯罪学理论产生之后不久，在犯罪研究领域就占据主导地位并持续 100 多年。

19 世纪中后期，欧洲法律制度受古典犯罪学理论影响改革后，犯罪率不但没有下降反而上升。人们对古典犯罪学理论解决犯罪问题的能力产生了怀疑。实证主义犯罪学理论逐渐兴起并取代了古典犯罪学理论的主导地位。实证主义犯罪学理论的主导地位大约持续了 100 年，也完全没能起到减少犯罪的效果。因此，从 20 世纪 60 年代开始，犯罪学家们再度将目光投向古典犯罪学理论，出现了古典犯罪学理论复活的趋势，产生了当代古典主义犯罪学（contemporary classicism criminology），包括威慑理论、日常活动理论和理性选择理论。

【案例导入】

吴生有虚开增值税专用发票案[1]

吴生有，男，1969 年出生，汉族，高中文化，户籍地 Z 省。吴生有于 2017 年 4 月在 Q 省 X 市经济开发区注册成立风和光热电力装备有限公司并实际控制。2017 年 5 月，朋友刘立文前来 Q 省 X 市与吴生有协商，以石化产品生意虚开增值税专用发票，并商定每虚开一吨油增值税专用发票所得 10 元由吴生有分得 3 元、刘立文分得 4 元、剩余 3 元缴税。

2017 年 6 月份，吴生有为谋取非法利益，通过刘立文介绍，与 J 省飞鹰迪亚石油化工有限公司实际控制人王益满达成协议，约定由飞鹰迪亚石油化工有限公司提供资金与增值税专用发票、解决上下游供销，风和光热电力装备有限公司利用资金流与进项发票对外开具增值税专用发票。后吴生有在 J 省 C 市某商业银行开设风和光热电力装备有限公司结算

---

〔1〕 注：本案例由本单元撰稿人根据中国裁判文书网真实案件改编，案例中的人名和公司名均为化名。

账户并交由王益满控制。

后因风和光热电力装备有限公司无石化产品经营资质，于 2017 年 7 月 4 日变更经营范围，增加润滑油、燃料油、白油、石蜡等化工产品的销售，2017 年 7 月 12 日登记为一般纳税人，次日吴生有向税务机关申请额度为一千万元的增值税专用发票最高开票限额的税务行政许可，并于同年 7 月 14 日获许可。

在没有真实货物交易的情况下，风和光热电力装备有限公司接受飞鹰迪亚石油化工有限公司虚开的增值税专用发票 636 份，金额 631 394 296.77 元，税额 107 337 031.13 元，价税合计 738 731 327.90 元；接受 A 石油化工有限公司虚开的增值税专用发票 9 份，金额 77 692 550.78 元，税额 13 207 733.62 元，价税合计 90 900 284.40 元；接受 Z 石油化工有限公司虚开的增值税专用发票 13 份，金额 122 217 231.45 元，税额 20 776 929.38 元，价税合计 142 994 160.83 元；接受 T 油品有限公司虚开的增值税专用发票 32 份，金额 3 092 171.49 元，税额 185 530.41 元，价税合计 3 277 701.90 元。以上共计接受他人虚开的增值税专用发票 690 份，金额 834 396 250.49 元，税额 141 507 224.54 元，价税合计 975 903 475.03 元，并已全部认证抵扣。

取得以上进项发票后，吴生有在风和光热电力装备有限公司没有实际加工的情况下，于 2017 年 7 月 27 日至 31 日对外虚开增值税专用发票。其中，为蓝天太空科技发展有限公司虚开增值税专用发票 11 份，金额 108 962 716.64 元，税额 18 523 661.86 元，价税合计 127 486 378.50 元；为 K 商贸有限公司虚开增值税专用发票 21 份，金额 192 390 694.52 元，税额 32 706 418.12 元，价税合计 225 097 112.64 元；为大连 H 石油化工有限公司虚开增值税专用发票 20 份，金额 197 796 923.01 元，税额 33 625 476.99 元，价税合计 231 422 400.00 元；为青岛 D 化工有限公司虚开增值税专用发票 25 份，金额 238 539 186.40 元，税额 40 551 661.60 元，价税合计 279 090 848.00 元；为山东 J 化工集团有限公司虚开增值税专用发票 11 份，金额 90 557 723.76 元，税额 15 394 813.04 元，价税合计 105 952 536.80 元。以上共为他人虚开增值税专用发票 88 份，金额 828 247 244.33 元，税额 140 802 031.61 元，价税合计 969 049 275.94 元，并已全部认证抵扣，造成下游企业在无实际货物交易的情况下虚抵增值税进项税额共计 140 802 031.61 元。为实施虚开增值税专用发票犯罪行为，风和光热电力装备有限公司缴纳税款 1 308 197.83 元，实际造成国家税款损失 139 493 833.78 元。吴生有非法获利 1 239 946.49 元。

2021 年 4 月，Q 省高级人民法院作出终审判决：以被告人吴生有犯虚开增值税专用发票罪，判处有期徒刑十五年，剥夺政治权利终身，并处罚金人民币 50 万元。依法追缴被告人吴生有犯罪所得 1 239 946.49 元。

【学习情境】

上述案例中，吴生有与朋友刘立文协商，以石化产品生意虚开增值税专用发票，并商定每虚开一吨油增值税专用发票所得 10 元由吴生有分得 3 元、刘立文分得 4 元、剩余 3 元缴税。因公司无石化产品经营资质，吴生有变更经营范围，增加润滑油、燃料油、白油、石蜡等化工产品的销售，将公司登记为一般纳税人，向税务机关申请额度为一千万元的增值税专用发票并获许可。在没有真实货物交易的情况下，吴生有控制的公司共计接受他人虚开的增值税专用发票 690 份，价税合计 975 903 475.03 元，并已全部认证抵扣。共为他人虚开增值税专用发票 88 份，价税合计 969 049 275.94 元，并已全部认证抵扣。为实施虚开增值税专用发票犯罪行为，风和光热电力装备有限公司缴纳税款 1 308 197.83 元，实际造成国家税款损失 139 493 833.78 元。吴生有非法获利 1 239 946.49 元。

上述事实表明，罪犯吴生有虚开增值税专用发票的行为显然是经过其理性计算的。在吴生有看来，虚开增值税专用发票获得的非法利益是实实在在的，经过周密设计的虚开增值税专用发票行为不容易被发现，或许可以避免被判刑被定罪的风险。在巨大利益面前，吴生有冒险实施了虚开增值税专用发票的犯罪行为。由此可见，人们实施犯罪是在自由意志的支配下，经过利弊权衡之后，作出了趋利避害的选择，并非超自然力量或魔鬼驱使的结果。这正是古典犯罪学理论解释犯罪的基本思路。本单元将梳理古典犯罪学理论兴起、衰落、再度复活的历史发展轨迹，介绍各阶段的相关代表人物及其主要思想。

【课前预习】

_____

_____

_____

_____

【学习任务一】 早期古典犯罪学理论

一、概述

早期古典犯罪学派诞生于 18 世纪的欧洲。受"天赋人权""自由平等"等启蒙思想的影响，早期古典犯罪学派摒弃了过去以超自然力量来看待犯罪行为的方式，取而代之从人类自身的角度来理性观察犯罪行为。在理性主义思潮下，他们对残存的酷刑制度进行了猛烈批判，大力宣传和倡导天赋人权、平等、自由、博爱主义。基于人道主义立场，主张排斥复仇观念，强调罪刑均衡，建议以客观主义刑罚制度代替不合理的主观的或擅断的刑罚制度，对现代刑罚制度的建立产生了深远的影响。代表人物有意大利的贝卡里亚、英国的边沁（Jeremy Bentham），以及德国的康德（Immanuel Kant）、黑格尔（Georg Wilhelm Friedrich Hegel）和费尔巴哈（Anselm von Feuerbach）等。

古典犯罪学学派代表人物对犯罪原因的研究比较少，他们主要从以下三个方面解释犯

罪原因：[1]

（1）人性自私。他们普遍接受英国自然法学家霍布斯（Thomas Hobbes）关于人性恶的观点，认为人的本性是自私的、邪恶的，犯罪是人的本性的表现，任何人都有可能将这种本性表现出来，所以，任何人都有犯罪的可能。

（2）意志自由（free will）。古典学派的学者认为，任何人都有同样的意志自由，都能根据自己的意愿作出选择。由于个人意愿和外部条件的不同，人们既有可能选择犯罪行为，也有可能选择守法行为。犯罪行为是个人自由选择的结果；正因为犯罪行为表现了犯罪人的自由意志，犯罪人应当对其自由选择的犯罪行为承担责任。

（3）功利主义（utilitarianism）或者享乐主义（hedonism）。具有自由意志的人之所以选择犯罪行为而不选择守法行为，是由人们的功利主义或者享乐主义倾向决定的。由于人人都想趋利避害，用最小的代价获取最大的利益和享受，而与守法行为相比，犯罪行为正好符合这样的要求，因此，人们就选择实施犯罪行为。

二、贝卡里亚的犯罪学思想

古典犯罪学通常与意大利学者贝卡里亚的名字联系在一起。[2]贝卡里亚被称为"古典犯罪学之父""古典犯罪学创始人"，他的犯罪学思想主要体现在《论犯罪与刑罚》这部名著中，主要内容包括：

切萨雷·贝卡里亚[3]

（一）犯罪原因论

犯罪原因问题是贝卡里亚思想乃至整个古典学派中比较薄弱的环节。《论犯罪与刑罚》共计47章，没有专门章节论述犯罪原因问题，不过，整部著作贯穿着贝卡里亚对犯罪原因的一些看法。犯罪学家哈根（John Hagan）认为，"贝卡里亚强调犯罪的两个主要原因：

---

〔1〕　吴宗宪：《西方犯罪学》，高等教育出版社2023年版，第51页。

〔2〕　George B. Vold, Thomas J. Bernard, & Jeffrey B. Snipes, *Theoretical Criminology*, Oxford University Press, 2002, p. 14.

〔3〕　图片来源：https://cdn. studenti. stbm. it/images/2019/10/23/cesare-beccaria-orig. jpeg，最后浏览时间：2023年6月12日。

经济条件和坏的法律。一方面，他指出财产犯罪主要是由穷人实施的，而且主要是由贫穷产生的。另一方面，他认为严酷的法律会通过削弱人道精神来促成犯罪。"[1]

在贝卡里亚看来，盗窃是一种产生于贫困和绝望的犯罪，是一贫如洗的不幸者的犯罪。走私罪是法律自身的产物。因为关税越高，渔利也就越多。随着警戒范围的扩大，随着违禁商品体积的缩小，人们更热衷于尝试走私，实施这种犯罪也更加便利。通奸这种犯罪行为之所以具有自己的力量和方向，正是基于以下两个原因：一是人间的法律变化无常，二是异性之间极其强烈地相互吸引。通奸罪与其他犯罪之间的另一个显著差别：通奸是由人们过分地追逐某种需求所引起的，这种需求是先天的，它对于整个人类都是普遍的和永恒的，它甚至是社会的奠基石。其他破坏社会的犯罪则不是产生于自然的需求，而是取决于一时的欲望。[2]

（二）有效刑罚论

贝卡里亚认为，刑罚的目的仅仅在于：阻止罪犯再重新侵害公民，并规诫其他人不要重蹈覆辙。能够有效遏制犯罪的刑罚应当具备以下三个特点：

1. 罪刑均衡。简单地说，就是罪当其罚，罚当其罪。贝卡里亚指出，犯罪对公共利益的危害越大，促使人们犯罪的力量越强，制止人们犯罪的手段就应该越强有力。这就需要刑罚与犯罪相对称。为此，贝卡里亚设计了一个罪刑均衡阶梯。首先，找到一个由一系列越轨行为构成的阶梯，它的最高一级就是那些直接毁灭社会的行为，最低一级就是对于作为社会成员的个人所可能犯下的、最轻微的非正义行为。在这两极之间，包括了所有侵害公共利益的、我们称之为犯罪的行为，这些行为都沿着这无形的阶梯，从高到低顺序排列。[3] 其次，需要有一个相应的、由最强到最弱的刑罚阶梯。最高一级的犯罪受到最强的刑罚，最低一级的犯罪受到最弱的刑罚。罪刑均衡阶梯不仅为人们提供了一张确定某行为是否为犯罪的清单，而且给人们提供了一张犯罪的价目表，起到遏制犯罪的作用。

2. 刑罚及时。贝卡里亚提出，在适用刑罚中，要考虑刑罚及时性，即在犯罪后迅速地处以刑罚。惩罚犯罪的刑罚越是迅速和及时，就越是公正和有益。①公正体现在：及时迅速地判处刑罚，可以避免犯罪人由于不知道自己将要受到什么处罚而产生的痛苦，这种痛苦对社会是无益的，对犯罪人是残酷的；刑罚及时，可以避免在判决之前长期羁押犯罪嫌疑人。②有益体现在：犯罪与刑罚之间的时间间隔得越短，在人们心中，犯罪与刑罚这两个概念的联系就越突出、越持久，因而，人们就很自然地把犯罪看作起因，把刑罚看作不可缺少的必然结果。只有使犯罪和刑罚衔接紧凑，才能指望人们从诱惑他们的、有利可图的犯罪图景中立即猛醒过来。

3. 刑罚确定。这是指犯罪之后必然要受到刑罚处罚。有效的刑罚应该做到天网恢恢疏而不漏。只要实施了犯罪行为，就一定会被判处刑罚，没有任何例外。贝卡里亚指出，

---

〔1〕 转引自吴宗宪：《西方犯罪学》，高等教育出版社 2023 年版，第 53 页。
〔2〕 ［意］切萨雷·贝卡里亚：《论犯罪与刑罚》，黄风译，中国方正出版社 2004 年版，第 49、77、71~72 页。
〔3〕 ［意］切萨雷·贝卡里亚：《论犯罪与刑罚》，黄风译，中国方正出版社 2004 年版，第 17 页。

对于犯罪最强有力的约束力量不是刑罚的严酷性，而是刑罚的必定性。"即使刑罚是有节制的，它的确定性也比联系着一线不受处罚希望的可怕刑罚所造成的恐惧更令人印象深刻。"[1] 贝卡里亚认为，犯罪与刑罚之间这种必然的、确定的联系，可以增强刑罚的威慑力，从而遏制犯罪。

（三）犯罪预防论

贝卡里亚十分重视预防犯罪，并认为预防犯罪比惩罚犯罪更高明。在《论犯罪与刑罚》一书中，贝卡里亚提出了五种预防犯罪的手段。[2]

1. 制定明确和通俗的法律。让国家集中力量去保卫这些法律，而不能用丝毫的力量去破坏这些法律；应该使法律少为人的某些阶层服务，而让它为人服务；应该让人畏惧这些法律，而且是让他们仅仅畏惧法律。对法律的畏惧是健康的，然而人对人的畏惧则是有害的，是滋生犯罪的。

2. 让启蒙的光明与自由相伴。知识传播得越广泛，它就越少滋生弊端，就越加创造福利。贝卡里亚反对那种认为科学总是有害于人类的观点，认为愚昧无知、丧失理性引发犯罪，主张大力开展思想启蒙，因为真实而简单的事物关系在被人们正确认识之后，不会给他们带来灾难。

3. 法律的执行机构遵守法律。贝卡里亚认为，注意遵守法律而不腐化的司法官员越多，践踏法律的危险就越小，犯罪也就越少。

4. 奖励美德。贝卡里亚发现，当时所有国家的法律对这个议题普遍默不作声。贝卡里亚认为，科学院对于真理发现者的奖励促进了知识和优秀著作的繁荣，慈善的君主所颁布的奖励也会促进道德行为的昌明！

5. 完善教育。贝卡里亚认为，完善教育是预防犯罪的最可靠但也最艰难的措施。教育不在于课目繁多而无成果，而在于选择上的准确，当偶然性和随意性向青年稚嫩的心灵提供道德现象和物理现象的摹本时，教育起着正本清源的作用；教育通过感情的捷径，把年轻的心灵引向道德，从而远离恶行。

【知识链接】

《论犯罪与刑罚》的历史影响[3]

三、边沁的犯罪学思想

英国功利主义哲学家、经济学家和法学家边沁，是犯罪学史上仅次于贝卡里亚的古典学派的代表人物，是英国按照古典学派学说进行刑法改革的最伟大领导人。边沁最重要的

---

〔1〕　［意］切萨雷·贝卡里亚：《论犯罪与刑罚》，黄风译，中国方正出版社2004年版，第57页。
〔2〕　［意］切萨雷·贝卡里亚：《论犯罪与刑罚》，黄风译，中国方正出版社2004年版，第91~98页。
〔3〕　参见吴宗宪：《西方犯罪学》，高等教育出版社2023年版，第57~59页。

著作是 1789 年出版的《道德与立法原理导论》，他的犯罪学理论也主要体现在这部著作中。

杰里米·边沁[1]

废弃的古巴圆形监狱[2]

（一）犯罪原因论

边沁以功利主义哲学为基础论述其犯罪学理论。边沁认为，大自然将人类置于"痛苦与快乐"这两个主宰的统治之下，避免痛苦和追求快乐是人的本性或人类的基本规律。避苦求乐是一切道德行为的原因和动力，也是一切不道德行为包括犯罪行为的原因和动力。

边沁认为，人类的一切行为都是在避苦求乐原则的支配下，进行理性选择的结果。痛苦、快乐或者其他事件都会成为人类行为的动机。当人们产生动机时，就会对行为可能产生的各种后果（分为快乐后果和痛苦后果两类）进行计算，当认为行为带来的快乐大于痛苦时，就会在这种动机的推动之下进行有关的行为。边沁指出，正是对获得感官、富有、技艺、权力等某种快乐的预期，或者对确保免除匮乏、失望、遗憾等某种痛苦的预期，构成了犯罪的动机或诱惑；正是这种预期的实现构成了犯罪的收益。犯罪行为因追求快乐或避免痛苦而产生。犯罪行为破坏了他人的快乐，给他人造成了痛苦，构成了对别人的侵害，因此犯罪人应该受到惩罚。

边沁没有深入考虑为什么有些人在追求快乐时使用了犯罪的方式，而有些人则没有采用犯罪手段。他唯一的回答似乎是，外部特定环境的不同使人们有这样的差别。如果没有适当的威慑（痛苦），处在这种环境中的人们都会使用犯罪的方式去行动。[3]

（二）刑罚理论

刑罚理论在边沁的犯罪学思想中占有更加重要的地位，其主要内容包括刑罚目的、罪

---

[1] 图片来源：https：//www.thefamouspeople.com/profiles/images/jeremy-bentham-5.jpg，最后访问时间：2023 年 6 月 15 日。

[2] 图片来源：https：//isladelajuventud-cuba.com/wp-content/uploads/2014/04/PRESIDIO-MODELO-2.jpg，最后访问时间：2023 年 6 月 15 日。

[3] 吴宗宪：《西方犯罪学》，高等教育出版社 2023 年版，第 61 页。

刑均衡、刑罚体系三个方面。[1]

1. 刑罚目的。边沁认为，一切法律的总目标是要防止损害，在有些情况下，刑罚是防止损害的唯一手段。从功利主义原则来看，刑罚有四个目的，立法者要围绕这四个目的规定刑罚。

（1）预防一切类型的犯罪。刑罚的第一位的也是最广泛、最适宜的目标，是设法防止可能发生的一切犯罪。

（2）预防最严重的犯罪。如果有人偏要实施某种犯罪，那么，刑罚的下一个目标就是要减轻其犯罪的危害性；换言之，如果存在两种能够达到其目的的犯罪方式，诱导犯罪人始终选择其中危害性较小的一种。

（3）减轻危害性。如果有人决意实施某种犯罪时，刑罚的下一个目标就是要使他有意于把损害限定在其实现意图所必需的程度内；换言之，使他在得到所预期之好处的同时尽量少为害。

（4）以最小的代价预防犯罪。刑罚的最后一个目的，不论要防范的损害是什么，防范损害的代价都要尽可能低廉。

同时，边沁指出，一切刑罚都是损害，一切刑罚本身都是恶。根据功利原则，刑罚只有在它有可能排除某个更大的恶的情况下，才应该被容许。因此，在下列情况下，显然不应该施加刑罚：[2]

（1）无理由，即不存在需要用刑罚来预防的危害，行为总体是无害的。

（2）无效力，即刑罚不可能起到预防损害的作用。

（3）无益处，即施加刑罚不能带来利益或代价太高昂，刑罚造成的损害大于它所防止的损害。

（4）无必要，损害在不用刑罚亦即以较低代价就能加以防止或自行停止。

2. 罪刑均衡。边沁认为，要使刑罚既能预防更大的犯罪，又不造成对"最大幸福原则"的损害，就必须使刑罚与犯罪之间有一定的比例，换言之，刑罚与犯罪之间要保持均衡。边沁指出，要达到罪刑均衡，刑罚必须具备11个特性：

（1）可变性（variability），即惩罚数量的可变性，根据犯罪获得的收益或造成的损害的量的不同，处以不同量的刑罚。

（2）均衡性（equability），即要使刑罚对处境相似的犯罪人产生同样的效果。

（3）公度性（commensurability，又译为"通约性"），即犯罪越严重，受到的刑罚就应当越严厉，不同刑罚之间具有可比较性。

（4）特征性（characteristicalness，又译为"表征性"），即刑罚与犯罪具有某种共同状况，刑罚被认为同犯罪具有类似性，或者说刑罚表达了犯罪的特征，从而使人们在思想

---

〔1〕 吴宗宪：《西方犯罪学》，高等教育出版社2023年版，第60~65页。

〔2〕 ［英］杰里米·边沁：《论道德与立法的原则》，程立显、宇文利译，陕西人民出版社2009年版，第130~131页。

上确立起关于刑罚与犯罪之间的联系。

（5）示范性（exemplarity，又译为"儆戒性"），即适用刑罚能够使公众认识到什么样的行为要受到惩罚。

（6）节俭性（frugality），即刑罚不过多地超过犯罪的严重程度。

（7）促进改造性（subserviency to reformation），即应当根据犯罪人的性格和习惯的不同，实施不同的惩罚，以便于对犯罪人进行改造。例如，对于偷窃、贪污和各种诈骗犯罪，为达到改造目的，最适当的惩罚方式似乎是劳役监禁。

（8）致残性（efficacy with respect to disablement），即在某些情况下，应当赋予刑罚一个特性——令犯罪人丧失犯罪能力。

（9）促进补偿性（subserviency to compensation），即刑罚的适用能使犯罪人对被害人有所补偿。

（10）大众性（popularity），即实施的刑罚，对大多数人而言是可以接受的，不会使公众产生厌恶和不满。

（11）可宽恕性（remissibility，又译为"可减免性""可赦免性"），即在发现犯罪人无罪时，所适用的刑罚能够加以挽回或者得到补救。

3. 刑罚体系。为了达到刑罚的目的，对不同的犯罪实施不同的刑罚，边沁设计了包含11个惩罚方式的刑罚体系：①死刑；②禁食和鞭打等痛苦刑；③截肢和烙印等不能消除的刑罚；④戴枷示众等羞辱刑；⑤赎罪刑；⑥监禁、流放等慢性刑罚；⑦吊销证照等单纯限制刑罚；⑧禁止令等单纯强制刑罚；⑨罚金等财产刑；⑩剥夺犯罪人可以享受的服务等准财产刑；⑪体现罪犯身份的特征刑，例如要求罪犯穿囚服。

在这些惩罚方式中，边沁认为监禁刑有助于改造罪犯。因此，他特别推崇监禁刑，并设计了旨在提高监禁效果的圆形监狱。

（三）犯罪预防论

边沁认为，犯罪行为就是行为人在追求快乐和避免痛苦的力量驱使下理性选择的结果。因此，他从功利主义原则出发，提出了预防犯罪的主张。

（1）通过良好的立法预防犯罪。边沁主张，通过立法来改变快乐和痛苦的配置，以实现每个人在追求自己快乐的同时，实现社会的最大幸福。也就是说，通过良好的立法，告知人们什么是公民的权利，什么是公民的义务，什么是被禁止的行为，如若违反，就要受到制裁，让人们自觉地控制自己的行为。这样，立法就可以对预防犯罪产生间接影响。

（2）通过恰当使用刑罚预防犯罪。犯罪的动机产生于行为人预期犯罪会带来快乐的认识。因此，需要通过制裁来增加惩罚带来的痛苦，达到惩罚之苦大于犯罪之乐，起到教育和惩戒的目的，最大限度地发挥刑罚的威慑效果，避免或减少犯罪的发生。

（3）运用多种制裁措施预防犯罪。边沁还十分重视能够产生预防犯罪效果的其他社会制裁措施。例如，身体制裁、政治制裁、道德制裁或民众的制裁、宗教制裁等。运用这些社会制裁措施，往往会产生比法律制裁更大的预防效果。

（4）通过预测个人的行为倾向来预防犯罪。当带来快乐的总量大于带来痛苦的总量时，个人就会实施这种行为；反之，就不会实施这种行为。边沁认为，这种道德计算的方法可以预测个人是否会实施特定的犯罪。对于有犯罪倾向的个人，应采取措施使其认识到犯罪带来的实际痛苦肯定会远远大于其想象的快乐，这样便能预防或阻止其实施犯罪行为。

【知识链接】

边沁：圆形监狱的设计者[1]

【思考题】

基于功利主义原则，边沁从刑罚目的、罪刑均衡以及刑罚体系等方面阐释了他的刑罚理论。请谈谈边沁的刑罚理论对于罪犯教育改造和预防犯罪具有什么启发意义？

_____

_____

_____

_____

【学习任务二】 威慑理论

19 世纪中后期，实证犯罪学派开始兴起，并逐步取代了古典犯罪学的主导地位。大约 100 年之后，实证学派倡导对罪犯进行教育、治疗和改造的各种方案并未有效地改造罪犯。20 世纪 60 年代末 70 年代初，美国纳税人开始对教育和治疗犯罪人的结果不满，对犯罪的惩罚态度也开始转向严厉。随着犯罪率的增加以及美国社会的动荡失序，人们对社会安全感到担忧，认为应该用严刑峻法来控制犯罪。因此，犯罪学研究者包括社会学家、政治学家以及经济学家也逐渐将注意力重新转移到古典犯罪学理论，探讨什么样的惩罚可以对犯罪分子以及一般民众产生威慑作用，形成了当代的威慑理论（deterrence theory）。所谓威慑，就是在犯罪行为发生之前以判处刑罚相威胁从而预防犯罪行为发生的做法。[2] 威

---

〔1〕 资料来源：陈迪佳：《圆形监狱——非建筑师的"原型"建筑》，载豆瓣网，https://www.douban.com/note/586654463/? _ i＝2017328W8-lLn_，最后访问时间：2023 年 6 月 15 日。关于圆形监狱的启示，参见郭明：《契约刑论与新兴古典监狱学》，元照出版有限公司 2019 年版，第 540～543 页。

〔2〕 吴宗宪：《西方犯罪学》，高等教育出版社 2023 年版，第 69～70 页。

慑理论有三个主要的分支：一般威慑、特别威慑、报应主义。限于篇幅，本单元重点介绍一般威慑和特别威慑。

一、一般威慑

一般威慑（general deterrence）是指通过对特定犯罪人判处刑罚来预防其他人实施犯罪的威慑方法。换言之，潜在犯罪人或一般社会大众认识到，如果他犯罪将同样遭受刑罚，使其感到害怕而不犯罪。古典犯罪学派认为，犯罪是经过权衡利弊得失后所做出的一种行为选择，是一种理性行为。为了阻止和减少犯罪，必须对犯罪人实施惩罚。惩罚的作用和威慑力取决于惩罚的确定性、严厉性和速度。当代古典犯罪学研究者以这种观念为基础，提出刑罚威慑力与犯罪之间关系的 3 个基本假设，并对其进行检验。这些假设的内容如下：[1]

假设 1：个人所感知的刑罚确定性与其犯罪行为之间存在反比关系。

假设 2：个人所感知的刑罚严厉性与其犯罪行为之间存在反比关系。

假设 3：个人所感知的刑罚快速性与其犯罪行为之间存在反比关系。

这些可检验的基本假设可以通过图 4-1 来表示。

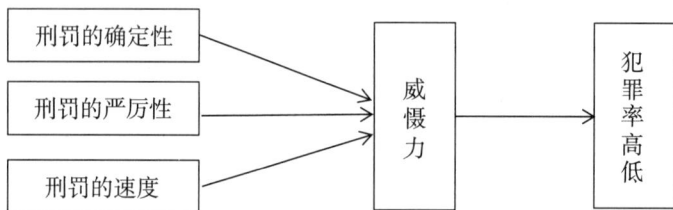

图 4-1　刑罚与犯罪之间的关系图[2]

在上述假设中，确定性、严厉性、速度、威慑力和犯罪率高低是关键的概念或变量。确定性指的是犯罪肯定会被判处刑罚。严厉性指的是刑罚的轻重与犯罪危害性的相对应程度。速度指的是刑事司法机关对犯罪作出反应的快慢。威慑力作为中介变量，在实证检验中一般都没有单独测量，它直接反映在刑罚的确定性、严厉性、速度与犯罪率高低的关系之中。刑罚的这三个方面对阻止犯罪的作用越大，它们的威慑力就越大；反之则越小。有一些学者通过设计相关研究，来验证刑罚措施是否影响人们的行为。

（一）验证监禁刑的威慑力

1968 年，美国犯罪学家吉布斯（Jack P. Gibbs）发表了第一个真正尝试验证威慑假设的研究报告。研究数据来源于联邦监狱管理局《1960 年各州立监狱罪犯特征》、联邦调查局 1959 至 1960 年的《统一犯罪报告》。吉布斯用州立监狱中在押的杀人罪罪犯数量与警方最近一年内发现的杀人案件数量之间的比率来表示刑罚的确定性；用杀人罪罪犯被判处

---

〔1〕　［美］亚历克斯·皮盖惹主编：《犯罪学理论手册》，吴宗宪主译，法律出版社 2019 年版，第 69 页。

〔2〕　参见江山河：《犯罪学理论》，格致出版社、上海人民出版社 2008 年版，第 17 页。

刑期（以"月"为单位）的中位数来表示刑罚的严厉性；用各州 1959 年至 1961 年（三年期间内）每 10 万人中的平均杀人案件数量来表示犯罪率。研究发现，在 48 个州中，较高的刑罚确定性和较严厉的监禁刑与较少的杀人犯罪呈现正相关，就平均杀人犯罪率而言，刑罚确定性和严厉性较低的州是较高的州的 3 倍以上。因此，吉布斯断言，监禁刑的确定性和严厉性可以降低杀人犯罪率，表明监禁刑具有威慑力。[1]

1969 年，蒂特尔（Charles R. Tittle）运用美国联邦调查局《统一犯罪报告》《全国罪犯统计》相关数据，研究刑罚的确定性和严厉性对性侵害、人身伤害、盗窃、抢劫、杀人、入室盗窃、盗用汽车等七种重罪的威慑效果。结果表明，对所有七种犯罪而言，较高的刑罚确定性与较少的犯罪正相关。除杀人罪之外，较高的刑罚严厉性（即刑期较长）与较多的犯罪正相关。因此，蒂特尔断定，监禁刑的确定性具有威慑力，可以遏制犯罪；但是监禁刑的严厉性只有在确定性非常高的时候才能起到遏制犯罪的效果。[2]

1970 年，奇里科斯（Theodore G. Chiricos）和沃尔多（Gordon P. Waldo）对蒂特尔的研究结果进行了反驳，认为这种结果可以用警方对案件备案情况的不同来解释。如果某个警区的警察非正式地处理很多案件，并且不对这些案件正式备案，那么这个警区的官方犯罪率将较低，但是监禁刑的确定性较高（因为更多的严重犯罪被统计，这些犯罪被判监禁刑的可能性较大）。但是，如果警察对每一起犯罪案件都小心翼翼地正式备案，那么这个警区官方犯罪率将较高，而监禁刑的确定性较低（因为很多这些犯罪案件并不严重当然也不会被判监禁刑）。[3]

（二）验证警察巡逻的威慑力

警察巡逻一直基于两个未经证实但被广泛接受的假设：第一，警察巡逻，可以被人们看见，从而威慑潜在的犯罪人，并防止犯罪；第二，公众对犯罪的恐惧会因为这样的警察巡逻而减少。因此，例行的预防性警察巡逻被认为既能防止犯罪，又能使公众安心。1972 年 10 月 1 日至 1973 年 9 月 30 日，美国密苏里州堪萨斯城警察局（The Kansas City Police Department）进行了一项为期一年的预防性巡逻实验，旨在衡量警察例行巡逻是否影响犯罪发生率和公众对犯罪的恐惧感。[4]

实验将堪萨斯城的十五个巡逻区分为三组，使用三个不同级别的例行预防性巡逻方案。第一个被称为"反应性（reactive）"的区域，没有进行预防性巡逻。警察只在市民求助时才进入该地区。这实际上大大降低了警察在该地区的可见度。在第二个被称为"积

---

〔1〕 Jack P. Gibbs, "Crime, Punishment and Deterrence," *Southwestern Social Science Quarterly*, Vol. 48. 1968, No. 4.

〔2〕 Charles R. Tittle, "Crime Rates and Legal Sanctions", *Social Problems*, Vol. 16. 1969, No. 4.

〔3〕 Theodore G. Chiricos and Gordon P. Waldo, "Punishment and Crime: An Examination of Some Empirical Evidence", *Social Problems*, Vol. 18. 1970, No. 2.

〔4〕 George L. Kelling, Tony Pate, Duane Dieckman, Charles E. Brown, "The Kansas City Preventive Patrol Experiment: A Summary Report", 载 https://www.policinginstitute.org/wp-content/uploads/2015/07/Kellinget-al.-1974-THE-KANSAS-CITY-PREVENTIVE-PATROL-EXPERIMENT.pdf, 最后访问时间：2023 年 6 月 18 日。

极主动（proactive）"的区域，警察的可见度比平时提高了两到三倍。在被称为"控制（control）"的第三个区域，巡逻维持正常水平。对实验数据的分析显示，这三个地区在犯罪水平、公民对警察服务的态度、公民对犯罪的恐惧、警察反应时间或公民对警察反应时间的满意度方面没有显著差异。这项由警察基金会资助的实验表明，传统的例行预防性巡逻对犯罪水平或公众的安全感都没有显著影响。

（三）探讨死刑的威慑力

支持死刑有威慑力的人们通常认为，一个地区的杀人案件发案率高，表明该地区需要执行更多的死刑来遏制凶杀。1974年，格拉泽（Daniel Glaser）和齐格勒（Max S. Zeigler）发表《死刑的使用与对谋杀的愤怒》[1]一文，以每年每10万人中的故意杀人罪发案率为观测点，比较死刑保留州和死刑废除州在1962年、1967年和1972年的年度数据。统计数据显示，总体来看，死刑保留州显然比死刑废除州具有更高的谋杀犯罪率，反驳了死刑具有威慑力的观点。同时，格拉泽和齐格勒根据1930年至1970年各州每10万人中死刑执行数量，将49个州分为五组，比较各组1970年每10万人中的故意杀人罪发案率、1965年至1970年未被执行死刑的杀人犯被假释之前平均服刑时间（以月为单位）。结果显示，在死刑保留州中，未被执行死刑的杀人犯被假释之前平均服刑时间比较短，谋杀犯罪率较高；在死刑废除州中，未被执行死刑的杀人犯被假释之前平均服刑时间比较长，谋杀犯罪率较低。格拉泽和齐格勒认为，这种情形表明，不是较长的监禁刑遏制了杀人犯罪，而是死刑没能遏制杀人犯罪。相反，他们将这种数据特征归结为在死刑保留州中人们对生命价值的轻视。

1975年，美国芝加哥大学的经济学家埃利希（Issac Ehrlich）发表了题为《死刑的威慑效果：一个生与死的问题》[2]的重要论文。埃利希使用了1933～1969年全美国的时间序列数据，分析了死刑与犯罪、失业、劳资关系、年龄分布、人均收入、被捕定罪等因素的关系，最后得出结论认为：从1933年到1969年，每执行一次死刑都威慑了7～8次凶杀行为，从而明确肯定了死刑的威慑效果。[3]

上述实证研究检验监禁刑、警察巡逻、死刑等措施的一般威慑效果，但是结论并不完全一致。由此可见，刑罚威慑效应的测量，看似简单，实际上却比较复杂。1978年，美国国家科学学会发布一个研究报告，非常谨慎地表示：就刑罚是否具有威慑效果而言，肯定性的证据比否定性的证据更占有优势。[4]

---

〔1〕 Daniel Glaser & Max S. Zeigler, "Use of the Death Penalty v. Outrage at Murder", *Crime and Delinquency*, Vol. 20. 1974, No. 4.

〔2〕 Issac Ehrlich, "The Deterrent Effect of Capital Punishment: A Question of Life and Death", *American Economic Review*, Vol. 65. 1975, No. 3.

〔3〕 吴宗宪：《西方犯罪学》，高等教育出版社2023年版，第72页。

〔4〕 Alfred Blumstein, Jacqueline Cohen, and Daniel Nagin, eds., *Deterrence and Incapacitation：Estimating the Effects of Criminal Sanctions on Crime Rates*, National Academy of Sciences, Washington, DC 1978, p. 7.

【思考题】

死刑的威慑力问题是死刑存废之争的核心问题，国内外的实证研究得出过不同的结果，并存在一定的疑问。我国于 2011 年和 2015 年以刑法修正案的方式废止了走私罪和盗窃罪的死刑。有学者以此为契机检验死刑威慑力：以 1981~2019 年的全国年度数据为样本，以走私罪和盗窃罪案发率为因变量分别建立 19 个回归模型，结果显示，在大多数模型中死刑废止对两罪的案发率没有显著影响，少数模型显示走私罪的案发率在《刑法修正案（八）》施行后显著降低。没有观察到死刑废止使走私罪或者盗窃罪的案发率升高的可靠证据，这倾向于否定死刑的威慑作用。[1] 我国《刑法》第 317 条第 2 款规定：暴动越狱或者聚众持械劫狱的首要分子和积极参加的，处十年以上有期徒刑或者无期徒刑；情节特别严重的，处死刑。结合所学内容，请你谈谈关于废除暴动越狱或者聚众持械劫狱死刑的看法。

_____

_____

二、特别威慑

特别威慑（specific deterrence）是指通过判处刑罚来预防特定的犯罪人重新犯罪的威慑方法。特别威慑关注已知的犯罪人，要求对他们处以重刑，使他们对刑罚产生畏惧，由于害怕受到刑罚的惩罚而不敢再犯罪。

（一）剥夺犯罪能力

主张特别威慑的人们通常提倡监禁隔离，从而剥夺犯罪人继续实施犯罪行为的能力（incapacitation）。特别威慑的强烈提倡者，哈佛大学的政治学家威尔逊（James Q. Wilson）于 1975 年在《对犯罪的思考》一书中认为，实证主义犯罪学已经失败。许多实证主义犯罪学家都在寻找犯罪的生理原因、心理原因、经济原因以及社会原因等，但是他们通常指出不容易被改变的社会状况或因素。例如，一些学者指出，贫穷是犯罪的原因之一，男性比女性更容易犯罪，类似这些结论对于政策制定者并没有太大的实际意义。因为贫穷一直存在于人类社会中，而男性也难以变成女性。因此，威尔逊指出，我们无需寻找人为什么要犯罪的原因，而应该探讨采用什么方法来预防犯罪。

就预防犯罪的方法而言，威尔逊呼吁放弃罪犯矫正策略，因为马丁森（Robert Martinson）于 1974 年发表题为《有什么效果？关于监狱改革的问题与答案》的著名论文表明，对罪犯开展的很多矫正项目是无效的。另外，之前学者们对惯犯（chronic offender）以及对同龄群体中少年犯罪（delinquency in cohort）的研究结果显示，大量的犯罪行为是一小撮犯罪人实施的。因此，威尔逊说："确实存在着邪恶的人，除了把他们与无辜的人们分

_____

〔1〕 黎森予：《我国死刑威慑力的实证检验——以走私罪和盗窃罪死刑废止为契机》，载《刑事法评论》2022 年第 2 期。

开之外，什么方法都不管用。"[1] 威尔逊认为，把这些邪恶的人从社会上隔离开来，即使隔离时间较短，也能使犯罪率大大下降。

（二）建议恢复肉刑

美国犯罪学家纽曼（Graeme Newman）也是特别威慑的积极倡导者。1983年，他在《公正与痛苦》一书中指出：据说，意大利文艺复兴时期伟大的艺术家、建筑师和工程师布鲁内莱斯基（Filippo Brunelleschi）为了学习如何建造伟大的佛罗伦萨大教堂，不得不重新审视罗马的万神殿。万神殿建于公元二世纪。西方文明在大约一千年的时间里忘记了如何建造圆顶。今天的刑事处罚也是如此。我们已经忘记了如何惩罚——尽管我们可能更幸运，因为我们的健忘症只有几百年的历史。[2] 纽曼认为，刑罚在演进的过程中，不断走向人道化，其结果是"痛苦"已逐渐丧失，惩罚应有的效果也逐渐丧失。美国社会处在一个"惩罚危机"的时代，更恰当地说是"惩罚混乱"的时代。

纽曼提出，为了增强特别威慑的效果，社会应当复兴肉刑（corporal punishment），以弥补严厉的监禁与宽和的缓刑之间的刑罚空当。纽曼认为，电击（electric shock）是比较好的肉刑方式：①它速度快，几秒钟就可以结束，与长期监禁的严重影响相比，不会有任何持久的后果。②它只惩罚犯罪人。相比之下，监禁刑还惩罚了无辜的人，比如罪犯的家人，方式是剥夺罪犯对家庭的支持。③它可以保证直接按照罪行的比例，将痛苦施加在罪犯身上，没有其他的隐性惩罚。当一个人被判入狱，尤其是一个年轻的毒品罪犯，他被强奸和殴打的几率非常高。使用严格控制的电击惩罚，这种情况就不会发生。[3] 对于大多数财产犯罪和毒品犯罪，纽曼推荐的肉刑，首选是电击，因为它可以科学地控制和校准，并且与鞭打等其他体罚相比，它使用的暴力较小。另外，纽曼主张对暴力犯使用鞭打这种暴力性的肉刑，认为这是暴力犯应受的耻辱，因为被害人受到了耻辱与惊吓！

（三）特别威慑的效果

人们对特别威慑的预防效果有不同的看法。一些人认为，特别威慑是无效的，因为在西方国家有很高的累犯率，这说明犯罪人所受到的惩罚并没有阻止他们实施新的犯罪行为。另一些人则认为，特别威慑是有效果的，受到严厉处罚的犯罪人不大可能再次实施犯罪行为，或者重新犯罪的频率会减慢。[4] 总体来说，检验特别威慑效果的实证研究不是很多，也不能强有力地支持特别威慑，犯罪与特别威慑措施之间的联系仍然是不确定的。

【课程思政】

禁止虐待被监管人员：监狱惩罚的限度

1974年，马丁森发表《有什么效果？关于监狱改革的问题与答案》一文，宣称对罪

---

[1] James Q. Wilson, *Thinking About Crime*, Revised Edition, Basic Books, Inc. 1985, p. 260.

[2] Graeme Newman, *Just and Painful*, Free Press, 1983, p. 1.

[3] Graeme Newman, *Just and Painful*, Free Press, 1983, p. 8.

[4] 吴宗宪：《西方犯罪学》，高等教育出版社2023年版，第70页。

犯开展的很多矫正项目没有效果，引起了很大的争论。美国社会对刑罚的态度转向惩罚和威慑，一些学者提倡复兴肉刑。值得注意的是，这种倡议并不意味着法律允许在监狱中对罪犯进行殴打或者体罚虐待。1984 年 12 月 10 日联合国大会第 39/46 号决议通过联合国《禁止酷刑和其他残忍、不人道或有辱人格的待遇或处罚公约》，简称《禁止酷刑公约》。我国《刑法》第 248 条规定：监狱、拘留所、看守所等监管机构的监管人员对被监管人进行殴打或者体罚虐待，情节严重的，处三年以下有期徒刑或者拘役；情节特别严重的，处三年以上十年以下有期徒刑。致人伤残、死亡的，依照本法第二百三十四条、第二百三十二条的规定定罪从重处罚。请搜集近年来国内外殴打或者体罚被监管人员的典型恶性案件，从相关人员的处罚结果中汲取教训，并思考在中国式现代化建设的征程中，监狱作为刑罚执行机关，如何平衡惩罚与改造之间的关系，做到既能体现惩罚精神又能规范文明执法。

【学习任务三】 理性选择理论

犯罪的理性选择理论（rational choice theory）认为，人是理性的，犯罪是有意识选择的结果，当获得的利益大于违反法律所付出的代价时，个人就会选择犯罪。理性选择理论也建立在功利主义哲学基础之上，与古典犯罪学理论的自由意志论一脉相承，是古典犯罪学在当代的一种发展。

对于理性选择理论的内容，有不同的看法。最广义的理解，把古典犯罪学理论及其以后的发展，包括威慑理论、情境犯罪预防等方面的理论学说，都纳入"理性选择理论"的范畴。最狭义的理解，仅仅指克拉克（Nonald V. Clarke）和科尼什（Derek B. Cornish）提出的理性选择理论。吴宗宪教授认为，犯罪的日常活动理论（routine activities theory）是理性选择理论的另一种发展形式。[1] 我们参照相关教材的做法，在理性选择理论的框架下，也介绍由科恩（Lawrence Cohen）和费尔森（Marcus Felson）提出的日常活动理论。[2]

一、克拉克和科尼什：理性选择理论

犯罪研究中的理性选择理论是从经济学研究中引入的。1968 年，美国经济学家贝克尔

---

〔1〕 吴宗宪：《西方犯罪学》，高等教育出版社 2023 年版，第 231 页。
〔2〕 江山河：《犯罪学理论》，格致出版社、上海人民出版社 2008 年版，第 29~32 页。

（Gary S. Becker）发表《犯罪与刑罚：经济学的观点》[1]一文，运用预期收益（Expected Utility）这个概念分析人们的犯罪行为。预期收益也称为期望收益，是指如果没有意外事件发生时根据已知信息所预测能得到的收益。人们通常先比较预期所得和预期损失的大小，然后再选择是否实施某一行为。贝克尔认为，潜在的犯罪人与正常人一样，在实施犯罪行为之前，先估算犯罪的预期收益，然后选择获得收益最大、受到刑罚处罚风险最小的犯罪行为。因此，实施犯罪行为是一个理性决策的过程。有些人之所以变成犯罪人，并不是因为他们的基本动机与别人有什么不同，而是因为他们从成本-收益（costs-benefits）分析中得出了犯罪收益大于损失的结论。

在贝克尔犯罪经济学观点的影响下，克拉克和科尼什于1985年发表《罪犯决策建模：一个研究和政策框架》[2]一文，1986年编辑出版《理性的罪犯：犯罪的理性选择视角》[3]一书，提出理性选择理论。"有限理性""情境预防"是这一理论的重要内容。

克拉克（Nonald V. Clarke）[4]　　　科尼什（Derek B. Cornish）[5]

（一）有限理性（limited or bounded rationality）

早期古典犯罪学理论认为，犯罪人是有绝对自由意志和完全理性的人，实施犯罪行为完全由犯罪人决定。与此不同，克拉克和科尼什则认为，犯罪人的理性是有限的。犯罪人确实根据自己的理性进行决策，但是决策会受到犯罪人自身认知能力因素和大量情境因素的制约。他们权衡利益和犯罪成本的过程可能是仓促的，或者决策是根据其不完全甚至不准确的信息作出的。由于受到这些因素的影响，犯罪人的犯罪决策就是"有限的"理性决

[1] Gary S. Becker, "Crime and Punishment: An Economic Approach", *Journal of Political Economy*, Vol. 76, 1968, No. 2.

[2] Nonald V. Clarke & Derek B. Cornish, "Modeling Offenders' Decisions: A Framework for Research and Policy", in Michael Tonry and Norval Morris (eds.) *Crime and Justice: An Annual Review of Research*, The University of Chicago Press, 1985.

[3] Nonald V. Clarke & Derek B. Cornish (eds.) *The Reasoning Criminal: Rational Choice Perspectives on Offending*, Springer-Verlag, 1986.

[4] 图片来源：https://rscj.newark.rutgers.edu/people/faculty/clarke-ronald/，最后访问时间：2023年6月21日。

[5] 图片来源：https://img.networthpost.org/thumbs/3942527_derek-cornish/3942527_derek-cornish_1.jpeg，最后访问时间：2023年6月21日。

策。犯罪人并不是绝对地只考虑犯罪的成本和收益，而是在当前情境和以往经验的背景下权衡这些因素。由此可见，早期古典犯罪学理论中所说的"理性"往往是指"纯粹理性（pure rationality）"或者"绝对理性"，而当代理性选择理论中所说的"理性"，主要是指"软性理性（soft rationality）"或者"部分理性（partial rationality）"。[1]

（二）情境预防（situational prevention）

当代理性选择理论对犯罪成本进行考察时，把犯罪情景和机会看作重点加以研究。他们集中探讨在什么条件下犯罪的成本最小，作案成功的机会最大。这包括时间、地点及作案对象的选择等。一个明显的例子是，当发生洪灾、地震、暴乱和战争等大型突变或巨变时，抢劫案急剧上升。一个很重要的原因是潜在的犯罪分子此时成功作案的机会增大。[2]如果情境和机会引发犯罪，那么改变情境和阻止机会产生就能够减少犯罪。基于这种假设，科尼什和克拉克提出了情境预防的概念，并设计出五大类（包含 25 项）情境犯罪预防的具体措施：[3]

一是加大犯罪预防的努力。主要包括：①目标物强化，例如安装转向柱锁和防盗系统；②通道入口控制，如设置电子门禁，行李检查；③出口检查扫描，例如，出车站需要出示乘车票或刷卡、扫乘车二维码等；④让潜在犯罪人转移，例如封闭街道，设置女性独立浴室；⑤控制犯罪工具，例如禁用被盗手机、限制向青少年销售喷漆。

二是提升犯罪被抓的风险。主要包括：①加强防护，例如做好日常防范，夜间集体外出，留下入住标志，随身携带手机，加强邻里守望；②加强自然监控，例如改善街道照明，支持报警和举报；③减少匿名，例如出租车司机亮明身份证，学生穿校服等；④加强现场管理，例如双层巴士安装闭路电视，便利店两名店员值班并提高警惕；⑤加强监控，例如安装红灯摄像头、防盗警报器，增加保安员等。

三是减少犯罪回报。主要包括：①隐藏目标物，例如将车停在停车位上，电话号码簿不分性别，运钞车不做标记；②移动目标物，例如可移动车载收音机，付费电话预付卡等；③增加财产可识别性，例如财产标记，车辆牌照和零部件标识等；④瓦解黑市，例如监控典当行，控制分类广告，发放街头摊贩许可证等；⑤拒绝犯罪的"福利"，例如给商品打上油墨标签，清理涂鸦，安装减速带等。

四是减少挑衅。主要包括：①减少挫折和压力，例如公共场所高效排队和礼貌服务，扩大座位，播放舒缓的音乐，设置柔和的灯光等；②避免纠纷，例如为竞争对手的球迷提供单独的围栏，减少酒吧拥挤，固定出租车费；③减少情绪唤起，例如控制暴力色情，在足球场上保持良好行为，禁止种族歧视等；④消除同伴压力，例如驱散学校里的捣乱分子等；⑤阻止不良模仿，例如快速修复破坏行为，在电视节目中设置电影分级制度，审查作

〔1〕 吴宗宪：《西方犯罪学》，高等教育出版社 2023 年版，第 227 页。
〔2〕 江山河：《犯罪学理论》，格致出版社、上海人民出版社 2008 年版，第 27 页。
〔3〕 Derek B. Cornish & Ronald V. Clarke，"Opportunities，Precipitators and Criminal Decisions：A Reply to Wortley's Critique of Situational Crime"，*Crime Prevention Studies*，vol. 16.，2003.

案手法的细节等。

五是排除犯罪借口。主要包括：①制定规则，例如租赁物品之前签订协议，入驻酒店需要登记等；②张贴告示，例如"禁止停车""私有财产"等；③唤醒良知，例如设置路边速度显示板，报关单签名，告知"入店顺手捎带就是偷窃"等；④帮助人们守法，例如卖场方便结账、公共场所设置厕所、垃圾桶等；⑤控制毒品与酒精，例如酒吧里放置酒精测试仪，开展活动不提供酒水等。

对于情境犯罪预防的批评主要来自犯罪转移的疑问。批评者提出，促使犯罪行为发生的决定性因素是犯罪人的动机，而非犯罪情境；因此，情境预防只是使犯罪发生的时空范围出现转移而已，而实质上无法起到预防与减少犯罪的目的。但是，情境犯罪预防仍然是减少犯罪的流行方法。随着时间的推移，其范围已经从主要应用于大量的财产犯罪扩大到网络犯罪、恐怖主义犯罪和侵害儿童的性犯罪。这是一种实用的方法，对于负责减少犯罪的机构有吸引力，往往能够产生迅速的结果。[1]

【知识链接】

理性选择理论诞生记[2]

【思考题】

社会中存在着一些精致的利己主义者，你如何看待这样的行为？许多罪犯认为自己犯罪是因为"不懂法"，你认同吗？罪犯进行犯罪行为时是否经过理性思考权衡利弊？请用所学知识分析讨论。

_____

_____

_____

_____

二、科恩和费尔森：日常活动理论

日常活动理论是理性选择理论的另一个重要分支。日常活动理论认为，如果犯罪人没有发现加害目标，或者经过利弊权衡之后发现没有带来回报，或者犯罪现场具备警戒系统，犯罪动机演变成犯罪行为的机会将大大降低。1979 年，科恩和费尔森发表《社会变迁与犯罪率趋势：一种日常活动方法》[3] 一文，标志着日常活动理论正式诞生。

---

〔1〕 ［美〕亚历克斯·皮盖兹主编：《犯罪学理论手册》，吴宗宪主译，法律出版社 2019 年版，第 224 页。

〔2〕 资料来源：吴宗宪：《西方犯罪学》，高等教育出版社 2023 年版，第 225 页。

〔3〕 Lawrence Cohen & Marcus Felson, "Social Change and Crime Rate Trends: A Routine Activity Approach", *American Sociological Review*, Vol. 44., 1979, No. 4.

（一）日常活动理论的主要思想

科恩与费尔森分析了第二次世界大战后美国掠夺型犯罪（predatory crime）的数量和分布情况。掠夺型犯罪是指犯罪人故意实施的伤害他人身体或者夺取他人财产的非法行为，包括抢劫、夜盗、强奸、盗窃汽车、绑架、纵火等。科恩与费尔森认为，掠夺型犯罪的数量和分布情况与反映典型美国人日常生活方式的三个变量（因素）的相互作用密切相关（见图4-2）。科恩和费尔森将日常活动定义为"重复出现的普通活动。这些活动满足大众和个人的基本需求……如正式的工作、食、住、性、休闲、社会互动、学习以及子女教育等"。这三个变量（因素）是：有动机的犯罪人（motivated offenders），适宜的目标（suitable targets），有能力的保卫者（capable guardian）。

这三个变量（因素）与掠夺型犯罪之间的相互作用关系，日常活动理论用三个命题来阐释：

第一，犯罪或被害可能性与周围存在有动机的犯罪人数量呈正相关。有犯罪动机的人越多，犯罪或者遭受犯罪侵害的可能性越大。

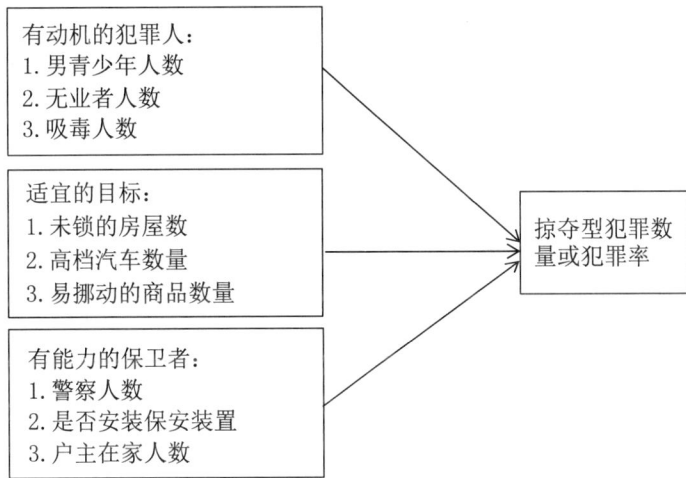

图4-2　日常活动理论示意图[1]

第二，犯罪或被害可能性与犯罪目标的易袭程度呈正相关。目标物越容易侵袭，意味着犯罪成本就越小，则犯罪或者遭受犯罪侵害的可能性就越大。

第三，犯罪或被害可能性与安保力度呈负相关。也就说，安保力度越强，犯罪或者遭受犯罪侵害的可能性就越小；反之，亦然。

这三个变量（因素）涉及人们家庭当中的日常生活、家庭之外的工作状况以及社交活动、娱乐活动等，反映了美国人每天的日常生活方式。大多数犯罪都是这三个变量（因素）在时间和空间上聚集到一起时才会发生：

---

〔1〕　江山河：《犯罪学理论》，格致出版社、上海人民出版社2008年版，第7页。

（1）存在着有动机的人或可能的犯罪人（likely offenders）。例如，社区里或身边存在失业的年轻人，社会上总有一定比例的人怀有犯罪动机，他们犯罪的理由包括为了获得利益、满足需求等。

（2）能够发现适宜的犯罪目标。例如，汽车和电子设备被非法转移的风险最高。

（3）缺乏有能力的保卫者。例如，户主不在，周围的邻居家中没有人，周围没有亲戚和朋友。

如果缺少上述三个变量（因素）中的任何一个，掠夺型犯罪就不可能发生。如果上述三个变量（因素）都存在，就很有可能发生掠夺型犯罪。

（二）日常活动理论与实证检验

科恩与费尔森从宏观层面检验日常活动理论，即日常活动与宏观社会变迁之间的关系。他们采用第二次世界大战后1947年至1974年美国每年家庭活动、商业活动与消费商品的纵贯性资料，与每一年的犯罪率及掠夺型犯罪作比较。这项研究有三个重要发现：其一，随着妇女就业率的增加，14岁或以上的家庭成员白天在家时间的减少，侵犯财物和人身犯罪率便相继上升。这意味着居家之时，人们可以保障自身安全，也可以保护自己的财产；但现代化的日常生活使人们居家时间较少，很多家庭的财产处于缺乏管控状态，而且家庭以外的活动增加了接触人身攻击罪犯的可能性。其二，教育机会越多和商业活动越活跃，就业机会和收入也就越多，人们消费能力的提高可增加大量作为犯罪目标的财物，提升被害者的吸引性，诱发盗窃案，因而侵犯财物案发生率随之上升。其三，消费物品设计的越来越轻巧和方便携带，成为理想犯罪目标的财物大幅度增加，财产犯罪率也就越高。科恩与费尔森认为，美国宏观社会变迁所带动的日常活动模式的结构性变化，是促使暴力犯罪与财产犯罪增加的重要因素。这可为现代化进程与国家犯罪率的变化提供另一种解释。

在科恩与费尔森之后，其他学者也相继开展了很多类似的实证研究，大多数研究结果都为日常活动理论提供了支持性证据。日常活动理论是20世纪后期发展起来的一个重要的犯罪学理论。日常活动理论与人们的日常生活密切相连，根据它提出的措施可以有效地预防犯罪。因此，这一理论受到了人们的广泛重视。

但是，日常活动理论也受到一些批评。批评者认为，这一理论强调犯罪的发生是有动机的犯罪人、适宜的目标、缺乏有能力的保卫者等三个因素在同一时空的聚合，但是多数验证研究只关注适宜的目标和保卫力度，忽视有动机的犯罪人；这一理论不能解释熟人之间发生的隐秘犯罪（hidden crime），这类犯罪中的被害人待在家中更容易遭受犯罪侵害；例如女性待在家中比她们待在其他地方更容易遭受丈夫或者情人的犯罪行为的侵害。[1]

---

〔1〕 吴宗宪：《西方犯罪学》，高等教育出版社2023年版，第233页。

【课程思政】

互联网时代日常生活的必修课：防范电信网络诈骗

犯罪的日常活动理论把遭受犯罪侵害看成是受生活方式因素影响的一种日常生活事件。如果人们的日常生活方式向有动机的犯罪人提供了足够的、与潜在被害人接触的机会，他们就更有可能实施犯罪。互联网时代，人们的日常生活方式为犯罪分子实施诈骗提供了便利。犯罪分子通过电信网络等技术手段，编造虚假信息，设置骗局，对受害人实施远程、非接触式诈骗，诱使受害人给犯罪分子打款或转账。2022 年 12 月 1 日起施行的《中华人民共和国反电信网络诈骗法》强调，各级人民政府和有关部门应当加强反电信网络诈骗宣传，普及相关法律和知识，提高公众对各类电信网络诈骗方式的防骗意识和识骗能力。在互联网时代的日常生活中，个人应当加强电信网络诈骗防范意识，拒绝成为电信网络诈骗犯罪的被害人。

【能力测试】

【课堂笔记】

第五单元　犯罪生物学理论

【思维导图】

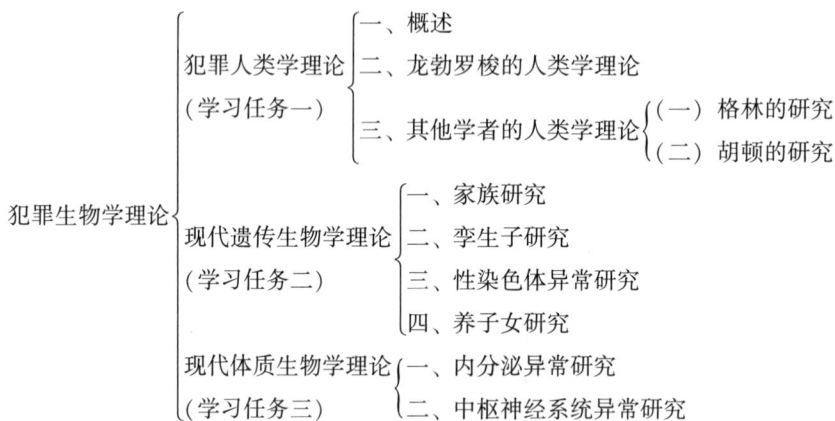

犯罪生物学理论

犯罪人类学理论（学习任务一）
- 一、概述
- 二、龙勃罗梭的人类学理论
- 三、其他学者的人类学理论
  - （一）格林的研究
  - （二）胡顿的研究

现代遗传生物学理论（学习任务二）
- 一、家族研究
- 二、孪生子研究
- 三、性染色体异常研究
- 四、养子女研究

现代体质生物学理论（学习任务三）
- 一、内分泌异常研究
- 二、中枢神经系统异常研究

【学习目标】

知识目标：了解广义犯罪生物学理论和狭义犯罪生物学理论的区别，熟悉犯罪人类学理论、现代犯罪生物学理论关于犯罪原因的理论观点。

能力目标：掌握犯罪人类学理论与现代犯罪生物学在研究犯罪原因方面的方式方法，能够分析二者之间的联系与区别。

素质目标：通过学习犯罪人类学理论与现代犯罪生物学理论在研究犯罪原因方面的方式方法，增强探索犯罪原因的科学严谨态度。

【引言】

19世纪末，以自由意志为立论前提的古典犯罪学，受到了以犯罪生物学理论为代表的实证主义的强烈批评。一般来说，犯罪生物学理论建立在"结构决定功能"这个假设基础之上，即：有什么样的身体结构就应该有与之相应的功能和行为表现。个体之间之所以会有不同的行为表现，是因为他们身体结构的不同。[1]据此而论，行为人犯罪的根本原因在于他具有异于常人的生理结构或特征，而这种生理结构决定了他的犯罪倾向。

犯罪生物学理论有广义和狭义之分。广义的犯罪生物学理论包括19世纪后期意大利著名犯罪学家龙勃罗梭（Cesare Lombroso）开创的犯罪人类学理论，以及20世纪初发展起来的现代犯罪生物学理论。犯罪人类学理论认为犯罪的发生并非行为人理性选择的结果，而是其自身无法控制的生物因素即生理缺陷所致。而20世纪初期盛行的现代犯罪生物学理论更是将生物因素的考察范围逐渐扩大到遗传基因和脑损伤等生理伤害。狭义的犯罪生物学理论仅仅指现代犯罪生物学理论。[2]为了行文方便，本书按照广义来理解犯罪生物学理论。

【案例导入】

犯罪人谭顺诚（化名）自述[3]

谭顺诚，1981年10月21日出生，壮族，初中文化，农民，因涉嫌犯故意杀人罪，于2006年7月25日被浙江省上虞市公安局逮捕。2007年1月11日被浙江省绍兴市中级人民法院判处无期徒刑，剥夺政治权利终身。2007年5月30日被投入某监狱服刑。

我出生在广西一个穷山沟，兄妹四人。虽然家境贫寒，但是一家人生活倒也平静、和谐、快乐，父母很疼爱我们。八岁那年，我终于如愿地上小学了。开学第一天，我那高兴的样子无法形容。在小学，我的成绩经常名列班级第一，每学期都被评为"三好学生"。由于我的好学，父母对我更是疼爱，对我的期望也就高于姐姐和哥哥，希望我将来光宗耀祖。

常言道"天有不测风云，人有旦夕祸福"。1995年，刚读初一下半学期的我就染上了

---

〔1〕　许春金：《犯罪学》，三民书局2010年版，第243页。

〔2〕　吴宗宪：《西方犯罪学史·第二卷》，中国人民公安大学出版社2010年版，第656页。

〔3〕　犯罪人谭顺诚生平自述为本单元编者根据犯罪人自述报告修改而成。

流行性传染病。我请假住院了，经过一个月的治疗和父母的精心照料，我的病好了。当重新回到学校，恢复学业的我突然发现自己的脑子没有以前管用了，记忆力也严重下降，还不到原来的1/3。这个打击对好学的我来说无疑是致命的。随着记忆的下降，成绩也一落千丈，我对读书渐渐地心灰意冷。于是我就辍学了，开始走入社会这个大染缸。

2001年8月的一天，在一个朋友的带领下，我告别父母来到了广东省阳江市一家工艺刀具制品厂打工。初见都市的繁华，让我眼花缭乱。一个月后，我领到了有生以来第一次辛勤劳动的收获，心中多了一份慰藉。我虽然不能读书，但还是能劳动的嘛！为了能往家里多寄些钱，我尽量多干活，就这样我一干就是两年多。2004年厂里的产品销路一度不好，老板要求暂停加工。我也于年底回家和父母团圆。

2005年春节过后，在爸爸的要求下，我到叔叔在广西柳州的服装店，学习推销服装。几个月后，叔叔见我能够独当一面了，他自己就总是到外面赌博，最终输到资金不能周转而停业。为了生活，我决定离开柳州，另谋出路。联系了几个老乡，他们声称在浙江打工，环境也不错，小加工厂多，工作好找。于是我就来到了老乡们务工的城市——浙江上虞。

2006年6月16日晚上，我和老乡们吃过晚饭，到上虞市沥东镇照明电器场门口玩台球。我们的台球杆无意间碰到了旁边也在玩台球的贵州人，双方经过几句口角后就吵了起来。贵州人仗着人多，对我老乡进行殴打，直至我老乡落荒而逃。回到住处后，我们把此事告诉了谭松（化名），他听了之后非常气愤，提出要去报仇。第二天早上，我们两个老乡到嵩厦镇的市场购买了四把斧头，并让另外的人去看贵州人有没有出现。贵州人听说我们几个广西人在找他们，于是他们也准备了刀具，并将刀具藏在台球摊旁的树丛中。在探听虚实后，我们四人开了两辆摩托车，到照明厂门口的台球摊，下车就提起斧头冲向贵州人。贵州人见状，就从身后的树丛中抽出刀具，与我们混战在一起，当时我们明显占优势，几下就把被害人李德（化名）砍倒在地上。我的同伙又上去补砍了几下，见李德倒在地上不动之后，骑上摩托车逃离现场。

被关押在上虞市看守所期间，通过警官的教育，我认识到自己所犯罪行的危害性，不仅给被害人的亲人带来伤害和打击，同时给自己的家人也带来了伤痛，还扰乱了社会秩序和治安，损害了和谐社会的利益。我希望在这里深挖犯罪思想根源，树立弃恶向善的正确态度，把自己改造成一个对社会有用、对国家有益、对家庭负责的人，一个知法、懂法、守法的好公民。

【学习情境】

上述案例中，犯罪人谭顺诚1981年出生在广西一个偏僻的山村，虽然家庭贫困，但是童年生活倒也过得平静快乐。值得关注的是，他从8岁开始读书时起，就显现出聪明灵巧，学习成绩在班级一直名列前茅，而且经常获得"三好学生"荣誉称号。这样一个被村民们认为是"好苗子"、被家人引以为骄傲并寄予厚望的"好孩子"，怎么就在25岁的时候走上了杀人的犯罪道路呢？在25年的生命历程中，是什么关键因素促使他的人生轨迹发生了重大转变呢？而这种转变与日后的犯罪又有多大关联？从犯罪人谭顺诚的自述中，我们不难发现，他刚读初一下半学期，染上流行性传染病，致使脑部功能损伤，从而记忆力严重下降以至于不及原来的1/3。这一"致命打击"使他过早地离开了他热爱的校园生活，生命就此发生转折。那么脑部功能损伤与犯罪之间有关系吗？这正是犯罪生物学要回答的问题。

【课前预习】

_____

_____

_____

_____

【学习任务一】 犯罪人类学理论

一、概述

人类学是研究人类的体质特征、文化特征及其演化和发展规律的学科。[1] 由于不同的传统，不同国家对人类学的界说不完全一致：①狭义的人类学。在欧洲大陆的德国、奥地利和俄罗斯等国家中，人类学指研究人类体质状况及其发展变化规律的学科（含对灵长类的研究）。②广义的人类学。在美国、英国等英语国家，人类学指研究人类体质及文化的综合性学科，强调既要研究人类的生物属性，也要研究人类的文化属性，这样才能体现人类学的整体性。

犯罪人类学主要利用体质人类学的理论和方法对犯罪人进行研究，试图用犯罪人异常的体质特征来说明犯罪产生的原因。其实，人类早在古希腊时代就开始了生理特征与犯罪之间关系的探讨。被西方尊为"医学之父"的古希腊著名医生希波克拉底（Hippocrates）就曾认为，人的身体的形状可以显示其人格特征。16世纪，意大利自然哲学家波尔塔（Giambattista della Porta）创立"人类观相术"，并用它来研究犯罪问题。然而，真正运用科学的方法对犯罪人身体进行观察、测量与解剖的开创者，当属19世纪意大利的医生、精神病学家、犯罪学家龙勃罗梭。

二、龙勃罗梭的人类学理论

犯罪人类学的杰出代表应当首推龙勃罗梭。他对现代犯罪学的诞生和发展做出了杰出贡献，被许多西方犯罪学家称为"生物实证主义学派的创建之父"（the founding father of

---

〔1〕 吴新智、石奕龙：《人类学》，载中国大百科全书数据库，https：//h. bkzx. cn/item/226694？q＝%E4%BA%BA%E7%B1%BB%E5%AD%A6，最后访问时间：2023年1月18日。

the biological positivist school）"犯罪学之父""现代犯罪学之父"等。[1]

切萨雷·龙勃罗梭[2]

龙勃罗梭于 1835 年出生在意大利维罗纳的一个犹太人家庭，早年学医。1859 年，意大利与奥地利之间发生战争，24 岁的龙勃罗梭获得了热亚那大学外科学博士学位，并入伍担任军医。此时，他就对意大利军人的文身与犯罪问题产生极大的研究兴趣。随后，他相继对精神病人与犯罪人进行了颅相观察、身体测量、尸体解剖，发现他们具有一系列不同于正常人的解剖学特征。特别是 1870 年 11 月，当龙勃罗梭打开意大利著名匪首维莱拉（Villella）尸体的颅骨时，有两个重要发现：其一，头颅枕骨部位有一个明显的凹陷，龙勃罗梭称之为"中央枕骨窝"（median occipital fossa）；其二，"中央枕骨窝"附近的小脑蚓部肥大（hypertrophy of the vermis）。这两个特征都是低等灵长类动物（如类人猿）的特征，在低劣的人种当中都很少见。这说明维莱拉具有原始野蛮人的生理特征。

龙勃罗梭经过大量的研究，在 1876 年出版的代表作《犯罪人论》中提出了他最重要、最有影响的犯罪学理论——生来犯罪人（born criminal）。他在书中写道："在罪犯中，次小头畸形现象比在精神病人中出现得多……发现中额骨缝的频率超过了精神病人……比较多的人表现出寰椎骨接、下颌骨发展、宽颌、凸颌，等等。对所有这些情况，我们不应当感到惊奇，因为大部分精神病人不是天生如此的，而是后天形成的，而罪犯的情况则相反。"[3] 由此可见，犯罪人是一种从出生开始就具有犯罪特性的人，他们的犯罪特性是与生俱来的，是由他们异常的生物特性决定的，犯罪人是生来就会犯罪的人。

〔1〕 吴宗宪：《西方犯罪学史·第一卷》，中国人民公安大学出版社 2010 年版，第 340 页。

〔2〕 图片来源：https：//www.artribune.com/wp-content/uploads/2015/04/Cesare-Lombroso-480x641.jpg，最后访问时间：2023 年 1 月 18 日。

〔3〕 ［意〕切萨雷·龙勃罗梭：《犯罪人论》，黄风译，北京大学出版社 2011 年版，第 11 页。

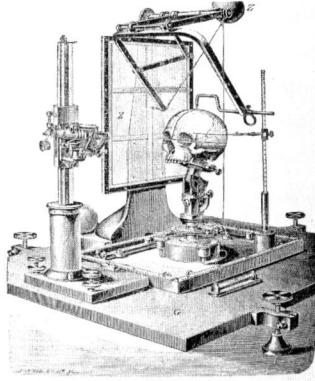

龙勃罗梭测量犯罪人头骨[1]

三、其他学者的人类学理论

龙勃罗梭的生来犯罪人学说一经提出，便在意大利、德国、美国、英国、法国、荷兰、奥地利、瑞士等国家引起强烈反响，或支持或反对。此后，一些学者沿着同一方向来对这一学说进行检验，试图推翻它或证实它。其中重要代表是英国的格林（Charles Buckman Goring）和美国的胡顿（Earnest Hooton）。

（一）格林的研究

查尔斯·格林[2]

为了检验龙勃罗梭的理论，作为监狱医生的格林从 1902 年开始，先后测量了 4000 名英国男性罪犯，这些罪犯全部都是累犯，并将他们与大学生、中小学生、大学教授、军人以及医院里的病人等非犯罪人进行比较，测定每个人的 37 类生理特征和 6 种心理特征。格林发现监狱罪犯与正常人在 37 类生理特征上并没有明显差异。37 类生理特征中，只有 6 类与犯罪类型相关，相关系数在 0.15 以上；同时，犯罪的轻重程度与所检查的身高、眼距（两眼之间的宽度）、头部圆周长、体重等生理特征无关。因此，他坚决反对犯罪人身体类型（physical criminal type）的观点，对龙勃罗梭的生来犯罪人学说提出了挑战。

---

〔1〕　图片来源：Cesare Lombroso, Crime, and Atavism - Criminology Webhttps：//criminologyweb. com/cesare-lombro-so-theory-of-crime-criminal-man-and-atavism/，最后访问时间：2023 年 3 月 18 日。

〔2〕　图片来源：Edwin D. Driver, "Pioneers in Criminology XIV--Charles Buckman Goring（1870-1919）", *Journal of Criminal Law and Criminology*, Volume 47（Issue 5）, 1957, p. 515.

【知识链接】

格林研究的缘起[1]

(二) 胡顿的研究

美国哈佛大学人类学家和犯罪学家胡顿，是继英国犯罪学家格林之后重要的犯罪人类学研究者，也是格林的主要批评者。为了证明龙勃罗梭犯罪人类学理论的真实性，从1926年开始，胡顿主持进行了长达12年的哈佛研究，先后对17077人进行了人体测量，其中的3203人是普通市民，其余的都是犯罪人。胡顿在研究中对每个研究对象进行了多达107项左右的人体测量，并比较犯罪人与普通市民的身体差异。[2] 根据研究结果，他认为，罪犯在体型特征上具有明显的缺陷，这种缺陷是犯罪的主要原因。其证实了龙勃罗梭学说的真实性。

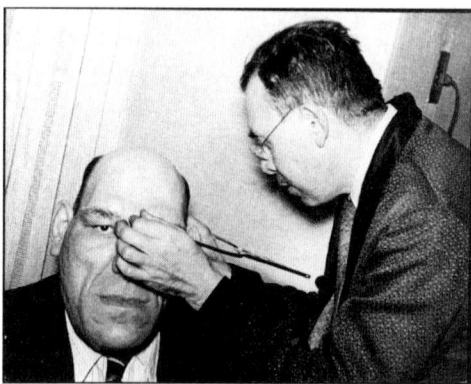

胡顿在测量人体头部长度[3]

从龙勃罗梭到胡顿，尽管他们之间存在一些差异，但他们都认为生物因素对解释犯罪具有决定性或重要的作用。他们都认同罪犯具有先天的生理缺陷，这些缺陷包括体型、遗传的犯罪特质等。

犯罪人类学研究对社会环境因素的忽视，遭到了社会学研究者的猛烈抨击。犯罪人类学理论存在方法论上的严重缺陷，并且大量实证研究否定了它的一些结论。犯罪人类学理论在20世纪50年代前后彻底衰退。

【思考题】

龙勃罗梭以观察、测量犯罪人头骨的方式进行犯罪原因研究，开启了犯罪实证研究的先河。请比较实证主义犯罪理论与理性选择理论的区别。

---

〔1〕 吴宗宪：《西方犯罪学史·第二卷》，中国人民公安大学出版社2010年版，第497页。

〔2〕 吴宗宪：《西方犯罪学史·第二卷》，中国人民公安大学出版社2010年版，第517页。

〔3〕 图片来源：https：//bpldcassets. blob. core. windows. net/derivatives/images/commonwealth：k930ds55x/image_access_800. jpg，最后访问时间：2023年3月18日。

_____

_____

_____

_____

【学习任务二】 现代遗传生物学理论

现代犯罪生物学理论产生于 20 世纪初期,是在犯罪人类学研究的基础上,应用生物学方法研究犯罪人的生物学特征与犯罪之间的关系。犯罪人类学与现代犯罪生物学之间的联系与区别,可以借助图 5-1 做进一步说明:两者都强调生物因素对犯罪的影响,犯罪人类学主张生物因素直接决定犯罪,而现代犯罪生物学则强调生物因素与环境因素的相互作用,并且生物因素通过环境因素影响犯罪。

现代犯罪生物学理论大体上可以划分为两个分支:遗传生物学理论和体质生物学理论。

现代犯罪遗传生物学理论认为,父母、祖父母等的犯罪恶习、精神病、智力低下、性格异常、性染色体异常等遗传负因,对个体素质的形成起着巨大的作用,使个体在这些遗传负因的作用下形成不良的或反社会的人格,并由此产生犯罪行为。现代犯罪遗传生物学侧重研究家族、孪生子女、性染色体异常以及养子女等方面与犯罪之间的关系。

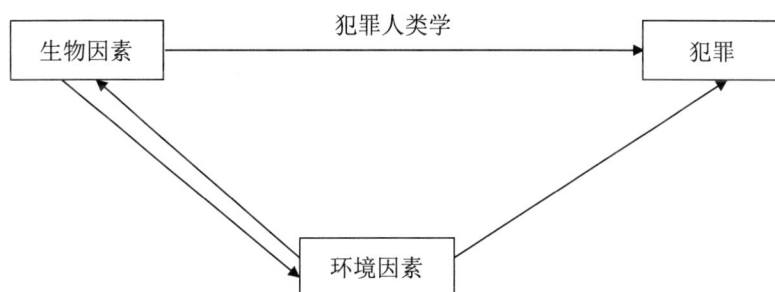

图 5-1 犯罪生物学的一般理论模式[1]

一、家族研究

家族研究基于这样一个假设:如果犯罪倾向具有遗传性,那么有犯罪记录的父母的子女就比一般家庭的子女更有可能犯罪。有些学者希望能够通过罪犯家族史的研究来证明这个假设。这方面有影响的早期研究主要是,美国社会学家理查德·达格代尔(Richard L. Dugdale)对纽约朱克(Juke)家族的考察。

_____

[1] 参见江山河:《犯罪学理论》,格致出版社、上海人民出版社 2008 年版,第 36 页。

1874 年，达格代尔通过对朱克家族长达两百多年历史的研究，发现这个家族比一般家族有更多的犯罪人。"艾达·朱克（Ada Juke）的 540 名后代中，180 人（1/4 多）是在济贫院或其他福利机构领取救济的穷人；140 人是犯罪人；60 人是惯盗；7 人是杀人犯；50 人是卖淫者；40 人是性病患者，并且已经将性病传染给 440 人；30 人被指控是私生子。"[1] 这些数据使达格代尔相信，犯罪与遗传密不可分。达格代尔将他对朱克家族的研究结论发表以后，立即引起巨大反响。特别是进入 20 世纪后，犯罪学领域涌现了更多类似的家族研究。

现代的犯罪学家们认为，家族研究存在着方法论的严重缺陷。首先，这些家族研究所提供的材料并不能令人相信；其次，这些家族都是经过选择的极端例证，完全没有代表性；最后，家族研究忽视了社会环境的作用，忽略了社会学习以及社会互动的作用。他们没有严密的科学方法证明犯罪是遗传而不是社会因素影响的结果。

二、孪生子研究

孪生子研究是探讨遗传因素与犯罪之间关系的一个重要方法。生物学和遗传学的研究表明，孪生子有同卵孪生和异卵孪生之分。同卵孪生子由一个受孕的卵子分裂而成，两个孪生子被认为具有相同的遗传基因；异卵孪生子由两个卵子与两个精子分别同时受孕而成，两个孪生子存在较大的遗传差异，他们之间的关系与一般的兄弟姐妹之间的关系相同。因此，人们假设，同卵孪生子之间由于遗传上的相似性，他们的行为表现具有较多的相似性和较高的一致性；异卵孪生子之间由于遗传上的差异性，他们的行为表现具有较大的差异性和较低一致性。一些医学方面的研究似乎也证实了这种假设。这使得人们进一步相信：孪生子之间在行为方面的相似性，主要是由遗传造成的。

于是，一些研究者尝试通过孪生子研究来考察遗传与犯罪的关系。德国精神病学家朗格（Johannes Lange）在这方面的研究开展比较早，也非常引人注目。在德国巴伐利亚州的斯特劳宾监狱和慕尼黑的德国精神病研究所，朗格找到了符合研究要求的 30 对男性孪生子，其中 13 对是同卵孪生子，17 对是异卵孪生子。1929 年，朗格出版了他的研究专著《作为命运的犯罪：犯罪孪生子研究》。其英文译本两年后在英国发行。研究发现，在 13 对同卵孪生子中，双方都有监禁记录的为 10 对，他们的犯罪一致比率高达 77%；在另外 3 对中，只有一方与法律发生过冲突。在 17 对异卵孪生子的对照组中，双方都有监禁记录的只有 2 对，他们的犯罪一致性仅有 12%，在其他的 15 对中，只有一方曾经与法律发生过冲突。因此，朗格得出这样的结论：就犯罪而言，同卵孪生子的反应总体上非常相似，而异卵孪生子的行为则大不相同。因此，如果我们重视孪生子调查方法，我们就必须承认，就犯罪原因而言，先天倾向起着主要作用。[2]

朗格的研究在当时产生了比较大的影响，使 20 世纪 30 年代掀起了孪生子与犯罪之间

---

〔1〕 吴宗宪：《西方犯罪学史·第二卷》，中国人民公安大学出版社 2010 年版，第 662 页。

〔2〕 Johannes Lange, *Crime as destiny：a study of criminal twins*, translated by Charlotte Haldane, London：George Allen & Unvin Ltd., 1931, p.41.

关系的研究热潮。这些研究几乎一致地发现，同卵孪生子比异卵孪生子在犯罪行为方面有更大的一致性。尽管如此，但这种研究方法存在一个问题：研究者们不能确定，这种相似性是由相似的教育和环境造成的，还是由遗传基因造成的。为了克服这一研究方法的缺陷，美国学者布沙尔（Thomas J. Bouchard）及其团队于 1979 年开展了一项大型的很有影响力的"明尼苏达孪生子研究"。通过对在婴儿期就分开抚养长大的同卵孪生子和异卵孪生子的心理和生理等方面进行比较分析，研究发现：在性格和气质、职业和业余兴趣以及社会态度等多项指标上，分开抚养的同卵孪生子与一起抚养的同卵孪生子大致相同。因此，同卵孪生子之间的相似性归因于基因而不是环境。[1]尽管该研究不是研究遗传与犯罪的关系，但它显示了遗传基因对一般行为的影响，对犯罪生物学研究具有启发性。

三、性染色体异常研究

20 世纪 50 年代开始，人们又发现了一个研究遗传与犯罪之关系的新方法，即研究性染色体异常者的行为。染色体（chromosome）是指细胞有丝分裂时出现的、易被碱性染料感染着色的丝状或棒状小体。它由核酸和蛋白质组成，是遗传的主要物质基础。染色体有两种类型：性染色体与常染色体。性染色体决定遗传的性别；常染色体控制除性别遗传之外的所有遗传特征。在正常情况下，人体细胞有 46 条（23 对）染色体，其中 44 条（前 22 对）是常染色体，2 条（第 23 对）是性染色体。正常男性的两条性染色体是一个 X 染色体和一个 Y 染色体，其结构为"XY"；正常女性的两条性染色体是两个 X 染色体，即"XX"。

性染色体异常研究的逻辑是：染色体不仅具有控制生物体外形特征的功能，而且对个体的人格特征也有所影响。因此，当染色体的数目或结构出现异常时，就会引起人的机体出现某些反常现象。人们特别感兴趣的是偏离男性染色体（46，XY）和女性染色体（46，XX）正常结构的性染色体模式。大多数研究都集中于 XXY（47）型与 XYY（47）型的男性。在性染色体研究中，最先受到关注的是 XXY 型男性。1959 年，《自然》杂志刊登一篇论文，题目为《人类双性畸形可能具有 XXY 性别决定机制的案例研究》。作者认为，根据 XXY 男性的性别决定中 Y 染色体没有起作用的情况，人们可以推定，XXY 型性染色体异常的男性应当具有女性的身体特征。[2]一些相关研究表明，XXY 型性染色体异常者在收容酗酒者、同性恋者以及低能者的机构中占有较高的比例。

性染色体研究中最受重视的是 XYY 型男性。研究发现，每 1500～2000 名男子中就会出现一人具有 XYY 型染色体。具有这种染色体结构的男性比一般男性更经常地表现出攻击性，即 XYY 男性与暴力犯罪存在着较为密切的关联。不过，也有许多学者怀疑 XYY 型

---

〔1〕　Thomas J. Bouchard, Jr., David T. Lykken, Matthew McGue, Nancy L. Segal, Auke Tellegen, "Sources of Human Psychological Differences: The Minnesota Study of Twins Reared Apart", *Science*, *New Series*, Vol. 250, No. 4978 (Oct. 12, 1990), pp. 223~228.

〔2〕　Patricia A. Jacobs & J. A. Strong, "A Case of Human Intersexuality Having a Possible XXY Sex-Determining Mechanism." *Nature*, Vol. 183, No. 4653 (Jan. 3, 1959), pp. 302~303.

染色体与犯罪的直接联系。这种怀疑体现在两个方面：首先，如果 XYY 型染色体导致犯罪的话，为什么绝大多数具有 XYY 型的男性并没有成为犯罪人？其次，即使 XYY 型男性在监狱中的比例高于一般男性，这也不能排除社会（如警察、检察官以及法官等）对他们的偏见。因为 XYY 型男子身材高大，满脸粉刺，这些特征会给司法人员造成一种威胁感。

四、养子女研究

为了克服家族研究无法将先天遗传因素与后天环境因素的影响区分开来这一困难，一些学者进行了养子女研究。这种研究的逻辑推理是，由于养子女出生后与养父母生活在一起，因此，如果养子女的犯罪情况与其生父母相似或者有很高的一致率，那就说明先天遗传对犯罪的影响大于后天环境对犯罪的影响；如果养子女的犯罪情况与其养父母相似或者有很高的一致率，那就说明后天环境对犯罪的影响大于先天遗传对犯罪的影响。

1971 年，哈钦斯（Barry Hutchings）和梅德尼克（Sarnoff A. Mednick）开展了比较有影响的养子女犯罪情况调查研究。研究样本是丹麦哥本哈根 1145 名非家族内收养的男童。这些男童出生于 1927 年 1 月 1 日至 1941 年 12 月 31 日之间。自 1971 年进行这项研究以来，他们都已经度过了犯罪风险高发期的大部分时间。为了进行比较，研究者还设置了非被收养男童的对照组。对照组和实验组在性别、年龄、父亲的职业地位和居住地等方面进行了单独匹配。研究者检查了对照组和实验组在警方档案中是否有犯罪记录，同时核对了被收养者的养父和生父以及非被收养者父亲在警方档案中的犯罪记录。结果显示，在被收养者和非被收养者中，父子犯罪之间的关联程度大致相同。

随后，研究者重点分析了被收养者的犯罪情况。样本中共有 185 名被收养者有犯罪记录。根据被收养者本人的犯罪记录，将他们进行分类，并比较分析各自生父的犯罪记录。研究发现，在无犯罪记录的养子中，他们的生父约 31% 有犯罪记录；但在有轻微违法行为和有犯罪记录的养子中，他们的生父有犯罪记录的分别为 38% 和 49%。这些数据表明，其生父有犯罪记录但被他人收养的男童更有可能犯罪。[1]

【知识链接】

基因与犯罪[2]

【思考题】

孪生子研究、性染色体异常研究、养子女研究等关于遗传与犯罪之间关系的研究，基本上都从建立研究假设开始，然后收集研究对象的相关数据，进行数据分析，验证研究假设，得出相关结论。请尝试建立一个犯罪原因的基本假设，然后按照实证主义研究方法，

---

〔1〕 江山河：《犯罪学理论》，格致出版社、上海人民出版社 2008 年版，第 40 页。
〔2〕 罗翔：《法治的细节，基因与犯罪》，载澎湃网，https：//www.thepaper.cn/newsDetail_forward_2682281，最后访问时间：2023 年 3 月 20 日。

制定研究计划。

_____

_____

_____

_____

【课程思政】

弘扬科学精神，提升我国犯罪学研究水平

英国著名犯罪学家曼海姆（Hermann Mannheim）根据理论假设的有无、理论假设的清晰程度，将犯罪学研究的历史发展划分为前科学、准科学、科学三个阶段。[1]华人犯罪学家刘建宏教授认为：现代犯罪学强调的是对理论的经验证明而不是理论本身概念和逻辑上的高明。典型的犯罪学研究花在"小心求证"上面的功夫通常远大于花在"大胆假设"上面。[2]从弘扬科学精神的角度出发，你认为如何进一步提升我国犯罪学研究的科学水平？

_____

_____

_____

_____

【学习任务三】　现代体质生物学理论

体质生物学理论从个人的身体素质方面探讨生物因素与犯罪之间的关系。这类研究盛行于 20 世纪初期，20 世纪中期以后，仍有一些学者开展这方面的研究。

一、内分泌异常研究

人体内的内分泌腺（endocrine gland），是散布在人体各处的一些腺体，其分泌物称为激素（hormone，旧称"荷尔蒙"），激素通过血液或淋巴液输送到全身各处。不同的激素对相应的器官或组织的活动具有促进和调节作用。对激素的研究可以追溯到 19 世纪 50 年代，但真正运用内分泌异常来解释犯罪行为的产生，是在 20 世纪 20～30 年代。早期的研

---

〔1〕　Hermann Mannheim, Comparative Criminology: A Text Book, Vol. 1, (London: Routledge & Kegan Paul, 1965), pp. 84～86.

〔2〕　刘建宏：《犯罪功能论》，人民出版社 2011 年版，避免历史的遗憾（代序）第 5 页。

究认为内分泌腺障碍、激素失调会引起个体情绪障碍从而导致犯罪行为。在这项研究中，比较有名气的是美国学者伯曼（Louis Berman）。他在 1921 年出版的《内分泌控制人格》一书中，根据内分泌腺的分泌状况划分出 6 种内分泌人格类型：肾上腺型、甲状腺型、垂体型、性腺型、副甲状腺型、胸腺型。这 6 种人格类型中，有的与犯罪的关系极为密切。

20 世纪中期以后，内分泌异常与犯罪之关系的研究主要集中在月经与犯罪、性激素与犯罪两个方面。在月经与犯罪的关系当中，多数研究表认为，女性在月经前以及月经期间容易实施越轨或犯罪行为，与激素分泌的变化密切相关。1953 年，美国学者莫顿（J. H. Morton）等人发表《经前紧张症的临床研究》一文，呈现他们在纽约西菲尔德州立农场（Westfield State Farm）对女性罪犯的调查结果。数据显示，58 起非预谋的女性暴力犯罪案件中，62%的犯罪发生在月经前的一个星期，17%的犯罪发生在月经期间。[1]作者认为，在月经前以及月经期间，女性激素分泌失调，使其情绪波动大，容易激动，这些因素与其他因素相结合，就可能引起越轨和犯罪行为。

性激素是由性腺分泌的一类活性物质，具有促进性器官成熟、副性征发育及维持性功能等作用。性激素分为雌激素和雄激素两类。在性激素与犯罪关系的研究中，一些学者主要关注雄激素中睾丸酮与犯罪的关系，并获得基本一致的结论：睾丸酮的分泌状况与个体的敌意、攻击行为和暴力犯罪密切相关。

二、中枢神经系统异常研究

人的神经系统可以分为中枢神经系统与周围神经系统两个部分。中枢神经系统由脑和脊髓组成，其机能对人的心理与行为尤为重要。20 世纪中期以来，一些学者探讨了中枢神经系统异常与犯罪之间的关系，主题集中在脑波异常与犯罪、癫痫与犯罪以及创伤性脑损伤与犯罪三个领域。

脑波（electroencephalogram，简称 EEG），就是脑的电波，反映大脑皮层神经细胞的活动。正常振动次数约为每秒 0.5～30 赫兹（Hertz），脑波振动不正常就表明身体某部位功能异常。自 20 世纪 40 年代以来进行的大量研究表明，人的异常行为包括犯罪行为与脑电波的异常有关。

癫痫（epilepsy）是一种发作性的短暂的大脑功能失调。由于癫痫发作会伴有精神障碍，从而引发无法控制的暴力行为，所以人们往往把癫痫视为犯罪的重要原因。早在 19 世纪末，龙勃罗梭等人就已经研究了癫痫与犯罪的关系，并认为癫痫是犯罪的十分重要的原因。进入 20 世纪以来，从西方国家所做的大量研究来看，"癫痫与犯罪的关系还没有最终阐明，未来这方面的研究需要对癫痫的诊断、癫痫的种类、癫痫病人所处的社会及心理环境等方面进行考察"。[2]

创伤性脑损伤（traumatic brain injury，简称 TBI）是指头部受到打击或震动，或头部

---

〔1〕　J. H. Morton, H. Additon, L. Hunt, J. J. Sullivan, "A clinical study of premenstrual tension", *American Journal of Obstetrics and Gynecology*. Vol. 65（6），1953，pp. 1182～1191.

〔2〕　吴宗宪：《西方犯罪学史·第二卷》，中国人民公安大学出版社 2010 年版，第 746 页。

穿透性损伤，破坏大脑功能。创伤性脑损伤可导致认知、行为和社交障碍。越来越多的证据表明，创伤性脑损伤是犯罪的促成因素之一。芬兰学者在青少年人群中考察了创伤性脑损伤与犯罪以及品行障碍的关联。研究样本来自芬兰北部的 508 名精神病住院青少年，其中创伤性脑损伤 26 人（5.1%），有犯罪记录的为 85 人（16.7%）。关于创伤性脑损伤的信息来自芬兰医院出院登记簿，关于犯罪行为的信息来自法律登记中心。53.8% 的创伤性脑损伤患者有犯罪史，而无创伤性脑损伤患者的相应比例仅为 14.7%。另外，创伤性脑损伤青少年实施暴力犯罪和非暴力犯罪的比率分别为 42.9%、29.4%，而无创伤性脑损伤患者的相应比例则分别为 9.1%、6.8%。儿童和青少年时期的创伤性脑损伤使犯罪风险增加了 6.8 倍，品行障碍风险增加了 5.7 倍，犯罪和品行障碍并存的风险增加了 18.7 倍。[1] 近年来，瑞典、澳大利亚、美国、英国、新西兰等一些国家的研究[2]都发现，在监狱犯人和有暴力行为的病人中，很多人患有创伤性脑损伤，特别是他们的额部和颞叶部受到损伤。许多犯罪生物学家的研究都报告了类似的研究结果。

以上所述犯罪生物学理论不同方面的研究，在一定程度上说明犯罪或多或少与生物因素有关。但生物因素不是决定因素，它们对犯罪的影响是在与社会环境相互作用下产生的。由于犯罪生物学理论的实证研究受到抽样、测量以及样本局限性等方面的影响，其研究的效度和信度还有待进一步加强。

【课程思政】

科学认识创伤性脑损伤罪犯

近年来，一些学者在罪犯人群中开展了创伤性脑损伤患病率的研究。法勒（Thomas J. Farrer）及其同事，对 24 项关于被监禁成年人的终生创伤性脑损伤患病率进行了综合分析，5049 名研究对象的创伤性脑损伤的未加权合并患病率为 51%。罪犯的创伤性脑损伤患病率明显高于普通人群。[3]

创伤性脑损伤的神经心理影响主要有遗忘和执行障碍，例如记忆差、注意力难以集中、做事缺乏计划等，以冲动性和社会协调力差为特征的情绪调节缺陷也很常见。在监狱环境中，患有创伤性脑损伤的罪犯可能会因此导致纪律处分。例如，记忆缺陷可能会使患有创伤性脑损伤的罪犯难以理解或记住监规纪律，注意力缺陷可能会使患有创伤性脑损伤的罪犯难以专注于需要完成的任务或者不能正常听从监狱警官的指示。任何一种情况都可

〔1〕 Saku Luukkainen, Kaisa Riala, Matti Laukkanen, Helinä Hakko, Pirkko Räsänen, "Association of traumatic brain injury with criminality in adolescent psychiatric inpatients from Northern Finland", *Psychiatry Research*, Vol. 200, 2012, pp. 767~772.

〔2〕 W Huw Williams, Prathiba Chitsabesan, Seena Fazel, Tom McMillan, Nathan Hughes, Michael Parsonage, James Tonks, "Traumatic brain injury: a potential cause of violent crime?", *Lancet Psychiatry*. 2018 Oct; 5 (10), pp. 836~844.

〔3〕 Thomas J. Farrer, Dawson W. Hedges, "Prevalence of traumatic brain injury in incarcerated groups compared to the general population: a meta-analysis", *Progress in Neuro-Psychopharmacology & Biological Psychiatry*, Vol. 35, 2011, pp. 390~394.

能被误解，从而造成罪犯蓄意挑衅的印象。

我国监狱中也有罪犯在青少年时期曾经遭遇过创伤性脑损伤，在监狱日常管理和教育改造过程中，我们应该如何面对他们？

_____

_____

_____

_____

【能力测试】

【课堂笔记】

_____

_____

_____

_____

第六单元　犯罪心理学理论

【思维导图】

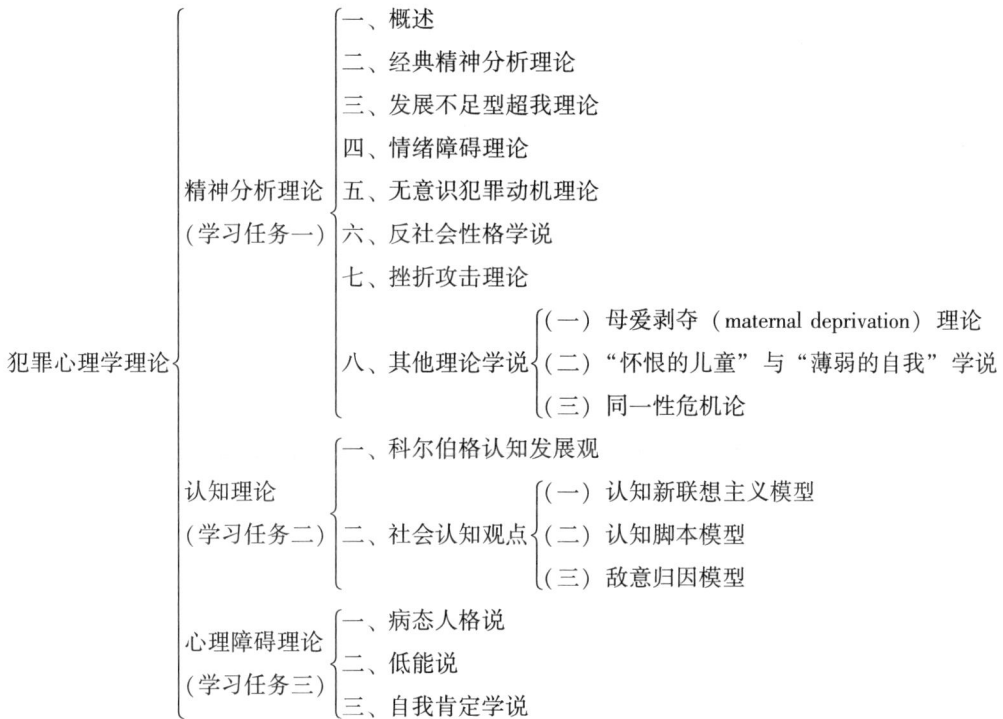

【学习目标】

知识目标：了解犯罪心理学的理论框架，熟悉个人型犯罪理论中精神分析、认知及心理障碍理论关于犯罪原因的理论观点。

能力目标：能够运用精神分析、认知及心理障碍理论，分析典型案例中犯罪人的心理因素，以心理学视角解读犯罪原因。

素质目标：通过学习精神分析、认知及心理障碍理论，增强心理健康意识，掌握心理建设的方法与技巧，提升心理健康水平。

【引言】

目前的犯罪心理学理论，大多用来解释犯罪行为的心理原因，是一种解释型理论。大致可以分为个人型犯罪理论、互动型犯罪理论及整合型犯罪理论[1]。个人型犯罪理论主要是利用犯罪人的特征解释其犯罪原因的理论，可分为生物型犯罪理论及发展型犯罪理论；发展型理论又包括了精神分析、认知、心理障碍和理性选择等理论。互动型犯罪理论是利用环境因素及其与个人的相互作用解释犯罪原因的理论，主要包括不同交往理论、社会学习理论。整合型犯罪理论（integrated theory）是通过吸收现有相关理论的有益成分新发展起来的理论，主要包括犯罪与人性理论和多学科整合型理论。

本单元所述犯罪心理学理论，仅包括上述犯罪心理学理论当中的一部分理论。着重介绍个人型犯罪理论中的精神分析、认知及心理障碍理论。生物型犯罪理论及社会学习理论，分别详见本书第五单元和第七单元。

【案例导入】

案例一：孤独、寂寞与锒铛入狱

服刑人员单石新（化名），男，汉族，盗窃罪，2002年4月出生，小学三年级文化程度，贵州某某县人。单石新2018年7月因盗窃被行政拘留3日；2019年8月因盗窃罪被判处有期徒刑一年。

单石新出生在一个农民家庭，有一个大其两岁的姐姐。他五岁时父母离异，跟随父亲生活，常遭到父亲暴力殴打。他九岁时因想吃茶叶蛋，家里又没有钱，就买来鸡蛋自己烧，因不慎将锅子打翻，造成下肢大面积烫伤。他经常怨恨家里没钱，父亲没有能力且教育方式不当，致使自己生活困难。十二岁时，他辍学随父亲到浙江某某市打工，因无法忍受辛苦的劳作，不到两个月就辞职不干了。

之后，他长年混迹于社会：白天睡觉，晚上外出通宵上网，一遇烦心事就会用烟头烫自己的手臂，还经常打架斗殴，情绪变得无法自控时就酗酒。十六岁时，因他的女友家人反对两人恋爱，他对女友的父亲实施殴打。之后，他常感孤独、寂寞和无助，还几次用砸碎玻璃杯的方式，狠狠划伤自己的手臂，造成双手臂大面积的疤痕。2019年8月，他因为

---

[1] 吴宗宪：《犯罪心理学总论》，商务印书馆2018年版（2020年重印），第141~142页。

实施盗窃行为而银铛入狱。

案例二：情感依恋的缺失导致犯罪

服刑人员李英军（化名），男，汉族，2000 年 7 月出生，小学二年级文化程度，江西某某县人，因抢劫、非法拘禁、寻衅滋事罪被判处有期徒刑两年两个月，2018 年 9 月入监。2019 年 1 月，李英军被押回重审，重新判决后加刑一年两个月。李英军年幼时，他的父亲被判处死刑立即执行。之后，母亲改嫁他人离他而去。他由其叔叔一家抚养长大。由于血缘不亲，其叔母不视其为家里人，平时关心甚少，且经常对他冷嘲热讽，甚至责骂体罚。李英军因此常离家出走，混迹于社会。他行为自控力差，不良习气重，对社会心怀不满，结交不良伙伴，最终走上了违法犯罪的邪路。

【学习情境】

上述两个案例很值得人们深思。案例一，单石新由于遭受到了父亲的不恰当对待而心生不满和怨恨。由于关爱的缺乏、无人理解和恋爱不成，造成了内心的孤独、寂寞和无助感，最终走上了犯罪道路。案例二，李英军由于在幼年时缺少父母亲的关爱，无法与亲人形成正常的情感依恋，致使犯罪行为的发生。究其根源，到底是哪些心理元素导致他们走上了违法犯罪的不归路呢？这正是犯罪心理学要回答的问题。

【课前预习】

_____

_____

_____

_____

【学习任务一】 精神分析理论

一、概述

奥地利精神分析学家弗洛伊德（Sigmund Freud）于 19 世纪末 20 世纪初创立了经典精神分析理论。在此基础上，精神分析理论逐渐发展成为一个庞大的理论体系。分析心理学、自我心理学、客体关系理论、自体心理学、依恋理论等都是精神分析理论体系的重要组成部分。用于解释犯罪心理的精神分析理论，主要包括发展不足型超我理论、情绪障碍理论、无意识犯罪动机理论等等，这些理论都建立在经典精神分析理论的基础之上。

弗洛伊德[1]

二、经典精神分析理论

经典精神分析理论内容丰富，体系完备，包括潜意识学说、本能学说、人格结构理论、性心理发展阶段学说、心理防御机制理论等。

潜意识学说将人的心理活动分为意识（consciousness）、前意识（preconsciousness）和潜意识（unconsciousness）三个部分。意识是人在清醒状态下能够觉察到的心理活动。前意识是曾被觉察到的、而由于注意力的转移目前暂时不被觉察到的心理活动。潜意识是不被意识所觉察、却被意识所排斥的那部分心理活动的过程和内容。

本能学说认为，人的精神活动的一切能量都来自本能。最基本的本能有两大类：一类性本能，也称生的本能；另一类是攻击本能，也称死的本能。生的本能是一切与生命保存相关的本能，包括性、饥饿等等。死的本能是原始的、毁灭他人也是自我毁灭的冲动，如谋杀、自伤自杀等等。

人格结构理论将人格分为本我（Id）、自我（ego）和超我（superego）三个部分。本我由原始的、与生俱来的本能能量组成，是人格中最原始、最模糊的部分，它遵循快乐原则行事。自我是可以意识到的，执行思考、感觉、判断或记忆的部分，自我对内满足本我的需求，对外应对外界现实，对上又接受超我监督，它遵循现实原则行事。超我是道德的维护者，是进行自我判断和道德控制的部分，它从自我分化而来，遵循道德原则行事。一个心理健康的人，本我、自我和超我三种结构的作用均衡协调。

性心理发展阶段学说将人心理的发展分为口欲期、肛欲期、性器期、潜伏期和生殖期五个时期。一岁以内的婴儿处在口欲期，此时婴儿通过口腔的活动获得快感，是婴儿形成安全感的重要时期。1至2岁的婴儿处在肛欲期，此时的婴儿通过对肌紧张的控制，以忍受和排泄大便获得快感，形成自主控制能力。3至5岁的儿童处在男性生殖器崇拜期，也

---

〔1〕 图片来源：https：//imagecloud. thepaper. cn/thepaper/image/186/510/510. jpg，最后访问时间：2023 年 3 月 10 日。

称性器期，形成俄狄浦斯情结（Oedipus complex）。6 至 12 岁的孩子处在潜伏期，通过游戏和学习获得快乐。12 岁以后的孩子进入生殖期，是完成成人社会化的重要时期。

心理防御机制是指人在无意识中，为消除由心理冲突或挫折所引起的焦虑，维持和恢复心理平衡的一种自我保护的方法。[1] 常见心理防御机制有压抑、否认、退行、投射、隔离、升华等。例如，当人们的某种观念、情感或冲动不能被超我接受时，就会下意识地将痛苦的经验或欲望压抑到无意识之中，以使个体不再受焦虑之苦，这就是压抑的心理防御机制。被压抑的东西虽然没有被意识感觉到，但是在潜意识中仍然起着作用，只不过以改头换面的方式呈现出来。

经典精神分析理论关于犯罪行为发生的观点主要包括：①自我对超我的控制减弱，致使本我的倾向增强，本我通过实施犯罪行为而获得快感，克服对自我的约束。因此，严厉的惩罚会阻止大多数人实施犯罪，而不能阻止那些被本我所支配的人实施犯罪行为。②过度发展的超我（称发展过度型超我）会引起持久的罪恶感和焦虑，从而导致犯罪行为的发生。③成人犯罪是由于退化而使婴儿时期原始的、暴力的、非道德的本能冲动复活。④由于俄狄浦斯情节的存在，人在潜意识中就有罪恶感，从而在潜意识中产生犯罪欲求，即通过犯罪行为而使自己到受到惩罚，并通过惩罚制裁来消除内心罪恶感引起的心理压力，即人是因为愿意受惩罚而导致犯罪的。[2]

三、发展不足型超我理论

瑞士精神病学家、精神分析学家艾希霍恩（August Aichhorn）被誉为犯罪精神分析观点的创始人之一。他提出的"发展不足型超我"（underdeveloped ego）会导致犯罪的理论，与弗洛伊德提出的发展过度型超我导致犯罪行为的观点正好相反。

艾希霍恩认为，儿童如果缺乏父母亲爱的关怀，就会导致其无法形成正常的情感依恋（loving attachment），形成"发展不足型超我（underdevelopment ego）"，而这种发展不足的超我是犯罪行为产生的重要根源。他提出"潜伏型少年犯罪"的概念，认为青少年用童年幼稚化的方式满足本我的需要，以本我的"快乐原则"行事，会造成犯罪行为的发生。具有发展不足型超我的青少年一般有以下人格特征：①以冲动的方式追求欲望的直接满足；②只顾满足自己的需要，不顾他人与社会的利益；③缺乏罪恶感，在满足其本能欲望时不考虑使用手段的性质。[3]

四、情绪障碍理论

该理论由美国精神病学家、心理学家希利（William Healy）和他的妻子布朗纳（Bronner）等人提出。希利的情绪障碍理论认为，情绪障碍是导致少年犯罪的主要原因之一。形成违法行为基础的情绪障碍，主要源于儿童和少年在成长过程中产生的各种不良感觉。

具体而言，这些不良感觉主要包括：①在爱的需要和其他方面的需要得不到满足，爱

---

〔1〕　罗大华、何为民：《犯罪心理学》，浙江教育出版社 2002 年版，第 136 页。
〔2〕　罗大华、何为民：《犯罪心理学》，浙江教育出版社 2002 年版，第 55~56 页。
〔3〕　林崇德：《心理学大辞典·上卷》，上海教育出版社 2003 年版，第 103 页。

的缺乏和无人理解时产生的寂寞感；②基于根深蒂固的内心冲突和压抑而产生的不幸感；③在家庭、学校、社会生活等方面表现出的强烈的不适应感和自卑感；④对父母亲的不良品行和养育方法的不满意感；⑤在家庭关系中表现出的强烈不满或对兄弟姐妹的嫉妒感；⑥内心的矛盾冲突和由此造成的压抑感和不幸感；⑦对幼年时违法行为的有意识或无意识的罪恶感等。[1] 当上述种种感觉带来的情绪障碍变得深刻而持久时，个体就会把它转变成强烈的、追求各种需求满足的行为冲动，而这种冲动及其行为常常是社会及法律所不允许的，从而导致犯罪行为的产生。

五、无意识犯罪动机理论

无意识动机是个体自身并不清楚的行为动机。个体虽然有明确的行为目的，但是不清楚支配行为发生的真正的深层次根源。无意识犯罪动机是指个体实施了某种违法犯罪活动，虽然具有该种行为活动的意志力，但其对深层的犯罪行为的原因并不知晓。

无意识犯罪动机理论由亚历山大（Franz Gabriel Alexander）、施陶布（Hugo Staub）等人提出。该理论的基本观点主要包括三个方面：

（1）人天生就具有犯罪的心理动力。正常人能成功抑制犯罪的本能驱力，把它们转化为社会可以接受的形式表现出来，而犯罪人却没有这种心理调整的能力。

（2）俄狄浦斯情结是导致犯罪的一种基本心理动力。个体如果无法解决由俄狄浦斯情结所引起的罪恶感或焦虑情绪，就可能进行暴力犯罪行为（包括杀人行为）。

（3）无意识"紊乱的正义感"可能导致犯罪行为。如果一个人看到他人并没有因为反社会行为而受到惩罚，那么他们的正义感就会发生紊乱，从而可能引起犯罪行为。

非理性的、情绪性的和无意识的犯罪动机，是一些习惯型犯罪行为的重要原因。亚历山大和希利进行合作研究时，通过对一个从8岁就开始实施惯窃的犯罪人进行精神分析后发现，其犯罪行为的背后有四种无意识动机：对自卑感的过度补偿；摆脱罪恶感的企图；对他母亲的怨恨反应；直接追求对在监狱中过无忧无虑生活的依赖倾向的满足。[2]

国内学者提出，相比成年人的犯罪行为，青少年犯罪动机中犯罪行为的无意识动机更具有突出、典型的表现，它与意识到的犯罪动机相结合形成错综复杂的动机系统。青少年个体所具有的无意识动机，主要包括本能冲动动机、罪恶情结动机、好奇心动机、逞强动机、逆反动机等，都是导致他们实施越轨行为、犯罪行为的重要驱使力量。其中本能冲动动机、罪恶情结动机与好奇心动机更多地与行为人的生理性本能相联系，是个体无意识内容在犯罪动机上的体现。逞强动机更多地与行为人的心理功能相联系，是集体无意识在犯罪动机上的体现。逆反动机则更多地与行为人的社会文化因素相联系，是社会无意识内容在犯罪动机上的体现。[3]

---

〔1〕 吴宗宪：《犯罪心理学总论》，商务印书馆 2018 年版（2020 年重印），第 158~159 页。
〔2〕 吴宗宪：《犯罪心理学总论》，商务印书馆 2018 年版（2020 年重印），第 159~161 页。
〔3〕 刘建清：《论青少年犯罪行为的无意识动机》，载《中国人民公安大学学报（社会科学版）》2009 第 5 期，第 121~124 页。

六、反社会性格学说

反社会性格（antisocial character）学说由奥地利出生的英国女精神分析学家弗里德兰德（Kate Friedlander）提出。她认为，具有反社会性格的人在以后的生活中有可能导致犯罪行为的产生。她指出，俄狄浦斯情结使孩子与母亲或父亲产生人际关系的问题，男孩因恋母而对父亲产生敌意和恐惧，女孩因为恋父而对母亲产生嫉妒与敌意。这些情绪性因素逐渐使儿童形成一种反社会性格。这种性格是少年犯罪行为产生的主要原因。而个体在潜伏期和青春期的环境因素，如社会交往、人际关系、学校教育、职业发展经历等则是导致犯罪行为发生的从属原因。

根据个体反社会性格的强弱程度，少年犯罪可分为四种类型：[1]

（1）明显的反社会性格导致的少年犯罪行为。包括：由于自我力量不够、超我不足不能控制本能冲动形成的显著反社会性格，引起少年犯罪行为；或者在幼儿期由于母亲的人格和态度使其性格畸变，到潜伏期后父母就难于加以改变，最终导致少年犯罪行为的发生。

（2）反社会性格轻微，但由于环境的压力和无意识冲突引起的情绪强烈所产生的少年犯罪行为。不少在潜伏期并没有进行少年犯罪行为，但是到了青春期以后却进行犯罪行为的，也包括在这种类型当中。

（3）反社会性格微弱，但伴随有神经症性冲突、由无意识动机而发生的少年犯罪行为。包括病理性偷窃癖型少年犯罪行为、习惯性偷窃者的少年犯罪行为、因罪恶感而产生的少年犯罪行为等。

（4）某种程度的反社会性格与把幻想变为行动的神经症性障碍共同导致的少年犯罪行为。由于被动无力型病态人格，试图将空想变为现实的病理性说谎和欺骗而进行的少年犯罪行为，就包括在这种类型之中。

七、挫折攻击理论

挫折攻击理论认为，个人有目的的行为受阻时产生的挫折情绪，往往会引起攻击倾向和暴力犯罪行为。该理论是建立在精神分析理论基础上的、解释暴力犯罪原因的主要心理学理论之一。

美国心理学家多拉德（John Dollard）、米勒（Neal E. Miller）等人率先提出了挫折—攻击假设，认为攻击是挫折的一种直接后果，遭受挫折、阻挠、干扰或者威胁的人，会实施攻击行为；攻击行为是对挫折情境的一种自然的、自动化的反应。而且，进行攻击行为的人，就是那些遭受挫折、阻挠、干扰或者威胁的人。该理论认为"人的攻击行为是遭受挫折的后果"。[2]

美国心理学家伦伯科威茨（Leonard Berkowitz）经过深入研究，对挫折—攻击假设进

---

〔1〕　吴宗宪：《犯罪心理学总论》，商务印书馆 2018 年版（2020 年重印），第 162~163 页。

〔2〕　John Dollard et al ., Frustration and Aggression（New Haven : Yale University Press , 1939），p . 1.

行了修正，其主要内容如下：

第一，挫折导致攻击行为发生的可能性。挫折增加了个人产生愤怒情绪和进行攻击行为的可能性，挫折会促使攻击行为的发生。

第二，攻击行为既有外显的也有内隐的。身体或言语的攻击属外显的攻击行为，但人还有内隐的攻击行为，如内心诅咒某人。

第三，厌恶条件或者愉悦状态也会引发人的攻击行为。如疼痛、性唤起等状态，也会引起人的攻击行为。

第四，挫折引起攻击行为是分步骤进行的。依次为：①个人受到阻挠不能获得某种预期目标；②挫折产生愤怒；③愤怒使人倾向于进行攻击行为或者使个人做好进行攻击行为的准备。[1]

第五，挫折引起攻击行为是有条件的。人在遭遇挫折时是否进行攻击行为，部分依赖于个人的学习经验，对引起挫折事件的理解以及个人对挫折的反应方式，也依赖于环境中是否存在诱发攻击行为的刺激。如果周遭的环境有作为攻击的武器等物品，就会大大增加个人实施攻击行为的可能性，即所谓的"武器效应"。

第六，挫折引起攻击行为的影响因素。这些因素主要包括：①所遭受的挫折是否为他人故意为之；②遭受到的挫折是否为他人的不公正待遇所致；③受挫个体是否遭受到极其厌恶的情绪体验。

该理论认为，暴力犯罪是个体遇到令人感到不公正的、有意阻挠之后产生的愤怒情绪引起的。[2]

八、其他理论学说

（一）母爱剥夺（maternal deprivation）理论

英国精神病学家和精神分析学家鲍尔比（John Bowlby）认为，个体出生后母爱剥夺的最初体验及由此造成的"无感情性格"，及与他人建立亲密关系能力的缺乏，是发生少年犯罪的重要原因。而且这种犯罪人的违法犯罪行为特别恶劣，是与出生后的头3至4年中缺乏与母亲或母亲般人物（mother figure）的稳定的感情依恋、没有获得适当的爱有关。

（二）"怀恨的儿童"与"薄弱的自我"学说

美国临床心理学家、精神分析学家雷德尔（Fritz Redl）和美国矫正专家、精神分析学家瓦因曼（David Wineman）提出这一学说。认为对父母和其他成年人充满敌意，经常在遇到挫折时勃然大怒和进行暴力行为的儿童，即"怀恨的儿童"，会产生少年犯罪行为，如偷窃、破坏、逃学等违法行为。这种儿童都有过创伤性的经历，形成"少年犯罪自我"（delinquent ego），这是一种"薄弱的自我"（weak ego），表现为自我缺乏，超我不足，以致无法阻止本能欲望的任意表现。他们之所以进行违法犯罪行为，是由于他们没有发展起

〔1〕 Curt R. Bartol & Anne M. Bartol, Criminal Behavior: A Psychological Approach, 10th ed. （Upper Saddle River, NJ: Pearson, 2014）, p. 114.

〔2〕 吴宗宪：《犯罪心理学分论》，商务印书馆2018年版，第19页。

适当的自我和超我，不能对自己的行为进行适当控制。而"薄弱的自我"缺陷的根源，主要是以忽视、遗弃、虐待子女为特征的、缺乏感情的、有缺陷的亲子关系。

（三）同一性危机论

同一性危机论由新精神分析学派心理学家埃里克森（Erik Homburger Erikson）提出。同一性危机是指在青春期个人不能获得同一性时产生的角色混乱状态。[1]

埃里克森认为，同一性危机是人的心理社会发展阶段中的第五阶段（12岁~18岁）的特征性危机。在这一时期，青少年生理上全面发育，心理上面临着一场深刻的革命，他们特别关注他人的评价并开始重新认识自己。此时，如果青少年对自己的认识和他人对自己的评价相一致，他们就获得了同一性，心理就会顺利地发展，否则他们就会产生同一性危机，就会产生自我意识的混乱，产生角色紊乱，出现情感障碍，产生消极同一性。这种消极同一性是青少年产生不良行为，甚至走上违法犯罪道路的根本原因。

【思考题】

1. 中央电视台20151127期《心理访谈》节目：《高墙内的心灵救赎·她究竟杀了谁》中的主人公孙丽萍，2013年因犯故意杀人罪被判处死刑，缓期二年执行，剥夺政治权利终身。孙丽萍的成长经历充满艰苦，当她还未满月，母亲就弃她而去，她随父亲生活，却屡遭父亲的殴打。四十年后，当她决定买房为自己安家，找算命的张某看风水时，却被强暴了。之后张某继续威胁孙丽萍和他保持关系，否则就让她的家庭遭受灭顶之灾。面对张某的无理纠缠和变本加厉的骚扰，孙丽萍忍无可忍，最后歇斯底里地对张某一顿狂砍，将他杀害了。请运用精神分析理论解释孙丽萍杀人犯罪的原因。

2. 如何理解"发展不足型超我"犯罪理论与"过度发展型超我"犯罪理论？

_____

_____

_____

_____

【课程思政】

弘扬中华传统美德，加强家庭家教家风建设

精神分析的许多理论，都非常重视家庭中的亲子关系。比如，艾希霍恩提出，儿童如果缺乏父母亲爱的关怀，就会形成"发展不足型超我"，从而导致犯罪行为的发生；希利等认为，当少年在爱的需要和其他方面的需要得不到满足，就会产生寂寞感等情绪障碍，从而产生违法行为；鲍尔比则认为，个体出生后母爱剥夺的最初体验及由此造成的"无感

---

[1] 罗大华、何为民：《犯罪心理学》，浙江教育出版社2002年版，第307~308页。

情性格"，及与他人建立亲密关系能力的缺乏，是发生少年犯罪的重要原因。

党的二十大报告指出："提高全社会文明程度，实施公民道德建设工程，弘扬中华传统美德，加强家庭家教家风建设""推动明大德、守公德、严私德，提高人民道德水准和文明素养""在全社会弘扬劳动精神、奋斗精神、奉献精神、创造精神、勤俭节约精神"。那么，从精神分析的理论出发，如何理解"实施公民道德建设工程，弘扬中华传统美德，加强家庭家教家风建设"对于预防犯罪行为发生的重要性呢？

_____

_____

_____

【知识链接】

阿德勒〔1〕

阿德勒：个体心理学创始人

【学习任务二】认知理论

认知理论包括认知发展理论与社会认知观点，认知发展理论（theory of cognitive development）认为，认知发展水平较低，尤其是道德认知发展水平较低，是犯罪行为产生的重

〔1〕 图片来源：https：//baike.baidu.com/link？url＝MpLQofK2h－e4ZWpCDaWODfNl_Y5gLterwmgU，最后访问时间：2023年10月10日。

要影响因素。社会认知观点（social cognitive viewpoint）是用以解释暴力犯罪行为的理论学说，主要包括认知新联想主义、认知脚本及敌意归因三种模型。

一、科尔伯格认知发展观

瑞士心理学家皮亚杰（Jean Piaget）和美国心理学家科尔伯格（Lawrence Kohlberg）是认知发展理论的重要代表人物。

皮亚杰的心理发展理论主要包括认知发展理论和道德发展理论。皮亚杰认为，动作是人的知识来源，心理发展是个体与环境不断相互作用的一种建构过程，是个体通过同化和顺应日益复杂的环境而达到平衡的过程。个体在平衡与不平衡的交替中不断建构和完善图式，实现认知的不断发展。个体的智力发展可以分为感觉运动阶段、前运算阶段、具体运算阶段和形式运算阶段四个阶段。皮亚杰认为，儿童道德的发展是以认知发展为基础的，整个发展会经历三个阶段：①前道德判断阶段（premoral judgment stage，5 岁之前），儿童的行为受行为的结果支配，无所谓是否道德。②道德他律阶段（heteronomous stage，5 至 8 岁），儿童很少考虑行为的动机，只是按是否遵从权威来判断是非，认为违反了规则就应受到惩罚。③道德自律阶段（autonomous stage，8 至 12 岁），儿童开始从他人的立场看待事物，以行为的动机而非结果来进行道德判断。他们逐渐认识到，道德判断受到自身之外的价值标准所支配。

科尔伯格的认知发展观是在皮亚杰的儿童道德发展理论基础上建立起来的。科尔伯格在 1969 年出版的《道德思想和行动发展的阶段》一书中，将儿童在成长过程中所经历的道德发展分为三种水平六个阶段。即前习俗道德（preconventional moralit）水平、习俗道德（conventional morality）水平和后习俗道德（postconventional morality）水平，每一水平又分成两个阶段，一共有六个阶段（见表 6-1）。

劳伦斯·科尔伯格[1]

---

[1]　图片来源：https://baike.so.com/gallery/list？ghid＝first&pic_idx＝2&eid＝5982830&sid＝6195796，最后访问时间：2023 年 3 月 12 日。

表6-1　科尔伯格的儿童道德发展阶段[1]

阶段顺序	命名	基本特征
第一级水平	前习俗道德水平	由外在要求判断道德价值
第一阶段 第二阶段	服从与惩罚定向 天真的利己主义	服从规则以及避免惩罚 遵从习惯以获得奖赏
第二级水平	习俗道德水平	以他人期待和维持传统秩序判断道德价值
第三阶段 第四阶段	"好孩子"的定向 维护权威和秩序的道德观	遵从陈规，避免他人不赞成、不喜欢 遵从权威，避免受到谴责
第三级水平	后习俗道德水平	以自觉守约、行使权利、履行义务判断道德价值
第五阶段 第六阶段	社会契约定向 普遍的伦理原则	遵从社会契约，维护公共利益 遵从良心原则，避免自我责备

　　科尔伯格认为，并不是每一个人都会经历所有这些发展阶段，有些人直到成年也没有超越寻求认可或顺从权威的阶段。[2] 他认为，道德发展模式既是普遍的、跨文化的，也是循序渐进的，发展阶段不能先后倒置或者发生倒退。[3]

　　科尔伯格认为，犯罪人的道德发展处在道德发展的第一级水平，即前习俗道德水平的服从与惩罚定向阶段或天真的利己主义阶段，而尚未发展到第二级水平，即习俗道德水平。1973年，科尔伯格和弗罗因德利希（D. Freundlich）在《青少年犯罪人中的道德判断》的报告又指出，大部分未成年犯罪人的道德发展处在第一或第二阶段，而大部分非犯罪未成年人（75%）的道德发展处在第三阶段（"好孩子"的定向阶段）或第四阶段（维护权威和秩序的道德观阶段）。科尔伯格等还认为，一些有更高道德水平的人会因为他们的道德原则而犯罪和被监禁，但是，实施普通犯罪的人的道德水平通常处在较低水平。[4]

二、社会认知观点

　　用社会认知原理解释暴力犯罪行为的社会认知观点，大体上有认知新联想主义、认知脚本及敌意归因等三种模型。

（一）认知新联想主义模型

　　认知新联想主义模型（cognitive-neoassociationist model）由美国心理学家伦伯科威茨

---

〔1〕　林崇德主编：《发展心理学》，人民教育出版社2016年版，第229页。
〔2〕　彭聃龄主编：《普通心理学》北京师范大学出版社2012年版（2016年重印），第607页。
〔3〕　吴宗宪：《犯罪心理学总论》，商务印书馆2018年版（2020年重印），第175页。
〔4〕　吴宗宪：《犯罪心理学总论》，商务印书馆2018年版（2020年重印），第175~176页。

等人提出。该模型认为，挫折、沮丧、疼痛等负面影响和消极事件在人的记忆网络中相互联结，与情境因素结合起来，共同导致暴力犯罪行为的发生。这种暴力犯罪行为的发生经历不同的阶段：①早期阶段。在这一阶段，人的认知评价往往受消极情绪的控制，心理不适的消极事件会引发人的愤怒、抑郁、悲伤、恐惧等消极情绪，使人自动地产生与逃避或攻击相关的各种感觉、想法和记忆，使人不假思索地迅速采取行动，甚至直接从事暴力行为。任何不愉快的感觉或者唤醒都可能引起攻击型的甚至是暴力型的反应。[1]　②后期阶段。在这一阶段，人的认知评价发挥作用，对不愉快的经历进行因果归因，分析产生不愉快经历的原因，思考情绪的性质，或试图控制他们的情绪和行为。概括而言，该模型指出，任何消极事件引发的消极情绪，与记忆、逃避和攻击有关的联想网络（associative networks）相联结，会激起人的愤怒情绪，从而导致攻击行为。在实施攻击行为的过程中，消极情绪引发的自动反应起主要作用，人的认知评价起次要作用。[2]

（二）认知脚本模型

认知脚本模型（cognitive scripts model）由休斯曼（Rowell Huesmann）等人提出。该模型认为，每个人都会有自己独特的、稳定的认知脚本，即认识事物和作出反应的行为序列。一般的社会行为，特别是特定的攻击行为，都受到人的认知脚本的影响。提取存储在人头脑中的认知脚本并加以运用，一般取决于三个方面：①个人对认知脚本的评估。主要评估执行认知脚本的能力、后果及个人的内在准则。②个人的情绪。情绪会影响对脚本的选择和评价，如愤怒的情绪。③重要他人的示范作用。主要是重要他人在类似情景中的反应方式。该模型认为，暴力犯罪行为的发生，也是个人进行脚本选择的结果。个人如果具有有利于暴力行为发生的认知脚本，那么，在遇到类似情境时，在进行了脚本评估及在某种情绪的影响下，他们就很容易提取和运用有利于暴力行为发生的认知脚本，实施暴力犯罪行为。

（三）敌意归因模型

敌意归因模型（hostile attribution model）由道奇（Kenneth Dodge）等人提出。该学说以敌意归因偏差解释暴力犯罪行为。敌意归因偏差是指恶意地用敌视态度分析特定现象原因的认知方式。该模型指出，当个人把含义模糊的行动解释为敌意性的和威胁性的行为时，就更可能采取攻击型的解决方式，导致暴力行为的发生。敌意归因偏差在男性和女性中皆有存在。那些在早年遭受家庭虐待的人，或经常看到暴力行为的人，更有可能产生敌意归因偏差。该模型认为，暴力犯罪行为是个人对所遇到的社会问题进行敌意归因偏差的结果，敌意归因偏差导致错误的认识，错误的认识引起暴力犯罪行为。[3]

---

〔1〕　吴宗宪：《犯罪心理学分论》，商务印书馆 2018 年版，第 20 页。

〔2〕　［英］罗纳德·布莱克本：《犯罪行为心理学：理论、研究和实践》，吴宗宪等译，中国轻工业出版社 2000 年版，第 189~190 页。

〔3〕　吴宗宪：《犯罪心理学分论》，商务印书馆 2018 年版，第 22~23 页。

【思考题】

请搜集两个犯罪案例，分别用科尔伯格及皮亚杰的认知发展理论，阐释他们的犯罪原因。

_____

_____

_____

_____

【课程思政】

重视心理健康和精神卫生，推进健康中国建设

邵兴程（化名），男，2002年5月出生，汉族，初中二年级文化程度，农民，因犯寻衅滋事罪，于2020年9月20日被浙江省象山县公安局逮捕。2020年12月17日被浙江省象山县中级人民法院判处有期徒刑15年。2021年3月26日被投入浙江某某监狱服刑。

邵兴程出生在宁波市象山县某某镇一个幸福的家庭。爸爸出海打鱼，妈妈在家做家务，邵兴程在学校也是一名好学生，尊敬老师，团结同学，成绩良好，邻居们也都夸他是个好孩子。

初中一年级时，邵兴程开始与一些不三不四的高年级同学为伍，慢慢地开始变坏。邵兴程跟着他的这些同学跳舞、溜冰、打台球、抽烟、玩游戏机，还学会了打架。在班级里，邵兴程开始仗势欺人，哪位同学惹了他，他就拳脚相加。班主任多次对他进行批评教育，起初，他态度还比较好。但到后来，老师讲一句他就顶一句，态度很差。他爸爸出海回家，得知情况，非常气愤地对他说："我辛辛苦苦出海打鱼，冒着大风大浪打鱼挣钱，你却拿我的辛苦钱去学坏样"，一边骂一边狠狠地打了邵兴程一顿。受了爸爸的教训之后，邵兴程老实了很多。但是等爸爸出海之后，他又"旧病"复发，继续跟那批高年级同学玩在一起。终于，有一天傍晚，在打台球的时候，他与一位球友发生了肢体冲突，在厮打过程中，邵兴程抓起一个台球，狠狠地砸向球友的后脑勺，致使对方当场瘫倒在地，经抢救无效死亡。邵兴程因此获刑十五年。

党的二十大报告就"推进健康中国建设"明确指出："把保障人民健康放在优先发展的战略位置，完善人民健康促进政策。""重视心理健康和精神卫生。"邵兴程从一位成绩优异、品行端正的好孩子逐渐演变成为一名未成年犯，其父亲的"棍棒教育"带给邵兴程的心理创伤与内心痛苦，是其中的重要原因，即心理健康问题是导致邵兴程走上犯罪道路的重要犯因性因素。因此，努力落实与践行党的二十大精神，重视未成年人的心理健康和精神卫生问题，做好未成年人犯罪预防，是这个案例带给我们的重要教训和启示。

皮亚杰[1]

皮亚杰：著名的儿童心理学家

【学习任务三】心理障碍理论

心理障碍理论主要是指由于病态人格（各种人格障碍和人格异常等）、智能不足（低能），所引起的各种犯罪行为的一些学说，主要包括病态人格说、低能说和自我肯定学说等。

一、病态人格说

病态人格说（psychopathic personality theory）认为病态人格与犯罪有密切的关系。这一学说，被大多数学者所承认。

病态人格（psychopathic personality）是指由于人格显著偏离常态，因而使自己感到烦

---

〔1〕　图片来源：https://baijiahao. baidu. com/s？ id＝1749719194284587331&wfr＝spider&for＝pc，最后访问时间：2023 年 10 月 12 日。

恼，也引起社会麻烦。[1] 病态人格者一般在认知、情感、意志及需求、兴趣及性格等方面的特征异于常人。例如，因具有畸形的需要与欲望，而缺乏自我调控能力；情绪异常，会因一些微小的刺激而激惹起较大的反应；意志力和行动力缺乏；同情心、责任感和道德感缺少；偏执性或反社会性倾向明显。这些特征与犯罪有密切关系。一般认为，在罪犯特别是惯犯中，病态人格者所占比率较高，而在初犯或一次犯（指一次犯罪后 15 年内未再犯罪者）中所占比率较低。[2] 在监狱的罪犯中，反社会型人格障碍者（antisocial personality disorder）的数量较多。反社会型人格障碍是对社会影响最为严重的人格障碍类型，与犯罪的关系极为密切，一些研究发现，反社会型人格障碍与暴力行为以及暴力犯罪的关系最为密切。[3]

二、低能说

低能说（theory of feeblemindedness doctrine）由美国的戈达德（Henry Herbert Goddard）提出。他通过对被收容在少年院中少年的智力测试，认为犯罪的主要原因是智力低，犯罪者是天生的低能者。之后，许多的研究否定了智力低是犯罪主要原因的观点。但智力低者的判断力和理解力差，自主性缺乏，受暗示强，容易冲动和兴奋，具有一定的犯罪危险性，因此，这类人群确实与犯罪相关。许多研究同时表明：精神发育迟滞是与犯罪行为关系最为密切的精神障碍之一。精神发育迟滞是一组由于先天的或儿童期的疾病引起精神发育活动迟缓或者受阻、特别是智力低下和社会适应困难的综合征。精神发育迟滞有许多相关名称，其中包括"智力迟钝""智力落后"等。精神发育迟滞者的犯罪行为在类型方面有一定的规律性；在不同类型等级的精神发育迟滞者中，最有可能进行犯罪行为的是轻度精神发育迟滞者和中度精神发育迟滞者。[4]

三、自我肯定学说

美国精神病学家布朗伯格（Walter Bromberg）认为，犯罪行为是由违法者的冲动和内在需要自动引起的一种自我肯定（self-assertion）行为。如实施谋杀、伤害、强奸等犯罪行为的犯罪人具有很强的攻击性；而实施夜盗、盗窃、贪污、纵火等犯罪行为的犯罪人具有被动攻击的倾向。实施露阴癖、恋童癖、公开猥亵和卖淫行为的犯罪人表现出生理心理型犯罪反应（physiopsychological criminal response）。

该学说认为，大部分犯罪人法律上精神健全，但是却有畸形人格（disorder personality）。例如，类偏狂型病态人格者，分裂型病态人格者，攻击型病态人格者，病态人格诈骗犯和性变态。犯罪人的病态人格既可以通过相关的行为直接表现出来，如性冲动引发的性犯罪；也可以通过表面看来无关的行为间接地表现出来，如具有病态人格诈骗犯的内心有深刻的性变态，其犯罪行为是性变态心理的反映。同时，该学说认为，情绪不成熟可以

---

〔1〕 施奈德（Kurt Schneider）提出，德国精神医学者。
〔2〕 罗大华、何为民：《犯罪心理学》，浙江教育出版社 2002 年版，第 53~54 页。
〔3〕 吴宗宪：《犯罪心理学分论》，商务印书馆 2018 年版，第 350，361 页。
〔4〕 吴宗宪：《犯罪心理学分论》，商务印书馆 2018 年版，第 462~466 页。

引起反社会行为导致犯罪行为。如病态人格者的情绪发展受阻或偏离，就会导致情绪不成熟，形成不同类型的犯罪行为。

【课程思政】

科学对待患有强迫症的罪犯

具有心理问题的犯罪人，在监狱服刑改造的过程中，由于受到多种因素的影响，会出现焦虑、强迫等神经症或神经症性心理问题。业内人士认为，对于在监狱中服刑改造有轻度症状的强迫性神经症（即强迫症）罪犯患者，仅由监狱的治疗师予以心理咨询或心理治疗即可；对于中度症状的强迫症罪犯患者，则宜给予心理治疗和中医治疗相结合的方法；而对于重度症状的强迫症罪犯患者，运用中医治疗（中药调治、针灸或电针治疗）、心理治疗和适当西医药物治疗的整合性治疗，疗效更为确切。对于轻、中、重 3 类强迫症罪犯患者，采用上述分层施治的治疗策略，既有利于罪犯病患者的康复，也有利于监狱医疗资源利用效率的最大化。[1] 那么，监狱的民警和心理咨询师该以怎样的态度对待这些患有强迫症的罪犯呢？请谈谈你的看法。

_____

_____

_____

_____

【能力测试】

【课堂笔记】

_____

_____

_____

_____

_____

---

〔1〕 张权：《刍议罪犯强迫性神经症整合性分层施治》，载《中国监狱学刊》2020 年第 3 期，第 113 页。

第七单元　社会学习理论

【思维导图】

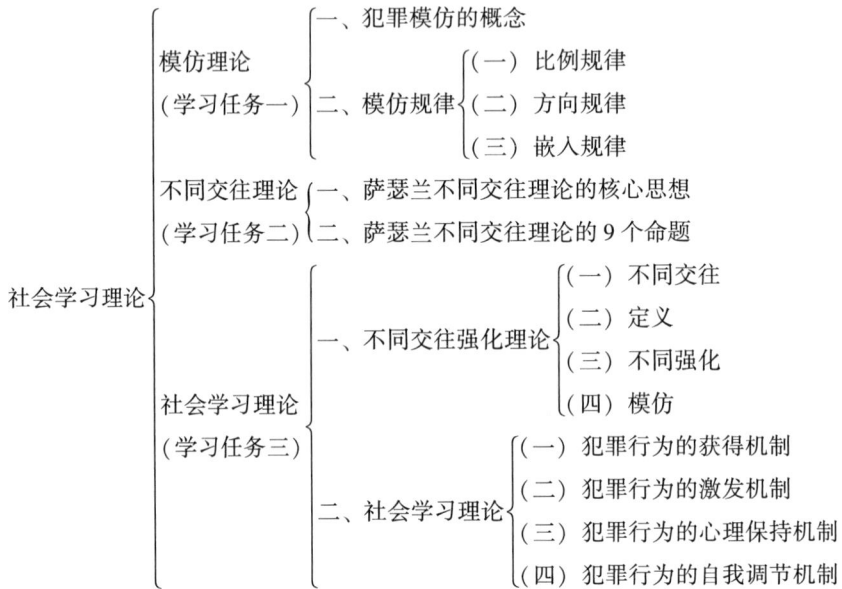

社会学习理论

- 模仿理论（学习任务一）
  - 一、犯罪模仿的概念
  - 二、模仿规律
    - （一）比例规律
    - （二）方向规律
    - （三）嵌入规律
- 不同交往理论（学习任务二）
  - 一、萨瑟兰不同交往理论的核心思想
  - 二、萨瑟兰不同交往理论的 9 个命题
- 社会学习理论（学习任务三）
  - 一、不同交往强化理论
    - （一）不同交往
    - （二）定义
    - （三）不同强化
    - （四）模仿
  - 二、社会学习理论
    - （一）犯罪行为的获得机制
    - （二）犯罪行为的激发机制
    - （三）犯罪行为的心理保持机制
    - （四）犯罪行为的自我调节机制

【学习目标】

知识目标：了解社会学习理论形成和发展的历史脉络，熟悉塔尔德模仿理论、萨瑟兰不同交往理论、班杜拉社会学习理论关于犯罪原因的核心思想和主要观点。

能力目标：能够运用社会学习理论关于犯罪原因的核心思想和主要观点，分析相关犯罪典型案例，制定有针对性的教育改造方案，提升服刑人员教育改造质量。

素质目标：通过学习社会学习理论关于人类行为产生的基本原理，增强学习先进榜样奋力拼搏的意识，增强不断提升自我调节能力的意识。

【引言】

社会学习理论（social learning theory）反对龙勃罗梭"天生犯罪人"理论以及之后的犯罪生物学理论，强调应该从社会因素而不是犯罪人的身体和其他特征去研究犯罪人。社会学习理论认为，犯罪行为是人们从后天的生活经历中学习获得的，而不是先天的生理结构决定的；人们是否实施犯罪行为，深受社会环境中的有关因素制约。社会学习理论重点关注后天学习在解释犯罪行为中的作用，集中研究犯罪学习的两个方面：学习内容和学习过程。学习内容研究包括犯罪人学习什么样的犯罪观念、知识和技术；学习过程研究重在探讨犯罪人如何学习从而促成了犯罪。社会学习理论尤其适合于解释暴力犯罪。

在社会学习理论形成的早期过程中，法国塔尔德（Gabriel Tarde）的模仿理论具有一定的影响。但真正对社会学习理论的形成和发展起到最大影响的代表人物无疑是萨瑟兰（Edwin Sutherland）。[1] 他不仅是社会学习理论的奠基人，而且为该理论的发展提供了方向。在萨瑟兰之后，米勒（Walter Benson Miller）、沃尔夫冈（Marvin Eugene Wolfgang）和费拉柯蒂（Franco Ferracuti）、伯吉斯（Robert Lee Burgess）和艾克斯（Ronald Akers）、班杜拉（Albert Bandura）等其他学者，进一步从犯罪向学习内容和学习过程两个方面充实和扩展社会学习理论。本单元在社会学习理论的框架下，介绍上述部分犯罪学家关于犯罪原因的主要观点。

【案例导入】

犯罪人李旭楠（化名）自述[2]

李旭楠，1996年7月5日出生，汉族，小学文化，无业，因涉嫌诈骗罪，于2021年4月20日被宁夏公安机关逮捕，2021年7月14日被法院判处有期徒刑5年。2021年11月22日被送至监狱服刑。

我是家中独子，家庭条件优越，自幼生活无忧无虑，家人对我十分宠溺，上学时爱和同学打架，学习成绩一落千丈，喜欢结识社会上辍学的朋友，一起上网、抽烟、喝酒。初中一年级时不愿意再去学校，家人劝解教育了几次，后来家人也无奈了，对我放弃了

---

〔1〕　江山河：《犯罪学理论》，格致出版社、上海人民出版社2008年版，第63页。
〔2〕　犯罪人李旭楠生平自述为本单元编者根据犯罪人自述报告修改而成。

管束。

辍学之后，我去父亲所在的工地上班，因为父亲是领导，对我格外照顾，我平时游手好闲，白天上班，晚上经常出去和社会上的混混一起喝酒、打牌、唱歌。

2014年我认识了一个女孩，相处了一段时间后我们结婚了，因为那时我们年龄尚小，还不知道家庭对我们意味着什么？整天吃喝玩乐，一年后就有了自己的孩子，我承担不起家庭的责任，孩子刚出生几天，我就因和朋友喝酒时，跟别人打架，2015年5月以故意伤害罪被法院判处了有期徒刑十个月，服刑期间我也意识到自己的问题，也曾想过从头再来，但服刑结束回家后，一切都变了，服刑期间的教育被我忘的干干净净，在生活中更加的玩世不恭，对孩子和妻子也不管不顾，父亲对我很失望，对我进行了经济制裁，本想让我浪子回头，可我却更加逆反，之后和曾经在看守所认识的朋友混在一起，为了继续潇洒，就编造谎言骗取了朋友十万元，后来我们把骗来的钱挥霍一空，之后我就玩起了失踪，直到公安机关给我打电话，我才知道了事情的严重性，就去自首，2021年3月我被法院判处有期徒刑五年，接到法院判决时，我才悔恨万分。

【学习情境】

上述案例中，犯罪人李旭楠从结识所谓的"朋友"开始，起初学习抽烟、喝酒等不良行为，最后发展到故意伤害、诈骗；从娇生惯养到称王称霸乃至违法犯罪。在引起青少年违法犯罪的情形中，我们能隐隐约约地发现青少年走上犯罪道路的共同特点：较早走向社会，他们或被教唆，或模仿、学习、运用社会各个不良成员的方法和手段（恶作剧、拉帮结派、称王称霸、暴力倾向等等）。正如人们常说，近朱者赤，近墨者黑。这种影响长此以往就会显现出来。那么犯罪行为是通过模仿、学习而产生的吗？人们学习什么（What）以及如何学习（How）才会走向犯罪呢？我们看看社会学习理论如何回答这些问题。

【课前预习】

_____

_____

_____

_____

【学习任务一】 模仿理论

一、犯罪模仿的概念

模仿是指个体自觉或不自觉地重复他人的行为的过程，是社会学习的重要形式之一。犯罪模仿（imitation of crime）指个体或群体以其他犯罪个体或群体为榜样，主动学习犯罪动机、犯罪目的、犯罪方法、犯罪手段，是主体犯罪心理内化的机制之一，它属于自觉性模仿中的选择性模仿。

法国社会学家、犯罪学家塔尔德是行为主义学派的早期研究者。他在批判龙勃罗梭"天生犯罪人"理论的过程中，在 19 世纪 80 年代至 90 年代，先后出版了《比较犯罪学》《刑罚哲学》《模仿规律》等著作，提出了犯罪模仿理论（imitation theory of crime）。该理论是塔尔德学说的核心之一，也是塔尔德对哲学、社会科学以及犯罪学的最重要贡献之一。塔尔德将模仿规律应用于解释犯罪和社会生活中的其他现象，认为所有社会生活的重要行为与现象都由模仿而获得，犯罪行为也是模仿的产物。犯罪人首先是心理和生理正常的人，他们由于偶然的原因而降生到存在大量犯罪的环境中，使他们有意或无意地进行犯罪模仿，学会犯罪行为的方式，并且按照这种方式实施犯罪行为。

二、模仿规律

塔尔德认为，犯罪都是从环境中学习的结果，这种犯罪学习的具体形式和机制就是模仿。塔尔德归纳了犯罪和其他社会现象模仿的三个规律。[1]

加里布埃尔·塔尔德（Gabriel Tarde，1843～1904）[2]

（一）比例规律

比例规律（law of proportion）是指，人们相互模仿的程度与其相互接触的密切程度和频率成正比。人们之间的距离越近，接触越频繁，发生模仿的可能性和模仿的强度也就越大。不过，不能仅仅从空间几何学的意义上去理解这里的"距离"。塔尔德指出："这里所谓的距离是社会意义上的距离。从这个观点来看问题，无论陌生人的空间距离多远，只要我们每天和他有相当多的联系，只要我们很容易满足自己模仿他的欲望，他就在我们身

---

〔1〕　参见吴宗宪：《西方犯罪学史·第二卷》，中国人民公安大学出版社 2010 年版，第 616～618 页。

〔2〕　图片来源：http：//media. paperblog. fr/i/494/4942352/retour‒sociologues‒oublies‒gabriel‒tarde‒herb‒L‒1hxtFn. png，最后访问时间：2023 年 6 月 8 日。

边。这就是一种以最接近者、社会距离最短者为模仿对象的规律。"[1] 塔尔德认为，在城市中，人们之间的接触密切，生活中充满了活力和刺激，因此人们之间的模仿最容易发生，变化也最为频繁。塔尔德把这种现象称为"时尚"（fashion）。相反，在乡村中，人们之间的接触不太密切，活动比较少，模仿就不太容易发生，其中的变化也不频繁，塔尔德把这种迹象称为"习俗"（custom）。时尚会扩展成为一种行为，并且最终变成一种习俗。随后，习俗又会被另一种新的时尚所取代，新的时尚又会变成一种新的习俗……社会生活就是这样不断演进变化。塔尔德用这种观点分析犯罪行为时认为，某种犯罪行为最初往往是一种时尚，后来就逐渐变成一种习俗，犯罪现象的演进变化与其他社会现象的演进变化相类似。与其他社会现象一样，人们与作为模仿榜样的犯罪人在空间上离得越近，在心理上关系越密切，人们就越有可能模仿犯罪行为。

（二）方向规律

方向规律（law of direction）是指低劣者模仿优越者。人们之间的模仿看似随意发生，实际上存在着方向性，即社会地位较低的人模仿社会地位较高的人，平民模仿贵族，小城镇和乡村模仿大城市。塔尔德研究了酗酒、投毒和谋杀的发展历史，发现这些犯罪最初都是由宫廷中的贵族实施，但是到了塔尔德生活的 19 世纪后半期，这些犯罪都已经被社会各个阶层的人所模仿。同样，大量新的犯罪方式最初都在大城市发生，然后被乡村地区所模仿。塔尔德举例说，对儿童的性骚扰最初仅仅在大城市中发生，但是后来又在大城市周围的地区出现；碎尸犯罪也于 1876 年首先在巴黎发生，这两种犯罪后来都扩展到法国的其他地区。伪造货币、抢劫、盗窃等犯罪的蔓延方向也是如此。

（三）嵌入规律

嵌入规律（law of insertion）是指，两种相互排斥的时尚相遇时，一种较新的时尚取代较旧的时尚。例如，用刀杀人是一种古老的犯罪方式，而在当时的法国，用枪杀人则是一种比较新式的犯罪方式。塔尔德观察发现，在用刀杀人的犯罪下降的同时，用枪杀人的犯罪就增长。

值得注意的是，塔尔德主张泛模仿说，认为一切社会行为都是模仿。他说："一切或几乎一切社会相似性都来自模仿，正如一切或几乎一切生物相似性都是靠遗传获得的一样。"[2] 塔尔德对犯罪的上述解释，是将有关社会关系的模仿规律应用于犯罪现象的结果。

【思考题】

法国社会学家塔尔德的模仿理论认为，所有社会生活的重要行为与现象都是由模仿获得，而犯罪行为也是模仿的产物。近年来，娱乐圈明星吸毒等不端行为时有发生，作为公众人物容易被青少年模仿学习。请结合犯罪模仿理论，谈谈如何预防此类违法犯罪行为？

---

〔1〕〔法〕加里布埃尔·塔尔德：《模仿律》，何道宽译，中信出版社 2020 年版，第 257 页。

〔2〕〔法〕加里布埃尔·塔尔德：《模仿律》，何道宽译，中信出版社 2020 年版，第 122 页。

【知识链接】

塔尔德：被遮蔽的学术巨匠[1]

【课程思政】

榜样的力量

2020年1月18日，受到社会各界广泛关注的司法部"新时代司法为民好榜样"名单正式公布。

新时代司法为民好榜样主题宣传活动由司法部、人民日报社、中央广播电视总台、光明日报社、法制日报社、爱奇艺六家单位共同主办，是司法部重组后首次跨年度大型主题宣传活动。活动于2018年11月15日正式启动，通过地方宣传推选、网络宣传投票、评委评选、宣传展播、揭晓仪式等环节，从全国605名候选人中评选出201名"新时代司法为民好榜样"，包括192名好榜样个人和9个好榜样集体。[2]

这201名"新时代司法为民好榜样"来自行政立法、监狱、社区矫正、戒毒、行政复议、行政执法监督、普法、调解、律师、基层法律服务、公证、法援、司法鉴定、仲裁、法考多个业务领域，充分展现司法行政干警和法律服务工作者"不忘初心、牢记使命"、司法为民、无私奉献的典型事迹和良好风貌。

讨论：我们应该如何向身边的新时代司法为民好榜样学习，只争朝夕，不负韶华，为推进全面依法治国和司法行政事业发展贡献力量。

---

〔1〕 资料来源：［法］加里布埃尔·塔尔德著，［美］特里·N.克拉克主编：《传播与社会影响》，何道宽译，中国人民大学出版社2005年版，第1~18页；［法］加里布埃尔·塔尔德：《模仿律》，何道宽译，中信出版社2020年版，第ⅩⅢ~ⅩⅧ页。

〔2〕 朱剑：《"新时代司法为民好榜样"名单正式公布》，载司法部官网，http：//www.moj.gov.cn/pub/sfbgw/gwxw/xwyw/szywbnyw/202001/t20200119_148746.html，最后访问时间：2023年6月12日。

【学习任务二】 不同交往理论

一、萨瑟兰不同交往理论的核心思想

犯罪究竟是由社会环境造成的，还是由遗传造成的？与塔尔德一样，美国犯罪学家萨瑟兰明确反对犯罪遗传论，并用社会学概念来解释犯罪发生的原因。1924 年，萨瑟兰首次出版《犯罪学》专著，在批判犯罪生物学等理论的过程中，比较含蓄地提出了关于犯罪的社会学解释。1934 年第二版时，更名为《犯罪学原理》（Principles of Criminology）。1939年第三版时，正式明确地提出犯罪的不同交往理论（differential association theory），将这一理论概括为 7 个命题。在 1947 年的第四版中，萨瑟兰将不同交往理论进一步扩展和完善为 9 个命题。1947 年以后，尽管他的合作者在随后的修订版本中对某些概念作过进一步解释，但是体现萨瑟兰不同交往理论的 9 个基本命题从未改变。

不同交往理论 9 个基本命题的核心思想认为，犯罪行为如同其他行为一样，是后天学习的结果。这里的学习包括两个基本方面：学习的内容和学习的过程。学习的内容包括犯罪技能、犯罪动机、犯罪内驱力、使犯罪合理化的理由、对待犯罪的态度等。所有这些都是认知因素，即它们都是思想观念方面的内容，而不是行为方面的内容。学习的过程包括与谁交往、交往的频率和持续时间等。萨瑟兰认为，犯罪学习发生在与他人密切交往的过程中。

埃德温·萨瑟兰（Edwin Sutherland，1883~1950）[1]

---

〔1〕 图片来源：https://bpb-us-w2.wpmucdn.com/blogs.iu.edu/dist/e/97/files/2019/01/ed3-2966h01.jpg，最后访问时间：2023 年 6 月 14 日。

二、萨瑟兰不同交往理论的 9 个命题

这 9 个命题的具体内容如下:[1]

1. 犯罪行为是通过学习而产生的。这意味着犯罪行为本身并不是通过遗传获得的。

2. 犯罪行为是在与他人交流过程中通过相互作用而习得的。这种交流在许多方面是言语性的,但是也包括"体态交流"(the communication of gestures)。

3. 犯罪行为学习的主要部分发生在亲密人群中。从否定的方面讲,这意味着,不是人与人之间直接沟通的交流手段,例如通过看电影、读报纸等,对犯罪行为的产生起着相对不太重要的作用。

4. 当犯罪行为被学习时,学习的内容包括:①实施某种犯罪的技能,这种技能有时非常复杂,有时非常简单;②犯罪动机、犯罪内驱力、犯罪合理化和犯罪态度的具体倾向。

5. 犯罪动机和内驱力的具体倾向,是从他人赞同或不赞同对法律的解释中习得的。在有些社会中,一个人的周围可能充满着这样的人,他们总是把法律解释为应当遵守的规则;而在有些社会中,一个人的周围可能充满着赞同违法的人。在美国社会里,赞同守法的人和赞同违法的人几乎总是混杂在一起。其结果是,美国社会对法律存在着相互冲突的观念。

6. 一个人之所以变成违法者,是因为他对违法的支持程度超过了他对违法的反对程度。这就是不同交往的一般原理。它既涉及与赞同违法的人交往,也涉及与反对违法的人交往,还涉及二者之间相互作用的力量。人们之所以变成了犯罪人,是因为他们与赞同犯罪的人群交往密切并与反对犯罪的人群相隔离。

7. 不同交往可能在出现频率、持续时间、优先程度以及强度等方面有所不同。这意味着,与赞同犯罪的人群交往以及与反对犯罪的人群交往,在上述这些方面是不同的。频率和持续时间不需要过多解释。优先程度之所以被认为很重要,是因为在童年早期发展起来的合法行为,可能会持续一生,而童年早期产生的违法行为也存在此种可能。但是,这种趋势还没有得到适当的证实,优先程度似乎在发挥选择性影响方面是很重要的。强度主要是指与那些违法榜样或守法榜样的声望有关的因素,这是一种与交往有关的感情上的反应。

8. 通过与赞同违法的人群、反对违法的人群的交往来学习犯罪行为的过程,与其他任何学习过程所涉及的机制是相同(复杂)的。

9. 尽管犯罪行为是一般需要(general need)和价值的表现,但是却不能用一般需要和价值来解释犯罪行为的原因,因为非犯罪行为(noncriminal behavior)也是同样的需要和价值的表现。盗贼是为了得到金钱而行窃,而工人也是为了金钱而工作。因此,寻求社

---

　　[1]　Edwin H. Sutherland & Donald R. Cressey, criminology, Tenth ed. , J. B. Lippincott Company, 1978), pp. 80 ~ 83. 中文请参见吴宗宪:《西方犯罪学史·第三卷》,中国人民公安大学出版社 2010 年版,第 923 ~ 924 页。

会地位、金钱、挫折等解释犯罪是无效的，因为合法行为与犯罪行为都可能是这些动机所引起的。

萨瑟兰提出不同交往理论，可能是他对犯罪学理论研究作出的最大贡献。这一理论引起了巨大的反响。一些研究者认为该理论有缺陷，主要体现在萨瑟兰并没有深入研究犯罪学习的具体内容和详细过程。萨瑟兰的追随者们进一步开展了这两个方面的深入研究，并取得了比较丰富的成果。萨瑟兰不同交往理论论述了赞同违法与反对违法的观念冲突，有些学者在此基础上，将犯罪学习的内容作为研究重点，发展出犯罪文化和亚文化理论。有些学者采用现代学习理论来揭示人们学习犯罪的具体过程，发展出社会学习理论。犯罪文化和亚文化理论，将在第十三单元【学习任务二】文化因素与犯罪部分予以介绍。社会学习理论，我们在本单元【学习任务三】中进行讨论。

【思考题】

萨瑟兰的不同交往理论从社会学角度分析犯罪原因，并给出了9个命题。结合这9个命题的相关内容，针对服刑人员的不良交友状况，请思考如何开展教育改造工作以降低重新犯罪的风险？

_____

_____

_____

_____

【知识链接】

萨瑟兰：白领犯罪研究的开拓者

【学习任务三】社会学习理论

对萨瑟兰不同交往理论一个主要的指责是，该理论对犯罪学习过程缺乏足够的讨论。美国犯罪学家艾克斯（Ronald Akers）对萨瑟兰不同交往理论这方面的不足进行了最重要的修正和完善。[1]

---

〔1〕 参见［美］乔治·B. 沃尔德、托马斯·J. 伯纳德、杰弗里·B. 斯奈普斯：《理论犯罪学》，方鹏译，中国政法大学出版社2005年版，第223页；曹利群，周愫娴：《犯罪学理论与实证》，群众出版社2007年版，第144页；江山河：《犯罪学理论》，格致出版社、上海人民出版社2008年版，第72页。

一、不同交往强化理论

在萨瑟兰不同交往理论的 9 个命题中，从未清晰地描述犯罪学习的具体过程，也未详细解释犯罪的"学习机制"。1966 年，艾克斯与伯吉斯（Rorbert Burgess）合作发表了一篇重要论文，用操作性条件反射理论的术语，重新表述萨瑟兰不同交往理论，提出了不同交往强化理论（differential association reinforcement theory）。[1] 不同交往强化理论认为，犯罪行为既可以在具有强化作用的非社会环境（nonsocial situations）中习得；也可以通过与他人的社会互动习得。修正后的理论新增加了"非社会环境"因素，承认除了人们与他人之间的"社会互动"可以增加犯罪倾向以外，非社会环境自身也可以增加人的犯罪倾向。但是，伯吉斯和艾克斯仍然赞同"对犯罪学习的主要部分发生在构成个人主要强化源的人际互动中"。这与萨瑟兰的观点一脉相承。

罗纳德·艾克斯[2]

此后，艾克斯把斯金纳（Burrhus Frederic Skinner）的学习理论、班杜拉的社会学习理论与不同交往强化理论进行整合，不断修订和更新，并将他自己的理论称为"社会学习理论"。艾克斯用 4 个核心概念表述他的社会学习理论。[3]

（一）不同交往

不同交往（differential association）是指与那些持有赞同违法观念或赞同守法观念的他人或群体进行交往的互动过程。在这些他人或群体中，家庭和朋友是影响最大的主要群体，邻里、教堂、学校、老师、医生、司法人员以及社区其他个人或群体都是可能产生一定影响的次要群体或参照群体。在互动过程中，既存在通过人际直接交流而产生价值观传输，也存在认同较疏远的群体而产生价值观传输。在这些不同交往中，优先性程度越重要、持续时间越长、发生次数越多、关系越密切，对行为的影响越大。

（二）定义

定义（definitions）是指一个人对于某个行为的态度。定义就是一个人在特定情境下对某个行为的价值取向、进行合理化的理由以及相关解释，也就是对某个行为对与错、值

---

〔1〕　Robert L. Burgess & Ronald L. Akers, "A Differential Association-Reinforcement Theory of Criminal Behavior", Social Problems, Vol. 14, 1966, No. 2.

〔2〕　图片来源：https://assets. pubpub. org/x9uihpyp/71603048643497. jpg，最后访问时间：2023 年 6 月 14 日。

〔3〕　Ronald L. Akers, *Criminological Theories*：*Intorduction and Evaluation*, Roxbury Publishing Company, 1999, pp. 64~67.

得与不值得、好与坏、正当与不正当的道德观念与态度。当一个人否定某个行为的态度越强烈，实施该行为的可能性就越小。

（三）不同强化

不同强化（differential reinforcement）是指比较和权衡行为预期的或实际的后果，即获得奖励还是遭受惩罚。一个人在某个时间是否会犯罪，以及将来是否会继续犯罪或停止犯罪，取决于过去、现在他因为该行为而受到的奖励和惩罚，以及未来预期的奖励和惩罚。当一个人认为某个行为会带来奖励时，比如获得认可、金钱、食物或愉快的感觉，则其实施该行为的可能性会大为增加，这是一种正向强化。当一个行动会让人们避免厌恶或不愉快的事情时，采取行动的可能性也会增强，这是一种负向强化。惩罚可以是直接的正向强化，例如将痛苦的或不愉快的后果与某个行为联系起来。惩罚也可以是间接的负向强化，例如取消奖励或剥夺愉快的结果。

奖励和惩罚既可以是社会性的，如他人是否赞同；也可以是非社会性的，如吸毒和酗酒对身体的直接影响。在自我强化中，个人练习自我控制，即使是独自一人的时候，通过扮演他人的角色来强化或惩罚自己的行为。

与不同交往模式一样，不同强化模式也会因为数量、频率和概率的差异而产生大小不一的影响。一个人的行为被强化的价值或数量越大、次数越多、可能性越大，这种行为发生和再次发生的可能性就越大。

（四）模仿

所谓模仿（imitation），是指在观察他人行为之后参与类似的行为。被他人模仿的行为是否会被模仿，取决于被模仿对象的特征、被观察到的行为的特征以及被观察到的行为的后果。例如，在主要群体和媒体中被模仿对象的突出特征会影响亲社会行为和反社会行为。与行为模式一旦建立后维持该行为相比，模仿在学习新行为的过程所起到的作用显得更为重要。

埃克斯的理论是少数成功地将社会学因素与心理学因素联系起来的杰出的理论典范之一，具有可操作和验证的特点。但是，这一理论在将现代心理学理论引入犯罪研究时，显得生硬、不好理解，因而没有产生像萨瑟兰不同交往理论那样的影响力。[1]

【思考题】

根据不同交往强化理论，一个人是否实施某一行为，取决于过去、现在他因为该行为而受到的奖励和惩罚，以及未来预期的奖励和惩罚。在未来的职业生涯中，我们该如何运用奖励和惩罚机制来教育改造服刑人员？请谈谈你的看法。

---

〔1〕 吴宗宪：《西方犯罪学史·第三卷》，中国人民公安大学出版社2010年版，第949页。

二、社会学习理论

犯罪的社会学习理论（social learning theory）认为，犯罪行为是从人们的生活经历中学习获得的；人们是否进行犯罪行为，深受社会环境中相关因素制约。这一理论是由美国行为主义心理学家班杜拉（Albert Bandura）发展起来的。

阿尔伯特·班杜拉[1]

犯罪的社会学习理论主要包括以下四个方面的内容：[2]

（一）犯罪行为的获得机制

班杜拉认为，人不是生来就具备犯罪技能，犯罪技能是通过后天学习获得的。就人的攻击行为而言，主要通过观察学习和亲历学习这两种方式获得。

1. 观察学习（observational learning）。观察学习是指通过观看他人而习得复杂行为的过程。被观察者称为"示范者"（model）。模仿或者"示范影响"是形成最初攻击行为的重要机制。观察学习主要来源于以下几个方面：

（1）家庭示范。父母是儿童最重要的示范者，个体的性格和处事风格深受父母的影响，家庭成员的示范和鼓励是个体产生攻击行为的基本原因。在以暴力和虐待为主要教养方式的家庭中长大的个体，很容易从父母那里习得运用暴力或攻击的方式来解决冲突。

（2）亚文化群（subculture）示范。在一些特定的亚文化社会群体中，崇尚血腥、暴力的攻击性行为，例如黑恶社会群体奖励厮杀拼斗、偷盗抢夺，这种环境容易激发起个体的犯罪行为。再如处在监禁环境下的罪犯群体，可能私下传授一些攻击技能，从而使得其中的成员更容易地学到攻击行为，导致重新犯罪。

（3）符号示范（symbolic modeling）。符号性示范主要通过网络、电视、电影、报刊、书籍等大众传媒进行。例如，尚处于人格塑造与形成期的青少年很容易从暴力性、黄色的影视作品中观察学习到攻击行为或色情行为。

---

〔1〕　图片来源：https：//cdn.quotesgram.com/small/30/39/1892573759-albert_bandura.jpg，最后访问时间：2023年6月15日。

〔2〕　吴宗宪：《犯罪心理学总论》，商务印书馆2018年版（2020年重印），第186~197页。

班杜拉认为，观察学习由四个密不可分的过程组成，缺一不可，它们分别是注意过程、保持过程、运动复现过程和动机过程。注意过程是观察学习过程的起始环节，是人们注意、观察示范者的过程。注意过程受到范例行为的使用价值、观察者与示范者之间的关系、观察者对交往的偏爱和交往的机会等因素的影响。保持过程是观察者在记忆中，保持住他在注意过程中获得的行动形象的过程。保持过程使得观察者具有与示范者的行动相一致的模仿。另外，有意无意的练习会增强观察者的保持过程。运动复现过程是对示范者的动作进行模仿的过程，是完成对范例行为模仿的关键一步。动机过程对观察者获得的行为是否实际表现起到决定性作用。如果活动得到令人满意的结果，也就是受到了强化，那么，获得的行为就表现出来；如果活动引起惩罚，也就是得不到强化或者得到负强化，那么，获得的行为就只能是隐蔽的，只能保持在记忆中，而不会实际表现出来。

2. 亲历学习（learning by direct experience）。亲历学习即从亲身经历的行为后果或成功与失败的经验教训中得到学习，它与观察学习正好相对应。社会学习理论一方面注重观察学习对获得犯罪行为方式的重要性，另一方面，也认为行为人还可以通过对自身犯罪行为或错误行为及其结果的直接经验，获得违法犯罪行为的方式。因此，亲历学习和观察学习相互交织，共同对个体的行为起作用。

例如，一名犯罪人从影视作品中习得了盗窃行为，并在实际中亲身实施了这种行为，取得所需财物等，因此在犯罪行为的实施过程中体验到一种快感，于是，他就会习得这种犯罪行为方式并有可能再次实施。相反，如果犯罪人在犯罪行为中尝到了痛苦的体验，比如极度的内疚与懊悔，那么他虽然也会习得了这种行为方式，但是以后可能不会再实施盗窃的行为。

（二）犯罪行为的激发机制

个体通过观察学习和亲历学习，获得犯罪技能，但这种犯罪技能只有在外部的环境因素影响下，才能变为具体的违法犯罪行为。班杜拉称这种激发犯罪行为与攻击行为的环境因素为"鼓动者"（instigator），这些"鼓动者"主要有五种。

1. 厌恶型鼓动者。厌恶型鼓动者是指那些能够激发攻击情绪和攻击行为的令人讨厌的、来自外界的环境刺激因素。主要有以下四种：①身体攻击。对他人的攻击行为往往是激起对方攻击行为的重要因素。②言语威胁和侮辱。个体有维护自身名誉的心理倾向，言语威胁和侮辱有损个体的名誉，当名誉当众受到侮辱和威胁时，容易引起人们的攻击行为，以维护自身的名誉和面子。③生活条件恶化。生活条件的恶化也可能是激起人们攻击行为的因素之一，群集型攻击行为尤其受此影响。④目标行为受挫。班杜拉认为，无根据或者故意的阻扰比那些情有可原的阻扰，更容易激起人们的攻击行为。以上厌恶型的各种鼓动者激发攻击行为的程度各不相同，而且这些鼓动者只是一种促发因素，因此，它们是促发攻击行为的充分和非必要条件。

2. 诱因型鼓动者。人们预期实施攻击或犯罪行为后可能带来好处，是激起攻击或犯罪行为的诱发因素。个体大部分的攻击行为，都是由对行为的积极预期所诱发。例如，因有一夜暴富、享受富足生活的心理预期，而实施谋财害命的杀人犯罪行为。

3. 示范型鼓动者。示范的影响是攻击行为产生的因素之一。许多攻击行为都是学习获得的。由于看到他人成功的犯罪行为或攻击行为，而容易唤起个体的攻击情绪，激起个体的攻击行为。看到过攻击行为的人，比没有看到过攻击行为的人容易表现出更强的攻击性。范例影响激起攻击行为的机制包括四个过程：①范例行为的指导作用，即看到他人攻击行为的成功，会引导个人也用攻击行为解决问题。②抑制解除作用，即看到他人实施攻击行为，就会减轻或消除个人心理上对实施攻击行为所产生的恐惧与罪恶感。③情绪唤醒作用，即看到他人的攻击行为，也会激起自己的攻击欲望。④刺激增强效应，即示范性的攻击行为会通过刺激增强效应，增加个体进行攻击行为的可能性。

4. 指示型鼓动者。指示型鼓动者通常是指命令或强迫。在社会化的过程中，权威性的社会主体通过奖励顺从者、惩罚悖逆者的方法来控制人们的行为，使人们逐渐成为命令的服从者，在命令的强迫下，个体会因服从而实施攻击行为。

5. 妄想型鼓动者。妄想是精神疾病的特征性症状之一，是歪曲的、坚定的、无法被说服的病理性信念。这些具有妄想信念的个体，在心理异常的情况下，可能会实施一些攻击行为或犯罪行为。这种妄想以被害妄想居多。对暗杀美国总统的一项研究发现，进行暗杀行为的人往往都受到妄想的影响。[1]

（三）犯罪行为的心理保持机制

个体在实施了初次的违法犯罪行为以后，可能继续实施新的违法犯罪行为。班杜拉指出，这是由于外部强化、替代性强化和自我强化三者相互作用的结果。同时，个体的自我调节作用也是不容忽视的影响因素。

1. 外部强化。如果实施了犯罪行为所导致的后果是有利的，则这种行为就会被加强；反之，相应的行为就会减少而逐渐停止。对犯罪行为的保持起作用的外部强化主要有以下几种：①实物奖赏。通过攻击行为得到的实物利益。如盗窃犯、抢劫犯或诈骗犯等通过犯罪行为不断得到了经济上的获利，他们就会继续重复这类行为。②社会赞许。如果犯罪行为得到了社会的赞扬，或者获得更高的社会地位，就会促使他们继续实施犯罪行为。③减轻不利待遇。当个体通过攻击性行为，摆脱了别人给他造成的困境，从而消除了不愉快体验，那么，这种攻击行为就被强化。当个体以后遇到类似困境，仍然会使用类似攻击行为来解除类似痛苦与烦恼。对这类攻击行为，班杜拉称之为"防卫型攻击"。④被害人的痛苦表现。如果犯罪目的是报复被害人，犯罪人在攻击成功之后，会在被害人的痛苦表现中获得快感，这会促进犯罪人继续实施类似的犯罪。

2. 替代性强化。班杜拉认为，看到别人的攻击行为得到酬报或惩罚，将增加或减少自身进行同样尝试的倾向。这种后果越稳定，对观察者的促进或抑制的作用就越强。不过，在罚不当罪、刑罚畸重的情况下，观察对犯罪的惩罚反而会激发观察者的聚罪行为，

---

〔1〕　吴宗宪：《犯罪心理学总论》，商务印书馆 2018 年版（2020 年重印），第 192 页。

以示他们对不公平对待的一种反抗。亦即不公平的、过分的惩罚可能激起观察者的攻击性或使其强化。

3. 自我强化。自我强化是指个体为可以保持后继的犯罪行为而进行的心理调节过程，这种心理调节主要是为了摆脱犯罪人的自我谴责和焦虑不安。班杜拉认为，人们总是力图摆脱良心的不安和自责，这样他就可以避免自尊心因攻击行为而受到损害。例如，一个人如果在实施了图财害命的杀人犯罪行为以后，达到了自我设定的一夜暴富的既定目标，认为这是一种自我实现的行为，那么他就会继续实施类似的杀人犯罪行为；反之，就会放弃。2022年热播电视剧《狂飙》的主人公高启强首次卷入黑道违法得利之后，又一而再、再而三地实施违法犯罪行为。高启强的这种违法犯罪行为，正是他在不断"自我实现"的过程中，一次又一次自我强化的结果。

（四）犯罪行为的自我调节机制

实施初次犯罪行为以后，个体选择继续犯罪还是放弃犯罪，其自我调节机制起着关键的作用。自我调节是个体通过计划、预期等来激起、指导和调控自己行为的心理过程。班杜拉的社会学习理论解释了个体对行为选择的差异性问题，提出了著名的三元交互理论。该理论（如图 7-1 所示）认为，个体的行为（B），认知和其他人的认知（P）以及环境（E）三者都作为因素相互起作用。[1]依据这一理论，个体的自我调节机制及其犯罪行为同样受到行为、环境、认知三方面的相互作用。犯罪人的观念、需要、意愿及自我意识等认知因素支配着其行为，并会激活不同的环境反应；其行为的结果又会反过来改变他的认知系统；不同的环境又会影响犯罪人的认知水平和行为方式。一些犯罪人在实施了犯罪行为后，对其行为后果选择漠视的态度，对反复的犯罪行为麻木不仁；另一些犯罪人则以自我奖励或自我惩罚的形式，或继续犯罪或停止犯罪。

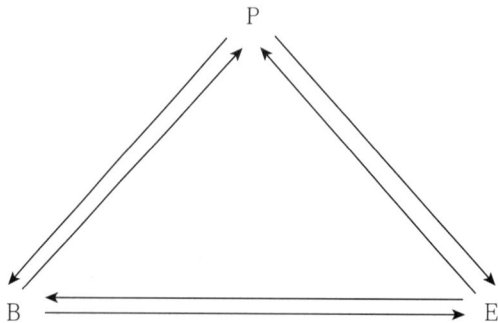

图 7-1　自我调节的三元交互机制

注：P 代表人的主体因素，B 代表行为，E 代表环境。箭头代表因果关系的作用方向

犯罪人对行为的自我调节主要有以下几种：

1. 自我奖赏（self-reward）。一些犯罪分子遵循自己畸形的价值标准和规则，对犯

---

〔1〕　［美］阿尔伯特·班杜拉：《社会学习理论》，陈欣银、李伯黍译，中国人民大学出版社 2015 年版，第 177 页。

行为或攻击行为引以为豪，因此不断从事犯罪行为。

2. 自我惩罚（self-punishment）。一些犯罪人在拥有符合社会伦理道德的行为准则之后，对破坏性的攻击行为产生自我责备，从而抑制了个人的违法犯罪行为或再犯罪的念头，使犯罪行为得以中止。相反，如果犯罪人不能接受符合伦理道德及法律的行为标准，就不会对违法犯罪行为产生自我责备，从而继续实施犯罪行为。

3. 脱离内部控制（disengagement of internal control）。有道德感的人之所以实施受谴责的行为，是由于自身脱离了对这种行为的自我评价。人们的自我调节能力有时由于一些特别的原因，无法发挥控制行为的作用；同时，自我评价如果不被激活，也不能对行为产生影响。

4. 逐渐解除抑制（gradualism and disinhibition）。班杜拉认为，违反道德法律的活动并不能迅速地将一个有修养的人变成一个残忍的攻击者。相反，这种变化通常要经过一个逐渐脱敏过程才能完成，在这个过程中，行为人可能不会清楚地认识到他正在发生明显的变化。在犯罪行为的发展中，如果犯罪人内心的自我谴责减弱，其犯罪行为就会不断向恶性发展。

【课程思政】

提高自我调节能力

自我调节能力是一个人在面对各种复杂情境时，能够自我调整情绪、行为和思维方式，以达到适应环境的能力。它是一个人能否成功的重要因素之一。社会学习理论认为，自我调节能力的获得并不能在一个人身上引起恒定的控制机制，当这种控制机制由于一些原因产生变化时，自我调节能力就不能发挥控制行为的作用。于是，就出现有道德感的人也会实施应受谴责的行为。那么，我们如何提高自我调节能力呢？

_____

_____

_____

_____

【知识链接】

班杜拉的玩偶实验

犯罪原因分析

【能力测试】

【课堂笔记】

_____

_____

_____

_____

第八单元　社会控制理论

【思维导图】

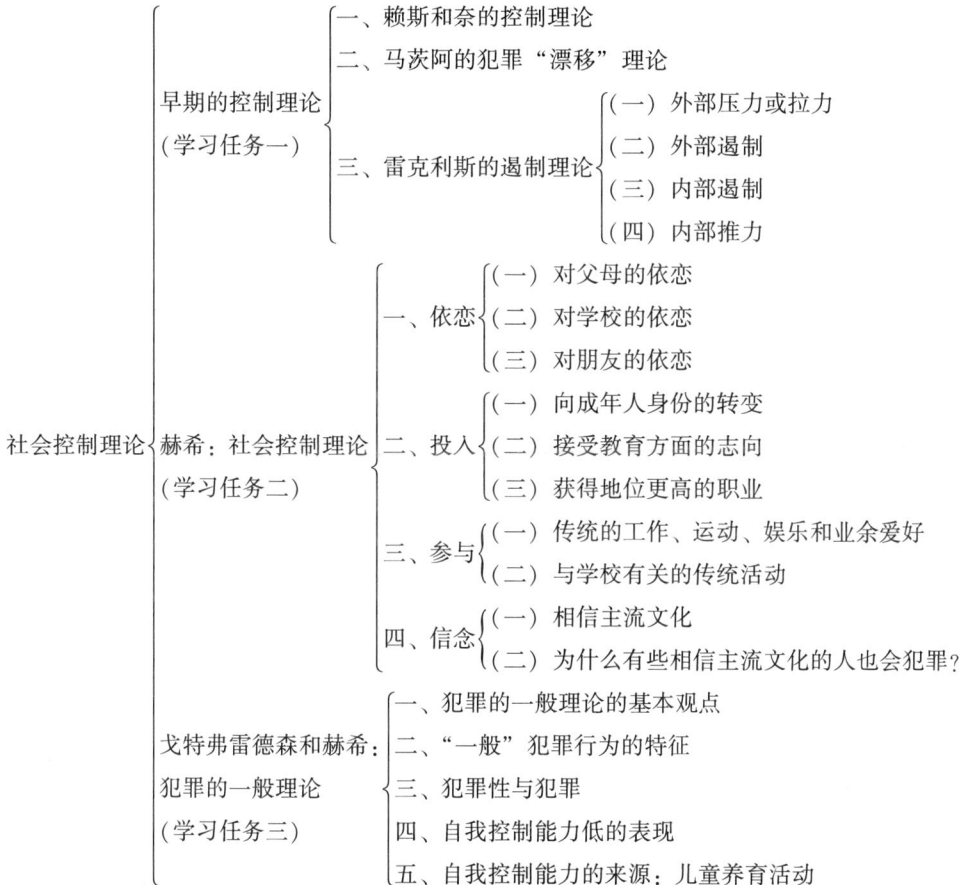

【学习目标】

知识目标：了解控制理论的发展历程与基本观点，熟悉早期控制理论、社会控制理论、犯罪的一般理论的主要内容和核心概念。

能力目标：能够运用社会控制理论和犯罪的一般理论，分析青少年越轨和犯罪的典型案例，设计针对性的干预措施。

素质目标：通过学习社会控制理论，培养训练自我控制力、提升抵御外部诱惑能力等方面的意识。

【引言】

在西方犯罪学理论的长河中，控制理论是一类具有特色的犯罪原因理论。控制理论与学习理论、紧张理论并称当代犯罪学三大主流理论。传统犯罪学理论基本上都假定，人们本应遵守法律，但是基于生物、心理、社会等不同的原因，驱使人们实施犯罪，即探讨"人为什么犯罪"。然而控制理论却从相反的方向开展研究。控制理论假定，每个人都是潜在的犯罪人，如果放纵自己的欲望，最终都会自然而然地实施犯罪；但是现实生活中，大多数人并没有犯罪。因此，犯罪原因理论的主要任务就是创造性地发现促使人们不去犯罪的那些因素，即探讨"大多数人为什么不犯罪"。控制理论的焦点问题在于探讨如何通过"控制"的力量，抑制人们实施犯罪。在特定环境中，倘若这些"控制"的力量崩溃，便会导致犯罪以及其他"失控"行为。因此，控制理论普遍认为：人们之所以实施犯罪，是因为抑制他们实施犯罪的力量薄弱，而不是因为驱使他们实施犯罪的力量强大。由此可见，西方犯罪学的控制理论是用社会控制的强弱来解释犯罪行为产生原因的一套理论。

【案例导入】

缺少亲情温暖的少女[1]

1. 基本情况

罪犯陈红（化名），女，汉族，2004年5月24日出生，小学文化。2020年6月下旬，被告人陈红（16岁）明知被害人小芳（化名）系幼女，与其他犯罪人以打骂、哄骗、拍摄裸体视频等手段，强迫被害人小芳向他人卖淫多次。2021年4月6日，陈红因犯强迫卖淫罪被江苏省Y市A区人民法院判处有期徒刑4年6个月。2021年6月25日分流至未成年犯管教所，接受教育改造。

2. 成长经历

陈红的父亲不学无术，在她5岁的时候就在监狱服刑，十几年对家庭没有照顾和过问。陈红一直觉得父亲服刑是一件羞愧的事情，也让母亲帮自己隐瞒，不让身边的朋友和邻居知道。陈红的母亲在浙江打工谋生，距离较远，在陈红的成长过程中疏于关心，缺少必要的陪伴和正确的教育。童年时期，陈红的教育主要依赖于父亲这边的亲戚，即她的叔

---

[1] 该案例由本单元编者根据犯罪人自述改编而成。

叔和堂姐。陈红的户口便转到了叔叔家的户口本上。事实上，叔叔一家人对陈红的成长并没有起到很好的正面引导作用。在陈红服刑后，叔叔等亲属不但没有提供帮助，反而落井下石，拒绝提供关系证明，导致陈红母亲很长一段时间不能前来会见。由此可见，陈红在叔叔家寄养期间，不受待见。

从小缺少家庭关爱和幼年的寄养，都让她没能感受到亲情的温暖。成长过程中家庭情感支撑系统缺失，让她产生自卑心理和情感缺陷，没有形成正确的世界观、人生观和价值观。陈红渴望亲人关心，却时常落空。由于家庭的支持系统薄弱，且正处于青春期，陈红心思敏感脆弱，情绪不稳定，经常与他人产生口角。当听到他人谈及与家人和谐相处的言语时，就会变得嫉妒和烦躁不安。

陈红在初中的时候，学习成绩不理想，便开始自暴自弃。由于涉世未深，谈了男友后经常向家里要钱。母亲了解到情况后，担心陈红学坏，对零花钱方面管理非常严厉。一方面，陈红结交了社会不良人群，沾染不良习性，从而越陷越深。她说："我们这个圈子就这样，要么一直在里面，你只要拒绝他们一次，你就永远被排除在圈子外了。"另一方面，陈红对金钱过分渴求、虚荣心强，但是法律意识淡薄，缺少规则意识和辨别是非的能力，自控力薄弱，在他人的利诱下，无法抵制金钱的诱惑，决定与他人合作强迫小芳卖淫以获取金钱。陈红称"当时赚到这么多钱，很开心，没有想过以后的事情，在心里就忽略掉由此给他人带来的伤害，忽略掉给自己以及家人带来的严重后果"。

【学习情境】

通过阅读上述案例，我们发现，陈红作为一名青少年，走上违法犯罪的道路，存在多方面的原因，既有社会的原因，又有学校的原因、家庭的原因、自身的原因。2022 年全国法院司法统计数据显示，全国在押罪犯中，作案时年龄不满 18 岁的 27 757 人，18 岁以上不满 25 岁的 220 028 人，合计 247 785 人。[1] 2022 全国 16~25 岁的青少年人口约占全国总人口的 10.5%，总计约 147 620 000。[2] 通过计算可知，每 10 万青少年人中仅有 16.7 人实施了犯罪行为。为什么绝大多数青少年没有违法犯罪？与青少年犯相比，他们身上具有哪些特征？社会控制理论就是要试图回答这类问题。

【课前预习】

_____

_____

_____

_____

---

〔1〕 最高人民法院："2022 年全国法院司法统计公报"，载最高人民法院公报网，http：//gongbao.court.gov.cn/Details/20587eaef248beb61ed6596018865c.html，最后访问时间：2023 年 6 月 10 日。

〔2〕 快乐采编："看看你所在的年龄段有多少人？"载 360 个人图书馆，http：//www.360doc.com/content/23/0831/10/5651189_1094572081.shtml，最后访问时间：2023 年 6 月 10 日。

【学习任务一】 早期的控制理论

一、赖斯和奈的控制理论

根据现有文献查证，最早的控制理论来源于美国犯罪学家比利（Arthur L. Beeley，1890~1973）。1935 年，他在《控制犯罪的社会计划》（Social Planning for Crime Control）一书中阐述了一些与控制相关的观点，他将有利于犯罪产生的因素分为两类：①削弱社会控制的因素。如社会经济秩序的缺陷、都市的变化、道德习俗的转变、家庭解组等；②削弱自我控制的因素。如先天固有或后天获得的障碍、精神缺陷、个人混乱等。[1]

1951 年，赖斯（Albert J. Reiss，1922~2006）发表了一篇论文名为《作为个人和社会控制失败的少年犯罪》，[2] 探讨了与控制相关的许多因素。赖斯考察了记录在案的 1110 名 11~17 岁的青少年缓刑犯，发现他们在精神上被诊断为具有较弱的"个人控制"能力，并且其中一部分还被建议前往精神病院治疗。所谓"个人控制"能力，是指抑制自己使用违反社区规范的手段满足需求的能力。赖斯进一步发现，当样本中的青少年总是逃学、被学校认为是问题少年时，较有可能被撤销缓刑。虽然赖斯的理论对其后控制理论产生了一定的影响，但可用于支持他的理论的调查研究却非常有限。

赖斯（Albert J. Reiss，1922~2006）[3]

1957 年，托比（Jackson Toby，1925~）在文章《社会解组与遵从风险：无赖阿飞掠夺行为中的补充因素》[4] 中提出了"遵从风险（stakes in conformity）"这个概念。他认为所有青少年都可能受到诱惑并作出违法行为，其中一部分青少年可能比另一部分承担更大的违法风险。例如，在学校行为表现较好的青少年不仅需要承担因违法而遭受处罚的风险，还需要承担对未来就业造成影响的风险，他们通常具有较高的"遵从风险"意识。相

---

〔1〕 吴宗宪：《西方犯罪学史·第四卷》，中国人民公安大学出版社 2010 年版，第 1142 页。

〔2〕 Albert J. Reiss, Jr., Delinquency as the Failure of Personal and Social Controls, *American Sociological Review*, Vol. 16, 1951, No. 2.

〔3〕 图片来源：http://archives. news. yale. edu/v34. n29/story23. html，最后访问时间：2023 年 6 月 10 日。

〔4〕 Jackson Toby, "Social Disorganization and Stake in Conformity: Complementary Factors in Predatory Behavior of Hoodlums", Journal of Criminal Law & Criminology, Vol. 48, 1957, No. 1.

比之下，在学校表现较差的青少年，由于他们对未来往往缺少规划或习惯性选择"躺平"，因此他们往往只需承担因违法而遭受处罚的风险，"遵从风险"的意识较低。托比发现，在拥有大量"低遵从风险"青少年的社区中，越轨行为会得到同伴的支持，因而此类社区犯罪率较高。而与之相反，市郊社区的青少年即便一些具有"低遵从风险"，但他们的违法行为通常得不到同伴的支持，一定程度可以降低该社区的犯罪率。他将该理论视为控制青少年犯罪倾向的基本机制。

1958 年，奈（F. Ivan Nye, 1918~2014）编写了《家庭关系与青少年犯罪行为》[1]一书，将家庭单独作为青少年社会控制的重要来源。奈认为，大多数青少年犯罪是社会控制不足的结果，而社会控制的定义较为宽泛，包括：运用约束和惩罚手段的直接控制，促使与家人朋友产生共情的间接控制，提升道德修养和认知水平的内在控制。奈在书中阐述，如果个人的诉求能在法律允许的范围内，及时地、充分地得到满足，那只需要最低限度的内在控制、间接控制和直接控制，就能确保人们自觉遵守法律。

奈进行了一项调查，调查对象是华盛顿州三个城镇里的 780 名高中生，涉及与家庭生活相关的多种问题。其中有 7 项问题，与青少年犯罪（越轨）行为相关，分别是：无故逃课，当面挑战父母权威，盗窃数额较小（低于 2 美元的物品），购买、饮用酒类及酒精饮料，故意毁坏公私财物，与异性发生性关系等。奈依据青少年从小学时期开始实施越轨行为的次数，将 1/14 的青少年列入"堕落"的类别中，剩余的则被列入"不堕落"的类别中。他发现，"堕落"类别的青少年要么被赋予完全的自由，要么被完全剥夺自由。这些青少年拥有一定可支配的金钱，但对父母表现出抗拒态度，反感父母的露面，认为自己的父母喜怒无常、难以取悦、不讲诚信，经常拿孩子"出气"。而相对地，"不堕落"类别的青少年大多来自于循规蹈矩、不经常迁居的家庭，以及农村家庭。这些青少年可能是家中的长子或独生子，他们乐于接受父母教导，喜欢与父母分享喜悦，赞同父母绝大多数的价值观，满意父母对金钱的分配。

奈应用了大量实证调查来验证他的理论，他对控制理论的发展作出了重大的贡献。但他的研究结论也受到了一些学者的质疑，比如奈的调查样本中不包含来自大城市的青少年，也不包含 15 岁及以下和 16 岁及以上已退学的青少年。同时，青少年在填写调查问卷时，可能也具有一定倾向性，导致调查结果不准确，如：一些报告自己有不良行为的青少年，更倾向于描述家庭生活不愉快的一面；而一些少报瞒报自己不良行为的青少年，则更倾向于用积极的字眼描述家庭生活。还有学者指出，奈界定的"堕落"类别的青少年未必会被犯罪学家认定为青少年犯罪人。他调查研究的结果只可以说是描述了在基本不构成犯罪的青少年人群中，家庭关系对于轻微不良行为所具有的作用。

二、马茨阿的犯罪"漂移"理论

虽然上述早期的控制理论受到一定程度的批评和挑战，但是他们无疑为现代控制理论

---

〔1〕　F. Ivan Nye, *Family Relationships and Delinquent Behavior*, John Wiley & Sons, 1958.

的形成奠定了基础。美国犯罪学家马茨阿（David Matza）在《青少年犯罪与漂移》[1] 一书中指出，传统青少年犯罪理论大多强调青少年犯罪人的差别性与强制性：一部分学者认为，这种差别性是基于生理上或心理上的，强制性则是以冲动的形式出现的；另一部分学者认为，这种差别性来源于社会影响，强制性则是对某种错误价值观的认可。马茨阿认为这些理论并不合理：其一，青少年犯罪人在大多数情况下，可能与其他青少年一样遵守法律，但一旦被社会公众认为"青少年犯罪人与常人有别"，可能会诱使青少年犯罪人长期从事犯罪活动。其二，许多青少年犯罪人成长到青春期晚期或成年早期（18~20 岁）会逐渐成熟，心智也会逐步完善，走上守法之路。

马茨阿（David Matza，1930~2018)[2]

马茨阿尝试提出一种新的设想，用以解释青少年犯罪问题。他强调了自由性和相似性，而非传统理论中的差别性和强制性，这就是著名的"漂移理论"。所谓"漂移"，一般发生在社会控制较为松懈的区域，青少年犯罪人在该区域可以自由地应对抑制犯罪的力量或催生犯罪的势力。这也就意味着，在探究青少年犯罪产生原因的同时，了解促使青少年犯罪人产生"漂移"的社会控制松懈的环境也极为重要。[3]

他认为，在传统理论中，有"信奉型（committed）"青少年犯罪人和"强迫型（compulsive）"青少年犯罪人；绝大多数青少年犯罪人应当是介于两者之间的"漂移型（drifters）"青少年犯罪人。"信奉型"青少年犯罪人，通常被认为是基于信奉错误的价值观而实施犯罪行为。但通过个别访谈，马茨阿发现许多青少年犯罪人并未信奉某种犯罪相关的价值观。反之，许多犯罪人清楚犯罪行为本身是错误的，声称自己存在可以减轻罪刑的情节，甚至认为自己是"无辜的"。而这些情节与刑事法律所规定的缺乏犯罪故意、意外事件（不可抗力）、正当防卫、精神错乱等内容存在相似之处。可见，青少年犯罪人

---

[1] David Matza, *Delinquency and Drift*, Wiley, 1964.

[2] 图片来源：https://sociology.berkeley.edu/memoriam-david-matza-1930-2018，最后访问时间：2023 年 6 月 10 日。

[3]【美】乔治·B·沃尔德、托马斯·J·伯纳德、杰弗里·B·斯奈普斯：《理论犯罪学》，方鹏译，中国政法大学出版社 2005 年版，第 223 页。

并未抛弃正确的伦理价值观，而是在多数情况下选择"中和（neutralize）"它们，为实施犯罪行为寻找依据。

否认责任是促使青少年犯罪人产生"漂移"的直接原因，青少年犯罪人往往通过对司法制度不公等进行描述来否认责任。青少年犯罪人虽然承认自己实施了某种行为，但他们借助对刑事法律减刑情节的"扩张解释"，证明自己没犯罪，或应当减轻刑罚；并且强烈表示不满，认为自己受到不公正的待遇。而依据法律"排除合理怀疑"的证据规则，刑事司法制度很可能受到这种否认责任感和不公正感的冲击，进而出现社会控制松懈的状态，而青少年犯罪人即处于"漂移"状态。

马茨阿认为，导致青少年犯罪人选择初次犯罪的原因，可能是觉得无力控制他们的生活环境，感到绝望，只能听天由命。在这种心态下，他们终日无所事事，蠢蠢欲动，寻衅滋事，追求刺激。一旦青少年实施了首次犯罪，他们便会通过否认责任的方式，有所依据地继续实施犯罪，甚至可能长期实施犯罪行为。因为他们不仅学会了自认无辜的且必要的"道义合理化"手段，也已经学会了实施犯罪的技巧。

三、雷克利斯的遏制理论

20 世纪 60 年代，美国犯罪学家雷克利斯（Walter Reckless，1899～1988）发表文章《青少年越轨与犯罪的一种新理论》[1]，将早期控制理论的概念与因素加以整合，提出了更为完整的犯罪遏制理论（containment theory）。雷克利斯认为，犯罪是个人内在控制能力与社会外部控制因素共同作用的结果；如果推动和引诱个人进行犯罪的驱力（drive）和拉力（pull）缺乏遏制（检查或控制），便会导致犯罪。

雷克利斯[2]

雷克利斯的遏制理论可以更好地解释青少年犯罪，它通过定性和定量方法观察和测量不同的犯罪类型，为预防和矫治青少年犯罪提供依据。雷克利斯用四种因素来解释遏制理

---

〔1〕　Walter Reckless，"A New Theory of Deliquency and Crime"，*Federal Probation*，Vol. 25，1961.

〔2〕　图片来源：https：//alchetron. com/cdn/walter-reckless-7f3a4f8b-df6a-432a-9891-281d11a632f-resize-750. jpeg，最后访问时间：2023 年 6 月 11 日。

论，这四种因素是从自我（self）中派生出来的不同方面或层次；自我是内部推力的遏制力量（container），而亲社会性交往（prosocial contact）则是抵御外部压力的缓冲器和外部拉力的遏制力量。四种因素分别是：[1]

（一）外部压力或拉力

外部压力（outer pressure or pull），又称"环境压力"，包括贫穷和剥夺、冲突和倾轧、外部束缚、少数民族群体的地位、在社会结构中缺乏获得成功的途径等等。而外部拉力，又称"环境拉力"，包括个人的精神涣散、引人注目或充满诱惑的事物、不良的广告宣传、以越轨行为为榜样、与青少年犯罪人交往、青少年犯罪亚文化群体等等。

（二）外部遏制

外部遏制（external containment）是个人所处社会环境中存在的结构性缓冲器（structural buffer），有助于家庭和其他支持群体对个人的遏制和约束。外部遏制包含社会中存在着一致的道德状况，规定了明确的社会角色、规范与责任，有效的监督和合理的活动范围，以及替代性活动与宣泄精力的渠道；同时，提供了使人获得接受、认同和归属感的机会，强化了社会规范、目标及个人期待，健全了家庭管理和家庭纪律。

（三）内部遏制

内部遏制（inner containment），主要由自我（self）的成分组成，是个人内部的调节器。内部遏制，包括自我控制和良好的自我概念（self concept），即个人对自己的社会地位或个人对他人社会价值的一种意向。内部遏制要求拥有较高的挫折耐受力，较好的诱惑抵抗力，高度的责任感，明确的目标方向，获得替代性满足的能力，以及降低紧张的合理化技巧等等方面。

（四）内部推力

内部推力（inner push），又称"正常推力"，是指推动个人进行活动的身体或心理力量，包括驱力、动机、挫折、不安、失望、反抗、敌意、自卑感等。雷克利斯认为，外部压力、拉力和内部推力的作用，促使人们产生越轨和犯罪行为；而外部遏制和内部遏制则阻止、中和、抵抗个人产生越轨和犯罪行为。显然，当外部压力、拉力和内部推力比外部遏制和内部遏制强大时，个人就会产生越轨及犯罪行为；相反，当外部压力、拉力和内部推力比外部遏制和内部遏制软弱时，个人则不会产生越轨及犯罪行为。

20世纪后半期，在不断吸收、整合、检验和完善前人研究成果的基础上，美国犯罪学家们对控制理论的研究又有了新的理解和突破，使之成为最为重要的犯罪学理论之一。

【思考题】

早期的控制理论是犯罪学研究史上的伟大尝试。请你选择其中一个理论谈一谈该理论有何亮点？结合已学习的知识点，谈一谈该理论在哪些方面存在不足和可如何改进。

---

〔1〕 Walter C. Reckless, *The Crime Problem*, Appleton Century Crofts, 1973, pp. 56~57

【知识链接】

雷克利斯的犯罪学贡献[1]

【学习任务二】 赫希：社会控制理论

提到控制理论，最为人们所知晓的、影响最为深远的应当是美国社会学家、犯罪学家——赫希（Travis Hirschi，1935~2017）的社会控制理论。1969年，赫希出版《少年犯罪原因探讨（*Causes of Delinquency*）》一书。他挑战了当时如日中天的两种犯罪学理论——默顿（Merton）的失范理论和萨瑟兰（Sutherland）的不同交往理论。[2] 赫希认为，任何人都有犯罪的倾向，不需要去理解各种犯罪的具体原因，"我们都是动物，因此生来就有可能犯罪"（We are all animals and thus all naturally capable of committing criminal acts）。[3] 他提出了一种综合性的控制理论，用社会纽带的强弱来解释青少年的犯罪原因。我们通常称该理论为青少年犯罪的"社会控制理论"（Social Control Theory），又称为"社会纽带理论"或"社会键理论"（Social Bond Theory）。

赫希（Travis Hirschi，1935~2017）[4]

---

〔1〕 资料来源：吴宗宪：《西方犯罪学史·第四卷》，中国人民公安大学出版社2010年版，第1151~1152页；https：//www.britannica.com/biography/Walter-Reckless，最后访问时间：2023年6月11日。

〔2〕 杨学峰：《从社会纽带到自我控制：两种控制理论的竞争与调和》，载《中国刑警学院学报》2017年第6期。

〔3〕 Travis Hirschi，*Causes of Delinquency*，University of California Press，1969，p. 16.

〔4〕 图片来源：https：//s3.amazonaws.com/s3.timetoast.com/public/uploads/photos/5629451/Travis_Hirschi_General_Theory_of_Crime___Social_Bond_Theory. jpg，最后访问时间：2023年6月11日。

1964 年，赫希在担任加州大学伯克利分校调查研究中心里奇蒙青少年计划（Richmond Youth Project）副主任时，实施了一项调查。他从里奇蒙计划所研究的 17500 名中学生里，采用按种族、性别、学校和年级进行分层抽样的方法，选取了 5545 名中学生进行问卷调查，最后获取了 4077 名学生（73.5%）的完整资料。调查问卷内容包含了各种与家庭、学校、同伴关系相关的问题，还包括 6 项内容作为青少年犯罪指标的问题索引。这 6 项问题中的 3 项是与盗窃相关（包括盗窃价值 2 美元以下的物品，盗窃价值 2 美元至 50 美元的物品，盗窃价值 50 美元以上的物品）。另外 3 项问题是询问青少年是否曾经"未经车主同意盗开他人车辆""故意损坏他人财物""故意殴打或伤害他人（不含与兄弟姐妹打架）"。不管接受调查的青少年回答他们实施了多少次上述行为，只要他们回答在一年内实施过 6 种行为之一的，就会被记为有此类行为。赫希还查阅了学校处分记录和警方正式记录，作为研究数据的补充。

通过对收集数据的深入分析，赫希得出社会控制的核心概念社会纽带（social bond）。所谓社会纽带是指个人与传统社会之间的联系，这种联系一般通过社会机构表现出来。总体上来说，当社会纽带较强时，行为人就可以有效地抵抗犯罪的诱惑，从而出现遵从行为；当社会纽带被削弱时，行为人的犯罪动机就无法得到有效控制，从而出现犯罪行为。赫希认为社会纽带包含四个要素，即：依恋、投入、参与和信念。

一、依恋

赫希认为，最重要的要素就是依恋（attachment）。依恋即个人与他人或群体的感情纽带。它反映出个人对他人意见和情绪方面的关注和考虑，以及对涉及他人利益方面体现出的敏感性，它是犯罪的重要抑制因素。换言之，这种感情纽带越强烈，个人在打算进行犯罪行为时，就越倾向于考虑该犯罪行为对这种纽带造成的损害，从而可能选择不去犯罪。根据赫希的理论，依恋分为三种类型：

（一）对父母的依恋

对父母的依恋可以认为是最重要的一种依恋，即使家庭由于离婚和分居而破裂，孩子也应当保持对父母一方或双方的强烈依恋。没有对父母的依恋，就不可能养成尊重他人的情感，个人就无法感受到家庭的温暖，而家庭也就失去了对青少年犯罪的控制作用。

在拥有传统父母的家庭中（conventional parent），对父母的依恋往往制约着青少年的适当社会化和对行为准则的内化。父母和孩子之间的感情纽带是传递父母理想和期望的桥梁，如果孩子与父母疏远，就不能学会或感受到道德准则。赫希强调，与父母在一起度过的时间长度，并不是青少年犯罪预防的重要因素；重要的是，当青少年面临犯罪的诱惑时，父母能否出现在青少年的心理上。如果青少年压根不考虑父母对他们行为的态度和反应，那么就很可能实施犯罪。赫希得出结论："孩子与父母的关系越密切，他们就会依恋父母和认同父母，他们进行青少年犯罪的可能性就越小。"

而在拥有非传统父母的家庭中（unconventional parent），即一些父母（大部分是下层阶级成员）的价值观中存在公开鼓励犯罪或助长犯罪的性质。传统文化越轨理论认为，在这种情况下与父母的依恋反而会促成青少年犯罪的产生。但赫希的结论却有所不同，他认为对非传统父母的依恋也同样有助于限制青少年犯罪。赫希论述道："不管父母的阶级地位和种族如何，青少年与他们的关系越密切，实施青年犯罪的可能性就越小。"此外，赫希还补充了"在控制青少年犯罪方面，对父亲的依恋与对母亲的依恋同样重要"这一观点，对传统的父子关系或母子关系与青少年犯罪预防的研究作了有力补充。

（二）对学校的依恋

学校是将传统家庭与工作生活联系起来的重要纽带，它要求青少年参与传统活动，接受传统价值观，帮助个体顺利从童年过渡到成年，通过教育的方式控制和减少青少年犯罪活动。赫希认为学校是中产阶级的机构，而青少年犯罪往往被认为是下层阶级的现象，应当重点评价学校对下层阶级青少年的影响。

传统研究认为，学校对中产阶级价值观加以内化，在一定程度上学校对下层阶级的青少年具有消极影响。下层阶级的青少年在学校的经历大多是堕落的、不愉快的，无法受到重视。教师通常会惩罚这些不安分的、不讲道德的、没有上进心的学生。他们由于贫困或缺乏正确的价值观，而不能接受同等的教育；由于存在学校适应不良的问题，进而可能会转向实施青少年犯罪活动。

赫希的研究认为，学校与青少年犯罪的关系并不取决于"社会阶级"，无论青少年属于下层阶级还是中产阶级，他们所持的信念都被称为"中产阶级价值观"。所以这种关系主要取决于青少年对学校的依恋程度，包含了学习能力（academic competence）和学习成绩。赫希认为，犯罪是青少年发泄不愉快的学习经历所导致挫折情绪的一种手段。缺乏智力技能（intellectual skill）是青少年犯罪的前兆，学习能力和学习成绩与青少年对学校的态度有关；不喜欢或不依恋学校，往往被看作是青少年犯罪动机的来源，这样的学生更倾向于实施犯罪。在学校依恋与青少年犯罪的关系上，赫希勾画出一个原因链（图8-1），如下：

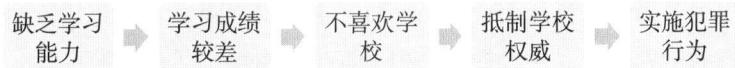

缺乏学习能力 ➡ 学习成绩较差 ➡ 不喜欢学校 ➡ 抵制学校权威 ➡ 实施犯罪行为

图 8-1　青少年犯罪原因链

（三）对朋友的依恋

许多研究认为，大多数青少年犯罪行为都是团伙实施的，青少年犯罪人都有共同犯罪的同辈朋友（peer）。赫希应用自我报告法，对前一年中实施过犯罪行为的青少年进行调查。当询问"你的亲密朋友中是否有人曾被警察逮捕过"时，报告有4个或更多亲密朋友被警察逮捕过的青少年中，3/4的人曾经实施过犯罪行为；与此同时，在报告朋友里没有实施过犯罪的青少年中，仅有约1/4的人曾经实施过青少年犯罪行为。相对地，在实施过2次以上青少年犯罪行为的人员中，82%的人至少有一个被警察逮捕过的亲密朋友；而在从来没有实施过青少年犯罪的人员中，仅有34%的人有被警察逮捕过的朋友。他在研究中证实，实施犯罪行为的青少年比没有实施犯罪的青少年更有可能结交犯罪的青少年朋友。

过往理论认为，对同辈朋友的依恋是引起少年犯罪的重要因素。而赫希提出了相反的观点，他认为对他人的依恋有助于遵从传统的行为规则；而缺乏对他人的依恋，缺少对个人成功价值观的遵循，反而会导致与青少年犯罪人的交往。与非犯罪青少年相比，青少年犯罪人很少对传统的成年人产生强烈的依恋，而青少年犯罪人之间也很难产生相互依恋。

依恋是价值和规范内在化的基础，它与赖斯的个人控制理论和奈的内部控制、间接控制理论相关联。赫希所说的依恋更接近于弗洛伊德（Sigmund Freud）精神分析学说中的"超我"（super-ego）（"超我"的形成是在外部环境，尤其是道德规范、社会取向等影响下，作用于"本我"的结果）。赫希提出依恋这一概念的优势在于，把作为人格组成部分、无法进行测量的"超我"或"良心"等心理学表述，转移到了社会学所研究的人际关系中，使人们能够从外部加以观察，便于进行实证研究。

二、投入

第二种要素是投入（commitment）。投入是指个人用于传统活动的时间、精力和努力，以及考虑当其进行越轨行为时所承担的风险。赫希认为，如果人们为了顺应传统的生活方式，将时间和精力专注于传统的生活、财产、教育、名誉等事务中，就不大可能从事危及传统目标和地位的活动，因而也不大可能从事青少年犯罪活动。相反，如果个人缺乏为传统价值观所作出的投入，就预示着一定程度上具备从事犯罪等危险行为的条件，个人可能会采用犯罪等手段来代替传统活动。

一些学者认为，投入是基于青少年犯罪中的成本和收益（cost-benefit）观点，它与托比所提出的"遵从风险"理论内容相似，是在权衡遵循传统的"常规"投资（如时间、金钱、努力和身份地位）与"越轨"风险的预期得失后，进行的理智活动（图8-2）。赫希在此基础上提出，社会控制是社会所固有的机制，越轨行为自然而然地要危及个人在社会中获得成功的可能性。如果要让这种内在的调节机制产生效果，社会中的个人就必须认识到越轨行为与奖励的关系，就必须重视社会为了惩罚越轨行为而取消的那些奖励。相对地，如果个人失去了为传统目标而奋斗的动机，他就可能随意实施越轨行为，无法像正常人一样考虑其行为的后果。在赫希的理论中，青少年在传统活动中的投入，表现在三个方面，分别是：

图8-2 关于"投入"要素的思维模式

（一）向成年人身份的转变

正常情况下，青少年完成学业、开始职业生涯和获得成年人身份是同时发生的。但是，由于就业制度的年龄限制，许多青少年并不能在完成学业的同时，就开始职业生涯。

而因他们不再具有受教育者的身份，在某种意义上就变成了成年人；但是，由于他们并没有就业，在一定意义上还是未成年人。处于这种状态下的青少年，可能会形成与成年人身份"相适应"的态度和行为。与此同时，他们在社会结构中的地位却使他们具有与未成年人相适应的自由身份，这种矛盾状态导致了青少年犯罪率的增长。赫希通过调查和分析发现，读完中学后不能立即就业的青少年，最有可能在这个时期进行青少年犯罪活动。

这是因为，过早地结束学业和较晚地就业，使此类青少年有了一段比较快乐和悠闲的时光。他们可以自由地享受到一些成年人才能享受但未成年人不能享受的特权，却没有成年人所具有的家庭、工作上的负担，可以说这是"一生中最幸福的时期"。而这种幸福也意味着青少年在摆脱学校控制的同时，并没有衔接上职业方面的控制，处于社会控制相对薄弱或社会控制中断的时期。这个时期，青少年往往追求安逸、轻松的享乐生活，不愿意付诸时间、精力从事需要意志努力和身体劳作的传统活动。许多青少年便在追求享乐中沉沦，开始从事犯罪活动，这样的幸福时光往往伴随着较高的犯罪率。

（二）接受教育方面的志向

赫希认为，个人在接受教育方面的志向越高，实施少年犯罪的可能性就越小。这是因为，如果青少年在接受教育方面的志向越高，就会越希望获得学业的成功，进而投入更多的时间和精力进行学习；而不会选择用非传统的越轨行为，打破自己对教育目标的实现。同时，青少年对学业的投入也使他们没有时间和精力从事越轨行为和犯罪活动。以往研究认为，青少年犯罪在很大程度上是由接受教育方面的志向（aspiration）和期望（expectation）之间的差异造成的。个人接受教育的志向与实现志向的可能性之间的差异引起了青少年的紧张、挫折情绪，促使他们进行反抗性的犯罪活动。赫希并不赞同，他认为青少年在接受教育方面的志向和期望之间的差异，并非引起少年犯罪的重要因素。赫希指出，具有较高接受教育方面的志向和追求学业上的进步与成功，仍然是遏制青少年犯罪的重要因素。那些致力于接受较高水平的教育和具有优异学习成绩的人，进行青少年犯罪活动的可能性相对较小。

（三）获得地位更高的职业

较高的教育水平是获得地位更高的职业的必要条件，但是并非充分条件。下层阶级成员的经历证明，较高的教育水平并不能确保个人获得地位较高的职业。职业志向与教育志向类似，在职业规划中，对自身的职业志向越高，所认识到的犯罪活动的代价（即对实现志向的损害）就越大，个人能够预测到青少年犯罪活动给自己的职业发展所造成的危害也就越大，进而可以抑制个人的犯罪行为。也就是说，无论期望如何，只要志向越高，个人越希望获得地位较高的职业，青少年犯罪率就越低。赫希所研究的投入这一要素，实际上与精神分析学所说的"自我"（ego）概念相对应，即依据现实原则，协调和监督"本我"的实现，致力于对"本我"的非理性冲动的控制和压抑上。赫希对投入概念的阐述，表明进行某种犯罪行为的决定，是在权衡得失后理智地做出的（见图 8-3）。

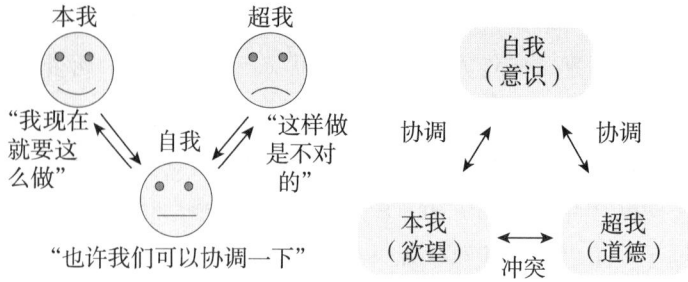

图 8-3　关于"本我"、"自我"和"超我"

三、参与

第三种要素是参与（Involvement）。参与是指花费时间和精力参加传统的活动。赫希认为，积极参与传统活动的人，往往全力以赴地忙碌于各种传统事务，缺少从事越轨活动的时间和精力。该要素建立在作为常识的观察结论"游手好闲是罪恶的温床"的基础之上。参与传统活动的人总是能够按时进行某种活动、限期完成一定任务、遵守工作时间、贯彻有关计划等，而繁忙也恰恰限制他们从事越轨行为和犯罪活动的犯罪机会。

参与传统活动，会将个人从犯罪行为的潜在诱惑中隔离出来，使个人没有时间和精力感知诱惑，无法考虑和从事犯罪活动。而传统活动足以满足他们的"乐趣"，因而不需要通过越轨或犯罪行为来获得同样的满足。赫希指出，在社会纽带的各个成分中，对传统活动的参与和青少年犯罪的关系最为明显。例如，在他的调查样本中就发现，参与社区乒乓球、游泳等活动，认真完成家庭作业的青少年几乎很少从事犯罪行为。许多青少年犯罪预防计划都包含着让青少年从事此类有益的活动。这些传统活动主要包括两类：

（一）传统的工作、运动、娱乐和业余爱好

根据赫希的研究发现，从事家务劳动，喜欢篮球、足球、排球等运动，热衷于看电视、读报纸、杂志和连环漫画，以及参与其他自己爱好的活动等，都会花费青少年大量的空闲时间，使他们没有时间考虑和从事少年犯罪活动。

（二）与学校有关的传统活动

学校有一种独特的控制作用，它试图吸引学生从事可能最终与未来的职业无关的活动。如果这种控制作用得到成功的发挥，学生从事犯罪的可能性就会比预期小，如最终会成为一名木匠的青少年可能会变得热心于学习方面的事情，似乎这种努力对他的未来有重要的意义；但是如果这种控制作用得不到发挥，志向和少年犯罪之间的反差就会产生，如希望成为一名医生的青少年就可能在学校中不求上进，似乎学校与他未来的职业目标无关。

对青少年犯罪人的经典性描述认为，青少年犯罪人是寻求"有事可做"的人。在赫希的调查中发现，大约 3/4 的青少年时常觉得无事可做。与成年人相比，青少年有更多的空闲时间，如果他们不能用有意义的方式消耗空闲时间，他们就有可能从事犯罪活动，只要这种活动能够产生刺激、使他们有事可做就行。但是，如果青少年从事的不是上述的传统活动，而是诸如吸烟、酗酒、约会、驾车兜风等成人活动，这些行为则被认为是缺少参与

传统活动的标志。这些青少年一般赞同"如果你能侥幸逃脱惩罚，打打法律的擦边球没有什么不可以"这样的价值观，很可能进行青少年犯罪行为。由此可见，大量空闲时间降低了社会纽带的控制作用，增加了少年犯罪的可能性，"游手好闲是滋生邪恶的工厂"，不过，从另一方面看，对空闲时间的不合理消耗，也会导致少年犯罪行为。

四、信念

（一）相信主流文化

最后一种要素是信念（belief），就是对共同的价值体系和道德观念的赞同、承认和相信。赫希认为，在社会或群体中存在着一种共同的价值体系和道德观念，生活在这种社会或群体中的人们通常都相信、遵循这些价值体系和道德观念。如果缺乏这样的信念或者使其受到削弱，个人就有可能进行越轨及犯罪行为。

马茨阿认为青少年犯具有正统伦理信念，但是他们用各种借口中和了这些信念，由此可以在没有罪恶感的情况下实施犯罪。与马茨阿不同，赫希认为"人们相信他们应当遵守社会规则的程度有所不同，个人对应当遵守规则相信的程度越小，他就越有可能违背这些规则"。因此，马茨阿的理论强调了青少年犯罪人被正统伦理秩序紧紧束缚，需斩断纽带从中解脱才能实施犯罪行为；而赫希的理论则假定青少年犯一开始就已经从正统伦理秩序中解脱出来了。

（二）为什么有些相信主流文化的人也会犯罪？

为什么在具有共同信念的人群中，有些人选择犯罪，而有些人选择不犯罪呢？赫希认为，可以从两个方面加以解释：

首先，对信念的内化程度不同。犯罪人并不具有"另一套"价值观，只是对这些共同信念的认可多少和深浅程度不同。在一些人的心理中，这类信念仅仅是一些没有被内化的知识性词汇，个人可能了解这些信念的内容，但是并没有成为指导个人行为的准则，无法用来辨别越轨行为和正常行为，更不具有制止个人进行越轨及犯罪行为的力量，导致理智能力和情绪控制相脱节。信念对他们来说实际上并不重要，这样的人容易进行犯罪行为。

其次，对越轨及犯罪行为的合理化。在另一些人的心理中，他们对共同的价值体系和道德观念的内化程度较高，个人也能够明确地辨别行为的性质；但是却在明知自己行为错误的情况下，实施越轨或犯罪行为。对于这些人来说，错误行为的产生是合理化机制发挥作用的结果。正是由于个人将其犯罪行为加以合理化，因此，他们在内心保持共同价值体系与道德观念、认识到自己的行为是错误的同时，却仍然实施此类行为。

根据上述观点，赫希进一步分析发现，社会纽带的各个要素既相互分离，又相互影响；它们之间的相互关系，影响个人从事犯罪行为或者传统行为。一般来说，个人在某一方面与传统社会的联系越密切，在其他方面与社会的联系也较为密切。例如，依恋传统群体的青少年，更有可能参加传统的活动，也更有可能接受传统的行为准则。相反，不依恋传统群体的青少年，很可能不赞同传统的价值和目标，也不愿意为这种价值和目标而努力。而赞同传统的价值和目标的人更有可能参与传统的活动。

与其他控制理论相比，赫希的社会控制理论具有实证性、广泛性、可操作性、综合性的明显优势；因此，其成为 20 世纪后半期影响最为深远的犯罪学理论之一。当然也有一些学者认为，赫希的理论存在缺陷。例如，无论是赫希自己还是其后的研究都没能为"参与"这一要素找到足够的支持证据；拉格兰奇（Randy La Grange）和怀特（Helene Raskin White）对社会纽带的成分是否随着时间的流逝而变化也提出了疑问，他们认为社会纽带的要素存在年龄差异，例如，年龄较小的儿童更依恋父母和教师，而年龄较大的少年更依恋同辈朋友。尽管如此，赫希的社会控制理论仍然受到普遍的承认和肯定，对 20 世纪后半期犯罪学的发展产生了重大影响。赫希本人也在社会控制理论的基础之上，与戈特弗雷德森（Michael Gottfredson）一起，提出了一项更为完善的新理论——"自我控制理论"（Self-control Theory），"社会控制理论"的一些要素则被作为控制变量继续使用。

【思考题】

赫希的社会控制理论通过社会纽带的四个要素（依恋、投入、参与和信念）对社会控制加以解释。请你选择其中一种要素，结合近期发生的青少年犯罪案例中的相关案情加以分析。

_____

_____

_____

【课程思政】

立志做新时代好青年

2023 年 6 月，最高人民检察院发布《未成年人检察工作白皮书（2022）》，分析了当前未成年人犯罪情况：①未成年人犯罪总体呈上升趋势。2020 年至 2022 年，检察机关受理审查逮捕未成年犯罪嫌疑人数分别为 37681 人、55379 人、49070 人，受理审查起诉未成年犯罪嫌疑人数分别为 54954 人、73998 人、78467 人，总体呈上升趋势。2022 年受理审查逮捕、受理审查起诉人数较 2020 年分别上升 30.2%、42.8%。②低龄未成年人犯罪占比上升。2020 年至 2022 年，检察机关受理审查起诉 14 至 16 周岁的未成年犯罪嫌疑人数分别为 5259 人、8169 人、8710 人，分别占受理审查起诉未成年犯罪嫌疑人总数的 9.57%、11.04%、11.1%。③未成年人犯罪类型更加集中。2022 年检察机关受理审查起诉未成年人犯罪居前五位的分别是盗窃罪 20966 人、聚众斗殴罪 9677 人、强奸罪 9122 人、抢劫罪 6983 人、寻衅滋事罪 6190 人，占比共达 67.4%。④未成年人涉嫌帮助信息网络犯罪活动罪明显上升。2020 年至 2022 年，检察机关审结（含起诉、不起诉）未成年人涉嫌帮助信息网络犯罪活动罪犯罪人数分别为 236 人、3001 人、5474 人，2022 年较 2021 年同比上升82.41%。[1]

习近平总书记在二十大报告中强调："青年强，则国家强。当代中国青年生逢其时，施展才干的舞台无比广阔，实现梦想的前景无比光明。全党要把青年工作作为战略性工作来抓，用党的科学理论武装青年，用党的初心使命感召青年，做青年朋友的知心人、青年工作的热心人、青年群众的引路人。广大青年要坚定不移听党话、跟党走，怀抱梦想又脚踏实地，敢想敢为又善作善成，立志做有理想、敢担当、能吃苦、肯奋斗的新时代好青年，让青春在全面建设社会主义现代化国家的火热实践中绽放绚丽之花。"

结合赫希的社会控制理论，谈一谈如何对青少年进行有针对性的教育，使他们坚定理想信念，增强责任意识，努力成为新时代德智体美劳全面发展的社会主义建设者和接班人？

【知识链接】

赫希：当代西方最著名的犯罪学家之一[2]

【学习任务三】戈特弗雷德森和赫希：犯罪的一般理论

1990年，戈特弗雷德森和赫希合著《犯罪的一般理论》（A General Theory of Crime）一书，对赫希在1969年提出的社会控制理论进行大胆修正与突破。犯罪的一般理论将控制这一概念与生物社会理论、心理学理论、日常活动理论、理性选择理论等内容有机整合，进一步补充、发展和完善控制理论。[3] 戈特弗雷德森和赫希认为，犯罪是人性的一部分，犯罪行为则是人性的延伸，它体现了人类对痛苦的逃避和愉悦的追求。人的自我控

〔1〕 最高人民检察院："未成年人检察工作白皮书（2022）"，载最高人民检察院官网，https：//www. spp. gov. cn/spp/xwfbh/wsfbt/202306/t20230601_615967. shtml#2，最后访问时间：2023年6月12日。

〔2〕 资料来源：吴宗宪：《西方犯罪学史·第四卷》，中国人民公安大学出版社2010年版，第1159~1160页。https：//www. oxfordbibliographies. com/display/document/obo-9780195396607/obo-9780195396607-0107. xml，最后访问时间：2023年6月12日。

〔3〕 迈克尔·戈特弗里德森、特拉维斯·赫希：《犯罪的一般理论》，吴宗宪、苏明月译，中国人民公安大学出版社2009年版，中文版序第6页。

制能力是决定他们是否犯罪的核心，自我控制能力低（low self-control）是犯罪的一般原因，戈特弗雷德森和赫希将犯罪的一般理论又称为"自我控制理论"（self-control theory）。

戈特弗雷德森（Michael R. Gottfredson，1951~）[1]

一、犯罪的一般理论的基本观点

犯罪的一般理论认为：①所有人都具备犯罪的可能性和实施能力，并不需要通过专门的教育和训练获得；②一切犯罪都是相似的，都是为了满足某些普通的、普遍的欲望；③人都是理性的，他们可以自行决定是否实施犯罪；④人又是自私的，犯罪必然要满足自己的欲望和兴趣。

特弗雷德森和赫希指出，自我控制能力是一种个人属性，是人在不同情境中决定能否不犯罪的能力。犯罪的一般理论中的自我控制属于个人内在的因素，而社会控制则属于外部社会环境因素。自我控制能力低的人未必会犯罪，因为他们还受到其他社会或环境因素制约。自我控制能力低是因为后天"缺少"训练或学习造成的，其中家庭的作用至关重要，低效甚至无效的家庭抚养方式直接影响自我控制能力的养成。同时，任何犯罪都是自我控制能力低与适宜的机会相结合的产物，自我控制水平低的人在情境或机会变量的作用下实施犯罪。

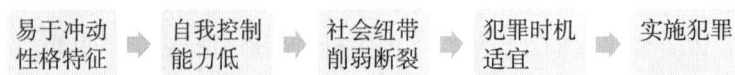

易于冲动
性格特征 ➡ 自我控制
能力低 ➡ 社会纽带
削弱断裂 ➡ 犯罪时机
适宜 ➡ 实施犯罪

图 8-4　自我控制能力低导致犯罪的基本模型

二、"一般"犯罪行为的特征

在其他条件相同的情况下，那些简单直接、见效快的行为，相较于那些长期的、见效慢的行为，更容易满足人们对于愉悦感的追求。而这些特征也同样存在于类犯罪行为（analogous acts）中，比如：吸毒、抽烟、赌博、酗酒、逃学、打架斗殴、意外怀孕、交通肇事等等。我们可以得出"一般"犯罪行为的本质在于不需要过多的思考、计划或努力。

---

〔1〕　图片来源：https：//www.oregonlive.com/education/2012/06/university_of_oregon_chooses_m.html，最后访问时间：2023 年 6 月 12 日。

"一般"犯罪行为的特征包括：①时间距离短，计划与行动之间没有太长的时间跨度；②空间距离短，犯罪人通常在自己熟悉的领域实施犯罪；③操作方式简单；④犯罪目标选择有针对性，容易对其实施犯罪，具有直接快速的回报，少有阻碍和风险（包含被发现的风险和目标反抗的风险）。

三、犯罪性与犯罪

特弗雷德森和赫希主张区分犯罪（crime）和犯罪性（criminality），他们认为区分犯罪性与犯罪是重要的。犯罪性是个人从事犯罪行为的倾向（propensity），是犯罪的原因或基础，犯罪性的核心是自我控制能力低。而犯罪是在特定的时间和地点发生的行为（act）或事件（event），是个人为了追求利益而进行的暴力或欺骗行为，是犯罪性的表现。犯罪的实质是违反法律和道德的要求去追求个人利益，包括物质利益、心理满足感等。犯罪性的理论告诉我们，为什么一些人比另一些人更容易实施犯罪；而犯罪的理论则告诉我们，犯罪倾向未必会导致犯罪，犯罪仅仅是犯罪性的多种可能的表现方式之一。

犯罪性的核心在于自我控制水平低或自我控制能力差。戈特弗雷德森和赫希指出："自我控制是能够预测犯罪行为和相关行为的唯一具有持久性的个人特征。没有发展起强烈自我控制能力的人，很有可能实施犯罪行为。"而犯罪发生的必要条件之一，就是有潜在犯罪人（potenial offender），这些人具有高度犯罪性。犯罪能够满足潜在犯罪人的物质和精神需要，对潜在犯罪人有吸引力。实施犯罪必需具备一些外部条件，包括：①犯罪的适宜目标（suitable target），即存在着能够被盗窃、贪污或损害的财物；②被害人，即存在着能够被伤害或被欺骗的对象；③与犯罪人所期望的不受惩罚感（sense of immunity）相关的因素，如黑暗的条件、匿名性、被害人的易受侵害性。[1]

四、自我控制能力低的表现

戈特弗雷德森和赫希通过分析发现，自我控制水平低的人，往往具备如下6种人格特质：[2]

1. 情绪冲动（impulsive）。会对环境中的直接的、有形的、物质上的刺激作出反应，容易冲动，更倾向于通过当下触手可及或容易简单的方式来满足欲望，有一种"此时此地"的价值取向（"here and now" orientation），缺乏长期从事某项事业的勤勉、韧性与坚持。

2. 不善言辞（nonverbal）。他们易怒且感觉迟钝，对负面情绪容忍度不高。同时，对于挫折的耐受性不强。不善于交际和言谈，四肢发达，通常难以使用口头的方式来解决冲突。

3. 追求刺激（risk-taking）。更倾向于实施刺激的、有风险的冒险行为，缺乏冷静思

---

〔1〕 迈克尔·戈特弗里德森、特拉维斯·赫希：《犯罪的一般理论》，吴宗宪、苏明月译，中国人民公安大学出版社2009年版，中文版序第14页。

〔2〕 Travis C. Pratt & Francis T. Cullen, "The empirical status of Gottfredson and Hirschi's general theory of crime：A meta - analysis", *Criminology*, Vol. 38, 2000, No. 3.

考，偏好体力而非脑力的活动。相反，自我控制水平高的人常常表现得谨言慎行，深思熟虑，更愿意通过言语进行交流。

4. 目光短浅（short-sighted）。犯罪会妨碍长期从事工作，影响婚姻、家庭或朋友圈的维系。所以，自我控制水平较低的人往往婚姻状况不稳定、缺少长期交往的好友、没有稳定可靠的工作经历。他们倾向于选择短期利益，没有长期规划。

5. 缺乏技能（physical）。绝大多数犯罪行为并不需要高超的技能或周密的计划。缺乏自我控制的人往往受教育水平和认知水平较低，通常不具备通过培训或学徒学习所掌握的身体技能。

6. 自我中心（insensitive）。缺乏自我控制的人往往以自我为中心，对他人的痛苦或需要不敏感，甚至会侵犯他人的财产、身体、隐私和名誉。他们未必是刻薄和反社会的，相反，他们可能是充满魅力和慷慨大方的，因此会轻易地获得奖赏。

五、自我控制能力的来源：儿童养育活动

戈特弗雷德森和赫希认为，自我控制水平低的这些特质并不必然会导致犯罪，它们在个人达到刑事责任年龄之前就可以被识别出来，并且伴随终身。这些特质也会间接地影响个人的发展，如教育、工作、婚姻、生活，最后实施犯罪。

从源头分析，它们是不适当的儿童养育活动（child-rearing practice）的结果，自我控制水平取决于其父母早期养育的质量。犯罪性或多或少是与生俱来的，需要通过社会化（socialization）过程来控制犯罪性。具有攻击性、好动性、冒险性等生物基础特质的孩子更难以社会化，他们更需要得到父母的关心和照顾。但是，有时父母可能具有与孩子同样的特质；或者在孩子最需要社会化的时候可能不在身边。另外，孩子由于不能达到学校要求，可能会被学校排斥，不能继续实现社会化。在这种情况下，犯罪性可能会达到最严重的程度。所以，有效的儿童养育活动包括：①监控儿童的所有行为；②识别儿童的越轨行为；③恰当惩罚儿童的越轨行为。激活这种系统所需要做的便是，对儿童的情感以及成长的投入，重视早期越轨行为，并加以纠正。除家庭教育外，学校作为重要的社会化机构，学校教育是儿童进行有效社会化的附加来源，在日常监督、规范养成、识别越轨和适当奖惩方面发挥着积极作用。

犯罪的一般理论简明易懂，逻辑清晰，能够适用于各种普通刑事犯罪。美国当代犯罪学家巴特勒斯（Clemens Bartollas）尝试用结构图简洁、形象地表示该理论的主要内容（见图8-5）。

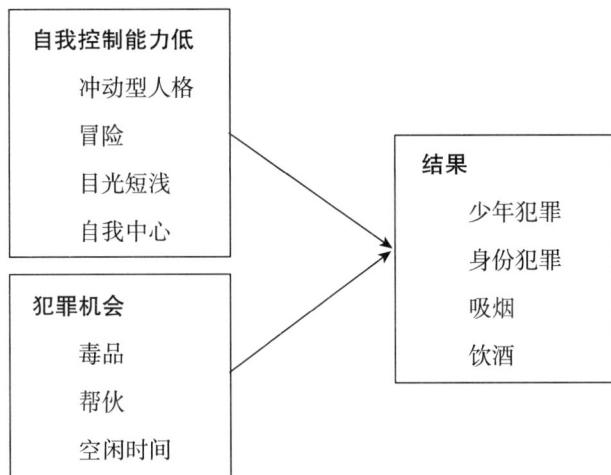

图 8-5　犯罪的一般理论示意图

《犯罪的一般理论》一书出版之后，受到广泛的重视和肯定，被看做是"近年来对犯罪学的最重要的贡献之一"。在实证层面，1993 年格拉斯米克（Harold G. Grasmick）通过设计包含 24 个测度项的 4 分制态度量表，对自我控制能力进行定量分析和衡量；此后在青少年犯罪、家庭暴力、亲密关系、校园霸凌、学术不端、性犯罪、网络犯罪、帮派犯罪等多领域实证研究上都得到了支持、发展和应用。

也有一些犯罪学家对该理论的相关命题提出质疑和挑战，戈特弗雷德森和赫希将人们对这一理论的批评，主要归纳为三个方面：①因变量——犯罪和越轨行为的定义；②本理论的逻辑结构；③本理论适用于特定犯罪的能力。同时，戈特弗雷德森和赫希也于 2001 年撰写论文，对这三种批评进行了答辩。[1]

【思考题】

戈特弗雷德森和赫希在犯罪的一般理论中，提出了自我控制水平低的 6 种人格特质，你认为哪一种人格特质最有可能导致犯罪或类犯罪行为。请结合具体案例，说明你的理由。

_____

_____

_____

_____

---

〔1〕　迈克尔·戈特弗里德森、特拉维斯·赫希：《犯罪的一般理论》，吴宗宪、苏明月译，中国人民公安大学出版社 2009 年版，中文版序第 24 页。

【课程思政】

贯彻改造罪犯的教育理念

1. 吴某某，男，16岁，江苏Y市人，故意杀人罪，无期徒刑，剥夺政治权利终身。

自述内容：吴某某因多次违反纪律被班主任老师批评心生不满，在学校教学楼前，当众持刀将其杀害。

2. 储某某，男，17岁，江苏L市人，故意伤害罪，5年有期徒刑。

自述内容：储某某因管教问题多次被其父殴打，后因退学不找工作遭其父责问，其父见储某某持刀上前并抓其肩颈部，当即责问储某某"你要来捅我啊"，储某某被责问后手持匕首捅戳其父胸部，致其心脏破裂死亡。

3. 孙某某，男，20岁，江苏S市人，聚众斗殴，3年5个月有期徒刑。

自述内容：孙某某15岁时就加入涉恶帮派，"不同帮派街上碰到了就要打一架，我们走到哪儿都带着刀""他多次持刀打架，平日里除了吃饭、睡觉，就是打架""兄弟们都上了，自己不上丢面子"。由于孙某某父母离婚，平时爷爷根本管束不住，导致他越来越无法无天，最终酿成犯罪恶果。

4. 赵某，男，15岁，江苏Y市人，抢劫罪、强奸罪，4年有期徒刑。

自述内容：赵某父母离异，母亲精神不稳定，"没进过初中大门，小学毕业就跟外面大哥混，当时有两个女孩儿带来另一个女孩，想让她去卖淫挣点钱。她不同意就打，打了还不同意，就让我强奸了她，还抢了她手机，拍下了视频"。他初中就开始不去学校，混迹于酒吧、KTV等场所，十三四岁就有了性生活。

这里摘取四个未成年人犯罪的真实案例，涉及故意杀人、聚众斗殴、强奸、抢劫等严重暴力犯罪。请结合戈特弗雷德森和赫希在犯罪的一般理论，进一步思考如果你作为一名监狱民警，面对这样的罪犯，你将努力通过加强哪些方面的教育来促使他们改变（如：爱国主义教育、法治精神教育、劳动精神教育、公平正义教育、社会责任教育等)？

_____

_____

_____

_____

【能力测试】

【课堂笔记】

第九单元　社会失范理论

【思维导图】

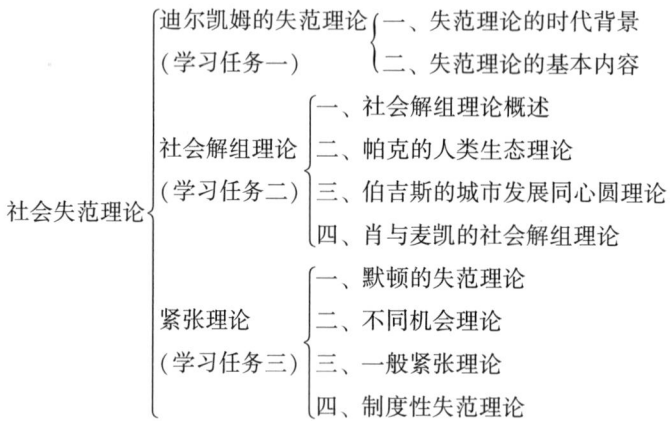

社会失范理论
- 迪尔凯姆的失范理论（学习任务一）
  - 一、失范理论的时代背景
  - 二、失范理论的基本内容
- 社会解组理论（学习任务二）
  - 一、社会解组理论概述
  - 二、帕克的人类生态理论
  - 三、伯吉斯的城市发展同心圆理论
  - 四、肖与麦凯的社会解组理论
- 紧张理论（学习任务三）
  - 一、默顿的失范理论
  - 二、不同机会理论
  - 三、一般紧张理论
  - 四、制度性失范理论

【学习目标】

知识目标：了解社会失范理论的发展历史，掌握社会失范理论的框架体系，熟悉迪尔凯姆失范理论、社会解组理论、紧张理论的主要观点和基本内容。

能力目标：能够运用社会失范理论，从宏观角度解读犯罪现象产生的社会因素，分析社会转型、城市化快速发展与犯罪现象之间的内在联系。

素质目标：通过分析犯罪现象的社会因素，正视个体犯罪现象背后隐藏的社会力量；涵养社会主义核心价值观，增强社会团结意识。

【引言】

19世纪30年代，一些欧洲学者把犯罪作为一种社会现象来研究，他们主要用社会环境因素，特别是经济因素来解释犯罪现象，逐渐形成了犯罪统计学派和马克思主义犯罪学。与马克思主义者对资本主义社会的犯罪问题的批判性研究风格不同，法国著名社会学家迪尔凯姆（Emile Durkheim，又译为"涂尔干"、"杜尔克姆"）研究社会变迁、社会失范与犯罪的关系，创立"失范"理论，也产生了重大影响。19世纪后半期，犯罪人类学产生之后，运用社会学方法开展犯罪研究受到一定削弱。在经过一段时间的低落后，到20世纪中期时，社会学方法又重新占据犯罪学研究中的优势地位，尤其在美国得到迅速发展，产生了一些有影响力的研究成果。其中就包括芝加哥学派的社会解组理论（social disorganization）和紧张理论（strain theory）。社会解组理论和紧张理论都在一定程度上承继了迪尔凯姆的失范理论。本单元以"社会失范理论"为标题，介绍这些相关理论。

【案例导入】

我国犯罪数量变化总体趋势（1950~2021年）

表9-1　1950~2021年中国大陆地区公安机关立案刑事案件总数[1]

年份	人口总数（万）	立案刑事案件总数（起）	立案率（起/10万人）	
			合计	比上年+/-
1950	55196	513461	93.02	—
1951	56300	332741	59.10	−33.92
1952	57482	243003	42.27	−16.83
1953	58796	292308	49.71	+7.44
1954	60266	392229	65.08	+15.37

---

[1] 1950年至2005年数据来源：张小虎：《当代中国社会结构与犯罪》，群众出版社2009年版，第208~210页；2006年至2021年数据来源：国家统计局："年度数据—公共管理、社会保障及其他（公安机关立案的刑事案件）国家数据"，立案率数据由本单元编者计算得出，https://data.stats.gov.cn/easyquery.htm? cn＝C01，最后访问时间：2023年4月15日。

年份	人口总数（万）	立案刑事案件总数（起）	立案率（起/10万人）	
			合计	比上年+/-
1955	61465	325829	53.01	-12.07
1956	62828	180075	28.66	-24.35
1957	64653	298031	46.09	+17.43
1958	65994	211068	31.98	-14.11
1959	67207	210025	31.25	-0.73
1960	66207	222734	33.64	+2.39
1961	65859	421934	64.07	+30.43
1962	67295	324639	48.24	-15.83
1963	69172	251226	36.32	-11.92
1964	70499	215352	30.55	-5.77
1965	72538	216125	29.79	-0.76
1972	86727	402573	46.42	—
1973	88761	535820	60.37	+13.95
1974	90409	516419	57.12	-3.25
1975	91970	475432	51.69	-5.43
1976	93267	488813	52.41	+0.72
1977	94524	548415	58.02	+5.61
1978	95809	535698	55.91	-2.11
1979	97092	636222	65.53	+9.62
1980	98256	757104	77.05	+11.52
1981	99584	890281	89.40	+12.35
1982	101557	748476	73.70	-15.70
1983	101746	610478	60.00	-13.70
1984	103079	514369	49.90	-10.10
1985	104031	542005	52.10	+2.20
1986	105417	547115	51.90	-0.20
1987	105402	570439	54.12	+2.22
1988	106910	827594	77.41	+23.29

年份	人口总数（万）	立案刑事案件总数（起）	立案率（起/10万人）	
			合计	比上年+/−
1989	108650	1971901	181.49	+104.08
1990	110353	2216997	200.90	+19.41
1991	112806	2365709	209.71	+8.81
1992	114159	1582659	138.64	−70.07
1993	115155	1616879	140.41	+1.77
1994	116231	1660734	142.88	+2.47
1995	117491	1690407	143.87	+0.99
1996	118437	1600716	135.15	−8.72
1997	120435	1613629	133.98	−1.17
1998	120601	1986068	164.68	+30.70
1999	121579	2249319	184.98	+20.30
2000	122581	3637307	296.73	+111.73
2001	123678	4457579	360.42	+63.69
2002	120548	4336712	359.75	−0.67
2003	125958	4393893	348.84	−10.91
2004	126143	4718122	374.03	+25.19
2005	126113	4648401	368.59	−5.44
2006	131448	4744136	360.91	−7.68
2007	132129	4807517	363.85	+2.94
2008	132802	4884960	367.83	+3.98
2009	133450	5579915	418.12	+50.29
2010	134091	5969892	445.21	+27.09
2011	134916	6004951	445.08	−0.13
2012	135922	6551440	481.99	+36.91
2013	136726	6598247	482.58	+0.59
2014	137646	6539692	475.10	−7.48
2015	138326	7174037	518.63	+43.53
2016	139232	6427533	461.64	−56.99

年份	人口总数（万）	立案刑事案件总数（起）	立案率（起/10万人）	
			合计	比上年+/-
2017	140011	5482570	391.58	-70.06
2018	140541	5069242	360.69	-30.89
2019	141008	4862443	344.83	-15.86
2020	141212	4780624	338.54	-6.29
2021	141260	5027829	355.92	+17.38

新中国成立以后到2021年，我国公安机关立案刑事案件的数量变化趋势如表9-1和图9-1所示。从整体来看，1950年到1977年，我国刑事犯罪案件数量处在波浪式增长阶段，其中在1954年、1961年、1973年、1977年立案数量出现小幅度增长，立案数量分别达到39万起、42万起、53万起、54万起，随后出现数量回落。1978年至2015年，立案数量呈现阶梯式上升，2015年之后开始逐步下降，但2021年后又有上升趋势。改革开放以来，我国刑事案件数量出现四个急速增长高峰：1978年到1981年从53万起激增至89万起、1984年到1991年从51万起激增至236万起、1996年到2004年从160万起激增到471万起、2005到2015年从464万起继续增长至达717万起，随后出现数量下降现象。

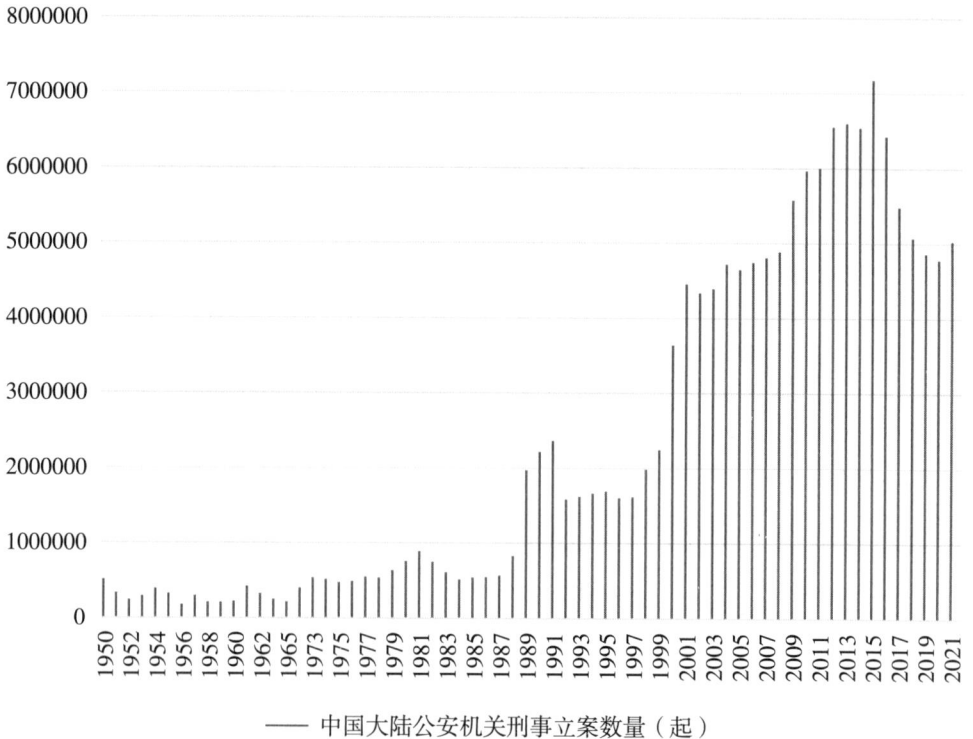

—— 中国大陆公安机关刑事立案数量（起）

图9-1 1950~2021年中国大陆刑事犯罪立案数量统计

注：本单元编者根据表9-1的数据绘制

【学习情境】

张小虎教授曾对 1950 年至 2005 年我国大陆地区的犯罪率波动进行评估并指出：新中国成立以来的犯罪率，总体上呈现三个平台，两次大幅度的阶位上升。所谓"平台"是指不同年份的刑事立案数与刑事立案率都维持在大致相同的范围内。所谓"阶位上升"意味着有升无降的层次攀高。就刑事立案率而言，三个平台分别是：1950~1988 年，每 10 万人 100 起以下；1989~1999 年，每 10 万人 130~200 起之间；2000~2005 年，每 10 万人 360 起左右徘徊，唯有 2000 年每 10 万人 296.73 起。两次大幅度阶位上升则是 1989 年与 2000 年。从刑事立案数来看，1989 年由 1988 年的 82.7 万起突然猛增到 197 万多起，1999 年保持着 224.9 万起，2000 年一下就跃至 363.7 万起。[1]

2006 年至 2021 年，我国刑事案件立案数和刑事案件立案率呈现出先升后降的正态分布趋势。这个周期中的峰值出现在 2015 年，刑事立案数达到新中国成立以来的顶点，717 万多起。2016 年至 2020 年，数据逐年下降，2021 年出现回升。

新中国成立以来，我国大陆犯罪率所呈现出的走势特征与社会制度的改革以及社会环境的变化有关吗？如果无关，我们又如何来解释上述走势特征呢？如果有关，那么社会环境中的哪些因素在影响着上述走势？这些因素又是如何影响上述走势的呢？让我们来听听社会失范理论的回答。

【课前预习】

_____

_____

_____

_____

【学习任务一】　迪尔凯姆的失范理论

迪尔凯姆是 19 世纪后期法国著名的社会学家，他在其社会学著作中对犯罪作了大量的研究。迪尔凯姆对犯罪学最大的贡献之一在于提出"失范（anomie）"这一概念，用来解释自杀、犯罪等越轨行为。

---

〔1〕　张小虎：《当代中国社会结构与犯罪》，群众出版社 2009 年版，第 208~210 页。

法国社会学家迪尔凯姆（Emile Durkheim）[1]

一、失范理论的时代背景

19 世纪，法国经历了由 1789 年大革命以及工业革命带来的政治、经济、文化、科学技术、社会制度等方面的巨变。1789 年大革命爆发后，各个政治派别陷入争斗，政权开始频繁更迭，先后经历了法兰西第一共和国（1792～1804）、法兰西第一帝国（1804～1815）、波旁王朝复辟（1815～1830）、七月王朝（1830～1848）、法兰西第二共和国（1848～1852）、法兰西第二帝国（1852～1870）、法兰西第三共和国（1870～1940）。与政权频繁更迭相伴的是多发的革命运动。法国史专家吕一民教授指出：法国近代史上发生的革命之多无疑在欧美国家当中最为突出，因而往往需要在具体所指的革命前标上发生的年份，如 1830 年革命，1848 年革命。[2]

与此同时，法国还进行着工业革命。早在第一帝国时，法国的工业革命就已开始起步。随着工业革命的发展，法国社会中各个阶级的状况也在发生变化：贵族阶级日趋没落，大资产阶级（金融业巨子、大工业家）兴旺发达，中小资产阶级分化，工人阶级处境每况愈下。整个 19 世纪，法国的社会结构也经历了从传统向现代的演变。资产阶级逐渐占据主导地位，社会流动机制已经形成，底层成员可以向社会上层流动，也可以在农村与城市之间水平流动。社会阶层间的流动，造成底层阶级占比减少，中间阶层逐渐壮大，社会结构由原来的横向金字塔结构，转为倒陀螺形结构。[3] "新史学"领军人物罗贝尔·芒德鲁（Robert Mandrou）这样描述工业革命在 19 世纪后半期给法国种种生活方式带来的变化："转折点"这个已被多次使用的说法用在 19 世纪比 16 世纪更有特殊意义。数百万人的日常生活开始发生变化，而这一变化还将加速进行下去：物质和精神生活条件、文化和饮食水平均发生了深刻变化。16 世纪的转变仅涉及数万人而已，而 19 世纪的转折则牵涉到广大的民众。[4]

---

〔1〕 图片来源：https：//www. sohu. com/a/213323847_ 550962，最后访问时间：2023 年 5 月 10 日。

〔2〕 吕一民：《法国通史》，上海社会科学院出版社 2022 年版，第 138 页。

〔3〕 许平：《19 世纪法国社会结构的演变》，载《中国社会科学院研究生院学报》1995 年第 2 期。

〔4〕 ［法］乔治·杜比（Georges Duby）、罗贝尔·芒德鲁（Robert Mandrou）：《法国文明史·Ⅱ》，傅先俊译，东方出版中心 2021 年版，第 641 页。

法国大革命和工业革命在法国哲学和思想领域同样产生了重大而深远的影响。这种影响的直接体现就是，19世纪30年代，孔德（Auguste Comte）开创实证主义，并不断传播，逐渐被法国人普遍接受。实证主义倡导用实验科学方法来解释社会现象和精神活动，为法国社会的巨大变迁提供一种理性的、科学的分析，以便指导社会革新。在孔德实证主义思想的影响下，迪尔凯姆对当时法国的社会分工、自杀、犯罪等社会现象，进行了深入的研究，提出"失范"等重要概念。

二、失范理论的基本内容

所谓"失范"，是指社会或团体的一种无规范（normlessness）或规范丧失的状态。失范是社会的一种状态和特征，而不是指个人的一种状态。在迪尔凯姆的研究中，失范是指社会发展过程中，在社会新旧更替时期，旧规范失去约束效力而新规范尚未形成，社会规范无法有效约束社会个体行为，导致犯罪产生的社会状态。

1893年，迪尔凯姆发表《社会分工论》，提出了"社会团结""集体意识""失范"等概念。《社会分工论》的研究起点就是考察个人人格与社会团结的关系问题。然而，社会团结本身是一种整体上的道德现象，很难对它进行精确的观察和测量。迪尔凯姆认为，应当借助社会团结的外在事实即法律来研究社会团结，因为法律表现了社会团结的主要形式，所以只要把不同的法律类型区分开来，就能够找到与之相应的社会团结类型。在迪尔凯姆看来，任何一种法律都可以定义为能够进行制裁的行为规范。制裁一共分为两类。第一类是建立在痛苦之上的，或至少要给犯人带来一定的损失。它的目的就是要损害犯人的财产、名誉、生命和自由，或者剥夺犯人所享用的某些事物。第二类制裁并不一定会给犯人带来痛苦，它的目的只在于拨乱反正，即把已经变得混乱不堪的关系重新恢复到正常状态。因此，法规主要可以分成两类：一类是有组织的压制性制裁，另一类是纯粹的恢复性制裁。第一类包括刑法，第二类包括民法、商业法、诉讼法、行政法和宪法等，任何刑法都不应该划入到这种类型中来。[1] 与此相应，社会团结也有两种类型。

与压制性法律相对应的是一种"关系一断即为犯罪"的社会团结关系，即机械团结。机械团结是由社会成员的相似性、同质性所致的团结，它通过强烈的集体意识将同质性的个体结合在一起。这种团结存在于分工不先进的原始社会或传统农村社区。在机械团结社会中，强烈的集体意识使得法律具有明显的压制性特点。这种法律将凡是触犯"强烈而又明确的集体意识"的行为视为犯罪而加以惩罚。刑罚的目的不是使犯罪的人遵守社会规范，而是对犯罪行为施行报复，治愈、补偿、安慰被伤害的集体意识和集体感情。因此，这种制裁带有浓厚的感情色彩，是集体意识和社会普遍道德情感的直接宣泄。[2]

与恢复性法律相对应的是分工形成的社会团结，即有机团结。有机团结以社会成员的差异性、异质性和相互依赖为基础。有机团结随着社会分工的发展和成熟而逐渐形成，其

---

〔1〕［法］埃米尔·涂尔干：《社会分工论》，渠东译，生活读书新知三联书店2000年版，第27~32页。
〔2〕［法］埃米尔·涂尔干：《社会分工论》，渠东译，生活·读书·新知三联书店2000年版，第33~72页。

典型形式存在于现代工业社会。现代工业社会由于专业化程度提高，社会分工精细，个人意识增强，社会成员之间的相互依存更加紧密。这时的法律表现出一种积极的作用，维护个人与群体的相互依赖关系，促进社会合作。[1]

迪尔凯姆指出，人类在从传统的"机械团结"（传统农业社会）向"有机团结"（现代工业社会）的过渡中，传统的道德观念和规范会逐步失去作用。"随着社会的不断进步，个人与家庭之间、个人与祖国之间、个人与历史流传给他的传统之间以及个人与群体的共同习俗之间的纽带渐渐地松弛了。"[2] "转眼之间，我们的社会结构竟然发生了如此深刻的变化……而新的道德还没有迅速成长起来，我们的意识最终留下了一片空白，我们的信仰也陷入了混乱状态。"[3] 这就是"失范"状态。

这种失范状态削弱了社会的控制功能，社会对个人的影响作用急剧下降甚至暂时消失，个人的欲望也因此而迅速膨胀，在这种情况下，遵纪守法变得更为困难，犯罪成为一种必然的选择。

四年之后，迪尔凯姆在其著名的著作《自杀论》中，扩大和推广了"失范"的概念。他通过对19世纪不断上升的自杀率进行分析，进一步论证了自己的推断，即：社会的快速变迁包括工业化和随之而来的城市化会导致社会失范进而导致越轨或犯罪。

【思考题】

我国大陆地区的犯罪率波动，1950年至2005年，总体上呈现三个平台，两次大幅度的阶位上升；2006年至2021年，呈现先升后降的正态分布趋势。试用迪尔凯姆失范理论解释新中国成立以来我国犯罪率的波动特点和趋势，并思考如何遏制犯罪高峰的发生？

_____

_____

_____

_____

【知识链接】

迪尔凯姆的学术事业[4]

---

〔1〕［法］埃米尔·涂尔干：《社会分工论》，渠东译，生活·读书·新知三联书店2000年版，第73~92页。

〔2〕［法］埃米尔·涂尔干：《社会分工论》，渠东译，生活·读书·新知三联书店2000年版，第358页。

〔3〕［法］埃米尔·涂尔干：《社会分工论》，渠东译，生活·读书·新知三联书店2000年版，第366页。

〔4〕编写资料主要来源：［法］埃米尔·涂尔干：《社会分工论》，渠东译，生活·读书·新知三联书店2000年版，第386~388页；吴宗宪：《西方犯罪学史·第一卷》，中国人民公安大学出版社2010年版，第284~285页。

【学习任务二】　社会解组理论

从 19 世纪末到 20 世纪初，美国处于城市化迅速发展时期，工业规模巨幅扩大，大量人口涌入城市，人口快速膨胀，犯罪率急剧上升。迪尔凯姆的社会失范理论在美国社会得到印证。此时的芝加哥也是美国犯罪问题最突出的城市之一。芝加哥大学社会学系的社会学家们身处芝加哥这个天然的实验室中，对研究社会变迁与犯罪的关系享有天时地利。他们沿着迪尔凯姆的思想路线，继续挖掘犯罪的社会原因，逐步形成了社会解组理论（social disintegration theory）。

一、社会解组理论概述

"社会解组"的概念指两个层面：正式、非正式的常规和制度上的约束已经崩溃；社区结构无法使居民形成一个共同的价值体系。[1] 社会解组理论是指主要用城市环境中有缺陷的社会经济条件来解释犯罪原因的一组理论。[2] 这一理论的代表人物主要来自芝加哥大学社会学系：帕克（Robert E. Park）、伯吉斯（Ernest W. Burgess）、肖（Clifford R. Shaw）、麦凯（Henry D. McKay）、思雷舍（Frederick M. Thrasher）、怀特（William F. Whyte）等。他们又被称为芝加哥学派。社会解组理论主要由肖和麦凯等通过对芝加哥城区内的犯罪特别是青少年犯罪的研究而发展起来的。该理论明显地受到迪尔凯姆的社会失范理论、帕克和伯吉斯的社会生态学的影响。[3]

"社会解组"一词，首次出现在《身处欧美的波兰农民》一书中。该书由美国芝加哥大学社会学系的教授托马斯（William Thomas）和兹纳涅茨基（Florian Znaniecki）合著，1918 年至 1920 年间分五卷陆续出版，被公认为是两次世界大战期间社会学的经典之作。该书中展示了五十多个波兰农民家庭的信件，证明他们移民到芝加哥之后所面对的困扰。在祖国波兰的乡间农村，日出而作，日落而息，生活稳定，少有变化；而 20 世纪初的芝加哥是一个巨大的、嘈杂的城市，正经历着快速变迁，没有那种在波兰时强有力的家庭和社区联系所提供的支持，他们很难控制住他们的子女，从而造成家庭内部的紧张状态，甚至家庭解体。[4]因此，在芝加哥的波兰人社区中，青少年和成人犯罪比在祖国波兰变得更为普遍。有论者指出，托马斯和兹纳涅茨基在宏观层面间接提出了社会解组导致社会控制减弱，从而犯罪增加的思想，但至于社会解组本质上是什么，有哪些具体表现特征，以及如何测量社会控制减弱等问题，他们并没有予以明确回答。当时的思想还比较粗糙，没有

---

〔1〕　曹利群、周愫娴：《犯罪学理论与实证》，群众出版社 2007 年版，第 107 页。

〔2〕　王牧主编：《新犯罪学》，高等教育出版社 2022 年版，第 73 页。

〔3〕　江山河：《犯罪学理论》，格致出版社、上海人民出版社 2008 年版，第 83 页。

〔4〕　[美] 威廉姆·托马斯、[波兰] 弗洛里安·兹纳涅茨基：《身处欧美的波兰农民》，张友云译，译林出版社 2000 年版，第 98~116 页。

构成一种理论体系，更不能直接用于检验某类犯罪现象，但这种方法论上的启迪可以看作是社会解组理论的雏形。[1]

二、帕克的人类生态理论

20世纪10~20年代，美国大都市芝加哥不断高涨的犯罪浪潮证实了迪尔凯姆的社会失范理论。帕克遵循迪尔凯姆的研究路径，试图揭示环境因素对犯罪的影响。帕克首先将生态学的理论和方法引入对人类社区的研究之中。生态学（ecology）是研究生物体与其周围环境（包括生物环境与非生物环境）之间相互关系的科学。生态学理论认为，任何生物的生存都不是孤立的，一个生物群落中任何物种都与其他物种存在着相互依赖和相互制约的关系。每个生物体都在动态平衡的环境中为自己的生存而斗争。帕克认为，人类社区也类似于这种生物生态。1926年，他将这种生态学的观点引入社会学和犯罪学时，提出了两个关键性概念：社区及其"共生现象"（symbiosis）；"侵入、统治、取代"（invasion，dominance，succession）过程。这两个概念构成了帕克所说的人类生态学理论（theory of human ecology）[2]

帕克指出，人类社会与自然界生物一样，由于相互依赖、共同生存的需要会自发地形成一个个特定区域，即"自然区域"（natural areas）。这些自然区域像植物的自然区域一样，有它们自己的有机单位（organic unity）。例如，唐人街（Chinatown）、小意大利（Little Italy）、黑人地带（Black Belt）等，由某一种族的人共同居住在一起，形成一个个自然社区。工业区域、商业区域则是由从事某些职业或具有一定收入的群体构成。另外，由铁路、河流、公路或者空地等将一些地方与城市的其他部分隔离开来，也会形成特定的自然区域。同一个自然区域的人们存在着共生关系，如屠夫需要面包师的面包，而面包师也需要屠夫的肉。同一城市的不同自然区域之间，也存在着共生关系，城市中的每个自然区域都发挥着作用。这就是社区与共生现象。

在自然界中，一个新的物种可能侵入某个区域，并且进一步控制该区域，将其他生物驱赶出去，取代其他生物生活在该区域。在人类社区中，也存在着同样的变化过程。美国历史就是一个白人进入印第安人领土的侵入、统治和取代的过程。城市社区也是如此，当一个新的群体进入到某一区域时，然后将原有居民群体挤出该区域，最终自己成为该区域的新主人。这种"侵入、统治、取代"的过程促进大城市内形成不同的群体集中圈，如唐人街、意大利人小区以及黑人地带等。不同的区域会有不同的犯罪率。

---

〔1〕 匡红宇：《犯罪学视野中社会解组理论的学术史研究》，载《中外企业家》2016年第17期。

〔2〕 吴宗宪：《西方犯罪学史·第三卷》，中国人民公安大学出版社2010年版，第1010~1011页。

三、伯吉斯的城市发展同心圆理论

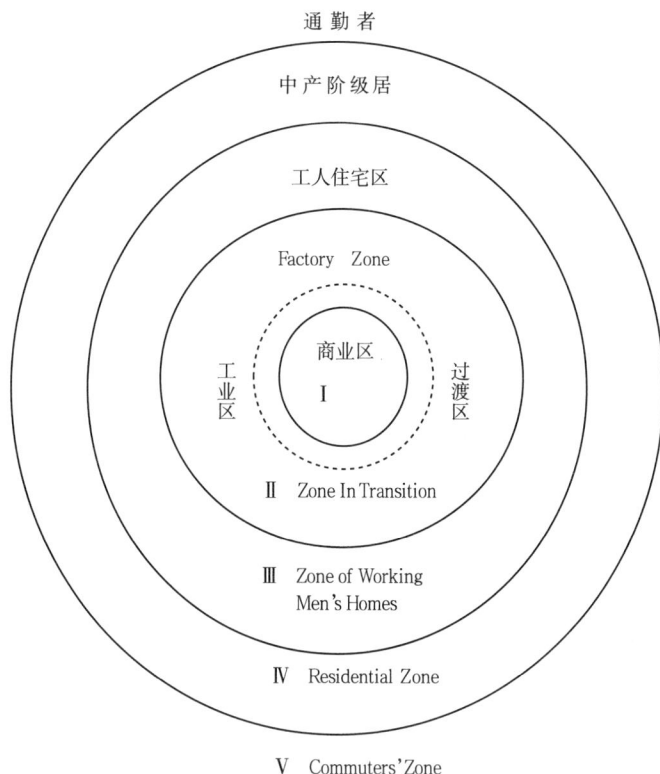

图 9-2　城市的发展[1]

伯吉斯在帕克的基础上，对芝加哥市发展中的"侵入、统治、取代"过程进行深入研究，发现芝加哥市在发展过程中形成了 5 个界限分明的同心圆地区，从而提出了城市发展同心圆理论（Theory of Concentric Circles），即城市的发展有一种按照同心圆模式从中心呈放射状向外逐步扩展的趋势，而这个过程与侵入、统治和取代的过程是一致的。伯吉斯用图 9-2 描述了这个同心圆发展模式：

区域 I 是中心商业区，位于城市中心，这里有市政府、博物馆、影剧院、大型超市、摩天大楼、大饭店、火车站等，是整个城市的政治、经济与文化活动中心。区域 II 被称为"过渡区"（zone in transition），包括最靠近商业中心的"工厂区"（factory zone）。这个区域呈环状围绕中心商业区，是城市中最古老的部分。该区域不断受到工商业的入侵、统治和取代，正因为如此，人们会预测到该区域的房屋迟早会被拆迁而疏于管理，住房环境不断恶化，从而变成人们最不愿居住的区域。这个区域居住着这个城市中最贫穷的人和那些新移民。区域 III 是工人住宅区，居住着那些为摆脱第二个区域中的恶劣环境而搬来的工人，这里的房屋都比较小而且古老。区域 IV 为中产阶级居住区，是城区内最外围的一个区域，主要由单门独户的住家以及较为昂贵的公寓组成。区域 V 是伯吉斯划分的最后一个区

---

[1]　Robert E. Park，Ernest W. Burgess & Roderick McKenzie（eds.），The City，University of Chicago Press，1925，p. 51.

域，可以说是郊区或卫星城，伯吉斯称为"通勤者区"（commuters' zone），即住在这个区域的人一般开车或乘公交车到市内上班。

每个区域因为居住的种族相同，所以生活习惯与价值观念也相近，从而构成一个个不同的自然区域。由于城市不断地扩张成长，因此这些自然区域通过侵入、统治、取代的过程而不断地更新。一些从某一自然区域迁出的居民侵入到其他自然区域，而使被侵入区域原有的居民不断地迁出搬到更令人满意的区域。这种不断由新的居民迁入而旧的居民迁出的区域为"间隙区域"（interstitial areas），这个间隙区域，因为不断地被侵入，其社会传统和社会控制被削弱，从而产生大量的社会问题。[1]

四、肖与麦凯的社会解组理论

肖与麦凯运用伯吉斯的城市发展同心圆理论，对芝加哥官方的青少年犯罪数据进行分析，发现了一个比较有规律的现象：青少年犯罪率随着同心圆区域外移而逐步下降。具体而言，离中心商业区越近（主要是"过渡区"），犯罪率越高；反之，则越低。肖与麦凯的研究进一步发现，"过渡区"青少年犯罪率高与以下三大因素密切相关：

（1）物理因素：青少年犯罪率最高的区域大多数位于或毗邻商业区、重工业区。这些地区的建筑物被大量废弃，人口也逐渐减少。肖和麦凯认为，人口的减少与工业侵入这个区也有关，工业侵入导致适合居住的建筑越来越少，原有的居民被迫迁出。

（2）经济因素：青少年犯罪率最高的区域，经济状况也最差，主要体现在这些区域接受福利救济的家庭比较多，很多家庭没有自己的房子而是住在低价的出租房内。

（3）人口结构：青少年犯罪率高的区域，与外国移民、黑人的高度集中相关，如表9-2所示：

表9-2　国外出生的父母、黑人父母的百分比与少年犯罪人比率的关系[2]

父母为国外移民、黑人的百分比（1930 年）	青少年犯罪人比率（1927~1933 年）
70.0 和更多	8.2
60.0~69.9	4.8
50.0~59.9	3.9
40.0~49.9	2.8
40.0 以下	1.7

肖与麦凯用充分的经验性证据推断，青少年犯罪与青少年犯罪人在发育期所处的社会条件有关，这些社会条件概括起来就是"社会解组状况"：离中心商业区比较近，经济上贫困，更重要的是"人口组成的不断变化、外来文化的解体、不同的文化标准，以及该区域的逐渐工业化等已造成区域文化及组织的解体。区域的传统及机构的连续性断了，因此

---

〔1〕　张小虎：《当代中国社会结构与犯罪》，群众出版社 2009 年版，第 356 页。
〔2〕　转引自吴宗宪：《西方犯罪学史·第三卷》，中国人民公安大学处版社 2010 年版，第 1017 页。

邻里当作社会控制及道德标准传递之媒介的功效已大大降低。在这个区域成长的男孩亦无接触传统文化的管道。而他大部分的行为则是因参与自然游戏团体或家庭外的少年帮派而产生。简而言之，该区域是少年犯罪帮派和有组织犯罪团体得以发展的最好场所。"[1]肖和麦凯的社会解组理论在美国的其他城市（费城、波士顿、丹佛、西雅图等）也得到了证实，因此一时间引起了很多学者的关注。

肖和麦凯的社会解组理论也对芝加哥以及美国其他城市的犯罪预防活动产生过重大影响。肖和麦凯以及其他同事们认为，大城市贫民区的高犯罪率主要原因在于贫民区的物理环境和价值观念；要想降低贫民区的犯罪率，必须首先改变这里的特殊环境和更新这里的价值观念。因此，1932 年，肖倡导发起芝加哥区域计划（Chicago Area Project）。这项计划先后在芝加哥少年犯罪率最高的 6 个区域建立了 22 个邻里中心，目的是增强邻里社区的控制功能，充分发挥教堂、学校、工会、公司、俱乐部和其他群体的作用。这项计划持续了 25 年，直到肖 1957 年去世时才结束。在芝加哥区域计划的影响下，美国伊利诺伊州、纽约市、明尼阿波利斯（Minneapolis）等地也实施了类似的计划。但是，从来没有人准确地评价芝加哥区域计划对预防青少年犯罪的效果。波士顿一个下层阶级区域在 1954 年至 1957 年间实施了一项类似的青少年犯罪控制计划。在波士顿区域计划实施 3 年之后，米勒（Walter B. Miller）对其效果进行了详细评价并指出，这项计划对预防青少年犯罪只产生了"微乎其微的影响"。[2]根据波士顿区域计划以及其他类似计划的失败，伦德曼（Richard J. Lundman）断定，芝加哥区域计划同样没有取得预防青少年犯罪的效果。[3]

因为这种青少年犯罪防控实践的失败，以及之后一些学者对社会解组理论的批判，导致该理论在相当长的一段时间里淡出犯罪学研究领域。20 世纪 80 年代，社会解组理论重新受到学者们的关注，并获得重要发展。其中有影响力的成果包括桑普森（Robert J. Sampson）与格罗夫斯（W. Byron Groves）合作开展的实证研究。他们运用来自英国的犯罪调查数据，检验肖和麦凯的社会解组理论。研究结果表明，社会解组理论在英国的社会环境中也成立，为该理论提供了支持性证据。[4]

【思考题】

我国改革开放以来，随着现代化和城市化的快速发展，社会流动速度加快，大量人员流向发达地区，产生了留守儿童问题和流动青少年问题。我们如何运用社会解组理论来预防留守儿童越轨以及流动青少年犯罪？

---

〔1〕　许春金：《犯罪学》，三民书局 2010 年版，第 379~380 页。

〔2〕　Walter B. Miller, "The Impact of a 'Total-Delinquency' Control Project", *Social Problems*, Vol. 10, 1962, No. 2.

〔3〕　Richard J. Lundman & Frank R. Scarpitti, "Delinquency Prevention: Recommendations for Future Projects", Crime & Delinquency, Vol. 24, 1978, No. 2.

〔4〕　Robert J. Sampson & W. Byron Groves, "Community Structure and Crime: Testing Social Disorganization Theory", American Journal of Sociology, Vol. 94, 1989, No. 4.

【课程思政】

坚持和发展新时代"枫桥经验"

习近平总书记在党的二十大报告中强调：完善社会治理体系，健全共建共治共享的社会治理制度，提升社会治理效能。在社会基层坚持和发展新时代"枫桥经验"，完善正确处理新形势下人民内部矛盾机制，加强和改进人民信访工作，畅通和规范群众诉求表达、利益协调、权益保障通道，完善网格化管理、精细化服务、信息化支撑的基层治理平台，健全城乡社区治理体系，及时把矛盾纠纷化解在基层、化解在萌芽状态。加快推进市域社会治理现代化，提高市域社会治理能力。强化社会治安整体防控，推进扫黑除恶常态化，依法严惩群众反映强烈的各类违法犯罪活动。发展壮大群防群治力量，营造见义勇为社会氛围，建设人人有责、人人尽责、人人享有的社会治理共同体。

作为学生，我们共同生活在校园；作为居民，我们共同生活在社区。为了我们共同所在校园、社区、乡村、城市、社会乃至国家的和谐与安宁，每一个需要为之贡献自己的智慧和力量。

【学习任务三】 紧张理论

紧张理论是失范理论的一个重要派生理论，是20世纪50年代至70年代期间十分重要的未成年人犯罪理论。紧张理论认为，当人们无法达到社会认同的成功目标时容易产生挫折和愤怒（即"紧张"）的心理反应，越轨和犯罪行为是这种"紧张"心理反应的产物。持这种观点的人认为，大多数人最初都有获得成功以及良好社会地位的相同价值观念和目标，但是达成该目标的机会却因个人社会经济地位不同而存在差异。对于中产阶级和上流社会的青少年来说，由于能够受到良好教育，也容易获得体面的职业，因而并不存在紧张感。但是，对于下层阶级的青少年来说，由于合法的成功道路比较匮乏，很容易产生紧张感。当无法用合法的手段获得成功而产生紧张的心理反应时，个人很可能用越轨或者犯罪的方法来获取成功，或者抛弃社会认同的成功目标，而以其他目标来取代。

紧张理论的源头是失范理论。因此，有学者认为，最早的紧张理论是默顿（Robert

K. Merton）的失范理论。[1]

一、默顿的失范理论

默顿继承发展其导师帕森斯（Talcott Parsons）的社会结构理论，于 1938 年发表了对美国犯罪理论影响很大的论文《社会结构与失范》，[2] 运用迪尔凯姆的失范理论来解释美国社会的犯罪，提出了他自己独特的失范理论。

默顿（Robert K. Merton）[3]

迪尔凯姆和默顿都认为越轨/犯罪的根源是失范，在失范状态下，人由于无法控制自己的需求和欲望而产生越轨行为和犯罪行为。所不同的是，迪尔凯姆认为，人的欲望是自然产生、与生俱来的；而在默顿看来，人的许多欲望并不一定是"自然的"，而是受后天的文化影响而引起的。

默顿认为，任何社会的文化都有两个共同要素：[4]

第一，确立目标（establishment of goal）。任何社会的文化都会确立一些它认为值得追求的目标，鼓励每个社会成员为追求这样的目标而奋斗。在美国社会，最为广泛接受的文化目标是取得物质上或金钱上的成功。

第二，规定手段（provision of means）。任何社会的文化都以规范、制度等形式规定了达到目标的手段，所有的人都应该利用这样的手段去达到目标。在美国文化中，达到社会共同认可的目标的手段主要是辛勤劳动、诚实、接受教育，这一般是美国中产阶级的文化。这种在文化中规定的手段被称为"制度性手段"（institutionalized means）。

默顿相信，在任何社会的文化中，这两个要素（文化上确定的社会目标和社会所允许

---

〔1〕 许金春著：《犯罪学》，三民书局 1996 年版，第 286 页。

〔2〕 Robert K. Merton, "Social Structure and Anomie", *American Sociological Review*, Vol. 3, 1938, No. 5.

〔3〕 图片来源：https://libquotes.com/robert-k-merton，最后访问时间：2023 年 5 月 15 日。

〔4〕 吴宗宪：《西方犯罪学史·第三卷》，中国人民公安大学出版社 2010 年版，第 1036~1037 页。

获取目标的手段）相交都会产生压力与紧张。[1] 具体而言，从个人角度来看，当个人无法利用制度性手段或合法手段去达到目标时，就会在目标与制度性手段之间产生不协调或不平衡状态，默顿称之为失范。在这种失范状态下，个人会体验到心理压力或失范性紧张，然后就会采取一些社会适应方式来缓解这种压力或紧张。默顿认为，个人缓解压力或紧张的社会适应方式主要有五种，如表9-3所示：

表9-3　个人适应方式的类型[2]

适应方式	文化目标	制度性手段
Ⅰ. 遵从（Conformity）	+	+
Ⅱ. 创新（Innovation）	+	−
Ⅲ. 形式主义（Ritualism）	−	+
Ⅳ. 退却主义（Retreatism）	−	−
Ⅴ. 造反（Rebellion）	±	±

注：表中"+"表示"接受"，"−"表示"拒绝"，"±"表示拒绝现行价值观，用新的价值观来取代

遵从，表明个体既接受社会文化共同认可的成功目标，又接受社会所规定的达到目标的手段。在稳定的社会环境中，大多数人都会选择这种方式去适应社会。

创新，代表个体接受社会认同的目标，但拒绝采用被社会所承认的手段而是通过革新的方式去实现目标的行为模式。这种行为模式与犯罪行为密切相关。例如，商人可能会通过垄断或欺诈的手段从事犯罪活动；工人可能会从工厂里偷窃来获取财富；穷人可能会进行赌博、贩毒、抢劫等。

形式主义，是指个体拒绝传统的文化目标，但是却接受社会认可的制度性手段的行为方式。这种人不会因为没有达到目标而感到有压力，因为他们已经放弃了目标，他们并不希望获取大量的财富。同时，他们也不会惹麻烦，因为他们辛勤工作，为人诚实，接受过比较好的教育，能够克制自己的欲望。通常在中下阶级成员中可以发现这样的人。他们往往是受到恐吓的雇员、坐在办公桌后面的热心顺从的官僚主义者。这些人通过社会认可的制度性手段获得了最低限度的成功，同时害怕失去目前已有的成功。这种害怕恐惧心理迫使他们采取这种社会适应方式。

退却主义，意味着个体既排斥社会中的文化目标，又否定那些制度性手段。这种适应模式的人是所谓的"双重失败者"，他们既被剥夺了实现成功目标的制度性手段，又不能用越轨和犯罪行为去达到文化目标，于是采取颓废的态度，试图通过酒精、毒品等来使自己精神上、肉体上消沉，以逃避社会现实。这种人包括精神病患者、孤独症患者、无家可

---

〔1〕　曹利群、周愫娴：《犯罪学理论与实证》，群众出版社2007年版，第119页。

〔2〕　Robert K. Merton, "Social Structure and Anomie", *American Sociological Review*, Vol. 3, 1938, No. 5.

归者、流浪者、慢性酒精中毒者和吸毒成瘾者。

造反，这类个体拒绝认同社会目标及实现目标的手段，同时又创造出自己独特的目标和达到目标的手段。选择这种适应模式的人比较少，典型的例子就是革命家，如果成功他们就是英雄；如果失败，他们常常受到一般罪犯的相同待遇。

除了遵从之外，默顿把另外四种适应方式看成与越轨行为密切相关。但是，这四种适应方式并不都会引起犯罪行为。特别是形式主义的适应方式，绝不可能引起犯罪。相对而言，创新、退却、造反这三种适应方式容易与犯罪行为产生关联。

20 世纪 50~60 年代，默顿的失范理论曾为犯罪学界广泛接受。此后，默顿的追随者沿着微观与宏观两个不同的方向对其进行发展。在微观方面，科恩（Albert K. Cohen）发展出少年犯罪亚文化理论（详见本书第十三单元【学习任务二】亚文化与犯罪部分）；克洛沃德（Richard A. Cloward）和奥林（Lloyd E. Ohlin）等人提出了不同机会理论；20 世纪 90 年代，阿格纽（Robert Agnew）等人将其发展为一般压力/紧张理论。在宏观方面，梅斯纳（Steven F. Messner）和罗森菲尔德（Richard Rosenfeld）提出制度性失范论。

【知识链接】

默顿的学术经历[1]

二、不同机会理论

克洛沃德和奥林也对青少年帮伙亚文化进行了深入研究。他们首先借鉴了默顿的失范理论并认为，当下层阶级的青少年不能通过社会合法手段实现社会认可的目标时，就会产生一种挫折感和压力感。但是，克洛沃德和奥林认为，人们不能简单地推论，当一个青少年取得成功的合法路径不通时，他就会加入帮伙或实施犯罪。实际情况是，社会上有很多青少年都曾有过这样的挫折和压力，他们中的大多数并没有加入青少年帮伙或者实施违法犯罪活动。因此，克洛沃德和奥林指出，一个青少年加入帮伙或实施犯罪需要两个方面的条件：其一，没有取得成功的合法路径；其二，存在非法成功的机会或者路径。这两个方面的条件可以解释为什么大城市下层阶级青少年加入帮伙的可能性更大、犯罪率更高。当一个下层阶级青少年看不到用合法手段获得成功的希望时，如果他身边的环境中存在有许多与犯罪有关的非法机会，如盗窃帮伙、赌博帮伙等，那么，遭遇挫折的他就有可能利用这种机会加入帮伙，去实现个人的目标。

克洛沃德和奥林还发现，青少年帮伙亚文化有三种类型：犯罪亚文化，冲突亚文化，逃避亚文化。犯罪亚文化支持帮伙成员通过偷窃、敲诈勒索等非法手段获取物质上的成功。冲突亚文化鼓励帮伙通过暴力手段得到其他帮伙成员的尊重。逃避亚文化赞同吸毒、

---

[1]　注：本单元编者根据百度百科"罗伯特·金·默顿"词条改编。

酗酒等富有刺激性的活动，以此忘却烦恼，获得片刻的快乐与满足。克洛沃德和奥林认为，存在三种不同类型的青少年帮伙亚文化，与青少年所处的具体社区邻里环境有关。犯罪亚文化通常形成于下层阶级的少数种族邻里。冲突亚文化产生于人口流动量大、处于社会解组状态的社区邻里。逃避亚文化是"双重失败"的产物。

三、一般紧张理论

1992年，美国埃默里大学犯罪学家阿格纽发表论文《犯罪和少年犯罪的一般紧张理论基础》，[1] 首次提出一般紧张理论。之后，阿格纽经过多年大量的实证研究，不断修改完善这一理论，并在2006年出版《压力与犯罪：一般紧张理论概述》，[2] 大大扩展默顿的失范理论。默顿将紧张限制在人们追求成功目标所遭遇的挫折上。阿格纽将令人沮丧的所有事件都视为紧张，并把紧张的来源归结为三个方面：①因无法实现个人所期待的目标而产生的紧张。这种紧张类似于默顿失范理论所说的紧张。②因丧失有重要价值的人或物而产生的紧张。例如，失去亲人、喜欢的老师调离学校、心爱的物品被盗等。③因遭遇负面事件而产生的紧张。例如，被父母虐待、被同学欺辱、被老师体罚等。

有多种多样的紧张，并不是所有的紧张都导致犯罪。那么，究竟什么样的紧张更容易产生犯罪呢？阿格纽总结了四类：①当紧张的强度很大时，犯罪更可能产生。例如，甲乙两人同时目光专注地看一个陌生人，对方问："你们瞅啥？"甲回答："感觉你比较特别！"乙回答："就瞅你！你能咋地？"哪一个人的回答更容易使陌生人愤怒并作出过激的反应呢？显然是乙的回答。因为乙的回答给陌生人造成的紧张强度更大。②如果紧张被看作不公平或不合理的结果，犯罪更可能产生。例如，你刚沏一杯热咖啡放在书桌上，一个同学不小心打翻或者故意打翻，如果是故意打翻，就更容易导致你愤怒并作出反击，因为故意打翻更显得无理。③当社会控制较低时，紧张更容易导致犯罪。例如，父母不管教小孩，任其自生自灭，在这种环境中长大的孩子更可能加入帮伙，实施违法犯罪行为。④易于通过犯罪或鼓励通过犯罪解决的紧张，更容易导致犯罪。例如，当一个人急需钱用时，对他来说，如果通过违法行为比通过取得教育上的成功更容易得到钱，那么这个人采用犯罪手段获取钱财的可能性更大。

在回答了什么样的紧张更容易导致犯罪之后，阿格纽又分析了紧张为什么会增加犯罪的可能性。他认为，人的负面情绪是最重要的中介因素之一。这些负面情绪主要包括愤怒、挫折、嫉妒、沮丧、抑郁、担忧。紧张引起负面情绪，负面情绪驱使人们寻求发泄或缓解的方法和途径，实施违法犯罪便是其中一种途径。

阿格纽的一般紧张理论引起许多犯罪学研究者的兴趣。较多实证研究检验了该理论。实证研究发现，阿格纽列举的大多数类型的紧张都直接影响了犯罪或通过消极的情感反应影响了犯罪，从而为一般紧张理论提供了支撑。

---

〔1〕 Robert s. Agnew, "Foundation For a General Strain Theory Of Crime and Delinquency." *Crime, Inequality And The State*, Vol. 30, 1992, No. 1.

〔2〕 Robert Agnew, *Pressured into Crime: An Overview of General Strain Theory.* Oxford University Press, 2006.

四、制度性失范理论

1994 年，美国犯罪学家梅斯纳和罗森菲尔德出版《犯罪与美国梦》，[1] 提出制度性失范理论（institutional anomie theory），进一步阐述和扩展默顿的失范理论。在默顿看来，美国文化中充满了物质成功的目标。梅斯纳和罗森菲尔德同意这一观点，并把这种成功目标看成是"美国梦"。为什么美国文化上认可的目标与实现目标的手段之间相互作用导致失范以及犯罪呢？他们认为，"美国梦"存在着失范倾向。这种倾向表现在：① "美国梦"的价值取向存在着强烈的成就动机。这种成就动机只在乎你是否成功，并不在乎你采用什么手段达到成功。② "美国梦"的价值取向是个人主义。这种个人主义强调个人要努力，其他人都被看作是竞争对手。强烈的个人竞争鼓励人们忽略那些可能影响达到成功目标的规范。③ "美国梦"的价值取向具有普遍性。美国社会中的每个人都被鼓励去追求成功。这种成功的标志就是财富。因此，下层阶级的人们在追求成功目标时，由于缺乏资源、机会以及其他合法途径，越轨和违法犯罪就成为一种替代的选择。

梅斯纳和罗森菲尔德赞同默顿从社会阶级结构的角度分析美国的失范状态，但是他们进一步指出，从阶级以外的制度性结构入手，能更好地理解美国社会的失范以及犯罪现象。他们探讨了政治、家庭、教育三种社会制度应有的功能，以及这些功能如何被经济制度控制而扭曲，并导致犯罪率上升。

梅斯纳和罗森菲尔德认为，政治制度的功能应该是动员和分配权力，以确保公共福利、公共安全等集体目标。家庭的主要功能应该是养育子女，并向子女传递社会主流文化价值观，对家庭成员提供情感和精神支持。教育的功能与家庭的功能相似，主要包括传播主流价值观和一般文化知识，培养学生的职业技能，增强青少年适应社会的能力。但是，资本主义经济制度在美国占主导地位。资本主义经济制度的主导地位严重影响政治、家庭、教育等非经济制度的正常功能。

第一，经济制度的主导作用降低了非经济制度的功能。例如，政治为大众利益服务的功能受到冲击，美国政府以及职业政治家的目的是帮助个人追求经济利益，公众不向往从事政治活动。教育在很大程度上被作为谋取职业的手段，薪水高低成为衡量教育是否成功的主要标准，学习知识、文化传承、陶冶情操等教育应有的功能不被重视。父母忙于追求物质财富，降低了对子女的管教以及情感上的支持。

第二，非经济制度努力适应经济制度的要求。例如，政府促进集体利益的功能受到经济需求的极大限制。学校的作息时间要根据劳动力市场的需要进行调整，不完全反映学习过程的需要。家庭日常活动被劳动力市场的时间规范、报酬和惩罚所控制。

第三，经济制度向非经济制度渗透。例如，在政治领域，一个共同的观念是，如果政府能像公司一样管理，就会更加有效率。在学校，分数就像工资一样发挥着外在奖励的功能。因此，教学不可避免地依赖考试。在家庭方面，女性越来越多地走出家门，奔向劳动

---

〔1〕　Steven Messner & Richard Rosenfeld, *Crime and the American Dream*, Wadeworth Publishing, 1994.

力市场，夫妻成为家庭劳务分工的伙伴。

美国社会极端追求财富成功，而且资本主义经济制度占主导地位，导致政治、教育、家庭等非经济制度的应有功能受到巨大冲击，这就是梅斯纳和罗森菲尔德所说的制度性失范。这种失范意味着社会规范丧失其控制社会成员行为的能力，犯罪就成为一种不可避免的现象。

【课程思政】

把个人的理想追求融入中国式现代化建设的新征程

习近平总书记在党的二十大报告中强调：在新中国成立特别是改革开放以来长期探索和实践基础上，经过十八大以来在理论和实践上的创新突破，我们党成功推进和拓展了中国式现代化。中国式现代化是人口规模巨大的现代化。我国十四亿多人口整体迈进现代化社会，规模超过现有发达国家人口的总和，艰巨性和复杂性前所未有，发展途径和推进方式也必然具有自己的特点。新时代要求青少年把个人的理想追求融入中国式现代化建设的新征程，积极践行社会主义核心价值观，进一步增强中国特色社会主义道路自信、理论自信、制度自信、文化自信，在面对新矛盾、新挑战、新任务时，必须做到思想品德高尚、干事创业踏实、政治立场鲜明、坚持群众路线、勇于创新、敢于突破。

【能力测试】

【课堂笔记】

第十单元　贴标签理论

【思维导图】

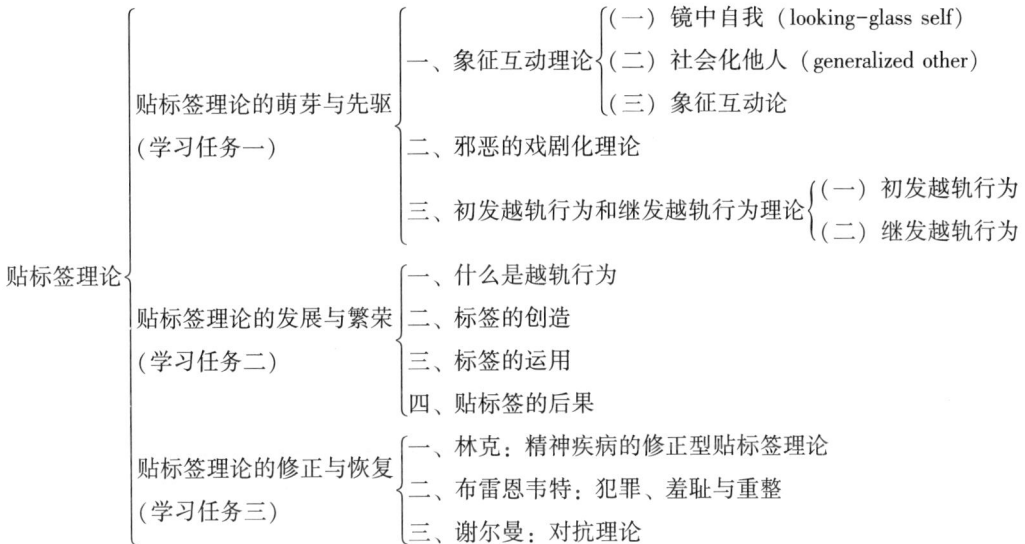

贴标签理论 {
　贴标签理论的萌芽与先驱（学习任务一）{
　　一、象征互动理论 {
　　　（一）镜中自我（looking-glass self）
　　　（二）社会化他人（generalized other）
　　　（三）象征互动论
　　}
　　二、邪恶的戏剧化理论
　　三、初发越轨行为和继发越轨行为理论 {
　　　（一）初发越轨行为
　　　（二）继发越轨行为
　　}
　}
　贴标签理论的发展与繁荣（学习任务二）{
　　一、什么是越轨行为
　　二、标签的创造
　　三、标签的运用
　　四、贴标签的后果
　}
　贴标签理论的修正与恢复（学习任务三）{
　　一、林克：精神疾病的修正型贴标签理论
　　二、布雷恩韦特：犯罪、羞耻与重整
　　三、谢尔曼：对抗理论
　}
}

【学习目标】

知识目标：掌握贴标签理论的三个发展阶段：萌芽与先驱、发展与繁荣、修正与恢复；了解各个发展阶段代表人物关于贴标签理论的主要观点和相关核心概念。

能力目标：能够运用贴标签理论对相关典型案例进行分析，对非犯罪化相关刑事政策进行理论解读和阐释。

素质目标：给他人贴上不良标签会对其产生巨大的负面效应，理解这种负面效应的产生机制，努力使自己不随意给他人贴负面标签，提升自己应对他人贴错误标签的思维意识。

【引言】

贴标签理论（labeling theory），又译为"标定理论""标签理论""标示论"等，是一组试图说明人们在初次的越轨或犯罪行为之后为什么会继续越轨或继续实施犯罪行为甚至形成犯罪生涯的理论学说。[1] 本书从第四单元到第九单元介绍的犯罪学理论，虽然对犯罪成因的解释各不相同，但是这些理论之间也存在一些共同特点。例如，这些理论都把分析重点放在"犯罪人"身上，也就是以现有的犯罪定义来分析犯罪原因，而没有解释为什么有些行为会被定性为犯罪以及有些人被宣判为犯罪人，没有质疑谁有权力决定犯罪的定义，没有关注社会民意如何影响"犯罪"与"刑罚"等。

与上述这些理论不同，贴标签理论强调社会和制度对犯罪和犯罪人的反应，认为犯罪是犯罪人与社会互动的结果，把关注重点从犯罪人转向对犯罪人及其犯罪行为产生重要影响的重要他人（如父母、教师、邻居、朋友等），转向犯罪控制机构（如警察部门、司法部门等），研究这些重要他人和犯罪控制机构在将一个人推向犯罪方面所起的作用。因此，贴标签理论又称社会反应理论（social reaction theory）。

贴标签理论萌芽于 20 世纪 30 年代，在 20 世纪 60 年代开始逐渐盛行，到 20 世纪 70 年代中期发展到高峰，与当时占主导地位的失范理论、社会学习理论以及亚文化理论相对应。贴标签理论的优势地位并没有持续多久，在 20 世纪 70 年代后半期，其影响力开始下降。进入 20 世纪 80 年代，贴标签理论关于社会反应对行为产生影响的思想受到批判，并面临实证检验。20 世纪 90 年代以来，人们又重新关注贴标签理论。[2] 本单元沿着历史演进的轨迹，介绍不同时期贴标签理论的代表人物及其主要思想，阐述贴标签理论对司法实践产生的影响。

【案例导入】

犯罪人张浩海（化名）自述

张浩海，出生于 1988 年 12 月 20 日，浙江省＊＊县人，初中文化，因犯故意伤害罪、

---

〔1〕 吴宗宪：《西方犯罪学》，高等教育出版社 2023 年版，第 379 页。

〔2〕 ［美］亚历克斯·皮盖兹主编：《犯罪学理论手册》，吴宗宪主译，法律出版社 2019 年版，第 374 页。

寻衅滋事罪被判处有期徒刑 12 年，刑期从 2012 年 11 月 27 日至 2024 年 11 月 26 日，2014 年初投入浙江省某监狱服刑改造。该犯在 2005 年至 2010 年间五次因盗窃、破坏公物被行政拘留，2010 年 3 月因盗窃被判处有期徒刑一年三个月。

由于家境不好，在我两三岁时，父母就去西安打工挣钱，我由爷爷奶奶照看。爷爷奶奶对我的生活还是关心的，但是交流很少，所以我的性格比较内向孤僻。读小学时，因为学习差，经常被老师骂和体罚，有时还会被打。有个数学老师打得最厉害。到我上小学五年级的时候，我的父亲没在外打工回家了，母亲继续在外面打工。父亲的回来，不但没有给我的童年生活带来温暖和慰藉，相反让我更加压抑。我父亲是一个比较笨、性格粗暴、不愿与人沟通的人。之所以不在外面打工，回家务农，就是自身这些缺陷所致。我很小的时候父母就离开了，这下父亲突然回来，我当然和父亲有陌生感，加上学习不好，老师经常要父亲去学校商量我的学习情况，每次从学校回来，父亲就会对我一顿打骂，骂我不争气，学习太差。

小学五年级的时候，我开始逃学。每次都是老师来告诉我父亲后，父亲通过打骂又把我逼到学校去。在学校如果不听话或考得太差，那个数学老师有时也会打我。这样的状况持续到我小学六年级毕业。上初中后，功课更难了，我完全跟不上。在一次考得很糟被老师训斥、被父亲打了一顿后，我离家出走。但是，过了几天在不远处被家人找到。此后，不管父亲怎么骂我打我，我哭着喊着就是不去上学，初中一年级没读完就辍学了。

因为与父亲关系不好，我经常在外面玩，不回家，只有饿了没东西吃了才回家。到十五岁那年，因为一件小事情被父亲狠狠打了一顿，我又离家出走。这次没有被马上找到，爷爷奶奶爸爸都到处去找，但是一直没找到我。母亲知道后，把工作辞了，从西安赶回老家，天天都出去找我，他们还到公安局去报了案。直到一年之后，一个派出所打来电话要他们去认人。我父母匆忙赶到派出所。派出所民警对他们说，我因为偷别人东西被抓住打了一顿，扭送到派出所。父母一看果然是我，只是变得面目全非。衣服破破烂烂，样子蓬头垢面，人被打得鼻青脸肿。这些都可以恢复变好，但最致命的是，我的内心世界已经完全改变。

那之后，我就成了派出所、拘留所的"常客"，要么因为盗窃，要么因为破坏公物，前前后后被行政拘留五次、服刑一次，在外面因为偷窃也不知被别人打了多少次。直到 2012 年，我"爆发"了，发疯地袭击妇女、孩子，酿成了一桩又一桩人间惨剧。2012 年 8 月份以来，我以敲击他人头部为乐，用石块、啤酒瓶、铁棒、铁锤、木棒、菜刀等工具突然袭击多个被害人，直至 11 月 27 日被抓获。期间共计作案 18 次，致两人重伤，六人轻伤，多人轻微伤，手段残忍，情节恶劣。我每次作案都没有特定的目标，作案对象都和我素不相识，并且选择的作案对象大部分是抵抗力比较弱的女性或学生。

服刑后，我经常想到上小学的时候被老师打，特别是数学老师，看我数学成绩差，上课不认真，就打我巴掌，把我打得满脸通红，他应该来坐牢。他也犯法，他也故意伤害，他至今还在教书，还有可能当上学校领导。社会上的人都自私自利，都是富人看不起穷人，都是聪明的人看不起笨蛋，成功的人看不起失败的，我是属于失败的人，报复，去报复那些社会上的成功人士，让他们无比的痛苦，这样的心理会一直陪伴我走下去，也是这样的心理让我跌身在高墙内。种种原因，在如今这个社会的影响下，走上了犯罪道路，从刚开始的盗窃犯变成如今的暴力犯，虽然暴力犯没有利益价值，但我心情觉得很爽，很过瘾。大白天的也会被抓，没想到自己的运气这么差。

后来通过警官的教育，我认识到自己所犯罪行的危害性，犯了大罪，就要被严惩，就必须付出惨重代价，只有遵守法律和监规纪律，才不会再吃亏了。

【学习情境】

上述案例中，犯罪人张浩海从一开始的成绩差、逃学，到后来的离家出走、偷东西，演变到最后残忍的故意伤害，心理已经扭曲，人格已成病态。是什么因素促使他的人生轨迹越走越偏，最终走到无法挽回的境地呢？从犯罪人张浩海的自述中，我们不难发现，父母、老师一次次的否定和打骂，屡次被行政拘留和服刑对他的心理产生了巨大的影响，扭曲了他的人生观。从某种意义上说，该犯也是受害者，那么，谁又是施害者呢？贴标签理论就是要向人们揭示，少年从被他人贴上"坏孩子""差生"等负面标签一步步走向"犯罪人"的过程。

【课前预习】

_____

_____

_____

_____

【学习任务一】 贴标签理论的萌芽与先驱

虽然说贴标签理论萌芽于20世纪30年代，但是从现有文献来看，与贴标签理论相关的一些重要概念比这更早地出现在社会学家的象征互动理论（symbolic interactionism）[1]的相关作品里。要准确理解贴标签理论，首先应当了解象征互动理论的相关概念和主要内容。

一、象征互动理论

象征互动理论是一种关注个体行为的社会学和社会心理学理论，强调符号（symbol）和意义（meaning）在人类相互作用中的重要性，因此又称为符号互动理论。这一理论认

---

〔1〕 symbolic interactionism，又译为"符号互动论"。

为，互动着的个人和群体构成了社会，要想解释各种社会现象，只能从这种互动中去寻找。因此，社会互动（social interaction）就成为这一理论的核心概念。社会互动是人类在社会生活中与他人之间的相互作用，即人们彼此之间传递信息、交流情感、沟通思想、协调行为，以及影响或改变他人的过程。这一理论的主要倡导者是库利（Charles Horton Cooley）、米德（George Herbert Mead）和布卢默（Herbert George Blumer）。

（一）镜中自我（looking-glass self）

1902 年，美国密歇根大学教授库利出版《人性与社会秩序》（Human Nature and the Social Order）一书，认为社会是一个有机体，是由相互作用的个体组成的一个有机整体，人们在与他人互动的过程中获得"自我"认识。在许多情况下，与他人互动需要通过某种明确的想象，想象"自我"在他人的头脑中是怎么样的。人们彼此都是一面镜子，映照着对方。我们在镜中看我们的脸庞、身材和衣服，因为我们的兴趣在于这些形象是属于我们的。我们根据这些形象是否符合我们的愿望而产生满意或不满意的心情。同样，我们在想象中得知别人对我们的外表、风度、目的、行动、性格、朋友等等的想法，并受这些想法的影响。这种自我认识似乎有三个主要成分：想象我们在别人面前的形象；想象别人对这一形象的看法；想象别人对某种自我感觉（如骄傲或耻辱等）的看法。库利认为，这种社会自我可以被称作反射自我（the reflected self）或镜中自我。[1] 库利关于"自我"认识是在社会相互作用中形成的观点，对以后的社会心理学及犯罪学产生了一定影响。

（二）社会化他人（generalized other）[2]

美国现代著名社会心理学家米德认为，个体的"自我"概念是在社会互动过程中形成和发展的。米德生前并没有出版过专门著作。1934 年，也就是米德去世 3 年之后，莫里斯（Charles W. Morris）根据课堂笔记，将米德的一些新观点整理成书并出版，名为《心灵、自我和社会》。该书记录了米德提出的"社会化他人"[3] 这个重要概念。所谓"社会化他人"，是指社会成员（尤其是儿童）所处社区或社会集团的行为标准和价值规范的总和。值得注意的是，这里所谓的"他人"，并非指特定的个人或一群人，而是指社会规范和道德标准。人们将"社会化他人"的期待进行内化，也就是将整个社会的态度和观念进行内化，这一过程就是"自我"概念形成的过程，也是社会关系不断扩大和社会交往能力不断增强的过程。米德认为，每个人都具有两面，主我（I）和客我（Me）。主我是本能的、自私自利的、任性的和未经社会化的自我。而客我则是了解社会规范、价值标准和社会期望的社会化了的自我，体现了他人的态度。作为整体的自我则是把"社会化他人"有规律的态度与个体行动者不可预测的自发性这两者有机地结合起来。米德认为，在"社会

---

〔1〕　Charles Horton Cooley, *Human Nature And The Social Order*, Routledge, 2017, pp. 183～184. 中文译本请参见［美］查尔斯·霍顿·库利：《人类本性与社会秩序》，包凡一、王源译，华夏出版社 1999 年版，第 131 页。

〔2〕　"generalized others"，又译为"概括化他人""一般化他人"。

〔3〕　Charles Horton Cooley, Mind, Self, and Society, Edited by Charles W. Morris, The University of Chicago Press, 1934, pp. 152～164. 中文译本请参见：［美］米德：《心灵、自我和社会》，霍桂桓译，译林出版社 2014 年版，第 169～181 页。

化他人"内化的过程中,人与人之间的互动,是一种以"符号"为媒介的间接沟通方式。人们通过语言、文字、手势、表情等象征符号进行交往,达到共同理解。这些论述使米德成为象征互动理论的实际奠基人。

(三)象征互动论

1937年,米德的学生布卢默应邀为《人与社会》(Man and Society)一书撰稿。布卢默在"社会心理学"这一章中,以一种即兴创作的方式创造了一个多少有点不规范的新词——"象征互动论",并试图用它来阐明社会心理学家在有关人类本性的观点上各不相同的见解。[1] 这个术语不知怎样就流行起来,已经被人们当作一个标签来使用,表示对研究人类群体生活和人类行为的一种比较独特的方法。1969年,布卢默在自己的《象征互动论:观点与方法》专著中指出,象征互动论归根结底基于三个简单的前提。第一个前提:人们是根据事物对于他们来说所富有的意义而针对这些事物进行活动的。这些事物包括人在其世界中所可能注意到的每一种东西——物理客体,诸如树木或者桌椅;其他人,如一位母亲或者一位商店职员;各种各样的关于人的范畴,如朋友或敌人;各种制度,如一所学校或者一个政府;各种引导人们行为的理想,如个人独立或者诚实;其他人的活动,诸如他们的指令或者请求;以及人作为一个个体在其日常生活中所遇到的各种情境。第二个前提:这些事物的意义是从一个人与其同伴进行的社会互动中衍生或者产生出来的。第三个前提:在这个人与他所遇到的事物打交道的过程中,他通过对这些事物的解释过程而驾驭并修正这些事物的意义。[2]

象征互动理论与20世纪的犯罪学研究有相当密切的联系,对萨瑟兰的不同交往理论尤其对贴标签理论产生了很大的影响。

【思考题】

象征互动理论在当代社会学理论之林中仍然很有影响力,它强调人类能够通过制造和使用符号进行交往。象征互动理论在罪犯教育改造中的重要意义也不容忽视。刑罚执行机关存在着内部各机构之间的互动、民警与罪犯之间的互动、罪犯与罪犯之间的互动、罪犯与家庭之间的互动等。请思考这些互动如何才能使罪犯产生正面的"镜中自我"?

二、邪恶的戏剧化理论

象征互动理论的上述概念为贴标签理论的发展奠定了重要基础。标签原本是个商业概

---

[1] [美]沃尔夫(A. Wolf):《布鲁默的"象征互动论"》,马乐绿译,载《现代外国哲学社会科学文摘》1985年第7期。

[2] Herbert Blumer, Symbolic Interactionism: Perspective and Method, Prentice-Hall, Inc., p. 2.

念，它是用来标明物品名称、规格、用途、价格之类的卡片，多出现在各类商场超市。赋予"标签"以犯罪学的内涵并应用到解释犯罪现象的是美国犯罪学家坦南鲍姆（Frank Tannenbaum）。他于1938年出版的《犯罪与社区》（Crime and Community）一书，被认为是贴标签理论的开山之作。[1]

弗兰克·塔南鲍姆（Frank Tannenbaum）[2]

坦南鲍姆在该书中第一次使用象征互动理论来描述越轨或犯罪的形成过程，提出了"邪恶的戏剧化"（dramatization of evil）概念。坦南鲍姆认为，少年儿童的不良行为在刚开始的时候，往往都是很轻微的、偶尔进行的，例如，打碎窗户上的玻璃、骚扰别人、在走廊上跑来跑去、爬越屋顶、从手推车里偷东西、逃学等。他们自己可能会把这些行为看成是"游戏、冒险、兴奋、有趣、恶作剧、调皮捣蛋的事情"。然而，对社区来说，这些行为可能而且经常以滋扰、邪恶、犯罪的形式出现，需要专门学校、警察、法庭等机构来进行控制、训诫和惩罚。少年儿童与社区在价值观念上的不同导致看待上述行为时存在分歧。

如果少年儿童继续进行不良行为，社区也就会继续作出相应的消极反应，情况就会进一步恶化。一方面，社区的态度逐渐变得更加严厉。最初，社区把少年儿童的上述不良行为仅仅看作是邪恶的行为。但是，社区很快就将实施这些不良行为的少年看成邪恶的人。因此，社区在辨别他的过程中，他的所有行为都被怀疑，包括他的同伴、常去的地方、玩耍、讲话、经济来源、他的个性本身，都成为审视和质疑的对象。从社区的角度来看，过去做坏事和恶作剧的少年现在已经成为一个坏的和不可救药的人。这样就相当于给少年儿童贴上了"邪恶"的标签，这个标签就像烙印一样深深地刻在孩子的身上。它所产生的严重后果就是，社区里的家长让自己的孩子远离这些被贴上标签的所谓的"坏孩子"。

另一方面，从少年儿童的角度来看，发生着更为可怕的变化。刚开始，实施不良行为

---

〔1〕　曹利群、周愫娴：《犯罪学理论与实证》，群众出版社2007年版，第205页。

〔2〕　图片来源：https://alchetron.com/cdn/frank-tannenbaum-4efe28ed-c496-4bfb-a73c-0273a77bd31-resize-750.jpeg，最后访问时间：2023年6月12日。

的少年儿童，在遭遇社区的消极反应之后，会有一种不满、不公正、受到不当对待和惩罚的感觉。随着社区消极反应的加剧，少年儿童慢慢地认识到，他与他所在社区、学校、街道和社区的其他少年儿童不同。他之所以变坏，是因为他被别人看成是坏的，即使他是好的，别人也不会相信。因此，他就产生了一种"我是不良少年"的自我意象（self-image）。这种自我意象是由社会对他们的消极反应造成的。这些"坏孩子"就在周围人对自己的消极反应中对"坏孩子"这种标签和说法产生认同，他们的"镜中自我"就是"坏孩子"，于是就变得越来越坏，最后真的成为人们所描述的那种"坏"人。

这样，孩子就把他人对自己的"坏孩子"预期变成了现实。所以坦南鲍姆说："制造犯罪人的过程，就是一个给他贴标签、下定义、认同、隔离、描述、强调以及意识和自我意识的过程。"[1] 在塔南鲍姆的启发下，贴标签理论逐渐发展并壮大起来。

【知识链接】

塔南鲍姆：最早的罪犯犯罪学家之一[2]

三、初发越轨行为和继发越轨行为理论

1951年，美国犯罪学家利默特（Edwin M. Lemert）在《社会病理学》（Social Pathology）一书中更清晰地表述了贴标签理论。他的重要贡献在于提出了"初发越轨行为"（primary deviation）和"继发越轨行为"（secondary deviation）[3] 这个两个概念，从而将越轨行为进行分类。

（一）初发越轨行为

坦南鲍姆似乎没有注意到存在着大量尚未被人们贴上标签的少年不良行为。人类行为中有各种特殊的病态情况，如酗酒等。一个人过度饮酒不仅可能是由于各种各样的主观原因，也可能是由于各种各样的情境影响，比如亲人去世、生意失败或参加某种需要大量饮酒的有组织的团体活动。从狭义的社会学角度来看，这些越轨行为并不重要，除非越轨的个体对自己的越轨行为做出象征性的反应，并将其固定在自己的社会心理模式中。只要这些越轨行为被合理对待或以社会可接受的方式来处理，社会没有给行为人贴上"酗酒"等负面标签，也未对行为人的身份认同造成重要影响；行为人继续把自己看成是好人，仍然

---

〔1〕 Frank Tannenbaum, *Crime and Community*, Columbia University Press, 1938, p. 19.

〔2〕 资料来源：吴宗宪：《罪犯犯罪学述评》，载《犯罪研究》2023年第3期；Matthew G. Yeager," Frank Tannenbaum：The Making of a Convict Criminologist", The Prison Journal, Vol. 92. 2011, No. 2.

〔3〕 primary deviance 与 secondary deviance 目前主要有三种汉语翻译：第一种是"初次越轨行为"与"继发越轨行为"。参见吴宗宪：《西方犯罪学》，高等教育出版社2023年版，第383页。第二种是"原生越轨行为"与"衍生越轨行为"。参见曹立群、周愫娴：《犯罪学理论与实证》，群众出版社2007年版，第207页。第三种是"未受标影响的越轨行为"与"受标签影响的越轨行为"。参见江山河：《犯罪学理论》，格致出版社、上海人民出版社2008年版，第127页。

保留着自己是一个遵纪守法者的自我意识。利默特把这类越轨行为称为初发越轨行为或症状性和情境性越轨行为。这类越轨行为由许多不同的因素造成，是各种类型不一的不符合规范或法律的行为，行为人也可能多次实施了这种越轨行为，其特征是未被社会贴上"越轨行为"的标签。例如，一个大学生抽大麻数次，但他的行为未被社会特别是官方机构发现并确定为越轨或犯罪行为。该学生也将自己认定为一个普通正常的大学生，而不是一个吸毒者或违法者。[1] 在这种情况下，正常行为和越轨行为奇怪而且有点矛盾地存在于同一个人身上。利默特指出，不可否认的是，在美国社会中存在着大量这样的越轨行为，并给许多社会病理学领域的作家留下了深刻的印象。

（二）继发越轨行为

一个人可以在多大程度上以及在多长时间内摆脱他的初发越轨行为，让自己保持正常状态，使越轨行为只是正常生活中的"小麻烦""小点缀"，目前尚不清楚。然而，如果越轨行为反复发生，又特别容易被人看见，并且引起严重的社会反应，就很可能会产生像塔南鲍姆所说的"邪恶的戏剧化"现象。社会给反复实施越轨行为的人贴上"坏人""社会渣子"等标签，行为人就会对这些不良标签作出反应。尤其是被贴上"差等生""劣迹少年""违法少年"等负面标签的未成年人，对别人的评价和期待非常敏感。他们会觉得自己与别人不同，被人们看作是"差等生""劣迹少年""违法少年"。他们就会在行动中反映出自己的这种感受，并且改变自己的衣着、言谈、行为举止，以便与人们所期待的"差等生""劣迹少年""违法少年"相称；同时，他们会继续实施更加严重的越轨行为。针对这种情况，利默特指出：社会给一个人贴上负面标签，对他带来了公开的和隐蔽的麻烦。当他开始利用新的越轨行为或越轨身份作为一种防御、攻击或调整的手段时，他的这种越轨行为就是继发越轨行为。

"继发越轨行为"是行为人自我认同社会给他贴上的负面标签后所发生的越轨行为，明显受到社会负面标签的影响。这类越轨行为是被贴标签者与贴标签者或社会互动的结果。利默特将这种互动过程分为8个阶段：[2]

①初发越轨行为；②社会惩罚；③更多的初发越轨行为；④更强烈的惩罚和拒绝；⑤更进一步的越轨行为，或许开始对执行惩罚的人产生敌意和怨恨；⑥危机已经达到难以忍耐的地步，社区开始采取正式行动给越轨者贴上耻辱性标签；⑦（个人）加强其越轨行为，将越轨行为当成对耻辱性标签和惩罚的一种反应手段；⑧最终接受越轨者的社会身份，并根据标签所赋予的角色继续从事越轨活动。

值得注意的是，利默特描述这8个阶段，想要表明，继发越轨行为是贴标签者与越轨行为人互动的结果。但这并不表明贴标签必然导致越轨行为人从事继发越轨行为。

---

〔1〕 江山河：《犯罪学理论》，格致出版社，上海人民出版社2008年版，第127~128页。

〔2〕 Edwin M. Lemert, *Social Pathology：A systemic approach to the theory of sociopathic behavior*, McGraw Hill, 1951, p. 77.

【课程思政】

不随意给他人贴负面标签

一个女孩，名叫勺。校长对她印象很好，了解到她来自农村，家庭贫困，同时开始关注她。一天，德育处主任告诉校长一件与勺有关的事情，勺的宿舍同学一起找到德育处，反映宿舍经常丢东西，大家都怀疑是勺偷的，因为她家庭贫困；另外，这个宿舍里，别人都丢过东西，就勺没丢过。校长说："正因为勺家里穷，她的东西都不值钱，所以才不会招贼！另外，勺要是挨个儿偷，偏偏把自己剩下，那不是不打自招了吗？一个人得蠢成啥样才会这么干呀？"很快，勺的班主任找到校长，说大家错怪了勺，让校长千万别生气。寒假开学后的一天，勺的父亲为女儿办转学，交给校长一封信，内容如下：

校长，我可以叫您一声妈妈吗？我本来想当面向您告别，但我没有勇气，还是让我用书信的形式来跟您说说心里话吧。我们宿舍同学丢的东西，确实都是我偷的（我似乎看见了您无比失望的眼神）。事发之后，我吓得要死。我跟班主任说："求你别让校长知道好吗？其实我家跟校长家是亲戚，校长是我一个远房姑姑。可校长嘱咐过我，不让我跟别人讲。"我无耻地利用了您对我的好，我编造谎言，骗过了班主任，使他不再追究我偷窃的事。我从小就有小偷小摸的毛病，为这也曾受过皮肉之苦，可很难改。我甚至把这一切归咎于我的名字——勺，总想舀别人碗里的东西，唉，这只不争气的破勺啊！但这一回的偷窃，却真成了我生命中的最后一回。您知道这是为什么吗？就因为德育处主任把您跟他说的话转述给了我。您对我的人品是那样深信不疑（尽管我不值得），您不假思索地为我辩护。您知道吗？那天晚上，熄灯了，我猫在被窝里，哭着咬破了自己的手指，我跟自己说，你要是再生出偷窃的心，就去摸电门吧！——校长妈妈，我会跟班主任说出实情，我会设法还清舍友们的东西并向她们道歉的。校长妈妈，您笑一下好吗？您笑一下，我离您多远都能感觉得到啊！

校长擦着夺眶而出的泪水，笑了一下。[1]

根据利默特的观点，由于各种各样的情境影响，生活中存在大量的初发越轨行为。从有利于个体未来健康发展的角度出发，我们需要对初发越轨行为进行合理引导，不随意给行为人贴上不良标签，以避免负面效应和"邪恶的戏剧化"。

---

〔1〕 故事来源于张丽钧：《玫瑰从来不慌张》，北京联合出版社 2023 年版，第 12~15 页。

【学习任务二】 贴标签理论的发展与繁荣

尽管利默特区分了两种类型的越轨行为，并向世人分析了"继发越轨行为"的形成过程，但是贴标签理论并未引起犯罪学界的重视。贴标签理论真正引起人们的兴趣并开始盛行是在 20 世纪 60 年代，成为犯罪学理论中的主要流派之一是在 20 世纪 70 年代。这得益于两个方面的因素：一方面是美国 20 世纪 60 年代民权运动的兴起；另一方面是贝克尔（Howard Saul Becker）等人对贴标签理论的倡导和发展。1963 年，贝克尔在他的《局外人：对越轨的社会学研究》一书中，首先使用了"贴标签"（labeling）一词，通过回答"什么是越轨行为、谁在制造越轨标签、越轨标签是如何运用的、贴上该标签的结果是什么"等问题，建构了贴标签理论的典型学说。在此，我们着重介绍贝克尔对贴标签理论的发展。

贝克尔（Howard Saul Becker）[1]

一、什么是越轨行为

越轨通常被定义为违背规范的行为，而犯罪通常被定义为违反《刑法》的行为。贴标签理论研究人员对这种定义提出了挑战。他们认为，不能简单地接受《刑法》中的犯罪定义，而要考察《刑法》中的犯罪定义是怎么形成的。为什么有些行为被视为越轨或犯罪，而其他一些行为则被认为是合法的？为什么某些行为在一个历史时期被看作越轨或犯罪，而在另一个历史时期不被看作越轨或犯罪？在贝克尔看来，越轨或犯罪是被社会创造出来的。他指出：并不像人们通常理解的那样，越轨行为发生的原因是在于越轨者所处的社会环境或促成其行为的"社会因素"；而是社会群体通过制定规范使那些不符合规范的行为成为越轨行为，从而创造了越轨行为；社会群体将制定出来的规则适用于特定的人，给他们贴上"局外人"（outsiders）的标签。以这种观点来看，越轨行为不取决于一个人行为

---

〔1〕　图片来源：https：//babelio.com/users/AVT2_Howard-S-Becker_5266.jpeg，最后访问时间：2023 年 6 月 16 日。

本身的性质，而是他人将规则和制裁适用于"此人"的结果。越轨者是被他人成功地贴上了越轨行为标签的人，越轨行为是被人们贴上类似标签的行为。[1]

同时，根据行为是否遵守了一定的规范以及人们对该行为作出何种反应，贝克尔对越轨行为进行了分类（见表10-1）。

表10-1　越轨行为的类型[2]

	遵守规范的行为	违反规范的行为
被他人视为越轨行为	受到错误指控的行为	纯粹的越轨行为
没有被他人视为越轨行为	顺从的行为	秘密的越轨行为

在这四种行为类别中，有两种比较容易理解。一种是顺从的行为（conforming behavior），这指的是那些客观上遵守了规范，并且在他人看来也符合规范的行为。一种是纯粹的越轨行为（pure deviant type of behavior），这是客观上违反规范，并且也被他人认为是违背规范的行为。

另外两种行为类别比较有趣。一种是受到错误指控的行为（falsely accused），这种被诬告的情况就是罪犯通常所说的"冤枉"。被指控者的行为本身可能并无过错，但观察者认为是越轨行为。另一种更为有趣的行为类型则截然不同，即秘密的越轨行为（secret deviance）。这是指那些确实已经发生并且违背规范的越轨行为，但是没人注意到这些越轨行为或者没人认为它们违反了规范。贝克尔相信，秘密越轨行为的数量非常大，比我们通常想象的要大得多。

贝克尔对行为及其引起的反应进行交叉分析，得出这四种理论类型。尽管人们普遍认为越轨行为很相似，但是这种分类澄清了越轨行为在一些重要方面的差异。贝克尔认为，如果我们忽略这些差异，那就可能会用同样的方式去解释存在差异的行为。一个与犯罪团伙有接触的男孩，即使事实上没有参与任何非法行为，他也有可能无法摆脱犯罪嫌疑而与犯罪团伙其他成员一起被捕。并且他会和那些真正的罪犯一样，成为官方犯罪统计数据中的一部分。因此，他就也和那些真正的罪犯一样成为社会学家研究犯罪的素材和数据来源。但事实上，这个男孩的情况和其他罪犯并不相同，用同一种方式来解释这两种情况显然是不合适的。

二、标签的创造

贴标签理论比较关注新标签和新法律的发展。贝克尔以美国财政部所属的麻醉品管理局为例，说明该机构如何创造"大麻吸食者"这一标签。人们通常认为吸食大麻的风气是从墨西哥传入美国的。最初人们注意到使用大麻是在19世纪，但由于这是一个新现象，并且很明显只在墨西哥移民中发生，因此并没有引起过多的关注。在20世纪20年代晚期和30年代早期，美国法律对使用大麻的控制比较宽松。到1930年，也只有16个州通过

---

〔1〕　Howard Saul Becker, Outsiders: Studies in the Sociology of Deviance, The Free Press, pp. 8~9.

〔2〕　Howard Saul Becker, Outsiders: Studies in the Sociology of Deviance, The Free Press, p. 20.

了禁用大麻的相关法律。财政部麻醉品管理局在《大麻税法》（The Marihuana Tax Act）的制定中起到了关键作用。其努力主要包括两个方面：其一是参与制定影响大麻使用的国家法律；其二是为新闻媒体报道大麻使用问题提供事实和数据，引起公众对大麻滥用问题的关注。1937 年 4 月，财政部的代表们带着《大麻税法》草案来到国会并要求通过该法案。4 月至 5 月期间，美国众议院筹款委员会举行听证会，花了 5 天时间审议该法案。在平衡各方面利益之后，《大麻税法》的进程基本一帆风顺。同年 7 月，法案在众议院和参议院都得以顺利通过。财政部麻醉品管理局的努力最终产生了一个新的法律，形成了一个新的社会规范，而这一规范的实施也创造了一个新的标签——大麻吸食者。[1] 这个案例表明，是否被贴上标签，并不单纯地以某种行为的严重性或伤害程度为标准。只有当社会环境成熟时，只有当某些团体愿意并有能力发动立法或修法时，人们对该行为的看法才会发生变化。

三、标签的运用

贝克尔认为，对越轨行为贴标签的过程，就是一个制定规则并将规则加以应用的过程。这一过程涉及规则制定者（rule creators）和规则执行者（rule enforcers）。贝克尔将这两类人称为"卫道者"（moral entrepreneurs）。规则制定者的一个原型就是从事改革运动的改革者。一般来说，他们对现有规则总是不满意，因为社会中仍有一些不尽如人意的情况存在，只有通过制定新的规则（规范）才能解决。他们以绝对的道德操守行事，既狂热又充满正义感，常常自以为是。他们相信自己的使命无比神圣，禁酒主义者、想要遏制性犯罪的人、想要取缔赌博的人，都是很好的例子。多数情况下，这种改革运动主要是由上层阶级主导的，他们有权势，能够影响立法，创造规则。新的规则同时也缔造了一批新的规则执行机构和执行者。

贝克尔指出，规则的适用并不是完全平等、一视同仁的，而是有选择性的，并非违反规则的所有人都会被贴上越轨者的标签。是否被贴上越轨者的标签，一定程度上取决于与行为本身无关的许多因素：行为人的身份、社会地位、种族、对司法人员的态度、所违反规则的类型等。那些处于无权无资源社会地位低下的人更可能被成功地贴上越轨或犯罪的标签。在美国，黑人等少数族裔成员、下层阶级成员更可能被警察逮捕，也更有可能被警察送上法庭，也更可能被法官判处更重的刑罚。

四、贴标签的后果

贝克尔认为，给一个人贴上越轨标签，会影响他的公众认同（public identity）和自我认同（self-identity），并切断了他们与社区的联系，从而导致更多的越轨或犯罪行为。

贝克尔对贴标签理论的贡献很大一部分在于讨论越轨生涯（deviant careers）[2] 的发展，并将越轨或犯罪生涯分为三个阶段。第一个阶段是最初的破坏规则的行为，这可能是

---

〔1〕 Howard Saul Becker, Outsiders: Studies in the Sociology of Deviance, The Free Press, pp. 135~145.

〔2〕 Howard Saul Becker, Outsiders: Studies in the Sociology of Deviance, The Free Press, pp. 25~39.

故意的，也可能不是故意的。与利默特一样，贝克尔关注的重点并不是那些最初的越轨行为及其发生的原因。在他看来，大多数人都可能有类似的越轨冲动，我们应该研究是什么使得同样具有越轨冲动的人最终成为了"正常人"。

越轨生涯的第二个阶段开始于规则破坏者被抓到并被贴上越轨者的标签。这一标签有三个重要后果：①公众对他的态度发生变化。被他人发现自己的越轨行为以及被视为越轨者最重要的影响之一便是个人的社会身份会发生剧烈变化。他打破了自己原先的形象，成为另一种人。他被贴上"玻璃""瘾君子""白痴""傻瓜"等标签。②人们与他的互动发生变化。当他被社会其他成员贴上这些负面标签之后，他就会被排斥、被孤立，就难以再参与到那些正常的社会团体中去。公众对越轨行为的态度使他丧失了与其他社会成员一样的正常生活。③他的自我认同发生变化。贴上越轨或犯罪标签之后，他会慢慢地接受这种标签，产生对负面标签的自我认同，从而更多地实施越轨或犯罪行为。这一观点在塔南鲍姆、利默特的贴标签理论中已经介绍过，不再赘述。

越轨生涯的第三阶段就是加入到一个有组织的越轨群体中去。成为越轨群体的成员会促进一个人对越轨行为和身份的认同。在越轨群体中，成员之间彼此认同，感觉是上了同一条船的人。他们基于彼此认同，面对相似的问题，形成了自己的亚文化，从而巩固自己的越轨身份。越轨群体比单独的个人更加容易推行越轨行为存在的合理性。一种极端的表现是，越轨群体会从历史、法律、和心理学角度来为自己的行为作出合理性解释。一个人加入越轨群体产生另一个重要结果是，他可以在群体中学习到如何尽可能避免麻烦。他在违反规则时遇到的问题都是其他老成员早已遇到过的，他们也已经形成了解决对策。例如，盗窃惯犯会向新手传输如何在偷窃时不被抓获的技巧。所有越轨群体都有一系列类似的对策秘笈，而新成员会通过学习这些对策秘笈，在越轨道路上越走越远，在犯罪泥潭中越陷越深，形成越轨生涯或犯罪生涯。

【知识链接】

贝克尔：多才多艺的社会学家

【思考题】

谈谈你被"贴标签"的故事，并思考：青少年在成长过程中如何将"消极标签"的影响降到最低？

【学习任务三】贴标签理论的修正与恢复

20世纪70年代中后期，贴标签理论受到一些批评。例如，批评者认为，根据理性选择理论、威慑理论的研究，惩罚通常会降低犯罪人再次犯罪的可能性，并不是每一个被贴上标签的人都会继续去实施更多的犯罪行为。还有批评者指出，面对别人给自己贴上的不良标签，每个人作出的回应各不相同，并不是每个人都在不良标签的负面效应下走向越轨生涯，因为个体之间存在很大差异。另外，当时有关贴标签理论的实证研究比较少，在为数不多的实证研究中，支持性的结论也比较弱。因此，人们对贴标签理论的兴趣开始下降，导致该理论在20世纪70年代后期逐渐淡出犯罪学界。但是，从20世纪80年代中后期开始，由于美国社会学家林克（Bruce G. Link）、澳大利亚犯罪学家布雷思韦特（John Braithwaite）、美国犯罪学家谢尔曼（Lawrence W. Sherman）等人的努力，贴标签理论又重新受到人们的重视。

一、林克：精神疾病的修正型贴标签理论

20世纪80年代，美国哥伦比亚大学的林克和他的同事们（以下统称林克）发表了一系列文章，研究关于人们如何看待精神疾病、精神病患者对他人给自己贴标签的行为如何作出反应，回答了针对贴标签理论提出的相关批评，提出了精神疾病的修正型贴标签理论（Modified Labeling Theory of Mental Illness）。

什么是精神疾病？谁是精神病患者？如何对待精神病患者？林克指出，对这些问题的回答，就形成了关于精神疾病的特定社会观念。人们在社会化的过程中，会将这种关于精神疾病的特定社会观念内化于心，并外化于行。我们的社会化教导我们，那些被贴上精神病患者这一标签的人将会受到歧视，人们将会远离他们。那些需要治疗的精神病患者知道我们的社会如何对待他们，就会预期自己将遭遇贬低、歧视和排斥。林克认为，正是这种对受到贬低、歧视和排斥的预期，可能对那些被贴上精神病患者标签的人产生消极后果。

林克指出，针对他人所贴的标签，不同的精神病患者作出的反应也存在差异。事实上，对遭受排斥的预期会导致三种可能的反应：保密（secrecy）、退缩（withdrawal）或者教育（education）。[1] 保密是指向朋友、家人和同事隐瞒其精神病治疗。退缩就是精神病患者停止与朋友、家人以及他们认为将会排斥他们的那些人进行交往。那些选择教育作为反应方式的精神病患者，则公开被他人贴上的标签，并积极努力去改变周围人对他们的态度。林克预测，在这三种反应方式中，对精神病患者最有伤害性的是退缩。退缩意味着精神病患者减少与他人的联系，这会降低精神病患者的赚钱能力和自尊。与他人联系的减少、赚钱能力和自尊的降低，使得精神病患者更容易产生新的精神障碍或者已有精神障碍

---

〔1〕〔美〕亚历克斯·皮盖惹主编：《犯罪学理论手册》，吴宗宪主译，法律出版社2019年版，第370页。

的再次复发。

林克关于精神病患者的研究给贴标签理论带来的启发是：我们需要考虑关于越轨者或犯罪人的社会观念是如何形成的，我们是如何内化吸收这些观念的；我们需要了解这些观念如何塑造了人们对待对被贴上越轨者或犯罪人这一标签的人的态度，这些观念又如何塑造了越轨者或犯罪人对自身的反应。我们还需要思考，社会观念除了具有改变身份的消极后果之外，它们与进一步越轨或犯罪可能存在何种关联。

二、布雷思韦特：犯罪、羞耻与重整

1989 年，布雷斯韦特出版《犯罪、羞耻与重整》[1] 一书，提出重整羞耻理论（the Theory of Reintegrative Shaming），对贴标签理论的修正与恢复作出了显著贡献。重整羞耻理论的基本观点是，在一些文化中，把犯罪看成是一种使人感到羞耻的事情，认为犯罪使人感到羞耻的这种观念，有助于减少犯罪的发生。因此，为了预防和控制犯罪，应当在社会中复兴这种认为犯罪使人感到羞耻的观念。[2]

在重整羞耻理论中，羞耻有两种含义：①羞耻感（shame）。这是指人们（特别是犯罪人）产生的认为犯罪可耻的内心情感。②使人感到羞耻，使人蒙羞（shaming）。这是指让人们（特别是犯罪人）产生羞耻感的过程。使人蒙羞是由一系列行动构成的，通过由司法机关、社会公众等进行的行动，使犯罪人以及其他人感到羞耻的强烈情感体验。布雷思韦特指出，西方的威慑理论通常强调，与惩罚相关的羞耻感比惩罚本身更重要。然而，在近代西方刑罚的发展史中，刑罚与当众羞辱之间实现了系统性分离。死刑和鞭打由当众执行变成了秘密执行。公众可见的颈手枷和锁链等刑具也被用牢房监禁罪犯从而使其远离公众视线的刑罚实践所取代。这一巨变在一些西方国家中造成了刑罚与羞耻感的普遍分离。这种分离是解释这些国家犯罪率上升的一个重要因素。

同时，布雷思韦特还观察了日本的犯罪变化情况。日本是第二次世界大战后唯一一个犯罪率明显呈现下降趋势的国家。日本的犯罪率可能在所有发达国家中是最低的。这种犯罪率的下降是重建使违法者蒙羞这一文化传统的结果，这一文化传统将羞耻感与惩罚有效地结合在一起。在比较日本和美国等西方发达国家的刑罚与犯罪变迁之后，布雷思韦特指出：在高度社群主义（communitarianism）社会中，其成员极度地相互依赖、相互帮助和信任，其犯罪率也将低于低度社群主义的社会。对这一差异的主要解释是，两种社会在处理越轨者犯罪人或使越轨者犯罪人感到羞耻的方式上有所不同。他认为，给越轨者犯罪人贴上标签会使事情变得更糟的传统观点，既不完全对也不完全错。这种传统观点何时对、何时错？对与错的关键在于如何给越轨者犯罪人贴标签，也就是说如何使越轨者犯罪人感到羞耻。使越轨者犯罪人感到羞耻的方式不同，导致的结果也会不同。因此，布雷思韦特将使越轨者犯罪人感到羞耻的方式分为两类：①导致烙印化的令人蒙羞（shaming that

---

〔1〕 John Braithwaite, Crime, shame and reintegration, Cambridge University Press, 1989. 中文译本：[澳] 约翰·布雷斯韦特：《犯罪、羞耻与重整》，王平、林乐鸣译，中国人民公安大学出版社 2014 年版。

〔2〕 吴宗宪：《西方犯罪学史·第四卷》，中国人民公安大学出版社 2010 年版，第 1352 页。

leads to stigmatization）；②重新整合性的令人蒙羞（reintegrative shaming）。

导致烙印化的令人蒙羞，指的是一种社会过程，在这种社会过程中，通过隔离、排斥、抛弃越轨者犯罪人，确认其越轨者犯罪人的身份，使其产生强烈羞耻感。这种令人蒙羞的过程只强调羞辱和惩罚，缺乏将越轨者犯罪人重新融入社会的努力。这会促使越轨者犯罪人去寻找那些同样被排斥的越轨者犯罪人。这些有着类似经历的越轨者犯罪人聚合在一起，更容易滋生越轨文化和犯罪亚文化，从而导致更多的越轨和犯罪。这就是传统贴标签理论所说的"越轨扩大"效应。

重新整合性的令人蒙羞，指的也是一种社会过程，在这种社会过程中，责备或惩罚越轨者犯罪人，使其产生羞耻感，具体方式包括越轨者犯罪人与受害人之间的相互沟通、越轨者犯罪人的道歉和忏悔、受害人的原谅等，使越轨者犯罪人充分认识到其行为是错误的，不应该再犯。同时，越轨者犯罪人也得到家庭、社会、司法机关和政府部门的真诚帮助，帮助的内容包括住房、教育和就业等方面。重新整合性的令人蒙羞在使越轨者犯罪人感到羞耻的同时，对他们保持尊重和关爱，而不是排斥抛弃他们。很显然，这有助于减少越轨和犯罪、降低再犯率。

布雷思韦特综合贴标签、亚文化、社会控制等犯罪学理论，吸收这些理论的有益成分，说明了社会反应的力量在什么情况下会导致高犯罪率，在什么情况下会导致低犯罪率，增强了其理论的解释力。

三、谢尔曼：对抗理论

1993 年，谢尔曼发表《对抗、威慑和无效：一种刑事惩罚理论》这篇论文，深入研究什么时候惩罚会导致更多的犯罪，什么时候惩罚能够减少犯罪。布雷思韦特的重整羞耻理论指出，不关心越轨者犯罪人重新融入正常生活的惩罚在羞辱他的同时给他打上了深深的烙印。泰勒（Tom R. Tyler）在 1984~1985 年对 1500 多名芝加哥居民进行的电话调查中发现，关于禁止入店行窃、超速驾驶、酒后驾驶、乱扔垃圾、非法停车和违反噪音等法律，受访者自我报告遵守程度非常高，因为大多数人认为，他们在违反这些法律时受到的处罚是公平的。然而，那些认为自己受到法院或警察不公平处罚的人报告说，他们都降低了自己对法律的遵守和依从程度。[1] 这表明，惩罚的效果取决于受罚者是否认为该惩罚是合法的或公正的。谢夫（Thomas J. Scheff）等认为，每个人对各种形式的惩罚或羞辱的情绪反应各不相同，这取决于他们的行为与惩罚机构和整个社会的社会联系。[2]

谢尔曼整合上述理论观点，进一步讨论社会反应以及惩罚的有效性的相关条件，认为惩罚的效果取决于惩罚的特征、罪犯类型、犯罪类型、社会环境以及被惩罚者的特征。他指出，越来越多的证据表明，司法机关的惩罚通常会产生三种结果：①对越轨者犯罪人产生威慑。当受罚者个人或社区认为惩罚公正合法时，会产生羞耻感，从而降低未来的越轨

〔1〕　Tom R. Tyler, *Why People Obey the Law*, Yale University Piess. 1990. p. 63.

〔2〕　Thomas J. Scheff, Suzanne M. Retzinge, *Dmotions and Voience: Shame and Rage in Destructive Conficts.* Lexington Books. 1991，p. 115.

或犯罪的概率。②引发越轨者犯罪人的对抗。对抗是指未来用越轨或犯罪行为反对实施惩罚的社区，导致越轨或犯罪的流行率、发生率和严重性进一步增加。当满足以下四个条件时，对抗便会发生：越轨者犯罪人认为惩罚不公平、越轨者犯罪人感到遭受了刑罚的羞辱、越轨者犯罪人对于自己的犯罪行为并不感到羞耻、越轨者犯罪人不能很好地与社会保持联系。当这四个条件不存在时，越轨或犯罪行为会得到遏制。③惩罚与未来的违法行为无关（无效）。因为在一定程度上，鼓励对抗或威慑的因素被相当均衡地抵消了。[1]

【课程思政】

拒绝错误标签的负面影响

贴标签理论表明，只有当一个人认同和接受标签时，标签才能够对他的行为产生持久的负面影响。如果一个人具有较强的拒绝被贴标签的意志力，标签对他的负面影响可以降到最小。从这一意义上讲，大学生应当客观地看待自己的行为及别人的评价。当他人对自己做出错误评价并贴"错误标签"时，我们需要具备辨别能力，同时还需要增强拒绝错误标签负面效应的能力。

_____

_____

_____

_____

【能力测试】

【课堂笔记】

_____

_____

_____

_____

_____

---

[1] Lawrence W. Sherman, "Defiance, Deterrence, and Irrelevance: A Theory of the Criminal Sanction", *Journal of Research in Crime and Delinquency*, Vol. 30. , 1993, No. 4.

模块三 ｜ 犯罪原因要素

犯罪原因要素模块分为个体生理心理因素、微观个体环境因素、宏观社会环境因素三个学习单元，阐释开展犯罪原因分析的切入点。

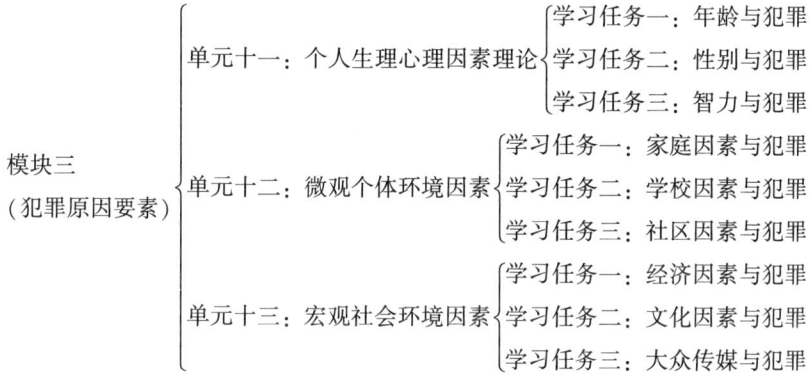

模块三（犯罪原因要素）
- 单元十一：个人生理心理因素理论
  - 学习任务一：年龄与犯罪
  - 学习任务二：性别与犯罪
  - 学习任务三：智力与犯罪
- 单元十二：微观个体环境因素
  - 学习任务一：家庭因素与犯罪
  - 学习任务二：学校因素与犯罪
  - 学习任务三：社区因素与犯罪
- 单元十三：宏观社会环境因素
  - 学习任务一：经济因素与犯罪
  - 学习任务二：文化因素与犯罪
  - 学习任务三：大众传媒与犯罪

第十一单元 个人生理心理因素

【思维导图】

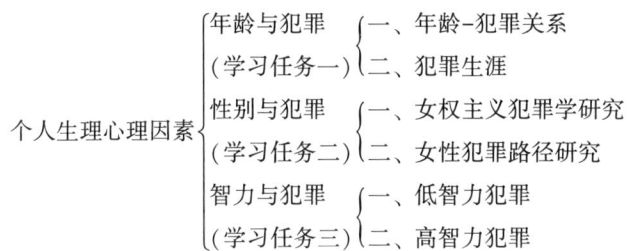

【学习目标】

知识目标：了解影响个人犯罪的生理、心理因素，熟悉犯罪学者从不同角度出发讨论这些因素的理论观点。

能力目标：能够运用年龄、性别和智力等因素与犯罪之间的关系，分析相应的干预措施。

素质目标：通过学习影响个人犯罪的生理心理因素，对一个人为何犯罪形成更加全面的认识。

【引言】

理解犯罪的一种方法是研究导致犯罪行为的个体生理心理因素，比如年龄、性别、智力、气质、体型、脑电波、染色体等。通过确定这些因素，探讨这些因素与犯罪行为之间的关系以及促成犯罪的机制，我们可以制定、调整、优化犯罪防控策略。需要注意的是，引发犯罪的因素不仅复杂、多样，而且彼此联系、相互作用、动态发展，很难判断到底是哪一个因素与犯罪之间形成明确的因果关系。本单元主要围绕前三个因素，即年龄、性别和智力与犯罪行为之间的关系，分别进行简要阐释。

【案例导入】

女犯王某访谈[1]

问：怎么会想到去贩卖毒品呢？

答：怎么说呢，我堂姐夫他们嘛，贩毒，那么叫我到这边来嘛，这边的工资比那边高。我这个人也是有点，哪里工资高就往哪里跑嘛。

问：嗯。

答：后来他们在贩毒嘛，那我也，我知是知道的，但是问题我是想事情发生了反正是他们的，也不是我的。

问：嗯。

答：刚开始，反正我只知道这是贩毒的，但是法律意识不是很强，那个不清楚嘛。

问：嗯。

答：那后来他们到哪里，我也跟着到哪里，那我堂姐夫两个老乡来了，他说叫我去接一下，那么我就去接了，接嘛，那个招待所没有房间，那么就把他带到我那里去了。第二天我堂姐夫就被抓了。

问：你堂姐夫其实那时候没跟你在一起吧？

答：没有，他去外地了，没有在这边，打电话叫我接一下。

问：哦。

---

〔1〕 此案例来自于本单元编者访谈转写文本，访谈已征得被访者同意，为保护被访者隐私，个别内容做了模糊处理。

答：那我就去接过来。第二天，我堂姐夫坐飞机过来，我就说你把这两个人带走，那东西我也是清楚的，总是想到这个东西不是我的，没什么大问题。

问：嗯。

答：所以被抓了，他就把责任全部都推到我头上来。

【学习情境】

在上述案例中，犯罪人王某，女，读到小学三年级辍学，在 22 岁结婚后与丈夫一起离开家乡靠打工谋生，因贩卖毒品罪被判无期。访谈时 43 岁，已服刑 15 年，家中有父母、丈夫、儿子和女儿。根据王某所述，我们可以推测她自认为比较冤枉。她在事发时已经 28 岁，且已在外打工 6 年，按理应该有一定的社会经验，但是她受教育程度比较低，是否表示她的智力水平不高，因而影响了她的判断能力，又或者因为她是女性，在与他人，尤其是男性的交往中，一直处于顺从的地位，因而被动、被迫卷入了涉毒案件？在王某的案件中，年龄、性别和智力与其犯罪行为之间是否有关系？如果有，是相关关系还是因果关系？

【课前预习】

_____

_____

_____

_____

【学习任务一】　年龄与犯罪

通常认为，个体在"婴儿期"和"儿童期"，由于生理、心理还未充分发育，而且往往处于比较严密的保护中，即使有击打、牙咬等攻击行为，没有动机，也没有能力实施犯罪行为，因此犯罪比例非常低。到了青少年中后期，个体生理迅速发育，而大脑发育相对滞后，比如位于大脑前侧区域帮助我们分配注意力和精力的顶叶与负责认知和决策的额叶都要到青春期末期才能大致发育完全。这种生理和心理发育的不平衡会使得一些青少年虽然在身形上逐渐接近成年人，但是自我控制能力缺乏，做事不计后果，从而导致实施越轨和犯罪行为，犯罪率在这个阶段迅速上升并达到顶峰。此后不久，随着生理和心理发展逐渐成熟，个体行事越发谨慎，也更有责任感，犯罪率在整个成年期持续下降。

一、年龄—犯罪关系

可以说，年龄和犯罪之间的曲线关系是犯罪学中最一致的发现之一（见图 11-1）。在

19世纪，近代统计学之父、数理统计学派创始人凯特勒（Lambert Adolphe Jacques Quetelet）是最早认识到年龄与犯罪之间密切关系的人之一。他在1831年出版的《不同年龄犯罪倾向研究》[1]一书中，通过分析1826年至1829年期间法国的国家犯罪统计数据，发现犯罪率随着年龄的增长而上升，在25岁左右达到顶峰，此后急剧下降。他认为随着年龄的增加，个体的体力和激情随之上升和下降，进而影响到犯罪倾向是被释放或是被抑制。

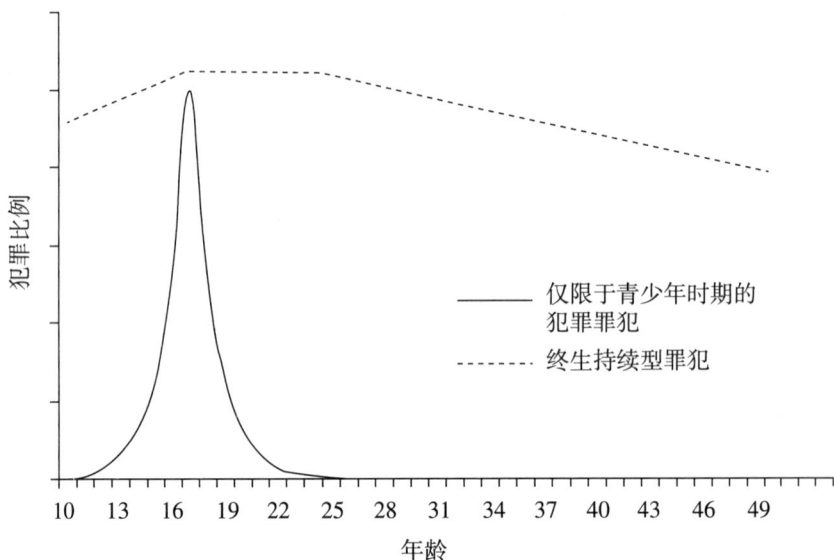

图11-1 犯罪-年龄曲线[2]

赫希（Travis Hirschi）与戈特弗雷德森（Michael Gottfredson）在他们的论文"年龄和犯罪解释"[3]中提出，虽然群体（比如男性和女性）之间的犯罪水平可能存在差异，但不同个体、地点、时间和犯罪类型等一般都还是会呈现总水平的年龄-犯罪曲线，即年龄直接影响犯罪及其他解释犯罪的社会因素。就比如，有人会认为成家结婚与犯罪下降有关，但是之所以这两者之间看似存在关联，实际是年龄导致了婚姻的缔结与犯罪的下降，因为一个人是到了一定年龄才会结婚，而到了这个年龄，也到了犯罪逐步"成熟-退出"的阶段。他们认为犯罪的原因在所有年龄段都相同，而且年龄因素在解释犯罪方面是如此有力，以致于其他任何社会因素均无从与之相提并论。

不过，一些犯罪学家并不完全认同年龄-犯罪曲线不变的主张。例如，斯蒂芬斯迈尔

〔1〕 Quetelet, A. *Research on the Propensity for Crime at Different Ages*, S. F. Sylvester, Trans, Cincinnati, OH: Anderson,〔1831〕1984.

〔2〕［英］理查德·沃特利：《犯罪心理学：犯罪为何会发生》，马皑、宋业臻译，中国法制出版社2019年版，第181页。

〔3〕 Hirschi, T., & Gottfredson, M.,"Age and the Explanation of crime", *American Journal of Sociology*, 89, 1983, pp. 552~584.

（Steffensmeier）及其同事[1]基于犯罪数据发现，虽然总体曲线的形状相似，但随着时间的推移，曲线的峰值已经前移至更小的年龄，因而使得曲线变得更加陡峭。法林顿（Farrington）则在研究犯罪轨迹时发现了个体差异。鉴于此，一些学者开始在犯罪生涯的框架下研究犯罪行为。

二、犯罪生涯

犯罪生涯（criminal Career）最早由格鲁克夫妇（Glueck & Glueck）[2]于 20 世纪 30 年代首先提出，是从个体层面审视年龄与犯罪之间的关系。布卢姆斯坦（Blumstein）[3]等将其总结为个体罪犯在其整个生命过程（从幼年，青春期到成人）中违法犯罪行为的纵向序列。其中，描述犯罪生涯的四个核心维度包括：①参与性，指对实施和没有实施过犯罪行为的人进行区分；②频率，指积极、活跃的罪犯犯罪比例；③严重性，指罪犯犯下罪行的严重程度；④持续期，指第一次和最后一次犯罪之间的时间段。

到了后期，生命历程（life-course）或是发展（developmental）理论对犯罪生涯理论进行了扩展，其研究内容不仅包括犯罪行为，也包括反社会行为随时间推移的模式，以便发现一生中犯罪和反社会行为是如何发展的，有哪些风险和保护因素能够预测这种发展，重要或重大事件的影响力，以及犯罪行为和反社会行为的代际传递等。具体而言，相较于犯罪生涯理论着眼于犯罪行为本身，生命历程或发展理论的研究具有以下特征：①纵向跨度更长，包括一个人从出生到现在所有发生的事情，犯罪轨迹仅被视为其个人生命历程的一部分，而且个体的犯罪轨迹与其他生活领域相互影响；②横向关注点更多，包括家庭关系、入伍史等，以便建立这些变量与犯罪之间的关系；③把个体作为一个人，而不仅仅是罪犯来研究。其中比较有代表性的实证研究是桑普森和劳布（Sampson & Laub）[4]的逐级年龄非正式社会控制理论、墨菲特（Moffitt）[5]的生命历程持续犯罪和青少年限制犯罪模型。

桑普森和劳布的逐级年龄非正式社会控制理论认为，一个人生命历程中的犯罪行为不一定是恒定不变的。该理论的核心概念之一是人生中的转折点，或者称为生命事件，比如结婚、为人父母、服兵役、刑满释放、失业等。这些转折点可能改变一个人原有的生活轨道。另一个核心概念是社会资本，也就是社会关系的强弱，比如友谊、邻里、婚姻等。每个人的社会资本在其生命过程中或多或少都会发生变化，而这些变化可能导致犯罪的发生

〔1〕 Steffensmeier, D. J., Allan, E. A., Harer, M. D. & Streifel, C. (1989). Age and the Distribution of Crime. American Journal of Sociology, 94, 1989, pp. 803~831.

〔2〕 Glueck, S. & Glueck, E. T. *500 Criminal Careers*. New York：Knopf A press, 1930.

〔3〕 Blumstein, A., Cohen, J. & Roth, J, *Criminal Careers and Career Criminals*. Washington D C：National Academy Press, 1986.

〔4〕 Sampson, Robert J. and John H. Laub, *Crime in the Making：Pathways and Turning Points Through Life*. Cambridge：Harvard University Press. 1993.

〔5〕 Moffitt, T. E. "Adolescence-limited and Life-course-persistent Antisocial Behavior：A Developmental Taxonomy", *Psychological Review*, 100, 1993, pp. 674~701.

或结束。对于他们而言,"停止犯罪和持续犯罪的解释是一枚硬币的两面"[1]。比如,一个人找到工作或伴侣,就会增加这个人与社会之间的纽带,而伴随这种纽带的是新的非正式义务和更多的社会控制,从而削弱、中断或结束犯罪行为。然而,如果一个人失业或失去伴侣,就会降低其非正式义务及社会控制的水平,开始、持续或强化犯罪行为。

墨菲特的生命历程持续犯罪模型,指的是个体在童年早期就开始有问题行为,并在其一生中继续实施反社会或犯罪行为。比如有的人在童年早期就会咬人、打人,在童年后期或青春期早期逃学,在青春期中期偷车、吸毒,在青春期后期或成年早期实施严重、暴力犯罪,然后在成年后期实施诈骗或家庭暴力相关的犯罪行为。墨菲特的青少年限制犯罪模型,反映的是罪犯中的大多数群体,他们所处的环境没有太多不利因素,也没有表现出任何神经发育障碍或在儿童早期实施问题行为,他们的犯罪行为仅限于青春期。也就是说,犯罪行为在青春期开始并很快结束。

生命历程理论和发展理论都强调使用纵向数据,即收集个体不同时期的数据,并审视随时间变化个体的内在变化、关键生活事件和社会环境的影响。两者的主要差别是:前者注重分析婚姻或教育等因素对犯罪行为的影响,后者更关注影响犯罪行为开始和持续的心理因素。

【思考题】

怀特(William Foote Whyte)在《街角社会:一个意大利人贫民区的社会结构》中提到,他跟踪调查了美国波士顿的一个意大利贫民窟,发现意大利移民的后代受教育水平非常低,一些人会加入自己所住街区的帮派,一起吃饭、打保龄球、赌博、打群架。他的著作着力揭示美国的种族关系问题以及被主流社会排斥的边缘群体,同时试图描绘年轻人如何在一个群体中寻找归属感和安全感的图景:

"人们变得习惯于一起行动。相互义务也把他们彼此拴在一起。当他们在一起的时候,常有人会感到别人有求于自己,而被帮助者又想予以回报,这种情况数不胜数。这些相互报答的活动激励着对群体的耿耿忠心。"[2]

结合所学以及你所熟悉的年轻人群体,比如一起长大的小伙伴、求学后的同学等,你认为有哪些可能导致这个群体实施越轨或犯罪行为的因素,以及这些因素在这个群体不同年龄阶段的影响力有何变化。

〔1〕 Sampson, R. J. & Laub, J. H. A General age-graded Theory of Crime: Lessons Learned and the Future of Life-course Criminology. In: Farrington, D. P. (Hrsg.) Integrated Developmental and Life Course Theories of Offending. New Brunswick: Transaction, 2005, pp.165~181.

〔2〕 [美]威廉·富特·怀特:《街角社会:一个意大利人贫民区的社会结构》,黄育馥译,商务印书馆,1994,第28页。

年龄与犯罪之间关系的不同解读

【学习任务二】　性别与犯罪

早在远古时代，劳动分工非常明确：男性外出狩猎，女性在家看护孩子、采摘浆果和蘑菇。总体而言，睾丸激素水平更高和力量上占有优势的男性是食物的主要提供者和保护者，而一个暴力的男性在人类群体中始终处于优势地位。这种男强女弱的局面使得女性的社会化过程与男性存在很大差异，而与女性相关的传统价值观和规范进一步阻止了女性的犯罪行为。一直以来，男性犯罪被认为是常态，而女性犯罪则属于反常现象。

"某种形式的变量（sex variable）没有成为所有犯罪越轨理论的出发点，这一直是 21 世纪越轨理论中的重要缺陷。总之，对于已知的官方犯罪型越轨行为（officially criminal deviance）和非官方犯罪型越轨行为（unofficially criminal deviance）而言，性别似乎是最有力的单一预测因素，对于所有其他越轨行为而言也几乎是这样"[1]。

一、女权主义犯罪学研究

早期性别与犯罪的研究不仅数量少，而且受困于女性是"邪恶""败坏"的刻板印象，几乎完全集中在卖淫这个主题。例如，龙勃罗梭与其学生费雷罗（Guglielmo Ferrero)[2] 认为，女性犯罪人的体质结构和心智都不如男性，其犯罪行为是原始的、病态的，而犯罪类型则主要包括卖淫、投毒、盗窃等。即使在第二次世界大战后，犯罪学家仍然把女性犯罪与生物学特征进行联系。可以说在 20 世纪 60 年代以前，女性犯罪一直被排除在传统犯罪学研究的样本之外，成为男性犯罪研究的附属品。"犯罪学知识的建构、生产和传播一直由男人和男人的话语主导"[3]。

女权主义犯罪学者提出，女性的社会角色和地位一直被忽略，而女性生活的复杂性及

---

〔1〕　[美] 亚历克斯·皮盖惹主编：《犯罪学理论手册》，吴宗宪主译，北京法律出版社 2019 年版，第 24～25 页。

〔2〕　Lombroso, Cesare, and Guglielmo Ferrero. *Criminal Woman*, *the Prostitute*, *and the Normal Woman*. Translated by Mary Gibson and Nicole Hahn Rafter. Durham, NC: Duke Univ. Press, 2004.

〔3〕　Gelsthorpe, Loraine, "Feminist Perspectives on Gender and Crime: Making Women Count", *Criminal Justice Matters*, 53 (1), 2003, pp. 8～9.

其生活环境是其犯罪的根本原因。他们开始研究女性和男性犯罪的差异，并形成了四个主要流派：

（1）自由女权主义。认为不平等和歧视已经渗透到社会结构的各个方面，应该给女性提供跟男性相同的就业和受教育机会。[1]

（2）激进女权主义。提出现有的社会制度，特别是植根于父权制的社会制度，使得女性不得不面对由于社会期待与压力，尤其是在亲密和权力不平衡关系中的殴打或性侵。[2]而且，女性比男性更有可能独自养育孩子，成为单亲妈妈，如果再遭遇人际关系困难，她们可能转向犯罪或使用毒品等成瘾性物质以应对这种经历或困境。

（3）马克思主义女权主义。也认同存在社会对女性的压迫，但更强调是资本主义制度造成了不平等的阶级关系，即处于上层阶级的人能够通过权力控制下层阶级的人，甚至即使犯罪也可以逃脱起诉。由于女性在经济上原本就比男性更被边缘化，这种社会结构使得女性劣势加剧。

（4）社会女权主义。结合了激进和马克思主义女权主义理论，[3] 把对女性的压迫归咎于父权制和资本主义的共同作用，认为权力和阶级的差异可以解释在犯罪数据上呈现出来的性别差异。

迄今为止，大多数女权主义犯罪学研究的主要关注点包括：基于男性的犯罪理论是否能够用于解释女性犯罪；为什么官方犯罪统计中男女比例有如此大的差异；女性在司法系统中是否以及如何被区别对待；女性在某些犯罪类型中为何相较于男性比例更高或更低。女权主义犯罪学研究始于女性在父权和资本主义制度下的受害问题，但是从中发现女性面临的不利条件和风险因素，及其与犯罪之间的关联。这种视角帮助我们认识到性别是社会建构的产物，有助于改变以往研究中男性犯罪和女性受害的简单二分法。

二、女性犯罪路径研究

女性犯罪路径研究把所有可能导致女性犯罪且与性别相关的风险因子纳入到女性为何犯罪的研究中，重点关注女性犯罪行为在其生命历程中的发展变化。在父权制的社会大背景下，女性的社会参与受限，如果没有遵守专门给女性制定的规则，就会被贴上"坏女人"的标签。同时，她们不断被灌输自己不如男性，也无法享受同工同酬，加上普遍存在的被虐待和弱势地位，女性所面临的问题及其与犯罪的关系似乎显而易见。正因为如此，相较于男性，被卷入刑事司法系统的女性多在经济上处于边缘地位，在原生家庭和亲密关系中受害或被虐待，患有身体和/或心理健康问题、成为未成年子女的未婚母亲、拥有有限的职业技能和零星工作经历、使用合法或非法成瘾物质进行自我治疗。这些因素单一或

［1］　Belknap, J., "Activist criminology: Criminologists' Responsibility to Ddvocate for Social and Legal Justice", *Criminology*, 53（1），2015, pp. 1~22.

［2］　Gerassi, L., "A Heated Debate: Theoretical Perspectives of Sexual Exploitation and Sex Work", *The Journal of Sociology & Social Welfare*, 42（4），2015, pp. 79~100.

［3］　Belknap, J., "Activist Criminology: Criminologists' Responsibility to Advocate for Social And Legal Justice", *Criminology*, 53（1），2015, pp. 1~22.

多个结合在一起影响着女性是否会犯罪。她们的犯罪路径可以总结为：女孩，变成妇女，单身母亲，无家可归，吸毒，从事卖淫，处于被虐待的关系，然后实施犯罪行为。

近年来女性犯罪的数量，尤其是因盗窃、诈骗以及涉毒罪被逮捕的数量有大幅增加。这种变化背后的原因也可能与执法部门对这类行为关注、打击力度的加大有关。比如，如前所述，女性更有可能求助于合法或非法成瘾物质来应对诸如虐待史的情感创伤，而对非法吸毒的严厉制裁就会造成女性犯罪者数量的增加[1]。吉尔弗斯（Gilfus）[2]通过对20名在押女犯生活史的定性分析，阐述了女性如何被主流边缘化并实施犯罪的路径：受害者——生存者——犯罪者。基于40起案件的法庭报告和笔录，戴利（Daly）[3]发现最常见的女性犯罪路径是：女性经历身体和/或情感虐待的混乱童年，逃出或被迫离开虐待她们的家庭，通过卖淫、盗窃、贩毒谋生。

德哈特（Dehart）[4]通过对60名高度风险戒备监狱在押女犯的定量和定性分析，把她们分为五大类：

（1）好斗的职业罪犯，会使用暴力，有酗酒和/或吸毒史，实施多种犯罪行为，多有心理健康问题；

（2）出于报复或自卫而攻击或伤害他人的罪犯，也有严重的心理健康问题，并有重度酗酒和/或吸毒问题；

（3）虐待儿童的罪犯，多由于过度暴力以及疏忽而造成儿童受伤或死亡；

（4）遭受亲密伴侣暴力的涉毒罪犯，包括涉毒的非暴力女性和与虐待伴侣一起吸毒的女性；

（5）社会资本缺乏的罪犯，由来自贫困、农村家庭，年龄较大、受教育程度较低的妇女组成，主要从事与毒品有关的犯罪，如贩运或制造毒品。

这些研究都发现，许多女性罪犯在童年和成年期经历过严重的伤害或虐待，有心理健康问题等，进而直接导致其因精神疾病、反抗暴力而实施犯罪行为，或间接导致其为了生存吸毒或卖淫等进而实施犯罪行为。

【思考题】

无论是女权主义犯罪学抑或女性犯罪路径研究，都认为很多女性是为了试图应对曾经遭遇或面临的创伤、逆境和生存问题而实施犯罪。为了减少女性犯罪或是再犯罪，你认为社会政策和刑事司法系统可以如何做以减少女性陷入或再次陷入受害者——罪犯的恶性循环？

---

〔1〕　Chesney-Lind, m. Girls' Crime And Women's Place: Toward a Feminist Model of Female Delinquency, *Crime & Delinquency*, 35（1），1989，pp. 5~29.

〔2〕　Gilfus, M. From Victims to Survivors to Offenders. *Women & Criminal Justice*, 4，1992，pp. 63~89.

〔3〕　Daly, K.（1992）. Women's Pathways to Felony Court: Feminist Theories of Lawbreaking and Problems of Representation. *Southern California Review of Law & Women's Studies*, 2（1），1992，pp. 11~52.

〔4〕　Dehart, D. D. Women's Pathways to Crime: A Heuristic Typology of Offenders, *Criminal Justice and Behavior*, 45（10），2018，pp. 1461~1482.

_____

_____

_____

_____

【课程思政】

理性认识我国及世界范围内女性罪犯数量增长

根据费尔和沃姆斯利（Fair & Walmsley）[1]的调查发现，2022 年全世界范围内有超过740，000 名在押女性。其中根据每 10 万人在押女性的数量，最高的国家包括美国（64）和泰国（47）。另外，通过自 2000 年以来的数据比较，发现全世界范围内在押女性数量增加了近 60%，而同期在押男性数量仅增加了 22%。在我国，张应立和孔一[2]分析最高人民法院公布 2017 年以来的判决罪犯的性别数据，发现判决女性罪犯的绝对数由 2017 年的118，195 人增加到 2021 年的 185，417 人，绝对数增加了 56.87%。其中以电信网络诈骗为代表的新型网络犯罪中，女性犯罪数量明显上升。他们认为女性占比的上升及判决的女性罪犯绝对数较大幅增加与女性在犯罪中的作用地位上升有关。你认为当下我国以及全世界范围内的女性罪犯数量增加的原因是否还与女权主义犯罪学或犯罪路径研究的结果一致？为什么？

_____

_____

_____

_____

【学习任务三】 智力与犯罪

智力包括一个人多维的认知能力，比如推理、抽象思考、快速学习和从经验中学习的能力等，用于测试智力比较著名的工具包括韦氏智力测验（Wechsler Adult Intelligence Scale）、斯坦福-比奈智力测验量表（Stanford-Binet test of Intelligence Scale）、考夫曼儿童成套评价测验（Kaufman Assessment Battery for Children，简称 K-ABC）等。如果说犯罪学

---

〔1〕 Fair, H. & Walmsley, R. World Female Imprisonment List, 5th. Ed. , Institute for Crime and Justice Policy Research, 2022, p. 14.

〔2〕 张应立、孔一：《近十年我国犯罪问题演变分析》，载《犯罪与改造研究》2023 年第 2 期。

界对年龄、性别与犯罪之间的关系抱有不同观点，那么智力与犯罪之间的关系则可以形容为争议颇大。

一、低智力犯罪

被称为"犯罪学之父"的意大利精神病学家龙勃罗梭曾言："如果能够像确定头骨容积那样计算出犯罪人智力的平均值，我认为人们可能会得到同样的结果，即发现他们的智力平均值低于正常人。"在《犯罪人论》这本著作中，龙勃罗梭列举了多位学者的相关论述，指出犯罪的原因是懒惰、"缺乏逻辑头脑，并且总是很轻率"。[1] 比如，维多克（Vidocq）提出，盗窃犯除了偷以外，不可能也不会做其他事情。派伦-杜查特莱特（Parent-Duchatelet）认为，妓女大多懒散，整天无所事事。库西奥（Curcio）的统计发现，每100名游手好闲者就有9人是被判刑人。

"智力落后"是现代用语，美国变态及临床心理学家亨利·戈达德（Henry Herbert Goddard）称之为"低能"[2]。他认为遗传因素是低能的主要原因，并致力于对低能群体的遗传研究。他在1908年到欧洲旅行时带回了比奈-西蒙智力量表，将其翻译成英文后，对学校儿童进行了大规模测试，后来改为采用经美国斯坦福大学推孟（Lewis M. Terman）教授修订过的斯坦福-比奈智力量表。他将心理年龄只有8~12岁，也就是智商测试结果为51~70的成年人定义为"愚鲁"，也就是我们现在在英美电影、电视里会听到的一个词"moron"。他在1912年测试了美国监狱里的罪犯，结果发现有50%~64%的罪犯存在智力落后现象。据此，他提出智力上的缺陷是违法犯罪的主要原因。

许多犯罪学家都认同智力与犯罪之间存在反比关系。也就是说，智力低于平均水平的人比高智力的人更有可能实施犯罪。埃利斯和沃尔什（Ellis & Walsh）[3] 的调查发现，罪犯和非罪犯之间存在明显智力差异。在智力测试中，一般人群中只有9.18%的人得分在80或以下，63.39%的智商在80到109之间，25%的智商等于或超过110。而一项针对得克萨斯州2002年入狱罪犯的研究表明，大约23%的罪犯得分低于80分，近69%的得分在80至109分之间，只有9.6%的得分高于110分。这个数据似乎能够清楚地证明罪犯的智力比非罪犯低。学者们也研究了低智力如何影响犯罪。有的[4][5]认为如果一个人智力低下，就会造成学业、工作表现差，难以与社会融合，因而更容易犯罪。也就是说，智力间

〔1〕 [意] 切萨雷·龙勃罗梭：《犯罪人论》，黄凤译，北京大学出版社2011年版，第106~108页。

〔2〕 Goddard, H. H. *The Kallikak Family: A Study in the Heredity of feeble-mindedness*. New York: Macmillan, 1912.

〔3〕 Ellis, L., & Walsh, A. Crime, Delinquency and Intelligence: A Review of the Worldwide Literature. In H. Nyborg (Ed.), *The Scientific Study of General Intelligence: Tribute to Arthur R. Jensen* (pp. 343~366). New York: Pergamon Press, 2003.

〔4〕 Herrnstein, R. J., & Murray, C. The Bell Curve: Intelligence and Class Structure in American Life. New York7 Free Press, 1994.

〔5〕 Ward, D. A., & Tittle, C. R. IQ and Delinquency: A Test of Two Competing Explanations. Journal of Quantitative Criminology, 10, 1994, pp. 189~212.

接影响着犯罪行为的发生。有的[1]认为智力较低的人理解他人和有效沟通的能力不高，特别是在面对人际威胁的时候，更有可能犯下严重和/或暴力罪行。比如对在押罪犯的两项大规模研究中，研究者们[2][3]就发现智力偏低的罪犯因谋杀罪入狱的比例偏高。格瑞等（Guay et al.）[4]则发现在押性罪犯中有 35.7% 的智力测试分数低于 75，有 25.1% 的得分低于 70（智力测试分数低于 70 的通常表明认知障碍或迟钝）。

二、高智力犯罪

对于无论是电影、电视、小说塑造出来的还是现实生活中真实存在的一些犯罪人表现出的高超谋略和技巧，龙勃罗梭认为"他们获得这样的成功是因为他们经常重复实施同样的行为；即使是笨人也会成为一项不断重复行为的伶俐者"[5]。也就是说，并不是这些犯罪人智力高，而是因为专注于一样"手艺"才显得擅长某种犯罪行为。比如盗窃犯从早到晚观察一家商店，日复一日，总能找到商店安保的漏洞，进而成功实施盗窃行为。还有的罪犯就是擅长开锁，屡屡得手，但是这并不代表他的智力比一般人高，而是如庖丁解牛，"手熟尔"。然而，龙勃罗梭并不否认天才犯罪人的存在。他举例诺奇诺和皮特罗托（Norcino & Pietrotto）具有特殊的才能，具体表现是任何一所托斯卡纳（Toscana）的监狱都没法把他们关上一个月的时间。再比如柯格纳（Cognar）冒名顶替被他杀害的同名者，瞒天过海，甚至骗过了死者亲属、一些将军和部长，成功当上上校，并被授予荣誉。要不是被以前的一个狱友认出，他可能还要平步青云当上元帅。

有关高智力与犯罪之间关系的研究非常少，詹姆斯·奥莱森（James C. Oleson）[6]基于高智商协会成员、大学生和罪犯的样本分析，发现高智力（智力测试高于 130 分以上）的罪犯比智力较低的罪犯实施了更多的犯罪行为，而且被发现、逮捕、起诉、审判和最终判刑的比例也低于低智力罪犯。美国历史上曾经有不少高智力的连环杀人犯。比如泰德·卡钦斯基（Ted Kaczynski）的智力测试分数为 167，他在 25 岁就被加州大学伯克利分校聘为该校历史上最年轻的助教。但是，这样一位所谓的数学天才在 1978 年到 1995 年的 17 年期间，在美国各地安放自制炸弹，造成 3 人死亡，23 人受伤。他会被逮捕的重要原因是，他要求《纽约时报》和《华盛顿邮报》刊登他 35000 字、78 页的论文：《工业社会及其未来》，而正是这篇论文的笔记和内容被其家人认出，导致其落网。这个案例似乎可

〔1〕 Welte, J. , & Wieczorek, W. Alcohol, Intelligence and Violent Behaviour in Young Males. Journal of Substance A-buse, 10（3）, 1999, pp. 309~319.

〔2〕 Hayes, S. , & McIlwain, D. The Prevalence of Intellectual Disability in the NSW Prison Population: An Empirical Study. Canberra: Report to the Criminology Research Council, 1988.

〔3〕 Jones, G. P. , & Coombes, K. The Prevalence of Intellectual Deficit Among the Western Australian Prisoner Popula-tion. Perth: Western Australia Department of Corrective Services, 1990.

〔4〕 Guay, J. P. , Ouimet, M. , & Proulx, J. On Intelligence and Crime: A Comparison of Incarcerated Sex Offenders and Serious Non-sexual Violent Criminals. International Journal of Law and Psychiatry, 28, 2005, pp. 405~417.

〔5〕 ［意］切萨雷·龙勃罗梭：《犯罪人论》，黄凤译，北京大学出版社 2011 年版，第 108 页。

〔6〕 Oleson, J. C. , *Criminal Genius: A Portrait of High-IQ Offenders*, Oakland, CA: University of California Press, 2016.

以证明：如果罪犯是高智力，其犯罪手段往往具有高度组织性和隐蔽性的特点，因而导致了他们犯罪次数多、程度恶劣却又难以被发现的结果。不过，《连环杀手大全：世界上最凶狠的 150 名连环杀手档案》的作者罗斯伍德（Jack Rosewood）认为，连环杀手并不都是高智力，而是高智力的连环杀手更吸引媒体和公众，因而被广泛研究和讨论。

【思考题】

在英国小说家阿瑟·柯南·道尔（Arthur Conan Doyle）的福尔摩斯系列中，福尔摩斯与大反派莫里亚蒂的对决出现在多篇故事中，其中，在《最后一案》[1] 中福尔摩斯跟华生形容莫里亚蒂：

"他是犯罪界的拿破仑，华生。伦敦这个大都市里的犯罪活动有一半是他组织的，几乎所有未侦破的犯罪活动都是他组织的。他是个天才、哲学家、深邃的思想家，具备人类一流的智慧，像只蛰伏在蜘蛛网中心的蜘蛛，一动不动，但是，蜘蛛网千丝万缕，他熟悉每一丝每一缕的情况。他本人极少行动，只是出谋划策。他爪牙众多，组织严密。我们不妨说，如果要实施一桩犯罪，要盗窃一份文件，要打劫一户人家，要干掉一个人……只要把话传给教授，事情就会组织实施。爪牙可能被抓，如果出现这种情况，那就花钱进行保释，或者进行辩护。但是，指挥爪牙的核心人物从未被抓过——从未被怀疑过。这就是我推断的那个犯罪组织，华生，我殚精竭虑要揭露它，要粉碎它。"

福尔摩斯承认"终于遇上了一个智慧方面与我旗鼓相当的对手。我对他所犯的罪行深恶痛绝，但对他高超的技巧却很是佩服。"

思考：在监狱中像莫里亚蒂这样高智力的罪犯似乎非常少，你认为是由于他们手段高明很难被捕获还是现实中这样高智力的罪犯实际就是非常少？为什么？

【知识链接】

智力与犯罪之间关联的有效性备受质疑

---

〔1〕　［英］阿瑟·柯南·道尔：《福尔摩斯探案全集》，潘华凌译，湖南文艺出版社 2022 年版，第 702~703 页。

【能力测试】

【课堂笔记】

第十二单元　微观个体环境因素

【思维导图】

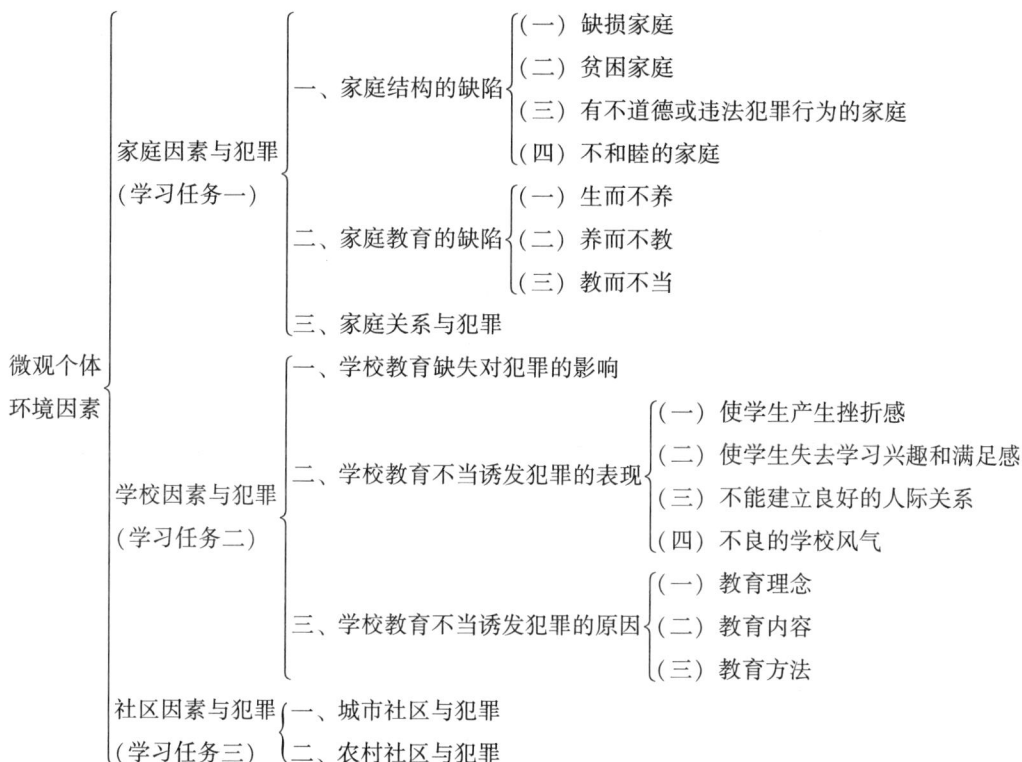

【学习目标】

知识目标：了解导致个体违法犯罪的家庭、学校和社区环境等风险因素。

能力目标：能够使用家庭、学校、社区环境等因素解释个体产生犯罪行为的原因，能够正确看待和处理个体在家庭、学校、社区环境中遇到的问题。

素质目标：通过多因素角度分析个体犯罪原因的训练，提升全面分析问题的能力，培养细致、严谨的职业素养。

【引言】

犯罪是社会因素和个人因素相互作用的结果。犯罪的社会环境因素是指能够引起和促进犯罪行为产生、发展和变化的各种社会现象的总和。社会环境因素作为影响犯罪最普遍、最根本的因素，对犯罪的产生、发展和变化有着不可估量的作用，犯罪的社会环境因素研究在整个犯罪学理论研究体系中居于极其重要的地位。为了便于认识和理解，我们通常将社会环境因素划分为微观个体环境和宏观社会环境。

微观个体环境因素直接、具体地影响人们的生活，主要包括家庭因素、学校因素和社区因素。微观环境是个体生活于其中的环境条件，它规定着个体生活和交往的基本范围，它对个体的影响是通过直接交往进行的，因而对个人的人格特征和行为模式特征的形成具有重大影响。[1] 导致个体产生犯罪行为的直接原因往往是由于周围微观环境的刺激引发的。本单元重点介绍微观个体环境因素与犯罪的关系。关于宏观社会环境因素与环境的关系，详见第十三单元。

【案例导入】

大连 13 岁男孩奸杀 10 岁女童案："还好我虚岁 14!"[2]

2019 年 10 月 20 日下午 3 点，大连市沙河口区，14 岁的蔡某某来到一家水果店，问一个中年男子："琪琪去哪了？"眼前这位毫不设防的爸爸告诉他：琪琪去上课了。

下午 3 点 30 分，在离家不到 150 米的路上，年仅 10 岁的女孩琪琪遇到了蔡某某。蔡某某把天真的琪琪骗到自己家中，试图强行猥亵。此时，蔡某某的父母都在家，可他们什么也没有做，就像不在家一样。

在女孩激烈的反抗之下，蔡某某发了疯似地掐住女孩颈部，并暴击她的头部，现场鲜血淋漓。他先后在她前胸砍了 4 刀，头部刺了 1 刀，随后抛尸在离家 20 米的小树林。蔡母帮儿子擦干血迹，然后便带着他一起去卖废品。似乎什么也没发生过。

下午 4 点左右，琪琪的妈妈察觉女儿不见踪影，叫了全家人和街坊邻居一起四处寻找女儿的踪迹。当大家像无头苍蝇般四处寻找时，被扔在小树林里的琪琪仍有一息尚存，正在一点点流尽最后的血。而凶手蔡某某此时则若无其事地跟在这些人后面，甚至还假模假

---

〔1〕 张远煌主编：《犯罪学》，中国人民大学出版社 2022 年版，第 154~155 页。

〔2〕 资料来源：https://www.sohu.com/a/352000159_604521，最后访问时间：2023 年 2 月 18 日。

样问了一句："你女儿找着没有？"

几小时后，四处寻找女儿无果的琪琪爸妈匆匆赶到派出所报案，并调看了女儿回家路上经过的店铺监控录像。就在离家一百多米的位置，琪琪进入了监控视线的盲区。

晚上7点10分左右，琪琪家人踏进了小树林，最终在一片灌木丛中，发现了女儿伤痕累累的遗体……琪琪妈妈此时情绪崩溃，几乎瘫到地上。此时的琪琪失血过多，已经没救了。她忍受着满身的疼痛，痛苦地离开了这个世界。而这时候，蔡某某也在现场，他站在受害者家人背后，嘴里嘟哝了句："真死了啊。"几分钟后，警察抵达了现场。

晚上7点20分，蔡某某回到家中，在同学群发了一条从自家窗户拍摄的搜查现场视频，开始直播他看到的死者，死亡现场，以及警察开始怀疑并最终锁定他的过程……被警察找到时，蔡某某有些慌乱是难免的，但同时他又暗自窃喜"我虚岁14"！他深知自己有免罪金牌，所以即使在被警察带走时，仍然淡定地蹲下身，仔细地系好自己的鞋带。他内心笃定：我未满14周岁，谁也不能把我怎么样。

事发后，13岁杀人男孩的舅舅说，这娃平日里好着呢，网络上大家是越传越邪乎了，我不认为他不正常！舅舅大概不知道，近一两年，蔡某某一直都在不断地骚扰附近的女性。事件发生以后，大连当地多名女性想起自己都曾遇到过这个一米七高，一百四十多斤的"男孩"，以假装问路的形式尾随进楼道，趁机搂抱女性。当时，她们没有什么证据，也都没有报警处理，有的只是跟朋友说了一下自己当时的害怕。蔡某某就像一个丧失理智的小野兽，潜伏在这个区域，每天红着眼睛观察着每一个能看到的女性，直到那天遇到了落单的女孩琪琪。

其实，蔡某某在这之前，就已经有了明显的异常行为，可他的父母并没有意识到。或者说，他们意识到了，却无动于衷。父母的不作为、不沟通、不正视、过于严厉或溺爱，很容易激发孩子严重的心理和行为问题。

一位在现场悼念的小区居民表示，她曾见到蔡某某在小区里掀了一个年轻姑娘的裙子，年轻姑娘去找蔡某某家长评理，可蔡某某的父亲没有理会，反而把这个姑娘给骂了一顿。长此以往，蔡某某不仅没觉得自己错，反而认为自己的行为有了强大的靠山，于是变本加厉，最终酿成大祸。

【学习情境】

从上述案例中可以看到，未成年人蔡某某在恶行初现的时候，父母只是纵容，甚至充当帮凶，事不关己，高高挂起，最终酿成大错。在实际生活中，也总有父母认为孩子还小，叛逆期过去就好了，等大一些了他自然能知道什么该做什么不该做。可是年龄的增长不代表认知的提高和素质的提升！当一个孩子坏事做多了习惯了，他就逐渐形成了难以自控的随心所欲，甚至无法无天。父母教育的缺位，终将会把孩子心中约束的那根链条扯断，把关在牢笼的野兽放出来，最终酿成大祸。在这个案例中，除了家庭教育的因素，学校教育、社区环境又对蔡某某的行为产生怎样的影响作用？

人一出生首先接触的环境就是家庭，然后是学校、社区环境，这些个人成长的环境因素与犯罪行为有着怎样密切的关系，在本单元中将一一分析。

【课前预习】

_____

_____

_____

【学习任务一】 家庭因素与犯罪

家庭是人们社会化的第一场所。人在从生物人转变成社会人这一社会化的过程中，与家庭发生的联系最早，关系最紧密。家庭对个人早期生活的影响最深。人在幼年时期大部分时间都在家庭中度过，家庭是个人生活的主要环境之一，父母则是孩子的第一任老师。良好的家庭环境会促使个人健康成长，抑制犯罪心理的产生和发展，造就合格公民。反之，不良的家庭环境则会妨碍个人的健康成长，影响个人产生犯罪心理和行为。人的社会化的基础来源于家庭，家庭是人生的第一课堂。家庭环境影响着一个人的成长和发展，每一个人的身上，总会留下自己独特的家庭烙印。家庭的人际关系氛围、成员构成、社会经济地位、家庭成员的言谈举止、家长的教育方式等会对孩子产生重要影响。

一、家庭结构的缺陷

家庭结构指家庭成员之间的代际和人际关系模式。在社会学中，一般把家庭结构分为核心家庭、主干家庭、联合家庭以及其他形式的家庭等四种类型。家庭结构的缺陷主要表现为家庭成员的缺陷、家庭经济结构的缺陷和家庭人际关系不和谐等。家庭结构的缺陷往往是青少年犯罪的重要影响因素，表现为：

（一）缺损家庭

缺损家庭是由于父母离异、早逝、分居、入狱等形成单亲家庭这一不完整的家庭环境。如在离异家庭中的孩子，往往从内心认为父母亲的关系不好是因自己导致的，从而产生自卑、焦虑、暴躁、封闭、孤独、失望等心理，影响孩子良好性格及意志品质的形成，进而在行为上产生偏差。缺损家庭往往对子女缺乏有效的监督和管教，孩子在早年成长中缺乏感情依恋的对象，使得正常感情得不到发展。完整的家庭结构能够使家庭功能得到有效发挥，能够有效减少犯罪的产生。

（二）贫困家庭

贫困家庭的经济水平处于较低的状态。家庭经济收入不高，通常不能给子女提供充足的经济支持，制约孩子的成长与发展。贫困并不一定导致犯罪，但是在犯罪人群体中，家庭经济水平不高的呈现较高的比例。如在青少年犯罪中，许多青少年犯的初次越轨行为都是从小偷小摸开始，偷窃占比较高，其次是抢劫、抢夺等，从犯罪目的上看，都是围绕财物进行的犯罪活动。家庭经济状况对家庭成员影响的一个重要环节是"家风"，家风是家庭教养优劣的表现窗口。

（三）有不道德或违法犯罪行为的家庭

这种家庭的部分成员有不道德甚至是违法犯罪行为。孩子在这一生活环境中就会耳濡目染，有样学样，造成越轨甚至犯罪行为的"遗传"。如在现代社会生活中，有些家长下班后窝在沙发上打游戏，刷小视频，没有心思和精力照看孩子，于是就扔给孩子一部手机或平板电脑，导致孩子在很大程度上会逐渐沉迷网络，有的走上歧路。青少年群体好奇心强，易受暗示和影响，善于模仿，可塑性强，但辨别是非的能力弱，所以更容易受到身边行为的影响。有研究表明，家庭成员中存在有不良品行或违法犯罪行为的成员，对其他成员的犯罪心理和犯罪行为都起着一定的负面影响作用，如心理影响、行为示范等，都会潜移默化地腐蚀孩子幼小的心灵，导致其走上歧途。

（四）不和睦的家庭

这种家庭结构的成员之间关系比较危险，彼此之间的情感链接薄弱。在这种家庭中，夫妻双方关系不和、敌对情绪蔓延，尽管两人没有走到离婚这一地步，但孩子在此环境中生活，体会不到令人满足的爱，也会对亲密关系的认知产生偏差，容易导致孩子在成年以后无法处理好家庭生活关系。

二、家庭教育的缺陷

家庭教育不同于其他教育，其不是系统的知识传授，而是在人的社会化过程中，潜移默化地影响家庭成员。从智力发展的幼儿期到个性逐渐形成的青少年期，青少年受到的教育大部分来自于家庭。青少年对当今社会的态度、人生观和伦理道德的形成和确立，无不打上家庭的烙印。家庭教育是家庭精神生活的一个有机组成部分，也是决定家庭成员未来走向的最重要因素。积极、健康的家庭教育能弥补家庭结构和家庭功能的缺陷和不足。在家庭中，父母对子女的管教方法不当或教养态度、观念的错误，足以诱发子女走上犯罪的道路。相关研究发现，青少年犯罪的原因主要在于家庭因素，尤其以家庭教育不当占绝大多数，父母教育不当是产生青少年行为问题的主要原因。表现为：

（一）生而不养

生而不养即父母亲把孩子生下来后弃养。如有些地方人们"重男轻女"的思想严重，生下女孩后便抛弃。又如有的青年未婚先孕，受现实生活条件的制约也会选择丢弃孩子。在此过程中，这些孩子有的会面临死亡，有的即使活了下来，却因得不到来自父母的爱，很难感受到生活的幸福。

（二）养而不教

有的父母在养育孩子的过程中，迫于现实的需要或只顾自己享乐等，忽视对孩子的关爱和教育，采取只给钱不付出情感的养育方式。如有的孩子在拿了父母的钱后乱花一通，用钱换友情，一旦没钱朋友就四散而去，产生极大的心理落差。这些孩子与父母的关系更像是"业务关系"，没钱了才联系，缺乏情感流动。孩子步入青春期后，父母想要管教了才发现由于情感链接不紧密，孩子根本不听自己的管教。又如现代社会中，随着离异家庭子女和"留守少年"比例大幅上升，父母整天为生活而奔波忙碌，很少有时间关注孩子的生活或与孩子沟通，他们多由年事已高的祖父母抚养，缺少父母关爱，经济和精神上的缺乏往往影响到孩子的健康成长和心理的正常发展，此类孩子往往性格孤僻、为人阴沉、言行粗野，过早流向社会，成为犯罪群体的潜在人员。

（三）教而不当

家庭教育是一门艺术也是一门科学，教育方法得当与否直接关系到家庭教育的成败。在家庭生活中，父母是最合适、最能取得良好效果的施教者，他们的教育和引导对子女顺利踏上社会和适应社会是必不可少的。父母对孩子的教养要注意方式方法，过于严苛、松散都易产生教养不当的问题。比如：

一是专制型。专制型家长过于严格、简单粗暴，对孩子有拒绝、敌对、过分干涉、支配、专横、独裁、期望过高等行为。专制型家庭有许多规矩要遵守，专制的父母会设法阻止任何暗示亲子关系平等的互动，希望孩子绝对的服从。有的家长一旦孩子达不到自己的期望水平时，就会由爱生恨，采取简单粗暴的教育方法对待孩子。这些做法很容易使孩子在身体和心灵上遭受多重打击，自尊心和自信心受到伤害，逐步形成孤僻、冷漠、固执、玩世不恭的个性，容易产生敌对他人的社会心理和扭曲变态的人格特征，进而转向社会寻求"温暖"，一旦遇到不良团伙很容易被利用。

二是溺爱型。此种类型的父母过分保护孩子，让孩子在家中处于核心地位，想方设法满足孩子的种种要求，对其不正当的要求甚至是过错都毫无原则地迁就、包庇乃至纵容。长此以往，父母容易让子女养成好逸恶劳、贪图享乐、自私自利的人生观和骄横、任性、以自我为中心的不良品质。

三是放任型。此种类型的家长对孩子的行为表现出放纵、不惩罚、接受的态度，甚至对孩子表现出的攻击性行为和性冲动也是如此。放任型父母抱着"树大自然直"的观念对待孩子的成长，认为教育孩子是学校的事情，对子女放任自流、听之任之，视自己为"资源供应者"，只满足孩子的物质需要，不考虑孩子的精神需求和人格的健康成长。

四是忽视型。忽视型父母很少参与孩子的生活，往往忽视、不关心孩子的教育，对孩子的一切表示淡漠，他们对孩子没什么要求，也很少做出回应，几乎完全无视自己作为父母应尽的职责。此类父母的极端教养方式就是让孩子自生自灭。有研究表明，忽视型父母的教养方式是未成年人违法犯罪最危险的影响因素。[1]

三、家庭关系与犯罪

家庭关系是人间最亲密的社会关系。在家庭关系中，又可分为姻缘关系、血缘关系、收养关系等。在家庭关系中，最基本的是夫妻关系，夫妻关系是现代家庭的基础和支柱。

---

〔1〕［美］柯特·R.巴托尔、安妮·M.巴托尔：《犯罪心理学》，李玫瑾等译，中国轻工业出版社2021年版，第41~42页。

亲子关系是家庭中最稳定的关系，具有不可解除性。家庭成员复杂的关系会影响到对孩子的教育，如由父母和祖父母共同抚养孩子的家庭，如果大人之间教育方法不统一、缺乏一贯性，甚至产生争执和矛盾，对孩子的评价彼此矛盾、反复无常，就很容易让孩子出现价值失范、产生迷惑，趁机"钻空子"或不知如何适从。重组家庭中的继父母和养子女关系是十分敏感的家庭关系，处理不当容易导致犯罪行为的产生。

【知识链接】

陌生情境实验

【思考题】

什么是依恋理论？依恋是如何影响未成年人违法犯罪和成年人的犯罪行为的？

_____

_____

_____

【课程思政】

贯彻落实《家庭教育促进法》，增进家庭幸福与社会和谐

《中华人民共和国家庭教育促进法》是为了发扬中华民族重视家庭教育的优良传统，引导全社会注重家庭、家教和家风，增进家庭幸福与社会和谐，培养德智体美劳全面发展的社会主义建设者和接班人而制定的法律。2021年10月23日，中华人民共和国主席习近平签署中华人民共和国主席令第九十八号，公布《中华人民共和国家庭教育促进法》。2022年1月1日，《中华人民共和国家庭教育促进法》正式实施。

其中第5条规定：

家庭教育应当符合以下要求：

（一）尊重未成年人身心发展规律和个体差异；

（二）尊重未成年人人格尊严，保护未成年人隐私权和个人信息，保障未成年人合法权益；

（三）遵循家庭教育特点，贯彻科学的家庭教育理念和方法；

（四）家庭教育、学校教育、社会教育紧密结合、协调一致；

（五）结合实际情况采取灵活多样的措施。

第17条规定：

未成年人的父母或者其他监护人实施家庭教育，应当关注未成年人的生理、心理、智力发展状况，尊重其参与相关家庭事务和发表意见的权利，合理运用以下方式方法：

（一）亲自养育，加强亲子陪伴；

（二）共同参与，发挥父母双方的作用；

（三）相机而教，寓教于日常生活之中；

（四）潜移默化，言传与身教相结合；

（五）严慈相济，关心爱护与严格要求并重；

（六）尊重差异，根据年龄和个性特点进行科学引导；

（七）平等交流，予以尊重、理解和鼓励；

（八）相互促进，父母与子女共同成长；

（九）其他有益于未成年人全面发展、健康成长的方式方法。

结合《中华人民共和国家庭教育促进法》，谈谈家庭因素中诱发犯罪的因素有哪些？如果未来有朝一日你为人父母，你将如何扮演好家长这一角色？

_____

_____

_____

_____

【学习任务二】 学校因素与犯罪

对于青少年来说，学校是除家庭以外待的最多的地方，也是个人进入社会的准备阶段和过渡场所，是个人进行社会化的重要环节。学校开展正确的教育，不但可以提高学生的知识和技能，同时还能提高人的修养，培养高尚的情操、良好的品行。学校对人的良好品质和行为模式的发展起到极其重要的作用。学校教育状况的好坏，直接影响着青少年犯罪的水平。如果学校教育存在不良的倾向和失误，则极易导致个体产生心理上的挫折感和异常状况，从而导致青少年走上违法犯罪的道路。所以说，学校教育过程中的各种因素对个体的犯罪行为起着重要的作用。

一、学校教育缺失对犯罪的影响

学校教育是青少年完成社会化过程中的重要一环，根据我国法律规定，凡是年满 6 周岁的儿童均须入学接受九年制义务教育，但一些贫困地区儿童的退学率和辍学率仍然很高。失学、辍学使得适龄儿童无法接受正常的学校教育，不仅意味着无法学习知识，更重要的是失去了正常社会化的路径。辍学的儿童是文盲也更是法盲，流浪社会后必然会感到不适应，容易受周围不良因素的影响而极易染上恶习，从而形成反社会人格。退学、辍学成为青少年走上犯罪道路的重要诱因。

二、学校教育不当诱发犯罪的表现

（一）使学生产生挫折感

如果学生在学校一直成绩不好，那么他不仅学不到知识，还会因学习成绩差被贴上"差生"的标签，产生挫败感和自卑心理。同时，部分教师教育方式欠妥，让部分学生产生恐惧感和厌学情绪，如果教师不能对学生一视同仁，偏爱学习成绩好的学生，忽视甚至嫌弃学习成绩差的学生，同时对学生不当的处罚，导致学生产生对抗老师、学校的逆反心理，从而自暴自弃，流浪于社会，最后走上犯罪道路。

（二）使学生失去学习兴趣和满足感

如果学校所讲授的课程与学生的需要和志向没有太大的联系，学生就会失去学习的兴趣。一些学校通常不注意学生的兴趣，根本不开设学生感兴趣的课程。对于这些学生来说，由于很难在学校中找到能够获得快乐的活动，再加之学校很少关心他们的学习愿望，就会使其产生不满足感，甚至转移到其他途径中去寻找自尊，如打架、打游戏等。

（三）不能建立良好的人际关系

学校人际关系良好与否对学生具有深远的影响。然而，许多学校中的班级太大、人数众多。不善于与人建立亲密关系的学生在这种环境中难以建立起温暖的同学、师生关系。这些因素就容易使学生在心理上产生创伤，对学校产生抗拒心理和失望情绪，对学校生活越来越不适应，从而很容易进行违法犯罪活动。

（四）不良的学校风气

良好的学校风气是学校最为宝贵的精神财富，也是对个体塑造具有良好影响的重要人文环境因素。学校风气不良主要是指学校的学习氛围、学习纪律制度等不符合一般的社会期望和道德要求。风气不良的学校会促使个体犯罪心理和犯罪行为的产生。良好的学校风气、班级风气以及学习风气可以促进学生奋发向上刻苦学习，并形成相互促进和鼓励的学习氛围，其对于教学质量的提升、学生品格的发展及塑造都起到重要作用。

三、学校教育不当诱发犯罪的原因

（一）教育理念

普遍的应试教育模式导致部分学校单纯重视学习成绩，忽略人文素质教育，在课程设置上单一，学生的个性发展受到严重压制，心理发展受到严重阻碍。在落后的教育理念与教育方法下，学生难以形成正确的世界观、人生观、价值观，面对社会上的不良风气与诱惑，一旦被教唆和引诱，就很容易走上犯罪的道路。以分数为核心的教育往往忽视实际操作，当个体步入社会后发现理想与现实差距大，心理出现落差。无法面对现实时就会产生挫败、悲观、厌世、自暴自弃的心理，当这种情绪达到高点时就极易走上犯罪道路。学校教育应德育与智育并举，以培养学生的健全人格为目的，如果只重视智育，忽略德育，在某种程度上不但不能减少犯罪，反而增加犯罪。

（二）教育内容

学校作为联结家庭与社会的重要中介与桥梁，在教育教学中，不仅要向学生传授基本的知识与技能，还要形塑学生的价值观念。但就目前教育状况看，有的学校片面追求升学率，只重视课本知识教育，学校教育功能单一。行为规范的教育、心理健康教育、恋爱观教育、性教育、道德法治教育、禁毒教育等长期未落实到实处，导致学生缺乏必要的社会生活知识和基本能力。其实，教育应有多个等级和层次构成，以培养健全人格为主旨和动力。学校应通过对学生进行科学文化知识的传播和道德法律知识的传授，塑造学生的主观世界，让学生明白什么样的行为是犯罪以及明确犯罪导致的严重后果，从而培养学生良好的道德习惯和遵纪守法的品德。

（三）教育方法

教育是一门艺术。教育方法是指学校及教师在学校教育过程中所采纳的方法与手段。良好的教育方法可以起到事半功倍的效果，更好地促进学生的健康发展。而不当的教育方法，既不利于教师把教育内容准确地传授给学生，也不利于学生自觉接受教育内容，甚至还可能导致师生关系紧张对立，反而可能将受教育者推向教育的反面。比如，有些学校以填鸭式的应试教育为主，忽视学生的主体地位。有的老师职业素养堪忧，在做学生思想工作时水平低，手段少，平时不注重关心爱护学生。一旦出现问题，又不注重分析原因及时反思，而是采取简单粗暴的批评、处分甚至是体罚、侮辱学生人格、勒令"问题学生"退学、采取开除学籍等方式。这就难以塑造学生健全的人格和高尚的情操，使学生反叛、厌学、自暴自弃、绝望。学校把矛盾推向社会，造成这部分学生无人约束、无人管教的局面，进而将这类学生推向犯罪的边缘。

此外，除了校园环境对个体犯罪有重要影响之外，学校周边环境因素也与犯罪产生一定的联系。学校周边环境恶劣，如存在不法娱乐场所、过多的网吧游戏厅、不健康音像制品店等，都会对学校正常教学秩序产生不利影响，容易诱发学生的物质欲望、消费欲望、不良的娱乐消遣欲望等，成为刺激青少年学生违法犯罪的因素。

【课程思政】

远离校园犯罪

《中华人民共和国未成年人保护法》是为保护未成年人身心健康，保障未成年人合法权益，促进未成年人德智体美劳全面发展，培养有理想、有道德、有文化、有纪律的社会主义建设者和接班人，培养担当民族复兴大任的时代新人，根据宪法制定的法律。2020 年 10 月 17 日，第十三届全国人民代表大会常务委员会第二十二次会议第二次修订《中华人民共和国未成年人保护法》，自 2021 年 6 月 1 日起施行。修订后的未成年人保护法分为总则、家庭保护、学校保护、社会保护、网络保护、政府保护、司法保护、法律责任和附则，共九章 132 条。

其中第 39 条规定：

学校应当建立学生欺凌防控工作制度，对教职员工、学生等开展防治学生欺凌的教育和培训。

学校对学生欺凌行为应当立即制止，通知实施欺凌和被欺凌未成年学生的父母或者其他监护人参与欺凌行为的认定和处理；对相关未成年学生及时给予心理辅导、教育和引导；对相关未成年学生的父母或者其他监护人给予必要的家庭教育指导。

对实施欺凌的未成年学生，学校应当根据欺凌行为的性质和程度，依法加强管教。对严重的欺凌行为，学校不得隐瞒，应当及时向公安机关、教育行政部门报告，并配合相关部门依法处理。

第 40 条规定：

学校、幼儿园应当建立预防性侵害、性骚扰未成年人工作制度。对性侵害、性骚扰未成年人等违法犯罪行为，学校、幼儿园不得隐瞒，应当及时向公安机关、教育行政部门报告，并配合相关部门依法处理。

学校、幼儿园应当对未成年人开展适合其年龄的性教育，提高未成年人防范性侵害、性骚扰的自我保护意识和能力。对遭受性侵害、性骚扰的未成年人，学校、幼儿园应当及时采取相关的保护措施。

《中华人民共和国预防未成年人犯罪法》是为了保障未成年人身心健康，培养未成年人良好品行，有效地预防未成年人犯罪制定的法律。2020 年 12 月 26 日，《中华人民共和国预防未成年人犯罪法》由中华人民共和国第十三届全国人民代表大会常务委员会第二十四次会议于修订通过，自 2021 年 6 月 1 日起施行。

其中，第 18 条规定：

学校应当聘任从事法治教育的专职或者兼职教师，并可以从司法和执法机关、法学教育和法律服务机构等单位聘请法治副校长、校外法治辅导员。

第 19 条规定：

学校应当配备专职或者兼职的心理健康教育教师，开展心理健康教育。学校可以根据实际情况与专业心理健康机构合作，建立心理健康筛查和早期干预机制，预防和解决学生心理、行为异常问题。

学校应当与未成年学生的父母或者其他监护人加强沟通，共同做好未成年学生心理健康教育；发现未成年学生可能患有精神障碍的，应当立即告知其父母或者其他监护人送相关专业机构诊治。

结合《中华人民共和国未成年人保护法》及《中华人民共和国预防未成年人犯罪法》，谈谈学校教育不当从而诱发犯罪因素有哪些？

结合自身经历与生活实际，谈谈个人在大学校园里应如何做好犯罪预防？

【思考题】

某大学发生一起凶杀案，一个男生杀死了一个女生。事后调查得知，男生原来是女生高中的男友。高考让两人命运发生了重大改变，女生考上了理想的大学，而男生却落榜了。女生拒绝跟男生再谈恋爱，男生无法接受这一事实，便实施了杀人行为。

请问你认为导致该男生杀人犯罪的原因是什么？如何预防此种情形的杀人犯罪？

【学习任务三】 社区因素与犯罪

社区是社会学中的概念，指由临近空间生活的个体所形成的基本社会结构单位，是除了家庭、学校和工作场所以外的个体社会化的重要场所。社区的含义不能简单理解为地理概念，而是一群有良好互动关系及发展出来的人际网络和正式或非正式的组织。[1] 社区具有政治、经济、文化、生活方式等社会构成的基本要素，街道、市区、乡镇、村庄等都是规模不等的社区。

社区是一个"小社会"，具有如下特征：一是区域性；这种区域具有可划分性，如城市社区、农村社区、街道社区等。二是具有群体性；社区是由一定的人口组成。三是具有互动性；社区中的人口在各方面都要交流、活动，由此形成了共同生活的互动关系，这是社区的基本特征。四是依靠共同的文化维系；在社区中，个体行为受一定规范的调节，社区成员有着共同的社区意识、价值标准和道德规范，使人们对社区具有认同感和归属感，从而形成凝聚力。如果在一个社区内，积极的道德规范和行为准则能够得到社区成员的普遍认同，就会有助于个体的健康发展；反之，则会对个体发展产生消极影响。

一、城市社区与犯罪

城市是现代化文明进程的重要标志，也是现代社会发展的重要规律之一。城市社区是

---

〔1〕 宋浩波、靳高风主编：《犯罪学》，复旦大学出版社 2009 年版，266 页。

城市化进程中区域经济发展中的重要组成部分，一方面城市社区发展的社会经济作用在城市化进程中表现突出，城市社区在履行社会管理职能、实现社会控制方面发挥着不可替代的作用；另一方面城市化进程也为城市社区带来许多社会问题，各种社会矛盾聚集导致城市社区犯罪的产生。从原因上看包括：

第一，城市社区综合病症比较明显。从大环境看，城市居住环境紧张、布局不科学、交通拥挤、环境污染等城市社区综合病症，为犯罪现象滋生提供了温床。随着城市规模的不断扩大，城市辐射功能增强，在城市的一些商业区和工业区极易产生拥挤、污染等问题，人、财、物的高速流动容易导致社会生活杂乱无序的现象，形成治安隐患，如在城市中心的"老破小"住宅区、边缘地区、地下街、商住混合楼等城市死角地区容易发生犯罪案件。

第二，城市社区人口结构比较复杂。我国城镇化的速度较快，城市社区的发展吸引了大量的流动人口，流动人口的激增，特别是农村劳动力大量涌入城市，成为我国城市人口结构的主要特征之一。城市社区人员身份复杂，加上与之相适应的社会管理措施和福利保障机制不完备，为城市犯罪增加了可能性。城市流动人口一方面因为居住环境条件有限、生活不稳定、自身安全感不足，极易成为犯罪分子的作案目标；另一方面，流动人口的增加使得就业压力不断提升，一些混杂在流动人口中的社会无业人员、前科劣迹人员及好逸恶劳人员容易选择"捷径"，走上犯罪道路。此外，城市中的人员构成在教育水平、职业、收入等方面存在较大的差异，贫富差距明显，这就导致一部分人心理失衡，甚至滋生仇富心理，诱发犯罪动机。

第三，城市社区文化比较多元。现在城市文明包容性强，多元文化并存一方面丰富了城市的生活，增加了城市的活力，但另一方面也不可避免地出现文化碰撞与摩擦，甚至是文化冲突。受不同文化背景影响的人们在人生观、价值观、心理模式、人格特质等方面存在较大差异，他们认识问题、分析问题、解决问题的方式有时甚至大相径庭，这种文化的多元与产生的壁垒隔阂很难在短时间内消除，容易导致极端犯罪行为的产生。同时，从城市社区文化娱乐设施发展的角度看，在一定程度上满足了城市社区人们的精神文化需求，但不可否认的是城市中也存在着畸形消费和藏污纳垢的场所，如有的娱乐休闲场所成为卖淫嫖娼、赌博斗殴等犯罪的高发区。

第四，城市社区人际关系比较淡化。从小环境看，城市社区中人与人关系趋向于淡化，社会关系复杂多样，社区居民之间结构多元化、杂居化、陌生化，邻里之间互不相识，关系冷漠、高密度的居住容易因生活琐事产生隔阂，这些都是现代"城市病"在人际关系上的表现。紧张的工作生活使得人们忙着追逐利益与成功，朴素、单纯的情感交流变成了一种奢侈品，"事不关己高高挂起"这一人际关系的淡漠也使得城市犯罪控制工作困难重重。

二、农村社区与犯罪

我国农村人口占总人口的40%左右（2022年），农业经济在国民经济中具有举足轻重的地位。改革开放以来，我国农村社会逐渐从封闭、落后、传统向开放、文明、现代的方向转变。在农村现代化的过程中，犯罪成为一种伴生现象，农村社会中的破坏环境资源的犯罪、侵犯财产、侵犯人身权利犯罪较为突出，表现为农村社区的犯罪主体不断扩大、犯罪形式复杂、手段多样，犯罪群体趋向低龄化和高龄化发展，农村社区的犯罪问题不容忽视。从原因上看包括：

第一，我国农业基础薄弱，农村抗风险能力不强，以土地为生存根本的农民普遍收入不高，增产不增收的现实问题困扰着广大农民。城乡二元体系下的城乡差别逐渐拉大，经济的拮据和仇富情绪使得一些农民出现巨大的心理落差，企图通过不法途径迅速脱贫、一夜暴富。同时，在大量的农村剩余劳动力中，有些人因找不到合适的工作成为农村中的闲散人员，还有些人既想过上舒适的生活，又不愿付出劳动，最终走上违法犯罪的道路。

第二，农村地区的人员在文化教育水平上相对落后，法律意识淡薄，科学知识普及度低。一方面，许多未成年人因为父母外出务工，只能跟祖父母、外祖父母生活，这些孩子缺乏父母在日常生活中对其人生观、价值观的正确引导，因为缺爱、缺关注，许多农村社区的留守儿童无法形成一个健康、稳定的人格结构，其受不良思想的影响，极易模仿影视剧中的抢劫、盗窃等行为，最终走上犯罪道路。另一方面，农村社区留守的老年人文盲、半文盲的比例很高，传统文化中的极端家族意识、人治思想等落后观念在一定程度上控制着农民的行为，仍然存有低级、庸俗、迷信等糟粕文化。

第三，农村社区的控制功能失衡，农村基层组织尚未发挥应有作用。一方面，农民在城乡间流动的过程中接受了大量的价值观念，错误的思想认知容易导致个人行为的混乱，外出务工导致传统社会中"家"的概念逐步解体，个体的道德约束力逐渐消减，在面对外界的种种诱惑时容易产生行为偏差。另一方面，农村在实行家庭联产承包责任制后，农村的社会结构发生重大变化，变成相对松散的社会组合，集体对个人的制约逐渐减弱，农村中基层干部的信任度降低，基层组织社会控制疲软，无法协调处理各种社会矛盾，各种隐患不能及时消除，这些都为农村社区犯罪的产生提供了空间。

第四，农村缺乏保护农民合法权益的有效机制，执法措施落实不到位。对于保护农民合法权益问题国家有明确规定，但在许多地方执行不够严格，又缺乏必要的监督和约束，导致农民不断处于弱势地位。如许多农民进城务工，由于其城市生存能力不强，获取工作的机会较少，多数只能从事报酬较低的体力劳动，如果劳动报酬不能及时兑现，讨薪的农民极易被逼迫做出非理性的行为。同时，在农村管理的过程中，各个部门之间存在多头管理、重复管理、分工不明的现象，这就使得许多基层的问题不能得到有效的沟通与解决，缺乏抑制农村社区犯罪的有效机制。

【思考题】

社区中的不良风气会导致对违法犯罪行为缺乏舆论压力，而且在部分地区还会提倡实施违法以及犯罪行为，导致社区内违法犯罪行为的盛行。同时，社区中的不良交往不仅会诱发犯罪动机的产生，还容易形成以地域为联结的犯罪团伙。对于此类地域型犯罪，请举例说明。

_____

_____

_____

_____

【课程思政】

法治社会是构筑法治国家的基础

　　我国社会学家费孝通先生在《乡土中国》中认为，乡土社会是个"无法"社会，然而"无法"并不影响社会秩序，因为乡土社会是"礼治"的社会。你怎样理解乡土社会的"礼治"？你认为乡土社会秩序的维持和现代社会秩序的维持有何区别？

_____

_____

_____

_____

【能力测试】

【课堂笔记】

_____

_____

_____

_____

第十三单元　宏观社会环境要素

【思维导图】

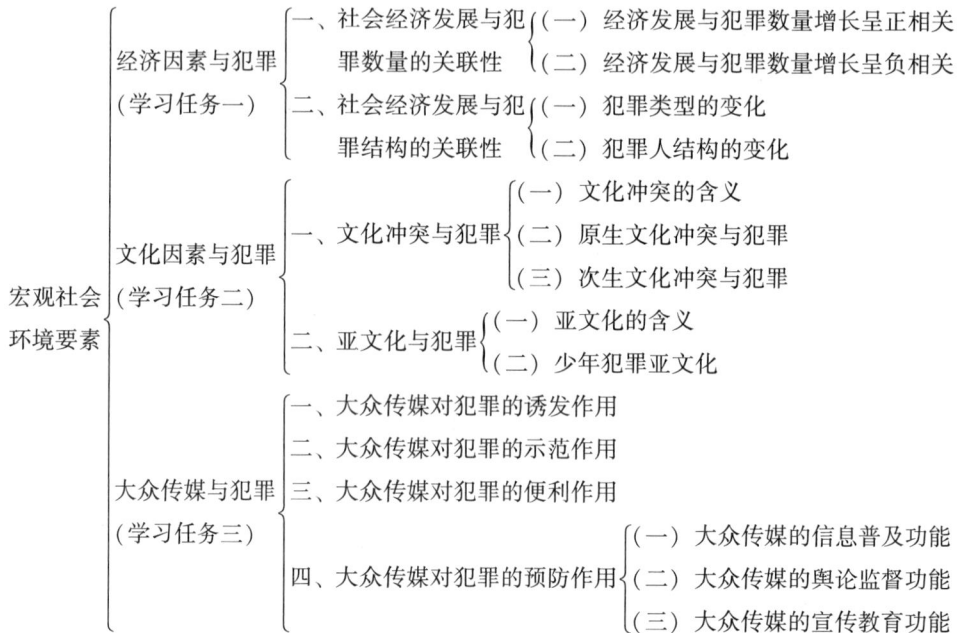

宏观社会环境要素

经济因素与犯罪（学习任务一）
一、社会经济发展与犯罪数量的关联性
（一）经济发展与犯罪数量增长呈正相关
（二）经济发展与犯罪数量增长呈负相关
二、社会经济发展与犯罪结构的关联性
（一）犯罪类型的变化
（二）犯罪人结构的变化

文化因素与犯罪（学习任务二）
一、文化冲突与犯罪
（一）文化冲突的含义
（二）原生文化冲突与犯罪
（三）次生文化冲突与犯罪
二、亚文化与犯罪
（一）亚文化的含义
（二）少年犯罪亚文化

大众传媒与犯罪（学习任务三）
一、大众传媒对犯罪的诱发作用
二、大众传媒对犯罪的示范作用
三、大众传媒对犯罪的便利作用
四、大众传媒对犯罪的预防作用
（一）大众传媒的信息普及功能
（二）大众传媒的舆论监督功能
（三）大众传媒的宣传教育功能

【学习目标】

知识目标：了解宏观社会环境与犯罪原因之间的关联，熟悉社会经济发展与犯罪数量以及犯罪结构的关系，掌握文化冲突、亚文化以及大众传媒对犯罪行为产生的具体影响。

能力目标：能够从宏观社会环境方面，尤其是社会经济、文化冲突、亚文化以及大众传媒等角度深层次解读社会上存在的相关犯罪现象。

素质目标：通过学习宏观社会环境因素与犯罪的关系，培养正确认识社会经济发展与犯罪关系的辩证思维，自觉广泛践行社会主义核心价值观，规范个人网络行为，合法运用大众传媒，传播时代正能量。

【引言】

宏观社会环境包括政治、经济、文化、社会道德和法律制度等因素，这些因素实际上构建人类生活的宏观社会背景，从整体上决定着犯罪现象的现实存在与变化趋势。[1] 正确看待和认识宏观社会环境对犯罪的影响，对于我们认清犯罪本质、掌握犯罪规律、预防犯罪发生、分析犯罪现象有着重要的理论和实践意义，同时对于全面推进依法治国、建设中国特色社会主义法治体系也具有全局性的重要意义。本单元主要介绍宏观社会环境中的社会经济、社会文化和大众传媒与犯罪之间的紧密关系。

【案例导入】

印度"黑公交"轮奸案[2]

印度是"性侵文化大国"，2011 年印度国家犯罪记录局的统计数据显示：印度记录在案的强奸案由 1971 年的 2487 起一路增长到 24206 起，增长率高达 873.3%。在印度平均每 3 分钟就会发生一起针对女性的暴力犯罪，每 22 分钟就会发生一起强奸案。

2012 年 12 月 16 日，就读于印度德里大学医学系的 23 岁女大学生乔蒂和男性友人一同去印度首都新德里的购物中心看电影。当晚八点钟，两个人看完电影准备乘车回家，却误搭私人运营的"黑公交"。公交车在行驶过程中逐渐偏离了本身的行驶路径，向着偏远的地方驶去。意识到情况不太对的两人当即提出要下车，可是公交车并没有停下。车内除了乔蒂和她的朋友，还包括一名司机和五名男性乘客，他们这时开始用肮脏的言语无故辱骂他们二人，并质问他们两个昨天晚上干了什么。乔蒂反复跟司机喊停车，可是司机无动于衷。这时，其他五名男性开始围了上来，对乔蒂动手动脚，乔蒂的男性朋友被车上的男人群殴，被铁棒击昏后关在了驾驶室。而乔蒂则被他们拖到了车尾处，他们用铁棒殴打并实施轮奸行为，乔蒂的腹部、肠子、生殖器因遭到铁棒攻击均遭受重伤。经过一个小时漫长的折磨后，这些暴徒将他们二人扔下了公交车。后来，赤裸的两人被路人发现，并送往医院救治。在经历了 13 天的紧急抢救后，乔蒂还是因为伤情严重不幸离世。

---

〔1〕　张远煌主编：《犯罪学》，中国人民大学出版社 2022 年版，第 145 页。

〔2〕　鲁楠：《印度黑公交轮奸案：将修改刑法严惩强奸犯》，载中国网 http://www.china.com.cn/v/news/2013-01/24/content_27779255.htm，最后访问时间：2023 年 3 月 20 日。

警方很快逮捕了当时包括司机在内的 6 名犯罪人，其中包括一名 17 岁的未成年人，也找到了本案中犯罪人使用的作案工具（L 型的汽车千斤顶配件）。6 名犯罪人从公交车上抛下乔蒂二人后，立即对公交车进行了冲刷清理，想要毁灭证据，装作什么都没有发生。乔蒂的悲剧震惊了全世界，印度的民众才开始觉醒，明白了想要改变印度的传统文化环境不能只依靠法官和警察，需要这个国家的每一个人。各地市民纷纷走上街头进行"反性暴力游行"，并强烈呼吁修订刑法，严处性侵案件，将有关性暴力惩治的法令现代化。如此大规模的抗议游行，在印度历史上可以说是第一次。

【学习情境】

上述案例中，六名犯罪人肆无忌惮地实施性暴力的行为，除了受个人因素影响以外，还和印度本身固有的重男轻女、歧视女性的社会文化紧密联系。在印度的传统观念中，生女孩是倒霉的事，不少家长会采取人为干预的方式阻止女孩的出生。曾有调查发现，在众多流产的胎儿中女婴的比例远远高于男婴。这些传统思想导致印度女婴出生率低，男女比例严重失调，最终造成印度男多女少的人口结构。在这样的社会背景下，很多低种姓的印度男性因为社会地位低下，一方面要忍受高种姓男性对自己姐妹的侵犯，一方面也要忍受娶不到妻子，生理需求无法得到满足的困境，最终他们也把邪恶之手伸向被社会视为弱者的印度女性。很多受害者自身权益受到侵犯却不敢通过法律途径来维护，因为在印度的传统观念中，一个被他人侵犯的女性是肮脏的、不洁的，自身遭遇过性暴力的事情如果被外界知道，就会被认为是受害女性行为不检点、在外抛头露面、衣着暴露、喜欢晚上出门所导致的。每当强奸案发生时，社会舆论不是谴责施暴者，而是要求受害女性反思自己被侵犯的原因。那么在印度高频的性暴力犯罪和印度重男轻女、歧视女性的社会文化环境之间是否存在联系呢？宏观社会环境要素有哪些？它们与犯罪之间存在何种关系？这些是本单元我们要学习和探讨的内容。

【课前预习】

_____

_____

_____

_____

【学习任务一】 经济因素与犯罪

社会经济与犯罪的关系是犯罪学关注的一个传统领域。早在 19 世纪 30 年代，就有一些欧洲学者主要用社会环境因素特别是经济因素来解释犯罪现象。例如，当时比利时统计学之父、数理统计学派创始人凯特勒（Lamber Adolphe Jacques Quetelet）考察了犯罪与贫穷的关系之后，发现了一种模式：比较富裕的城市可能吸引希望混迹于人群中不被惩罚的流浪汉，因此，比较富裕的地方也有比较高的犯罪率；在所有人都很穷但是仍然能够生存的地方，犯罪率仍然很低。凯特勒认为，这可以用贫富悬殊与地位变化来解释。同一个地方贫富悬殊现象会引起人们的激情和欲望，产生各种诱惑，从而引发犯罪。[1] 1859 年，科学共产主义学说创始人马克思（Karl Marx）在《人口、犯罪率和赤贫现象》一文中指出："违法行为通常是由不以立法者意志为转移的经济因素造成的。"[2]

人们研究社会经济与犯罪的关系，主要从社会经济的发展速度或水平、社会经济形态、社会经济制度以及收入分配方式等方面展开。限于篇幅，本单元着重分析社会经济的发展水平与犯罪现象的关系。张远煌教授认为，经济发展的速度或水平对犯罪的影响事实上涉及两个既有联系又有区别的方面：一是经济发展与犯罪数量和比例的增减变化；二是经济发展对犯罪结构的影响。[3]

一、社会经济发展与犯罪数量的关联性

关于经济增长与犯罪之间的关系，学者们有不同的观点。这些观点大致可以分为两类：

（一）经济发展与犯罪数量增长呈正相关

这类观点认为，随着经济发展水平的提高，犯罪数量也会相应增加。19 世纪的意大利学者波莱蒂（Poletti）就是这类观点的早期代表人物之一。波莱蒂认为，福利、工业、商业的增加等所有物质繁荣的进步都会带来犯罪数量成比例的增长，因为前者增加时，必然对后者产生刺激，因此，犯罪的增长只是物质繁荣的一种表面现象。[4] 当代美国犯罪学家谢利（Louise Shelley）分析最近二百年来世界多个国家在犯罪率、犯罪类型、犯罪人口和犯罪的地区分布等方面的发展变化，用大量全球性的资料证明，当代资本主义国家，以及东欧、苏联等社会主义国家出现的犯罪现象的历史性转变，都是社会经济发展的结果。谢利认为，日益增长的城市化和社会繁荣增加了取得财富的机会，为犯罪的实施创造了有利的条件，并使人们更可能感到自己相对地被剥夺。这些现代社会的条件都有助于引起最近二百年来国际上的犯罪在质量上和数量上的变化。[5]

---

〔1〕 吴宗宪：《西方犯罪学》，高等教育出版社 2023 年版，第 259 页。

〔2〕 ［德］马克思：《人口、犯罪率和赤贫现象》，载《马克思恩格斯全集·第十三卷》，人民出版社 1962 年版，第 552 页。

〔3〕 张远煌：《犯罪学》，法律出版社 2008 年版，第 281 页。

〔4〕 转引自 ［意］加罗法洛：《犯罪学》，耿伟、王新译，中国大百科全书出版社 1996 年版，第 154 页。

〔5〕 ［美］路易斯·谢利：《犯罪与现代化——工业化与城市化对犯罪的影响》，何秉松译，中信出版社 2002 年版，第 210 页。

路易斯·谢利（Louise Shelley）[1]

（二）经济发展与犯罪数量增长呈负相关

这类观点认为，经济发展水平的提高不仅不会导致犯罪数量增加，相反，还会为阻止犯罪的增长提供良好的社会条件。意大利犯罪学家加罗法洛是这类观点的早期代表人物之一。他对法国 1826 年至 1878 年、意大利 1863 年至 1879 年期间经济快速增长与犯罪波动进行对比研究，得出结论：犯罪的增加与社会活力的增加不成比例。因为掌握知识者和经济活动的增加以及普遍的社会完善增加犯罪的阻力。[2] 1985 年，在意大利米兰召开的第七届联合国预防犯罪与罪犯处遇大会，对"犯罪与社会发展的关系"进行了专题研讨。许多与会代表指出："不能认为工业化、移民和城市化本身是造成犯罪的因素。它们是社会经济发展十分正常而必不可少的方面。事实上规划良好的工业化可以成为减少犯罪率的原因，因为工业化可以满足物质和精神上的需要。不能把犯罪看成是发展的结果，相反，发展可以促进预防犯罪。"[3]

表 13-1　2012~2022 年中国 GDP 和全国公安机关刑事立案数统计[4]

年份	国内生产总值 GDP（单位：亿元）	公安机关立案的刑事案件（单位：起）
2012	538580.0	6551440
2013	592963.2	6598247
2014	643563.1	6539692
2015	688858.2	7174037
2016	746395.1	6427533
2017	832035.9	5482570
2018	919281.1	5069242

---

〔1〕 图片来源：https://schar.gmu.edu/profiles/lshelley，最后访问时间：2023 年 12 月 15 日。

〔2〕 ［意］加罗法洛：《犯罪学》，耿伟、王新译，中国大百科全书出版社 1996 年版，第 155~157 页。

〔3〕 转引自肖建国：《中国现代化进程中的犯罪研究》，复旦大学出版社 1999 年版，第 32 页。

〔4〕 2012~2021 年中国 GDP 数据来源：国家统计局：《中国统计年鉴·2022》，中国统计出版社 2022 年版，第 56 页，2022 年中国 GDP 数据、全国公安机关刑事立案数来源与国家统计局官方网站，https://data.stats.gov.cn/，最后访问时间：2023 年 12 月 13 日。

年份	国内生产总值 GDP（单位：亿元）	公安机关立案的刑事案件（单位：起）
2019	986515.2	4862443
2020	1013567.0	4780624
2021	1149237.0	5027829
2022	1210207.2	4423259

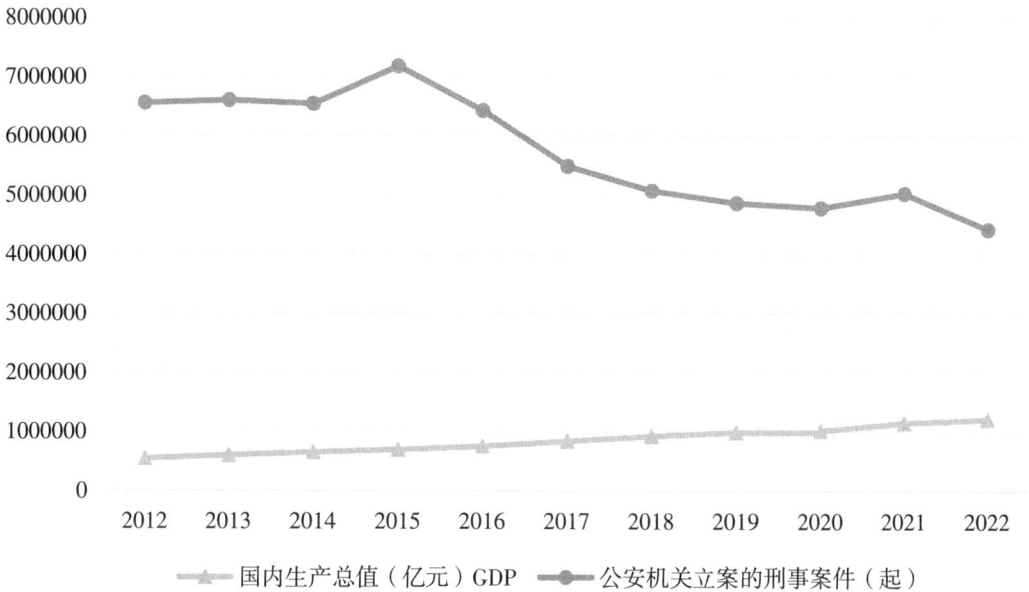

图 13-1　2012 年至 2022 年中国 GDP 和全国公安机关立案刑事案件数折线图

从表 13-1 和图 13-1 的内容，我们可以发现经济发展水平和犯罪数量的变化并不是简单的正相关或负相关，以上两类观点都具有一定的片面性。影响犯罪的因素是综合的、多元的，社会经济发展的水平只是众多影响因素之一。经济因素作为最根本的影响因素，其发展水平的高低对犯罪数量不会起到直接式的影响作用。经济发展的作用方式是对社会其它领域的发展产生波动，从而再作用到犯罪数量的增减。所以，单从社会经济发展的水平很难直接推断出犯罪数量的多少，必须要结合社会其他领域的相关情况具体分析。例如还需要考虑到社会和家庭结构的变化、社会的经济组织状况、社会防卫力量、人口流动、贫富差距、教育政策等因素。

二、社会经济发展与犯罪结构的关联性

尽管社会经济发展水平与犯罪数量变化之间不是简单的线性关系，但是经济发展会引起犯罪结构的变化则具有一定的规律性。在不同的历史时期，经济结构的变化会引发人们生活方式的改变，人们生活方式的变化会引发法律对人们生活领域规范的改变。这些因素都会导致犯罪结构发生变化，有些犯罪类型因为受到经济发展的深层次影响而消失，有些新的犯罪类型则应运而生。社会经济发展对犯罪结构的影响主要表现在以下两个方面：

（一）犯罪类型的变化

从新中国成立至改革开放前，我国实行单一的公有制计划经济体制，政治上权利高度集中，国家与个人、中央与地方高度统一，个人的私欲受到较大程度抑制，犯罪的变化更多地体现了政治性。[1] 1949 年至 1956 年，全国平均每年发生的各种刑事案件 31 万起，按人口平均，犯罪率为 5.4 起/万人。从犯罪类型上看，主要是政治性的杀人、爆炸、投毒、纵火、宣传煽动、刺探情报、仿造货币以及制贩毒品、赌博、卖淫嫖娼、拐卖人口、溺婴等案件。此外，贪污、贿赂、投机倒把、盗窃侵吞国家资财、破坏抗美援朝物资供应、破坏金融、偷税漏税等经济犯罪也占一定比例。1957 年至 1965 年是全面建设社会主义的十年，我国的犯罪形势起伏较大。从犯罪类型来看，侵财犯罪突出，占全部刑事案件的 70% 左右，特别是三年灾害的困难时期，盗窃案件急剧上升。

改革开放以来，我国实行对外开放和对内搞活的经济政策，计划经济迅速走向市场经济，从传统的农业社会逐渐走向现代工业社会，并带动了社会各方面包括政治、经济、文化、心理、价值观念等领域的深刻变革，经济快速发展，国家经济实力大为增加，人民生活水平明显改善。与此同时，各种社会矛盾和冲突也变得更为尖锐和突出，犯罪急剧增加。1978 年至 2011 年，全国平均每年发生的刑事案件 217.9 万起，是改革开放前刑事案件最高的 1977 年的 4 倍。从犯罪类型看，侵财犯罪仍是我国最主要的犯罪类型，其中又以盗窃罪最为突出。1981 年至 2004 年，侵财犯罪占刑事犯罪总数的比例每年在 77.3%～90.7% 之间波动，年均占 81% 以上。但从 1987 年以来，毒品犯罪，绑架，拐卖妇女、儿童犯罪，组织运送他人偷越国（边）境犯罪，制造、销售、传播淫秽物品犯罪，卖淫、嫖娼犯罪，盗掘古墓葬犯罪，制造、贩卖、运输枪支、弹药犯罪，爆炸犯罪，非法拘禁犯罪等迅速增长。经济犯罪是发展变化最快最大的一类犯罪。[2]

2012 年以来，我国犯罪数量呈现总体比较明显的下降趋势（详见表 13-1 和图 13-1）。根据《中国法律年鉴》《最高人民法院工作报告》《最高人民检察院工作报告》《全国法院司法数据统计公报》《中国禁毒报告》《中国毒品形势报告》等权威数据以及有关犯罪系列白皮书，暴力犯罪大幅减少，黑恶势力犯罪、涉众型经济犯罪、环境资源犯罪、贪污贿赂等国家工作人员职务犯罪得到有效遏制；涉毒案件总量回落，新型毒品逐步取代传统毒品趋势明显，制毒案件得到遏制，但形势依然严峻复杂；新型犯罪迅猛增长，2020 年、2021 年全国电信网络诈骗刑事案件立案数超过 100 万起。除此之外，自 2015 年 8 月《刑法修正案（九）》增设帮助信息网络犯罪以来，帮助信息网络犯罪呈现倍速增长的状态。2017 年至 2021 年，全国各级法院一审审结的帮助信息网络犯罪案件占全部网络犯罪的 11.88%；2020 年、2021 年法院审结的帮助信息网络犯罪呈爆炸式增长，按照年度绝对数由 2017 年不到 1000 起增长到 2021 年近 7 万起。[3] 总之，经济发展水平与犯罪类型的变

---

〔1〕 卢建平主编：《中国犯罪治理研究报告》，清华大学出版社 2015 年版，第 27 页。
〔2〕 卢建平主编：《中国犯罪治理研究报告》，清华大学出版社 2015 年版，第 27～55 页。
〔3〕 张应立、孔一：《近十年我国犯罪问题演变分析》，载《犯罪与改造研究》2023 年第 2 期。

化关系极为密切。

（二）犯罪人结构的变化

1. 女性罪犯占比整体上升。2018 年，我国最高人民法院才开始在司法统计数据里公布被判决罪犯的性别。表 13-2 数据显示：判决女性罪犯绝对数由 2017 年的 118195 人增加到 2021 年 185417 人，绝对数增加了 67222 人，绝对数增加了 56.87%。罪犯中女性人数占比的上升，在一定程度上意味着经济发展极大的改变了人们的思想观念和生活方式。中国女性从"足不出户"的传统思想禁锢中逐步解放出来，通过在单位上班、外出务工等方式融入社会经济发展。女性在接触社会的过程当中，其所面对的社会压力和社会诱惑也在增加。近年来，女性犯罪人的数量在全球范围内显著增长。女性犯罪人除了犯罪数量的急剧增长，实施犯罪的类型也更加广泛。例如，以电信网络诈骗为代表的新型网络犯罪、拐卖妇女、儿童罪等犯罪行为。总之，女性在犯罪中作用地位的不断提高是导致女性罪犯人数上升的重要原因之一。

表 13-2　2017~2021 年全国法院生效判决罪犯性别情况统计[1]

年份		2017	2018	2019	2020	2021
性别	男性	1150790	1288000	1488262	1366804	1529525
	女性	118195	140772	171288	160007	185417

2. 未成年罪犯数量变化起伏较大。改革开放以来，与社会经济快速发展相伴而生的是比较严峻的未成人犯罪。这种严峻主要表现在未成年人参与刑事案件作案的比重较大、未成年人违法犯罪人员日趋低龄化、未成年人重新犯罪现象比较突出等方面。[2]

表 13-3　1980~1995 年四川省未成年刑事作案人员占刑事作案人员总数的比重[3]

年份	1980	1981	1982	1983	1984	1985	1986	1987
未成年刑事作案人数	16 663	20 036	15 665	13 206	9 828	15 021	14 711	17 965
刑事作案人员总数	59 186	72 202	67 411	63 810	38 922	50 562	87 242	89 127
比重(%)	28.2	27.8	23.2	20.7	25.3	29.7	16.9	20.2
年份	1988	1989	1990	1991	1992	1993	1994	1995

---

〔1〕　数据来源：在 2018 年至 2022 年《中国法律年鉴》的《我国罪犯情况统计表》中，记录有女性罪犯数据，根据罪犯人数，计算得出男性罪犯数量。

〔2〕　参见张崇脉：《未成年人再犯风险评估实证研究》，中国人民公安大学出版社 2020 年版，第 2~14 页。

〔3〕　数据来源：王亚东、鲍遂献主编：《中国现阶段未成年人违法犯罪问题研究》，中国检察出版社 1997 年版，第 192 页。

续表

年份	1980	1981	1982	1983	1984	1985	1986	1987
未成年刑事作案人数	21 487	28 529	26 522	24 420	17 933	19 443	16 210	19 687
刑事作案人员总数	93 959	112 646	114 996	86 849	89 680	94 196	80 963	77 757
比重(%)	22.9	25.3	23.1	28.1	20.0	20.6	20.0	25.3

　　全面完整地描述我国未成年人犯罪数据的历史变化比较困难。"新中国成立后有相当长一段时间，我国的犯罪学研究处于停滞阶段，犯罪统计资料和方法都有很大欠缺……在有限的统计和研究资料中，未成年人犯罪常常被混同于'青少年犯罪'，没有被作为一个独立的问题受到足够的关注。"[1] 20 世纪 80 年代，未成年人犯罪变迁的全国性统计数据不全，我们只能引用相关省市局部调查的统计数据。四川省公安厅的调查显示，1980 至 1995 年，未成年人刑事案件作案人员占全部刑事案件作案人员总数的比重一直在 20%左右徘徊，1985 年甚至达到 29.7%的高峰（见表 13-3）。

　　20 世纪 90 年代，我国的犯罪统计工作有所改观，未成年人犯罪的全国性数据相对比较具体。未成年犯占罪犯总数的比重，1990 年至 2008 年，在 8%上下波动；2009 年以来，呈现持续下降趋势，并在 2022 年达到 1.94%的历史新低（见表 13-4）。与 20 世纪 80 年代未成年人参与刑事案件作案占全部刑事案件作案人员的比重相比，20 世纪 90 年代以来，未成年犯占罪犯总数的比重下降了近 10 个百分点。这并不意味着未成年人犯罪呈现良性走势。首先，从 1986 年开始出现的少年法庭在进入 90 年代以后逐渐在全国推广，对未成年人犯罪实施教育、感化、挽救的方针成为社会共识。1991 年《未成年人保护法》和 1999 年《预防未成年人犯罪法》也对"教育为主、惩罚为辅"的未成年人犯罪处理原则进行了明确规定。这必然会反映到对未成年人犯罪案件的处理中。[2] 其次，成年人犯罪与未成年人犯罪均在猛烈增长，而 18 岁以上的成年人犯罪增长速度更快也可能是上述比重下降的另一个重要因素。

表 13-4　1990~2022 年未成年犯罪人数统计[3]

年份	刑事罪犯总数（人）	未成年罪犯	未成年罪犯占罪犯总数比重（%）	年份	刑事罪犯总数（人）	未成年罪犯	未成年罪犯占罪犯总数比重（%）
1990	580272	42033	7.24	2007	931739	87525	9.39

　　〔1〕 郭理蓉：《未成年人犯罪的数量特征》，载张远煌，衣家奇主编：《中国未成年人犯罪的犯罪学研究》，北京师范大学出版社 2012 年版，第 68 页。
　　〔2〕 姚兵：《未成年人团伙犯罪研究》，中国人民公安大学出版社 2012 年版，第 8 页。
　　〔3〕 数据来源：1990 年至 2022 年《中国法律年鉴》全国法院审理刑事案件被告人判决生效情况统计表、全国法院审理青少年犯罪情况统计表、我国罪犯情况统计表，未成年罪犯占罪犯总数比重由编者计算得出。

续表

年份	刑事罪犯总数（人）	未成年罪犯	未成年罪犯占罪犯总数比重（%）	年份	刑事罪犯总数（人）	未成年罪犯	未成年罪犯占罪犯总数比重（%）
1991	507238	33392	6.58	2008	1007304	88891	8.82
1992	492817	33399	6.78	2009	996666	77604	7.79
1993	449920	32408	7.20	2010	1006420	68193	6.78
1994	545282	38388	7.04	2011	1050747	67280	6.40
1995	543276	35832	6.60	2012	1173406	63782	5.44
1996	665556	40220	6.04	2013	1157784	55817	4.82
1997	526312	30446	5.78	2014	1183784	50415	4.26
1998	528301	33612	6.36	2015	1231656	43839	3.56
1999	602380	40014	6.64	2016	1219569	35743	2.93
2000	639814	41709	6.52	2017	1270141	32778	2.58
2001	746328	49883	6.68	2018	1428772	34365	2.41
2002	701858	50030	7.13	2019	1659950	43038	2.59
2003	742261	58870	7.93	2020	1526811	33768	2.21
2004	765659	70144	9.61	2021	1714942	34616	2.02
2005	842555	82721	9.82	2022	1430865	27757	1.94
2006	889042	83697	9.41	2023	-	-	-

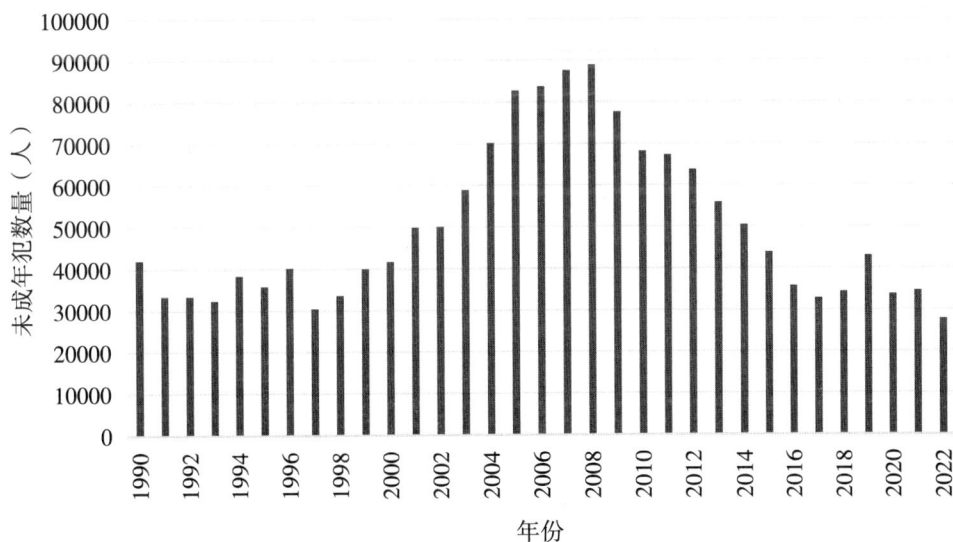

图 13-2　1990~2022 年未成年罪犯绝对数变化[1]

[1]　注：此图根据表 13-4 中的数据制作。

图 13-2 显示，未成年罪犯绝对数波动较大，1990 年~2008 年，呈现总体上升趋势，2008 年以来呈现总体下降趋势，但最近几年来又出现波动回升的反弹趋势。

3. 流动人口犯罪呈现新的特点。改革开放之前，我国流动人口犯罪很少，一般占犯罪总数的 5% 以下。[1] 改革开放之后，社会经济快速发展，人口流动空间活跃。但随之而来的是，流动人口犯罪问题也显现出来，在城市甚至相当突出。例如，据公安部门提供的数据，北京市抓获的犯罪分子中，流动（外来）人口所占的比例，1980 年只有 3.41%，1988 年上升为 23.3%，1991 年上升为 30%，1993 年上升为 43%，1994 年上升为 45.1%，1995 年则增长到 50% 左右。上海市、广东省等省份的情况基本类似。[2] 有些学者认为，大规模人口流动是导致中国犯罪率急剧上升的主要原因，人口流动性每提高一个百分点将导致犯罪率上升 3.6%。[3] 但是，也有学者认为，流动人口整体规模的扩大并不必然导致刑事犯罪率的上升，而流动人口的工作类型结构、居住地类型结构及来源地类型结构与刑事犯罪率显著相关。[4]

流动人口并没有停下流动的脚步，其年龄与结构又在发生深刻变化，据第六次全国人口普查报告显示，2010 年我国新生代流动人口首次超过流动人口半数，达 1.18 亿；国家卫生和计划生育委员会统计显示，2014 年我国流动人口子女在现居住地出生比例已高达 58%。与第一代相比，新生代在经历了城市工作和生活后，对家乡和城市的认同都发生了很大的变化，部分人员进入了社会认同的丧失和重构的艰难阶段。有学者按照人口学、社会学、犯罪学及流动性特征对两代流动人口犯罪数据进行比较研究，结果表明：近年来随着流动人口进入代际更迭，其犯罪呈现新的特点，流动人口犯罪代际差异显著，新生代流动人口犯罪群体呈现更低的社会融合度、更显著的犯罪阶层固化、更严重的犯罪传导以及更强的流动性、暴力性和侵财性。[5]

流动人口进行流动的主要目标是获取经济收益，但是大部分的流动人口初到流入地通常都面临社会地位低、收入少、就业难、社会福利待遇差等问题，致使流动人口很难快速融入流入地的主流社会。长期的困境会导致流动人口产生强烈的被剥夺感、质疑社会分配的公平性以及心理不平衡等问题。而这一时期也是流动人口犯罪的高发期，随着流动人口在流入地时间的延长、生活的稳定性增强，流动人口犯罪的比重就越来越小。流动人员的社会控制弱化是流动人口犯罪的重要原因之一。对于流出地来说，流动人口一旦离开，流出地的当地组织就无法控制这些流动人口；而对流入地来说，对流动人口的信息采集工

〔1〕 彭娅婷：《城市流动人口犯罪探析——以兰州市为例》，兰州大学 2008 年硕士学位论文，第 8 页。

〔2〕 胡联合：《转型与犯罪——中国转型期犯罪问题的实证研究》，中共中央党校出版社 2006 年版，第 19~23 页。

〔3〕 陈刚、李树、陈屹立：《人口流动对犯罪率的影响研究》，载《中国人口科学》2009 年第 4 期。

〔4〕 史晋川、吴兴杰：《我国流动人口与刑事犯罪率的实证研究：1997~2007》，载《制度经济学研究》2010 年第 2 期。

〔5〕 刘婷、林君：《当前流动人口代际更迭与犯罪演变——基于犯罪大数据的实证研究》，载《中国人民公安大学学报（社会科学版）》2018 年第 6 期。

作，跟踪调查工作始终是一个难以解决的问题。当整个社会对流动人口的控制减弱时，流动人口就容易产生越轨和犯罪行为。

【知识链接】

路易斯·谢利：当代美国著名女性犯罪学家[1]

【思考题】

谢利在《犯罪与现代化》一书的结尾部分作出了这样的判断：社会进一步发展而使犯罪率减少的总趋势将被少年和妇女罪犯的增多所遏止。[2]结合我国经济发展与女性犯罪、未成年人犯罪的实际情况，请谈谈你对谢利这一判断的看法。

_____

_____

_____

_____

【学习任务二】　文化因素与犯罪

文化是一个复杂的概念，而且内容也极为丰富。我国理论界一般认为文化有广义和狭义之分。广义的文化，是指人类在社会发展过程中所创造的物质财富和精神财富的总和，包括物质文化和精神文化两大部分。狭义的文化，是指在一定的物质资料生产基础上产生和发展的社会精神生活方式的总和，包括文学、艺术、教育、科学、宗教等方面的内容。文化的主要载体包括：人类的生活方式、情感方式、民族思维方式、意识形态、风俗习惯、宗教、道德及各种行为规范、准则等。[3] 文化因素与犯罪的关系，在犯罪学研究中备受重视。我国著名犯罪社会学家严景耀先生指出："为了了解犯罪问题必先了解造成犯罪的文化……犯罪与文化的关系深刻而密切，其密切程度是大多数初学犯罪学者所估计不到的。"[4]

文化因素渗透到了人的精神世界，决定文化受众的思维方式，并促成一定社会或民族

〔1〕　资料与图片来源：https://schar.gmu.edu/profiles/lshelley，最后访问时间：2023 年 12 月 15 日。

〔2〕　[美] 路易斯·谢利：《犯罪与现代化——工业化与城市化对犯罪的影响》，何秉松译，中信出版社 2002 年版，第 211 页。

〔3〕　张远煌主编：《犯罪学》，中国人民大学出版社 2022 年版，第 146 页。

〔4〕　严景耀：《中国的犯罪问题与社会变迁的关系》，吴桢译，北京大学出版社 1986 年版，第 202 页。

的共同生活经验。一定的文化模式、文化背景决定了人的行为模式及其特点。犯罪行为体现了犯罪人在一定文化模式支配下所具有的价值观念。犯罪学对文化因素的研究，就是沿着文化如何作用于人，如何影响人的行为选择这一线索展开。这里重点介绍文化冲突以及亚文化与犯罪的关系。

一、文化冲突与犯罪

1938 年，出生于瑞典的美国犯罪学家塞林（Thorsten Sellin）出版《文化冲突与犯罪》一书，论述了犯罪学中的文化冲突理论（culture conflict theory）。[1]

塞尔斯坦·塞林（Thorsten Sellin，1896~1994）[2]

（一）文化冲突的含义

塞林所说的文化冲突，就是指美国社会中的其他文化与主流文化的冲突。所谓主流文化，实际上就是传统的美国中产阶级文化；而其他文化则包括移民带来的原所在国家的文化、美国社会中的各种亚文化等。塞林认为，刑法反映了主流文化中的行为规范，刑法所规定的犯罪，就是违反这种主流文化中的行为规范的行为；由于下层阶级和移民等少数族裔群体的文化与主流文化相冲突，所以，遵从下层阶级和少数族裔群体的文化，就必然会产生违反刑法的犯罪行为。

塞林根据文化冲突的性质，将其划分为原生文化冲突和次生文化冲突。这两种文化冲突与犯罪都有密切的关系。

（二）原生文化冲突与犯罪

原生文化冲突（primary culture conflict，又译为"基本文化冲突""初级文化冲突"

---

〔1〕 吴宗宪：《西方犯罪学》，高等教育出版社 2023 年版，第 344~347 页。

〔2〕 图片来源：Marvin E. Wolfgang, "Thorsten Sellin（26 October 1896 – 17 September 1994）", Proceedings of the American Philosophical Society, Vol. 140, 1996, No. 4.

"首要文化冲突"），是指同一发展时期，两种不同文化之间相互对抗而产生的冲突。这种文化冲突通常会在三种情况下发生：

1. 具有不同文化的地区相互比邻接壤。在印第安人居住区和美国白人居住区相接壤或边界地区，美国白人凭借暴力推行文化移入政策，印第安人不仅要接触白人的文化，还要与白人的宗教、行事方法和酒打交道，而这一切削弱、破坏了部落习俗。印第安人被迫服从白人的法律，产生文化冲突。

2. 根据一种文化群体的行为准则制定的法律规范被扩展使用于另一种文化区域。殖民地发生的文化冲突就属于这种情况。例如，在阿尔及利亚的哈比勒斯（Khabyles of Algeria），通奸的妻子应由其父亲或兄弟为祭神而杀死，这是当地居民的风俗所允许或鼓励的古老习惯。该女子既然已经被她家卖到夫家，其亲属的名誉便因她的不贞行为而损害。她父亲或兄弟有权利也有责任杀死她，以便用她的血洗雪亲属的名誉。当法国殖民者把法国刑法典引入阿尔及利亚时，这一杀人行为就成了犯罪行为。

3. 一种文化群体的成员移民到另一种文化群体，成为其中的成员。这种文化冲突在美国更为明显。因为美国是一个接受移民的国家，在移居到美国的人中间，容易产生移民原有的文化与美国主流文化之间的冲突。通常认为，移民犯罪的原因主要包括：①新旧文化的行为规范之间的冲突；②从乡村迁移到城市；③从组织良好的同质社会迁移到无组织的异质社会。例如，一个意大利西西里人移民到美国，杀死了诱奸他女儿的一名 16 岁少年，他以一种在意大利容许的传统方式捍卫自己家庭的名誉，却被逮捕。他对此感到很吃惊。这就是意大利的传统与美国法律之间的冲突。史密斯（William Carlson Smith）在对移民美国的东方人违法犯罪问题进行调查时指出，特别是在危急关头，这些移民更是倾向于按照源自母国的传统标准行事。这些传统文化模式或规范与美国文化两相接触，冲突自然应运而生。[1] 例如，日本文化的基本特征是家族约束力强、男尊女卑、血统要求纯正、男女授受不亲及媒妁婚姻习惯等。具有这种文化特征的日本人在同美国文化发生接触后产生一系列的冲突。日本人移居美国后，因同其他民族杂婚而不能保护血统的纯正；因同母国相距过远而难以维持严格的家族约束力；美国实行的男女同校及其他社交习惯使得男女分离无法实现；美国社会的男女平等制度打破了男尊女卑的习俗；而自由恋爱的风潮则摧毁了日本传统的媒妁制度。这一系列的文化冲突破坏了移民圈内固有的文化结构，在特定的事件中，这类文化冲突将作用于行为人。杀人、强奸、重婚、伤害等犯罪往往形成于这种冲突。

另外有学者认为，移民问题的主要原因在于他正处在从祖国故乡的原生社会（primary society）向美国全新的次生社会（secondary society）变迁过程中。当一位波兰农民移居到波兰的工业都市时，肯定会遇到许多困难，更何况他移民到美国大城市。从欧洲乡村移民到美国城市定居，对于他来说，需要经历一种"社会缩略过程"（social recapitulation

---

〔1〕　转引自 Thorsten Sellin, *Culture Conflict and Crime*, Social Science Research Council, 1938, p. 85.

process），也就是他要在短暂有限的生活实践中消化吸收美国一百多年来工业革命的文化成果。不同的语言和文化使得生活环境错综复杂。移民从一种文化类型向另一种文化类型迅速变换的过程中，原生群体（远在祖国的家族）控制力逐渐丧失，容易引发违法犯罪问题。这类文化冲突一般均发生在特定文化圈内持有另一文化特征的第一代移民身上。

（三）次生文化冲突与犯罪

次生文化冲突（secondary culture conflict，又译为"从属文化冲突""次级文化冲突""次要文化冲突"等），是指在社会分化过程中形成的规范冲突。塞林认为，次生文化冲突有两种具体的表现。第一种表现体现在移民问题上，既可以反映出第二代移民因固守父辈传承的母国传统文化而同所在国文化之间的冲突，也可以表现为第二代移民被所在国文化同化而同来自母国的传统文化之间的冲突。次生文化冲突的第二种表现，在塞林看来是一种广泛而普遍的存在，是一种能导致大量犯罪的文化冲突。塞林指出，社会分化会产生许多社会群体，每个社会群体都有自己的行为规范，有自己对社会关系的理解，也会对其他群体的价值观产生忽视或误解。当不同社会群体的文化接触与碰撞时，就会产生文化冲突。次生文化冲突的典型事例是卖淫和赌博。在塞林生活的时代，许多下层阶级的社区中，卖淫和赌博是一种得到周围人认可的生活方式，但是，美国主流社会的法律禁止这类行为。

【知识链接】

塞林：有移民背景的美国犯罪学家[1]

二、亚文化与犯罪

（一）亚文化的含义

亚文化（subculture，又译为"次文化""副文化"），是一种与主流文化相对应的文化现象，是主流文化中的某些因素发生变异的结果。亚文化通常包含两种含义：①是指在一个社会的某些群体中存在的不同于主流文化的一套价值观念和行为模式；②由奉行这些不同于主流文化的价值观念和行为模式的人组成的社会群体，称为亚文化群。每个复杂的社会都存在许多亚文化。在每一种亚文化中，既包含一些主流文化的特征，又有自己的独特内容。亚文化往往容易引发违法犯罪行为。犯罪的亚文化理论认为，下层阶级的成员特别是青少年的犯罪行为，是由他们遵从下层阶级社会中存在的亚文化的结果。[2]

（二）少年犯罪亚文化

1955 年，美国犯罪学家科恩（Albert K. Cohen）在其主要著作《少年犯罪人：帮伙文

---

〔1〕 资料和图片来源：Marvin E. Wolfgang，"Thorsten Sellin（26 October 1896 – 17 September 1994）"，*Proceedings of the American Philosophical Society*，Vol. 140，1996，No. 4.

〔2〕 吴宗宪：《西方犯罪学》，高等教育出版社 2023 年版，第 343 页。

化》一书中论述了少年犯罪亚文化理论（theory of delinquent subcultures）。这一理论认为，在美国下层阶级贫民区中存在着一种少年犯罪亚文化和奉行这种文化的群体（帮伙），它们是下层阶级少年为克服社会适应困难或地位挫折感而产生的群体性反应；这种亚文化与中产阶级的文化相冲突，遵从这种帮伙亚文化必然导致越轨和犯罪。

科恩指出，美国文化和美国社会用中产阶级的测量标尺来衡量人们在家庭、学校、社会中的行为表现与成败得失。但是，由于人们在社会经济条件等方面的差别，特别是下层阶级的青少年很难用合法手段跻身于中产阶级的行列，达到中产阶级的成功标准，导致下层阶级的青少年产生地位挫折感。于是，他们就对中产阶级的价值观采取嘲笑、讽刺甚至敌对的态度，反驳、漠视、怀疑老师在学校中讲授的知识，嘲笑获得这些知识的人，以发泄遭遇挫折后的愤怒情绪。同时，为了获得一种代偿性的成功和安慰，他们结成帮伙，一起进行各种少年越轨和犯罪活动，并在活动中形成了不同于中产阶级标准的独特的价值观和行为方式，从而形成了少年犯罪亚文化。

根据科恩的观点，少年犯罪亚文化具有以下特征：[1]

1. 非功利性（non-utilitarian）。少年犯罪帮伙的成员盗窃物品，并不是着眼于吃、穿、用、卖或占有，主要是为了从中获得荣誉、表现勇敢和得到片刻的心理满足。他们进行冒险性的、充满紧张刺激的犯罪活动，并不是受理性动机和功利观念的驱使，而是为了发泄愤怒、寻求刺激和显示胆量。

2. 恶意性（malicious）。少年犯罪帮伙的成员通过给他人造成痛苦和违法禁忌来获得快乐。

3. 否定性（negativistic）。少年犯罪亚文化与中产阶级主流文化相冲突，少年犯罪帮伙的犯罪行为是对中产阶级主流文化的否定。

4. 多样性（versatility）。没有哪个少年犯罪帮伙会涉猎所有领域，但也不可能像许多成人犯罪团伙和"单独"的少年犯那样"专门化"。少年犯罪帮伙实施的盗窃，往往与"其他财产犯罪""恶意恶作剧""破坏公物""非法侵入"和逃学等行为密切联系在一起。

5. 短期享乐主义（short-run hedonism）。少年犯罪帮伙的成员对长期目标，对计划活动和预算时间，对只有通过实践、深思熟虑和学习才能获得的知识和技能的活动几乎没有兴趣，他们不喜欢有组织、有监督的娱乐活动。帮伙成员通常聚集在街角、糖果店或其他固定的聚会地点，没有具体的活动目标。他们"闲逛""打闹""闲聊""等待有东西出现"。他们可能会对别人的建议做出冲动的反应，比如去打球、去游泳、搞点恶作剧，或者做点其他让人兴奋的事情。

6. 群体自主性（group autonomy）。除了少年犯罪帮伙内部的非正式压力之外，不能容忍任何外来的约束。帮伙内部成员的关系往往是非常团结和专横的。与其他帮伙的关系往往是冷漠的、敌对的。帮伙成员对来自家庭、学校和其他机构帮助他们改邪归正的种种努

---

[1]　Albert K. Cohen, *Delinquent Boys: The Culture of the Gang*, The Free Press, 1955, pp. 25~32.

力，都表现出异乎寻常的抵制。加入帮伙是家庭监督无效、父母权威崩溃以及孩子对父母怀有敌意的结果；简而言之，帮伙团伙招募的成员都是已经取得自主权的人。

科恩使用"中产阶级的测量标尺""地位挫折"等概念，系统论述了少年犯罪亚文化、帮伙、少年犯罪行为之间的关系，阐明了产生和维持少年犯罪亚文化的原因是社会的力量，而不是个人的特质。少年犯罪亚文化理论也对美国社会的刑事立法和公共政策产生了实际的影响。

【思考题】

1955 年，美国犯罪学家科恩在其主要著作《少年犯罪人：帮伙文化》中，描述了美国少年帮伙犯罪亚文化具有非功利性、恶意性、否定性、多样性、短期享乐主义和群体自主性等 6 个特征。请查阅相关资料，谈谈我国当前未成年人团伙犯罪的主要特征。

【课程思政】

广泛践行社会主义核心价值观

党的二十大报告强调，全面建设社会主义现代化国家，必须坚持中国特色社会主义文化发展道路，增强文化自信，围绕举旗帜、聚民心、育新人、兴文化、展形象建设社会主义文化强国，发展面向现代化、面向世界、面向未来的，民族的科学的大众的社会主义文化，激发全民族文化创新创造活力，增强实现中华民族伟大复兴的精神力量。

我们要以社会主义核心价值观为引领，发展社会主义先进文化，弘扬革命文化，传承中华优秀传统文化。社会主义核心价值观是凝聚人心、汇聚民力的强大力量。作为新时代的大学生，更需要广泛践行社会主义核心价值观，把社会主义核心价值观融入法治建设、融入社会发展、融入日常生活。

【学习任务三】　大众传媒与犯罪

大众传媒，是指通过专业化的大众传播媒介，运用先进的传播技术和产业化手段，以社会上一般大众为对象，进行大规模的信息生产和传播活动。大众传媒经历了初步产生与发展的纸质传媒阶段，迎来兴旺发展的声像传媒阶段，最终因为网络的出现达到了高速发展阶段。现在的大众传媒已经渗入到人们生活的各个方面，极大地改变了人们的思维和生产生活方式。在通常情况下，接触暴力、色情等不良传媒的密度与频次越大，效度指数越高，受毒害越深，形成犯罪动机和实施犯罪行为的可能性也就越大。

一、大众传媒对犯罪的诱发作用

大众传媒的出现拉近了人与人之间的"距离"，发生在世界各个地方的信息通过电视、手机等媒介出现在我们的视野中。大众传媒在便利我们生活的同时，也带来了一些隐患。传媒对社会有影响，这种影响不仅体现为传播媒介物本身，而且更主要地表现为传媒所负载、所传递的信息。大众传媒传播的信息复杂多样、良莠不齐，一些不利于社会和个人进步的、扭曲事实情况、误导价值观念、含有血腥暴力等不良元素的信息充斥在大众传媒的平台上。这些不良信息通过大众传媒的各种媒介潜移默化的影响着大众的价值判断和言行举止。尤其是一些带有极强诱发性的暴力、色情等题材的书籍、影视剧和网络游戏，这些诱发性内容让大众产生不良的心理暗示，激发或强化很多潜在犯罪人的犯罪动机。实证主义犯罪学派的创建人之一菲利（Enrico Ferri）认为，消除某些粗俗和黄色的娱乐，建立健康的娱乐和运动场所及廉价剧院等是有益的。禁止放映残忍的影视镜头和查禁赌场是替代刑罚的好方法。[1]

二、大众传媒对犯罪的示范作用

意大利著名犯罪学家龙勃罗梭（Cesare Lombroso）在其代表作《犯罪人论》中认为："文明推动着报纸的创造和发行，报纸总是报道一些关于犯罪的新闻，有时候这些新闻特别容易刺激对犯罪人的模仿。"[2] 龙勃罗梭似乎发现了一种新闻媒介与犯罪之间相互作用、恶性循环的规律：报刊对犯罪的报道扩大了它们的发行量，而报刊发行量的扩大，又使更多的人进行模仿，导致了更多的犯罪的产生。可以肯定地说，新闻媒介使人们了解到更多的犯罪方式，知道哪里有可以进行犯罪的机会或对象；对不良社会现象的报道降低了人们的道德感。[3]

在如今信息爆炸的时代，网络信息无孔不入，大众传媒的快速发展极大的缩小人们之间的空间距离，从而为潜在犯罪人学习和模仿书籍、影视中的犯罪手段和逃避法律惩治的

---

〔1〕 ［意］恩里科·菲利：《犯罪社会学》，郭建安译，商务印书馆2018年版，第131页。

〔2〕 ［意］切萨雷·龙勃罗梭：《犯罪人论》，黄风译，北京大学出版社2011年版，第158~159页。

〔3〕 吴宗宪：《西方犯罪学》，高等教育出版社2023年版，第91页。

手段提供了极大的便利条件。犯罪手段的传播具有极强的示范性，潜在犯罪人会跟风模仿影视剧中详细的犯罪实施过程。如学习犯罪准备工作、购买犯罪工具、实施犯罪行为、处理尸体以及侦查、反侦查技巧。尤其是未成年人，他们的心理并未发育成熟，都有强烈的模仿欲，往往把自己当作是媒体中表现的人物的形象，有一种将所看到的内容亲身实践一下的想法。例如，2013 年，江苏发生男童模仿动画片《喜羊羊与灰太狼》中的灰太狼烤羊的桥段，将同村的另两名男童绑在树上用火烤，造成了男童被严重烧伤的后果。

三、大众传媒对犯罪的便利作用

大众传媒给犯罪人提供了便利的犯罪条件，降低了犯罪成本。例如，近年来高发的电信网络诈骗犯罪，犯罪人就是利用大众传播媒介的隐匿性和便捷性，在同被害人没有实际接触的前提下，仅仅通过收集信息、打电话、网络聊天、发送链接等低成本的方式取得被害人的信任，并通过这种方式骗取受害人的情感和金钱。有论者指出，电信网络诈骗犯罪最核心的步骤就是转移资金，而当前跨境洗钱活动、跑分平台、虚拟货币等各类黑灰产业滋生蔓延，洗钱方式不断更新，由初期采用多级银行卡转账到虚拟币、数字人民币洗钱，到目前 POS 机刷卡消费，第三方、第四方平台购物消费或 ATM 直接取现的方式在电信网络诈骗中占比逐渐增大。在众多的电信网络诈骗案件中，接警往往滞后于资金交易，再加上诈骗团伙雇佣如同蜘蛛网一般的"车手"转移资金，受害人资金一旦从银行账户转出，即可在极短时间内多次转移，尽管公安机关在接警后第一时间止付，但已错过最佳时机，相关资金不是转入海外账户就是被人取出。[1]

四、大众传媒对犯罪的预防作用

大众传媒因为传播速度快，传播范围广等特点，对受众具有较强的思维引导性。我们看待大众传媒要采用辩证的方法，既看到大众传媒对受众消极的思维引导，也要关注到大众传媒对犯罪起到的积极预防作用。大众传媒对犯罪的预防作用主要体现在三个方面。[2]

（一）大众传媒的信息普及功能

借助大众传媒，传播犯罪学知识，介绍犯罪的特点以及预防犯罪的措施，可以提高人们对犯罪的理性认识，增强识别犯罪风险、注重自我保护的意识，提升运用防护技术的能力，为提高犯罪预防质量奠定坚实的社会基础。例如，政府通过书籍宣传反诈骗、短信提醒诈骗犯罪、下载反诈骗软件等方式减少电信网络诈骗的犯罪现象。

（二）大众传媒的舆论监督功能

通过大众传媒，形成社会公众对权力机关的监督，使权力在阳光下运行。这有利于促进社会公正，形成民主与法治的和谐环境，从而在更广泛的社会层面上消除犯罪诱因。

（三）大众传媒的宣传教育功能

大众传媒具有强大的宣传教育和思维引导功能，向广大受众宣传社会主流价值观和法

---

［1］ 刘丹郦，《电信网络诈骗犯罪治理难点及对策——以 A 县公安局为例》，载《河北公安警察职业学院学报》，2023 年第 4 期。

［2］ 张远煌主编：《犯罪学》，中国人民大学出版社 2022 年版，第 153 页。

律知识，培育人们的社会正义感，提高人们对行为的鉴别能力，增强维权意识，从而提高守法意识。同时，大众传媒通过对实际案例和对犯罪人依法处罚的生动报道，警示人们，对犯罪起到一般预防作用。

【课程思政】

规范个人网络行为

近年来，"自媒体"已经成为众多人的谋生之地，从早年间的淘宝网店到最近几年抖音等平台直播的兴起，越来越多获得互联网红利的人游走在法律的边缘而不自知。在巨额收益的引诱下，"自媒体"乱象丛生，犯罪风险也随之而来。

2019年1月25日，习近平总书记在十九届中央政治局第十二次集体学习时强调：没有规矩不成方圆，无论什么形式的媒体，无论网上还是网下，无论大屏还是小屏，都没有法外之地、舆论飞地。主管部门要履行好监管责任，依法加强新兴媒体管理，使我们的网络空间更加清朗。2023年3月，中共中央网络安全和信息化委员会办公室印发《关于开展"清朗·从严整治'自媒体'乱象"专项行动的通知》，自2023年3月2日起，开展为期两个月的从严整治"自媒体"乱象专项行动。专项行动聚焦"自媒体"乱象、网络水军操纵信息内容、规范网络传播秩序等九方面问题开展整治。

网络安全作为网络强国、数字中国的底座，既关乎国家安全、社会安全、城市安全、基础设施安全，也和每个人的生活密不可分，作为一名公民，必须坚定不移贯彻总体国家安全观，增强网络安全意识，规范个人网络行为，自觉维护国家安全和社会稳定。

_____

_____

_____

_____

【能力测试】

【课堂笔记】

_____

_____

_____

_____

模块四 ｜ 犯罪原因研究

犯罪原因研究模块以典型研究样本形式，向学习者展示如何以实证方法开展犯罪原因分析，包括女性再犯的犯罪原因及特殊预防实证研究、电信网络诈骗犯罪原因的实证研究、职务犯罪原因的实证研究、HIV 携带者犯罪成因与对策的质性研究四个学习单元。

模块四
（犯罪原因研究）

第十四单元：女性再犯的犯罪原因
及特殊预防实证研究
- 一、研究对象与方法
- 二、女性再犯的特征与教育改造现状
- 三、女性再犯的犯罪原因分析
- 四、针对女性再犯的特殊预防举措

第十五单元：电信网络诈骗
犯罪原因的实证分析
- 一、对象与方法
- 二、结果与分析
- 三、结论与探讨

第十六单元：职务犯罪原因
实证研究
- 一、研究对象与方法
- 二、结果与分析
- 三、结论与探讨

第十七单元：HIV 携带者犯罪成因
与控制对策质性研究
- 一、研究架构与流程
- 二、研究对象与方法
- 三、结果与分析
- 四、结论与探讨

第十四单元　女性再犯的犯罪原因及特殊预防实证研究

——以浙江省 X 女子监狱 205 名再犯为样本[1]

【思维导图】

女性再犯的犯罪原因及特殊预防实证研究

一、研究对象与方法
- （一）调查对象
- （二）研究方法

二、女性再犯的特征与教育改造现状
- （一）女性再犯的人口学特征
- （二）女性再犯的犯罪学特征
- （三）女性再犯的教育改造情况

三、女性再犯的犯罪原因分析
- （一）个人因素
- （二）社会因素

四、针对女性再犯的特殊预防举措
- （一）监狱层面
- （二）社会层面

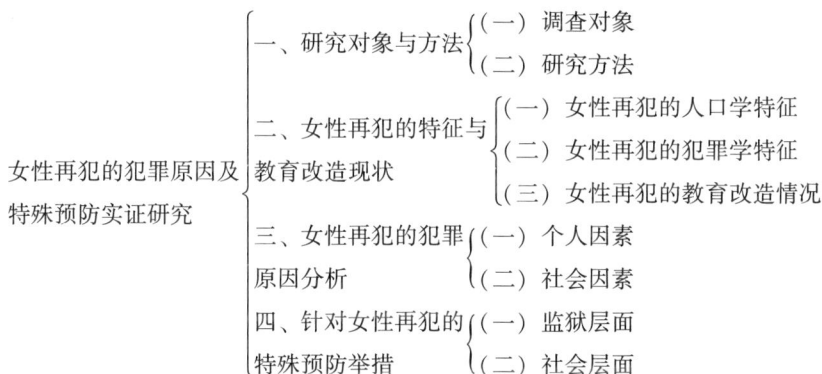

[1]　本单元根据高亭：《女性再犯的犯罪原因及特殊预防实证研究———以浙江省 X 女子监狱 205 名再犯为样本》，（载《中国监狱学刊》2022 年第 6 期）编撰，有所删减和调整。

摘要： 以浙江省 X 女子监狱 205 名再犯为研究对象，采取调查问卷、个别访谈等实证研究方法，发现与初犯相比，再犯存在亲情关系疏远、受教育程度低、就业状况差、涉毒涉赌严重等人口学特征；毒品类犯罪高发、犯罪史长、犯罪独立性强、刑期短等犯罪特征；悔罪程度差、服刑痛苦感低、警囚关系融洽但交流深度浅、对出狱后的生活缺乏规划等教育改造现状特征。通过进一步多因素 Logistic 回归分析，结合访谈记录，从个人因素和社会因素两方面总结了女性多次犯罪的原因。基于此，提出监狱层面应强化再犯悔罪教育、细化再犯类型化管理及分级处遇制度、加强再犯出监教育，以进一步提高教育改造针对性和有效性；社会层面应建立全社会禁毒防毒体系、强化女性刑释人员帮扶、提供补偿教育，以帮助女性刑释人员走出犯罪泥沼。

关键词： 女性再犯　犯罪原因　特殊预防

根据最高人民法院公布的全国司法统计公告，2021 年全国罪犯人数为 1714942 人，其中女犯 185417 人，占比 10.8%，其快速上升趋势已不容忽视，仅 2017 年至 2019 年，女犯人数便由 118195 人激增至 171288 人，三年增长 44.9%。[1] 其重新犯罪率同样不容乐观，我国五年内的重新犯罪率（以重新定罪率为标准）为 10.32%[2]，其中女性的重新犯罪率低于男性，但总体呈上升趋势，就安徽省女子监狱情况来看，女犯的重新犯罪率由 2001 年 1.5% 上升至了 2012 年的 4.5%。[3] 由此可见，近年来，不但女性犯罪率快速上升，其重新犯罪率也呈上升趋势。"多进宫"的女性再犯比之初犯人身危险性更大、社会危害性更深、犯罪顽固性更强，是当前"除险保安"需化解的隐患，是平安中国建设的顽瘴，也是落实社会治安综合治理要求必须解决的痼疾。

一、研究对象与方法

（一）调查对象

本次研究选取了浙江省 X 女子监狱开展调研，联合监狱狱政管理支队在各监区随机抽取女犯 500 人发放调查问卷，其中初次服刑人员（下文称"初犯"）290 名，有 2 次及以上服刑经历的人员（下文称"再犯"）210 名。回收问卷 494 份，有效问卷 458 份，有效率达 91.6%，获取初犯数据 253 份，再犯数据 205 份。以 205 名再犯为研究组，以 253 名初犯为对照组，调查涉及女犯的人口学特征、犯罪类型、服刑经历、教育改造情况以及出狱后生活、就业、交友等多方面信息，以期探究女性再犯的犯罪原因及预防措施，为降低重新犯罪率提供有益建议。

（二）研究方法

采取调查问卷与个别访谈相结合、量化分析与定性研究相结合的方式，编制调查问

---

〔1〕　最高人民法院：《全国法院司法统计公报》，载 http：//gongbao. court. cn/ArticleList. html？ serial_no＝sftj，最后访问时间：2022 年 10 月 10 日。

〔2〕　谢晓燕、周勇：《国际重新犯罪率数据比较初探》，载《河南司法警官职业学院学报》2022 年第 1 期。

〔3〕　魏金花：《女性重新犯罪的教育改造体系研究——基于 X 女子监狱的分析》，南京师范大学 2015 年硕士学位论文。

卷，以集中施测、独立填答、不记名方式进行。问卷分为两部分，第一部分为初犯、再犯无差别调查：内容涉及年龄、成长经历、家庭关系、受教育情况、职业、朋友类型等人口学信息；服刑经历、罪名、刑期、悔罪情况、教育改造认可度、警囚关系等刑罚执行信息；出狱后的生活规划、面临的困难、主观心态等再社会化信息。第二部分为再犯调查：涉及犯罪间隔时间，前后服刑经历对比，出监教育开展情况，出狱后的居住、就业、收支、家庭关系，服刑经历影响等信息。问卷数据录入 SPSS25.0 做描述统计、相关分析及回归分析。

二、女性再犯的特征与教育改造现状

（一）女性再犯的人口学特征

1. 年龄偏大，身体状况患病比例更高。

表 14-1　女犯年龄、身体状况描述统计与卡方检验表

特征		初犯（%）	再犯（%）	卡方检验	
				χ^2 值	p 值
年龄	25 岁以下 *	16（6.3）	1（0.5）	39.946	<0.001
	26~40 岁 *	135（53.4）	64（31.2）		
	41~55 岁 *	87（34.4）	119（58.0）		
	56 岁以上 *	15（5.9）	21（10.2）		
	合计	253（100）	205（100）		
身体状况	较为健康 *	115（45.5）	48（23.4）	26.861	<0.001
	一般 *	103（40.7）	103（50.2）		
	患病 *	35（13.8）	54（26.3）		
	合计	253（100）	205（100）		

注："＊"表示多重比较结果（Bonferroni 法），所在变量初犯与再犯存在统计学差异（$p<0.05$）。表 14-2、表 14-3、表 14-4、表 14-5、表 14-6、表 14-7、表 14-8、表 14-9、表 14-12、表 14-13 同。

据表 14-1，初犯占比最高的年龄段为 26~40 岁（占 53.4%），而再犯为 41~55 岁（占 58.0%），卡方检验结果存在极其显著性差异（$\chi^2=39.946$，$p<0.001$）。同时，再犯身体健康比例低于初犯 22.1%，患病比例高于初犯 12.5%，卡方检验结果同样存在极其显著性差异（$\chi^2=26.861$，$p<0.001$）。从访谈中得出，随着年龄的增长，身体机能的下降，再犯常觉得力不从心或意志消磨，一定程度上影响其改造动力和决心。再犯年龄偏大、身体健康状况更为复杂，给监狱管理带来一定压力。

2. 婚姻状态不稳定，家庭关系较为疏远。

表 14-2　女犯婚姻状况、家人关系与家庭生活感受等描述统计与卡方检验表

特征		初犯（%）	再犯（%）	卡方检验	
				χ^2 值	p 值
婚姻状况	未婚	64（25.3）	46（22.5）		
	已婚	101（39.9）	67（32.8）		
	丧偶	5（2.0）	7（3.4）	4.969	0.174
	离婚	83（32.8）	84（41.2）		
	合计	253（100）	204（100）		
父母情况	父母双全 *	170（67.2）	98（48.0）		
	一方在世	62（24.5）	63（30.9）		
	均已过世 *	21（8.3）	43（21.1）	21.912	<0.001
	合计	253（100）	204（100）		
与家人的关系	较为亲密	211（83.4）	140（70）		
	较为疏远	42（16.6）	60（30.0）	11.495	0.001
	合计	253（100）	200（100）		
家庭生活感受	和谐幸福 *	167（66.3）	91（44.4）		
	平静平淡 *	78（31.0）	100（48.8）		
	冷漠忽视 *	4（1.6）	11（5.4）		
	暴力冲突	1（0.4）	1（0.5）	24.120	<0.001
	难以忍受	2（0.8）	2（1.0）		
	合计	252（100）	205（100）		
父母之间关系	比较冷淡	9（3.6）	9（4.4）		
	经常吵架	22（8.7）	28（13.7）		
	关系一般	48（19.0）	53（25.9）	8.071	0.044
	关系融洽 *	174（68.8）	115（56.1）		
	合计	253（100）	205（100）		

据表 14-2，再犯与初犯在父母情况、与家人关系、家庭生活感受、父母之间关系等方面均有统计学差异（$p<0.05$）。再犯父母双全的比例低于初犯 19.2%，与家人关系较为亲密的比例低于初犯 13.4%，家庭生活感受"和谐幸福"的比例低于初犯 21.9%，父母之间"关系融洽"的比例低于初犯 12.7%。总体而言，再犯的亲情支持系统更为脆弱，

情感依赖根基薄弱，不良的家庭生活感受使得女性再犯欠缺牢固的情感支持，不利于亲情帮教工作的开展。值得注意的是，无论是初犯还是再犯，其婚姻状况中单身（包括未婚、丧偶、离婚）比例均超过 60%，且离婚比例超过 30%，再犯离婚率甚至高达 41.2%，婚姻关系的不稳定在一定程度上将会影响女犯的情绪健康与改造心态。据调查，女性罪犯面临诸多情绪问题，其中最为突出的是"暴躁发怒"与"焦虑压抑"（超 60%）。

3. 受教育程度更低，青少年时期违法犯罪经历、不良行为比例更高。

表 14-3 女犯受教育情况、青少年时期违法犯罪经历与不良行为、青少年时期家庭教育方式等描述统计与卡方检验表

特征		初犯（%）	再犯（%）	卡方检验 χ^2 值	p 值
受教育情况	初中及以下 *	136（53.8）	162（79.0）		
	高中及以下 *	61（24.1）	22（10.7）		
	大专及以上 *	48（19.0）	8（3.9）	45.828	<0.001
	文盲	8（3.2）	13（6.3）		
	合计	253（100）	205（100）		
18 岁以前违法犯罪经历	有	10（4.0）	28（13.9）		
	无	242（96.0）	174（86.1）	14.309	<0.001
	合计	252（100）	202（100）		
18 岁以前不良行为	有	54（21.8）	80（39.2）		
	无	194（78.2）	124（60.8）	16.325	<0.001
	合计	248（100）	204（100）		
青少年时期辍学经历	有	63（24.9）	77（38.1）		
	无	190（75.1）	125（61.9）	9.212	0.002
	合计	253（100）	202（100）		
18 岁以前接受的家庭教育方式	溺爱型	67（26.6）	60（29.7）		
	暴力打骂型 *	6（2.4）	14（6.9）		
	放任不管型 *	35（13.9）	52（25.7）		
	民主型 *	104（41.3）	50（24.8）	28.424	<0.001
	专制型	12（4.8）	15（7.4）		
	朋友型 *	28（11.1）	11（5.4）		
	合计	252（100）	202（100）		

据表 14-3，女犯的受教育程度普遍较低，初中及以下（包括文盲）占比近70%，而再犯的比例甚至高达85.3%。再犯18岁以前的违法犯罪经历、不良行为、辍学经历等均与初犯有显著差异。据调查，"抽烟""多次逃学""离家出走"等问题最为突出，与从小接受的不良家庭教育的影响，如"暴力打骂""放任不管"等不无关系。学校教育与家庭教育的双重缺失、放纵的成长经历为再犯成年后走入歧途埋下伏笔。

4. 无业比例较高，朋友圈杂乱，涉毒、涉赌现象严重。

表 14-4　女犯服刑前职业、吸毒赌博经历及朋友类型等描述统计与卡方检验表

特征		初犯（%）	再犯（%）	卡方检验	
				χ^2 值	p 值
服刑前职业	无业 *	65（25.7）	97（47.3）	40.454	<0.001
	农民	25（9.9）	26（12.7）		
	个体户	72（28.5）	54（26.3）		
	临时工	19（7.5）	11（5.4）		
	职工 *	60（23.7）	14（6.8）		
	其他 *	12（4.7）	3（1.5）		
	合计	253（100）	205（100）		
服刑前吸毒经历	有	46（18.2）	101（49.3）	50.212	<0.001
	无	207（81.8）	104（50.7）		
	合计	253（100）	205（100）		
服刑前赌博经历	有	24（9.5）	48（23.4）	16.582	<0.001
	无	229（90.5）	157（76.6）		
	合计	253（100）	205（100）		
服刑前朋友类型	守法公民 *	215（85.3）	107（52.2）	62.366	<0.001
	有违法犯罪经历的人员 *	4（1.6）	25（12.2）		
	无正当职业的闲散人员 *	20（7.9）	45（22.0）		
	涉黄、赌、赌、黑的人员 *	9（3.6）	19（9.3）		
	其他	4（1.6）	9（4.4）		
	合计	252（100）	205（100）		

特征		初犯（%）	再犯（%）	卡方检验	
				χ^2 值	p 值
亲朋犯罪经历	有	43（17.0）	55（27.0）		
	无	210（83.0）	149（73.0）	6.657	0.010
	合计	253（100）	204（100）		

据表 14-4，超半数再犯服刑前没有稳定工作，无业比例高于初犯 21.6%。近半数再犯沾染毒品，有吸毒史的比例高于初犯 31.1%，且涉赌情况与初犯也存在极其显著性差异（$\chi^2=16.582$，$p<0.001$）。再犯在服刑前的交友情况复杂，有违法犯罪经历的人、社会闲散人员以及涉黄、涉赌、涉毒、涉黑人员比例高达 43.5%，同时，亲朋中犯过罪或正在服刑的比例高于初犯 10%。

（二）女性再犯的犯罪学特征

1. 罪名主要为毒品类、经济类犯罪，"以贩养吸"情况严重。

表 14-5 女犯犯罪类型描述统计与卡方检验表

特征		初犯（%）	再犯（%）	卡方检验	
				χ^2 值	p 值
犯罪类型	经济类*	118（51.5）	67（33.3）		
	毒品类*	50（21.8）	113（56.2）		
	卖淫类	25（10.9）	12（6.0）		
	暴力类	10（4.4）	3（1.5）	68.483	<0.001
	职务类*	9（3.9）	0（0.0）		
	公共安全类*	16（7.0）	2（1.0）		
	其他类	1（0.4）	4（2.0）		
	合计	229（100）	201（100）		

注："经济类相关犯罪"主要涉及诈骗，盗窃，开设赌场，非法经营，抢劫，赌博，合同诈骗，敲诈勒索，集资诈骗，非法吸收公众存款、拒不支付劳动报酬等罪名；

"毒品类相关犯罪"主要涉及贩卖、运输毒品，非法持有毒品，容留他人吸毒等罪名；

"卖淫类相关犯罪"主要涉及组织卖淫，强迫卖淫，容留、介绍卖淫等罪名；

"暴力类相关犯罪"主要涉及故意杀人，故意伤害，聚众斗殴，非法拘禁，拐卖妇女等罪名；

"职务类相关犯罪"主要涉及挪用公款，贪污，挪用资金，职务侵占等罪名；

"公共安全类相关犯罪"主要涉及交通肇事，销售有毒有害食品等罪名；

"其他类相关犯罪"主要涉及掩饰、隐瞒犯罪所得，窝藏、包庇，组织、领导传销活动，利用邪教组织破坏法律实施，买卖国家机关证件，帮助信息网络犯罪活动，妨害信用卡管理等罪名。

据表 14-5，女性初犯与再犯的犯罪类型存在显著性差异（$X^2 = 68.483$，$p < 0.001$），51.5%的初犯为经济类犯罪，而56.2%的再犯本次服刑罪名为毒品类相关罪名，进一步统计，"贩卖毒品罪"位居毒品类犯罪榜首。结合再犯服刑前吸毒情况调查数据及个别访谈信息，女性毒贩利用性别优势贩卖、运输、非法持有毒品及容留他人吸毒，她们中相当一部分人是为满足自身毒品消费而走上犯罪道路，再犯中"以贩养吸"问题严重，部分罪犯甚至有4次以上毒品犯罪经历。

2. 首次犯罪年龄偏低，单独犯罪比例偏高，犯罪史更长、独立性更强。

表 14-6　女犯首次犯罪年龄、本次犯罪共犯情况描述统计与卡方检验表

特征		初犯（%）	再犯（%）	卡方检验	
				X^2 值	p 值
第一次犯罪时的年龄	18 岁以下	7（2.8）	13（6.3）	19.757	<0.001
	19~25 岁 *	97（38.5）	105（51.2）		
	26~45 岁 *	109（43.3）	69（33.7）		
	46 岁以上 *	39（15.5）	15（7.3）		
	不记得	0（0.0）	3（1.5）		
	合计	252（100）	205（100）		
目前年龄	25 岁以下 *	16（6.3）	1（0.5）	39.946	<0.001
	26~40 岁 *	135（53.4）	64（31.2）		
	41~55 岁 *	87（34.4）	119（58.0）		
	56 岁以上	15（5.9）	21（10.2）		
	合计	253（100）	205（100）		
本次犯罪共犯情况	单独犯罪	97（38.5）	107（52.2）	8.589	0.003
	共同犯罪	155（61.5）	98（47.8）		
	合计	252（100）	205（100）		

据表 14-6，57.5%的再犯首次犯罪年龄为 25 岁以下，高于初犯 16.2%，两者第一次犯罪的年龄段存在极其显著性差异（$X^2 = 19.757$，$p < 0.001$）。结合目前女性服刑人员的年龄分布特征可知，相较于初犯，再犯接触犯罪更早，犯罪生涯更久。此外，就本次服刑的犯罪而言，两者作案形式存在显著性差异（$X^2 = 8.589$，$p = 0.003$），六成以上的初犯表现为共同犯罪，而过半数的再犯表现为单独犯罪，说明随着犯罪次数的增加，女性再犯的犯罪心态更加稳定，犯罪经验更为丰富，反侦查能力更强，更能独立实施犯罪。

3. 本次服刑刑期较短，犯罪空间大。

表 14-7　女犯本次犯罪刑期描述统计与卡方检验表

特征		初犯（%）	再犯（%）	卡方检验	
				χ^2 值	p 值
刑期	3 年以下 *	16（6.3）	36（17.6）		
	3~10 年 *	141（56.0）	80（39.0）		
	10 年以上有期	91（36.1）	73（35.6）	29.122	<0.001
	无期 *	2（0.8）	10（4.9）		
	死缓	2（0.8）	6（2.9）		
	合计	252（100）	205（100）		

据表 14-7，再犯与初犯本次服刑的刑期存在极其显著性差异（χ^2 = 29.122，p < 0.001），再犯表现出明显的短刑期特征：3 年以下有期徒刑占比高于初犯 11.3%、3~10 年及 10 年以上中长刑期占比低于初犯 18.1%。首次犯罪年龄低、刑期短，使得女性再犯获得了较大的犯罪空间，间接表明短刑期罪犯重新犯罪率更高。

（三）女性再犯的教育改造情况

1. 服刑感受痛苦度较低，悔罪程度较差。

表 14-8　女犯服刑感受、犯罪行为影响描述统计与卡方检验表

特征		初犯（%）	再犯（%）	卡方检验	
				χ^2 值	p 值
服刑感受	非常痛苦 *	108（43.2）	66（32.2）		
	有点痛苦	66（26.4）	57（27.8）		
	不觉得痛苦 *	16（6.4）	5（2.4）	14.363	0.006
	较为愉悦	6（2.4）	8（3.9）		
	说不清楚 *	54（21.6）	69（33.7）		
	合计	250（100）	205（100）		
犯罪行为影响	影响很大 *	158（62.7）	109（53.2）		
	有一些影响	81（32.1）	83（40.5）		
	没什么影响	12（4.8）	13（6.3）	5.231	0.117
	没考虑	1（0.4）	0（0.0）		
	合计	252（100）	205（100）		

注：在"犯罪行为影响"方面，初犯与再犯总体概率分布无统计学差异（p = 0.117），但其中"影响很大"这一选项的多重比较结果存在统计学差异（p = 0.040）。

据表14-8，再犯与初犯的服刑感受存在显著性差异（$X^2 = 14.363$，$p = 0.006$），觉得"非常痛苦"的比例低于初犯11%，且其比例最高的是"说不清楚"（占比33.7%），表明超1/3的再犯对在监服刑呈现出一种麻木状态，刑罚感知力较差。同时，调查发现，近95%的再犯表面后悔自己的犯罪行为，但仅有70%左右的再犯认为自己需要接受教育改造，表明有相当数量的再犯并没有真正认可教育改造的必要性。在犯罪行为对被害人及社会造成的影响认知方面，虽然再犯与初犯总体上没有统计学差异，但多重比较结果显示，再犯与初犯认为"影响很大"的比例存在差异（$X^2 = 4.225$，$p = 0.040$），更多的再犯对自己犯罪行为的愧疚感、对他人痛苦的感知力与同理心较弱。

2. 警囚关系较为融洽，个别谈话开展情况良好，但再犯与管教民警的交流深度低于初犯。

表14-9　警囚关系、个别谈话频率与程度描述统计与卡方检验表

特征		初犯（%）	再犯（%）	卡方检验	
				X^2 值	p 值
警囚关系	挺对立	9（3.6）	3（1.5）		
	比较对立	9（3.6）	10（4.9）		
	一般	57（22.5）	53（26.0）	3.043	0.385
	和睦	178（70.4）	138（67.6）		
	合计	253（100）	204（100）		
个别谈话频率	没有谈	1（0.4）	1（0.5）		
	很少谈	2（0.8）	3（1.5）		
	偶尔谈	39（15.5）	24（11.7）	2.074	0.607
	经常谈	210（83.3）	177（86.3）		
	合计	252（100）	205（100）		
管教民警与罪犯交流程度	交流很好*	187（73.9）	131（63.9）		
	交流一般*	51（20.2）	63（30.7）		
	交流表面化	14（5.5）	7（3.4）	10.086	0.013
	基本没交流	1（0.4）	4（2.0）		
	合计	253（100）	205（100）		

据表14-9，调查表明监狱的警囚关系较为和睦，结合劳动现场、生活现场等实地走访与个别谈话情况，监狱整体氛围平和，民警纪律严明、工作规范性强，罪犯认可度高。民警非常关注罪犯改造动态，个别谈话频率高。从受测对象反馈来看，认为"经常谈"的比例超80%，侧面反映了该监狱民警对教育改造工作的投入度和勤勉度。但需注意的是，

针对再犯的谈话深度和效果仍可加强，更多的初犯认为自己与民警"交流很好"，而更多的再犯认为自己与民警"交流一般"，两者具有统计学差异（$x^2 = 10.086$，$p = 0.013$），表明民警的个别谈话对再犯教育效果有待提高。

3. 各项教育改造手段与奖惩考核制度认可度好，但再犯将个人困难得不到解决归因于监狱方面的比例更高。

表 14-10 女犯对各项教育改造措施作用的认识

特征		帮助很大	有帮助	帮助不大	没帮助	合计
教育改造总体上	计数	182	230	36	9	457
	累计百分比	39.8%	90.2%	98.0%	100%	100%
监管改造	计数	178	243	25	10	456
	累计百分比	39.0%	92.3%	97.8%	100%	100%
思想教育	计数	186	242	20	9	457
	累计百分比	40.7%	93.7%	98.0%	100%	100%
文化教育	计数	185	230	32	9	456
	累计百分比	40.6%	91.0%	98.0%	100%	100%
劳动改造	计数	173	243	27	14	458
	累计百分比	37.8%	90.8%	96.7%	100%	100%
亲情帮教	计数	220	205	12	21	458
	累计百分比	48.0%	92.8%	95.4%	100%	100%
心理辅导	计数	145	257	30	26	458
	累计百分比	31.6%	87.6%	94.1%	100%	100%
修心教育	计数	152	258	27	9	458
	累计百分比	33.2%	89.5%	95.4%	100%	100%

表 14-11 女犯对各项奖惩考核制度的满意度

特征		满意	比较满意	比较不满意	不满意	合计
分级处遇待遇	计数	263	146	19	27	455
	累计百分比	57.8%	89.9%	94.1%	100%	100%
奖惩制度	计数	254	169	14	21	458
	累计百分比	55.5%	92.4%	95.4%	100%	100%

续表

特征		满意	比较满意	比较不满意	不满意	合计
基本生活保障	计数	264	174	8	12	458
	累计百分比	57.6%	95.6%	97.4%	100%	100%
计分考核制度	计数	289	147	10	12	458
	累计百分比	63.1%	95.2%	97.4%	100%	100%

据表 14-10、14-11，女犯对受测监狱的各项教育改造措施的认可度高，认为"教育改造总体上"有帮助（包括"帮助很大"与"有帮助"，下同）的占 90.2%，认为"监管改造"有帮助的占 92.3%，认为"思想教育"有帮助的占 93.7%，认为"文化教育"有帮助的占 91%，认为"劳动改造"有帮助的占 90.8%，认为"亲情帮教"有帮助的占 92.8%，认为"心理辅导"有帮助的占 87.6%，认为"修心教育"有帮助的占 89.5%；同时，对监狱的"分级处遇待遇"较为满意（包括"满意"与"比较满意"，下同）的占 89.9%，对"奖惩制度"较为满意的占 92.4%，对"基本生活保障"较为满意的占 95.6%，对"计分考核制度"较为满意的占 95.2%。由此可见，该监狱各项工作开展情况良好，标准公平、程序公开、结果公正，得到了罪犯的普遍肯定。

表 14-12　个人困难归因描述统计与卡方检验表

特征		初犯（%）	再犯（%）	卡方检验	
				χ^2 值	p 值
个人困难得不到解决的原因	民警不努力 *	4（1.6）	17（8.3）		
	监狱不关心 *	21（8.3）	33（16.1）		
	外面有关部门不解决	172（68.0）	139（67.8）	31.756	<0.001
	没有困难 *	56（22.1）	16（7.8）		
	合计	253（100）	205（100）		

据表 14-12，涉及个人困难是否能得到解决，以及无法解决的原因时，再犯与初犯存在极其显著性差异（$\chi^2 = 31.756$，$p < 0.001$），更多的再犯认为自己有困难没有得到及时解决，且认为责任在于"民警不努力"或"监狱不关心"的比例高于初犯 14.5%。对于再犯的个人困难，民警需给予更多关心，监狱层面无法解决的，需进一步做好解释沟通工作，避免因信息不对称造成误解，影响改造效能。

4. 对出狱后的未来生活缺乏规划，易陷入重新犯罪的恶性循环。

表 14-13　出狱后生活规划描述统计与卡方检验表

特征		初犯（%）	再犯（%）	卡方检验	
				χ^2 值	p 值
出狱后生活规划	对未来没考虑 *	27（10.7）	47（22.9）		
	有大致想法	130（51.6）	92（44.9）	12.431	0.002
	有明确的目标规划	95（37.7）	66（32.2）		
	合计	252（100）	205（100）		
对未来生活的信心	有信心	198（78.6）	147（71.7）		
	信心不足	54（21.4）	58（28.3）	2.879	0.090
	合计	252（100）	205（100）		

据表 14-13，再犯与初犯在对出狱后的生活规划方面存在显著性差异（$\chi^2 = 12.431$，$p = 0.002$），22.9% 的再犯"对未来没有考虑"，人生状态浑浑噩噩，缺乏明确的目标，也缺乏重新开始美好生活、彻底摆脱犯罪阴影的勇气。进一步调查女犯出狱后面临的最大困难，发现"就业困难""无法适应社会""身体疾病""社会歧视"是困扰再犯的几大问题，导致她们中相当一部分人（占 28.3%）对未来生活信心不足。

三、女性再犯的犯罪原因分析

本文在调查数据的基础上，以影响女性再犯的多种因素为自变量，以是否再犯为因变量，进行了多因素 logistic 回归分析，采用 Omnibus 方法对模型构建成功与否进行判断，$p < 0.001$，建模成功。结果发现：家庭关系（$p = 0.002$）、受教育情况（$p = 0.008$）、服刑前有无吸毒经历（$p = 0.002$）、第一次犯罪诱因（$p = 0.043$）、服刑感受（$p = 0.016$）等变量与再犯原因存在相关性。本文基于李斯特二元论[1]的观点，结合个别访谈记录，从个人因素和社会因素两方面进行原因分析。

表 14-14　女性再犯犯罪原因 Logictic 回归分析结果

变量	B	标准误差	瓦尔德	自由度	显著性	Exp（B）	EXP（B）的 95% 置信区间	
							下限	上限
家庭关系	0.553	0.181	9.306	1	0.002	1.739	1.219	2.480
受教育情况	-.170	0.064	7.079	1	0.008	0.844	0.744	0.956
有无吸毒	-.886	0.280	10.006	1	0.002	0.412	0.238	0.714
第一次犯罪原因	-.067	0.033	4.086	1	0.043	0.935	0.877	0.998

---

〔1〕 ［德］冯·李斯特:《论犯罪、刑罚与刑事政策》，徐久生译，北京大学出版社 2016 年版，第 183 页。

变量	B	标准误差	瓦尔德	自由度	显著性	Exp (B)	EXP (B) 的 95% 置信区间	
							下限	上限
服刑感受	0.178	0.074	5.803	1	0.016	1.194	1.034	1.380

注：输入方程的变量包括：父母情况，家人关系，家庭生活感受，父母关系，家庭教育方式，违法犯罪经历，不良行为，抚养人教育方式，受教育情况，有无辍学，职业，有无吸毒，是否赌博，朋友类型，亲朋是否犯罪，第一次犯罪原因，第一次犯罪年龄，服刑生活，修心教育帮助，民警与罪犯交流情况，服刑感受，困难得不到解决的原因，出狱后生活规划。

（一）个人因素

1. 受教育程度低，就业能力差，劳动观、价值观扭曲。研究发现，81.9%的再犯来自农村或小城镇，且有兄弟姐妹的比例高达88.8%，总体而言家庭经济条件较差，加之重男轻女残余思想影响，女性再犯的受教育水平不仅远低于社会平均水平，甚至远低于女性初犯，85.3%女性再犯的学历为初中及以下。学历限制带来的就业挫败不仅影响了她们的个人正常经济收入，也催生了游手好闲、好逸恶劳、金钱至上的价值观。有再犯在谈及自己的犯罪原因时说："小学没毕业，好一点的工作都不要我，出力气的活儿倒是有，但是又苦又累还挣不到什么钱，还是像我小姐妹一样来钱快（在娱乐场所帮助贩卖毒品），光鲜亮丽还不累。"

2. 第一次服刑期间认罪悔罪不够彻底。一些再犯在第一次服刑期间并没有深刻认识和反省自己的错误，虽表面上服从和配合监狱改造，但悔罪意识差，改造动机不纯。调查发现，在犯罪归因方面，近40%的再犯将自己的第一次犯罪原因归咎于"不懂法律"，近30%的再犯将自己再次犯罪原因仍归咎于"不懂法律"，两项比例均远高于其他因素。虽有部分再犯确实欠缺法律常识，但经历过监狱的教育改造后仍进行客观归因，侧面反映出他们推卸责任、罪错不认的主观心态。有再犯直接表示："我觉得自己反复进监狱根本原因就是社会环境，大家都这么干，我也只是谋生而已（多次实施诈骗）。"

3. 涉毒已深，心瘾难除。已有学者报告，全球毒品戒断率只有9%左右，[1] 且女性的心瘾唤醒水平显著高于男性，[2] 女性的复吸倾向比之男性更严重。[3] 根据调查监狱的数据，49.3%的再犯在服刑前有吸毒经历，56.2%再次犯罪为毒品类相关罪名。这部分再犯在刑满释放后，虽生理上已戒毒，但心理上尚未完全脱毒，复吸比例极高，加之其他因素影响，很容易陷入再次犯罪的怪圈。有研究证实："在国家惩罚、社会排斥、家庭放弃

---

〔1〕 刘金鹏：《戒毒人员高复吸率问题研究》，载《中国刑事法杂志》2003年第5期。

〔2〕 曹生兵、孙升、邓平：《强制隔离戒毒人员心瘾测量的探索性研究》，载《心理技术与应用》2015年第9期。

〔3〕 邓平、马立骥、吴善龙：《全国统一戒毒模式下戒毒人员复吸问题分析与纾困对策探究》，载《中国司法》2022年第5期。

的推力和成瘾性物质、成瘾性习惯、灰色圈子的拉力共同作用下，生涯犯罪人一步步走向犯罪世界和越轨生活。犯罪日渐成为其谋生手段、生活习惯，乃至其生活本身。"[1]

4. 刑释后目标不清、心态不平。研究发现，近七成的女性再犯对刑满释放后的生活就业没有明确规划，抱着"今朝有酒今朝醉"的心态，且很大一部分并不相信自己有能力依靠合法收入创造美好生活。在面对犯罪经历影响其就业的现实情况下，她们将责任归咎于社会不公、命运不济、人心险恶、世态炎凉，没有正确认识自己，更没有珍惜自由生活，选择自暴自弃、恣意放纵。有女犯在谈及多次犯罪经历时坦言："第一次出去家里人对我都挺好，还帮我找好了工作，但我就是定不下心，感觉没法融入那种正常生活。"

（二）社会因素

1. 家庭关系受损，认可感、归属感丧失。从调查数据分析得出，女性表现出比男性对家庭、亲密关系更深的依赖与更强烈的渴望。调查显示，女犯入狱后最大的担忧，除担心减刑、假释机会有限外，"孩子无人照顾""父母无人赡养""婚姻可能破裂"等亲情关系排在前列（占比 41.8%）。在监狱各项改造手段中，对"亲情帮教"作用的认可度也仅次于"思想教育"排在第二位（达 92.8%），可见亲情支持对女性身心健康的重要性。不幸的是，大部分再犯家庭关系受到严重损害，或从小在"放任不管"的家庭教育中长大（$p<0.001$，与初犯存在显著差异）；或成年后婚姻受挫，原生家庭关系疏远（$p=0.001$，与初犯存在显著差异）；或犯罪后与家人彻底断绝关系，这种"被遗弃""被孤立"的感受使得她们丧失归属感与责任感，继而催生了我行我素、不计后果的行为模式与性格特征。

2. "罪友圈"吸附，经不起犯罪引诱。刑释后的居住交友情况数据显示，近四成的再犯在上一次出狱后无共同居住人，其朋友中狱友，无正当职业的闲散人员，涉黄、涉毒、涉赌、涉黑等人员的比例较之服刑前有所增加。积极功能性的社会关系瓦解，取而代之的是功能失调的网络，越轨同伴持续增加。[2] 家庭的不接纳、社会的异样眼光、毒品亚文化的交织，一步步推动女性刑释人员向有共同或相似经历的"罪友圈""毒友圈"寻求群体认同和自我价值满足。在调查其犯罪成因中，"犯罪朋友影响"是除"不懂法律"的推脱之词外占比最高的因素（达 27.8%）。

3. 社会歧视存在，合法就业空间被挤压。调查发现，再犯相对于初犯成长经历更复杂、亲密关系更不稳定、学历更低、职业技能更差，这与以往学者描绘的女性罪犯群体肖像不谋而合。她们身陷犯罪泥沼，与贫困、身处社会下层以及受到社会不公正对待有很大关系。[3] 女性刑释人员面临着更为苛刻的社会环境，服刑经历让她们本就狭小的就业空

〔1〕　孔一：《犯罪生涯持续中的资本变化》，载《中国人民公安大学学报（社会科学版）》2019 年第 1 期。

〔2〕　Hammersley R, "Pathways through drugs and crime: desistance, trauma and resilience", *Journal of Criminal Justice*, Vol. 2011, No. 3.

〔3〕　刘柳：《预防女性弱势群体犯罪：基于福利三角理论的社会政策研究》，载《中国行政管理》2015 年第 11 期。

间进一步压缩，来自婚恋、福利、征信、文化等各个方面对这群"离经叛道"女性的社会歧视更是让她们举步维艰。对再犯上一次出狱后的经济状况进行调查发现，她们中 65.4% 没有找到稳定工作，主要依靠家人朋友接济、违法犯罪所得、原有存款积蓄等方式生存，且 33.3% 的人员收入远远小于支出。调查中，再犯将"就业困难""无法适应社会""社会歧视"以及"身体疾病"作为出狱后最大的困难，刑释后的安置帮扶工作是帮助再犯顺利回归社会的关键。

4. 服刑痛苦度低，刑罚威慑力不足。刑罚的功能有特殊预防和一般预防之分，其中对犯罪人的个别威慑是特殊预防功能的重要内容，如果犯罪人不再畏惧刑罚，对服刑生活习以为常，甚至感到愉悦自在，那刑罚对犯罪的威慑将大大降低。研究发现，约 40% 的再犯对剥夺自由的监狱生活感觉不到痛苦，更有甚者调侃其为"监狱养老""监狱度假"，刑罚的威慑力和惩罚力在她们身上可谓毫无痕迹，用她们的话说："（犯罪）来钱快，风险低，万一被抓到了，大不了蹲监狱，我也不是第一次来，早就熟门熟路了，只要不惹事，他们（监狱和民警）也不敢拿我怎么样。"这种思想在"多进宫（3 次以上服刑）"的女犯身上非常常见，尤其是那些"一人吃饱，全家不愁"的独身或年老有病的女犯，现行的刑罚执行方式产生的震慑作用非常有限。

5. 监狱教育改造针对性不强。已有学者通过构建再犯风险概率回归模型与再犯风险分类表方式证实，我国监狱对罪犯整体的教育改造和矫正干预有效，但对贩卖毒品、诈骗罪犯的教育改造较为无效。[1] 调查发现，现有的教育改造手段和矫正项目并没有针对再犯群体进行个性化设计与实施，民警忙于监管安全和劳动生产，已是疲于奔命。警力的捉襟见肘，加之专业化水平有限、精细化程度不高，对于占大多数的毒品再犯、诈骗再犯、盗窃再犯，很难从根本上扭转其思想，教育改造未触及根本。

四、针对女性再犯的特殊预防举措

基于上述调查结果，笔者认为，为降低女性重新犯罪率，监狱和社会除以往工作方法外，还需加强以下针对性举措。

（一）监狱层面

1. 强化再犯悔罪教育，增加认罪悔罪心理评估。部分多次服刑的罪犯对普通的教育改造手段已经免疫，犯罪思想根深蒂固，扭曲价值观极难矫正，急需创新改造手段，帮助其重塑主流价值认同。笔者设计了 3 大"悔罪教育"项目（见图 14-1）。

通过项目化方式引导女性再犯"知"罪行、感羞耻——"悔"己过、思己错——"赎"罪错、获新生。通过"犯罪危害清算、成本预估"等项目让再犯深刻认识自身犯罪行为对个人、家庭、被害人、社会造成的恶劣影响；组织"关爱他人行动、现身说法行动"等公益活动让她们在反思自己过错的同时培养同理心与社会责任感；建立"赎罪基

---

〔1〕 曾赟：《中国监狱罪犯教育改造质量评估研究》，载《中国法学》2013 年第 3 期。增赟："中国监狱罪犯教育改造质量评估研究"，载《中国法学》2013 年第 3 期。

金"，将劳动改造所得作为赔偿、补偿被害人及其家属的专用资金，以真诚忏悔及改过表现获得被害人的谅解及被自身家庭重新接纳的机会。

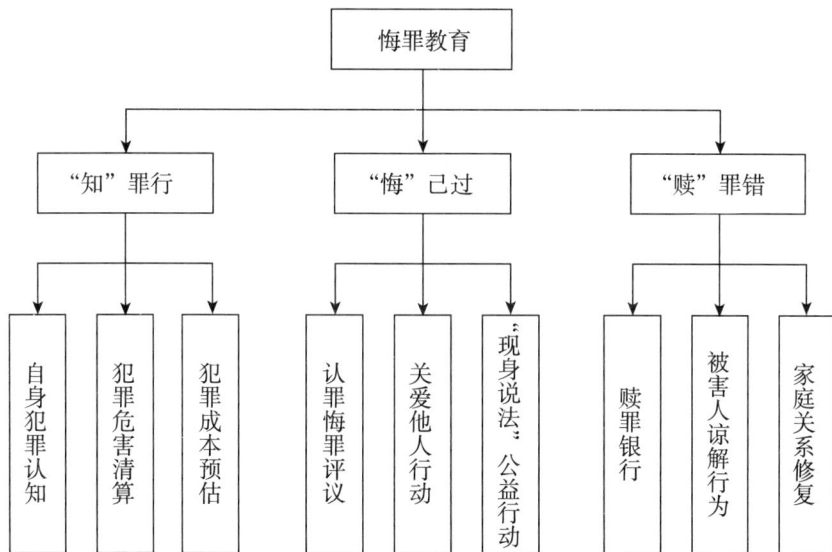

图14-1　悔罪教育三个项目

2. 细化再犯类型化管理及分级处遇制度，提高监管改造针对性。1994年颁布的《中华人民共和国监狱法》正式确立了我国的罪犯分类制度，第39条明确了依据罪犯性别、年龄、犯罪类型、刑罚种类、刑期、改造表现等因素对罪犯实行分别关押，采取不同方式管理。然而调查发现，监狱从保障监管安全出发，对"顽危犯""全能神犯""有暴力、自杀、脱逃风险的罪犯"等类型女犯实施了严格管理，关注的是罪犯的"狱内现实危险性"。而对具有高度"未来犯罪危险性"的再犯（尤其是那些表面上遵守监规纪律，实则不认罪悔罪的多进宫再犯）缺乏针对性的管理和教育。

笔者认为，需在现有模式下细化再犯类型化管理及分级处遇制度。

（1）再犯类型化管理。在罪犯分类的基础上，结合悔罪程度（有悔罪、半悔罪、无悔罪）、管理难易度（难管、易管）、改造重难点（职业犯、毒品犯、无业、贫困等）进行再犯类型化划分，如"无悔罪难管毒品型"再犯、"半悔罪易管职业型"再犯、"有悔罪易管无业型"再犯等。针对不同类型的再犯开展针对性的教育改造，尤其要重视认罪悔罪项目、涉毒矫正项目、家庭修复项目、人际交往项目的教育实施。

（2）构建再犯分类与分级处遇衔接制度。据调查，监狱规定，分级处遇以计分考核结果为基础，分为A、B、C、D、E五个等级。实际上，不仅是该监狱如此规定，我国监狱的分级处遇依据主要为计分考核结果，与罪犯分类关系不大。如此制度设计使得分级处遇与分类管理脱节，且大多数女犯处于中间等级（B、C）的实际运用结果更是降低了分级处遇的预期效用。因此，为弥补计分考核作为分级处遇唯一依据的不足，宜将科学动态的再犯分类结果作为判定处遇等级的标准之一。

（3）拉大再犯分级处遇跨度。调查监狱规定，处于不同处遇等级的罪犯在文体娱乐、会见通讯、狱内消费、技能培训等方面享受不同待遇，但彼此之间处遇区分并不大。建议加大处遇区分，丰富处遇内容，甚至可探索将分级处遇与离监探亲、减刑、假释相衔接（如连续 6 个月为 A 级处遇的可以优先离监探亲、减刑、假释），持续提高刑罚威慑力与分级处遇制度的效果。

3. 加强再犯出监教育的针对性，提高回归信心。基于对调查监狱再犯社会适应能力差、毒品心瘾深、职业技能水平低、未来规划乱等特点的分析，笔者提出了"三期三式"出监教育体系（见图 14-2）。

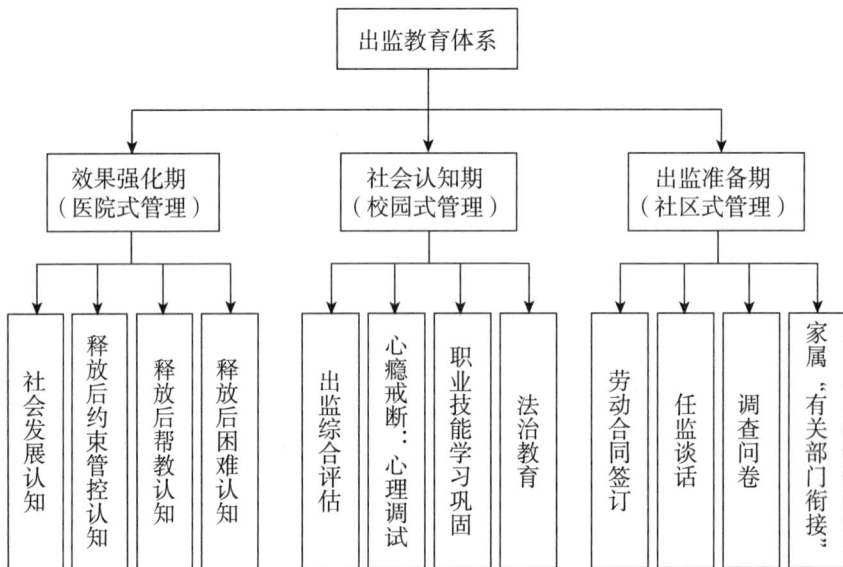

图 14-2 "三期三式"出监教育体系

将再犯的出监教育分为"三个阶段"：效果强化期——社会认知期——出监准备期，分别采取"医院式""校园式""社区式"管理，帮助罪犯逐步摆脱监狱依赖，恢复自主生活能力。所谓"医院式"，是指对女性再犯的前期改造效果进行综合评估，对存在的问题对症下药，强化教育改造效果。"校园式"，是指以"选课制""学分制"为基本模式，指导女性再犯逐步了解外面的社会，提高社会认知能力。"社区式"，是指在保证基本监管安全的基础上，构建自主管理分监区，允许罪犯自主安排活动，提高女性再犯的社会适应能力。

（二）社会层面

1. 加强毒品打击，建立全社会禁毒防毒体系。做好毒品防治是预防女性刑释人员再犯罪的重要一环，构建社会综合治理模式，在打击毒品犯罪的同时，发挥社区戒毒与康复的治疗、管控作用，建立全社会禁毒防毒体系。

（1）持续加强对毒品犯罪和涉毒人员的打击力度。公安部门在保持打击毒品高频输出的同时，需关注近年来女性毒品犯罪的新特点：犯罪方式由被动转向主动、隐蔽性和欺骗性更强、毒友圈子更为牢固。同时，法院要运用好重刑率和财产刑适用两柄利剑，剥夺毒枭、毒霸、毒品再犯等特定时期的再犯能力，加大犯罪成本，压缩犯罪空间。

（2）充分发挥社区戒毒康复职能。在组织实施社区戒毒与康复工作时，需关注女性吸毒人员这一逐渐庞大的群体。一是设计与实施符合女性心理、回应女性实际需求的矫治项目，如抵御伴侣或朋友的毒品诱惑、情绪控制、亲子家庭关系修复、自我价值认可与实现等；二是关注女性吸毒人员面临的社会障碍，在住房、医疗、保险、就业等方面保证社会福利与政策供给；三是提高社区戒毒与康复工作人员专业化水平，可与开设禁毒学、行政执行（强制隔离戒毒方向）专业的高校建立合作机制，将高校作为工作人员定点招录、在职培训、项目评价与研发的基地，帮助分析女性矫治与帮扶项目的有效性，提升队伍理论水平。

（3）开展新型毒品识别、禁毒宣传活动。加强禁毒宣传，尤其是那些在外独身、无稳定就业、受教育水平低的青年女性，极易受伴侣或朋友影响接触毒品，加强毒品识别能力、提高防范意识是女性的必修课。

2. 成立出狱人保护协会，加强刑释人员帮扶。建议完善刑释人员社会保护工作：

（1）成立专门的"出狱人保护协会"。由民间社会团体牵头，政府通过授权或购买服务等形式鼓励各方社会力量参与，司法行政机关做好日常指导与协调工作，淡化强制因素干扰，让刑释人员在平等、宽松的环境之中顺利回归社会。

（2）拓宽经费来源渠道。"出狱人保护协会"可纳入社会福利系统，正式成为福利法人，在税收、福利捐赠、基金会等方面享有优待政策。同时去除行政属性，以社会组织名义开展工作，广泛拓展经费来源渠道、盘活资金收支。

（3）扩大保护对象范围。建议在征得本人同意前提下，将有 3 次以上服刑经历、被评估为再社会化受阻的女性刑释人员纳入保护范畴，帮助其重获新生。

（4）加强社区宣传与参与。一方面，采取各种形式让居民认知、接受、理解刑释人员帮扶工作的重要性，强化治安共同体意识；另一方面，发挥妇联、志愿者组织、青年社团、企业家联合会、爱心基金会等各类社会团体与组织的力量，身体力行参与"回归行动"，形成社会支持网络。

（5）设置帮扶观察期。基于刑释后 3~5 年为重新犯罪高发期的结论，对刑释人员的帮扶需适当延伸，除提供 3 个月至 1 年时间不等的集中帮扶外，还需根据各地实际情况设置 1~3 年的"观察跟踪期"，确保被帮扶对象真正回归社会，建立健康社会关系，对有高危再犯风险的人员及时再次介入，避免陷入恶性循环。

3. 保障农村女性义务教育，拓展补偿教育。为帮助农村女性破除因教育贫困造成的资源壁垒，需持续做好以下工作：

（1）进一步保障义务教育。目前，我们需重点关注农村地区、偏远地区、少数民族地区的女童，以及残疾女童、流动人口女童的义务教育入学率以及毕业率，提高师资配备、解决入学困难、提供残疾儿童福利保障等，设立女童专项教育基金、扶持计划，确保适龄女童都能接受平等、充足的义务教育。

（2）拓展补偿教育。对于错失义务教育机会的女性刑释人员，尝试提供形式多样的补偿教育机会，联合警察类院校开通专项刑释人员教育通道、成人教育培训；设立奖助学金、制定相应鼓励优惠政策，提高教育财政支持水平，鼓励吸引更多女性刑释人员提高学历；设立刑释人员技能培训机构，提供基础教育与职业培训，提高女性刑释人员的公民素养与就业能力。

（3）消除教育性别歧视。将性别平等意识融入教育全过程，营造性别友好的教育环境，需社会各方面的努力，国家层面，需进一步推进教育公平；社会层面，需广泛根植教育平等理念；家庭层面，需保障女性教育投入；个人层面，需增强女性的自我权利意识，积极主动自信参与社会经济政治生活。

第十五单元　电信网络诈骗犯罪原因的实证分析[1]

【思维导图】

电信网络诈骗犯罪
原因的实证分析
┌ 一、对象与方法
│
│ 二、结果与分析 ┌ （一）电信网络诈骗犯罪特征
│   └ （二）诱发电信网络诈骗因素
│
│   ┌ （一）完善工作机制
│ 三、结论与探讨 │ （二）健全行业管理
│   │ （三）强化教育防范宣传
└   └ （四）提升打击效果

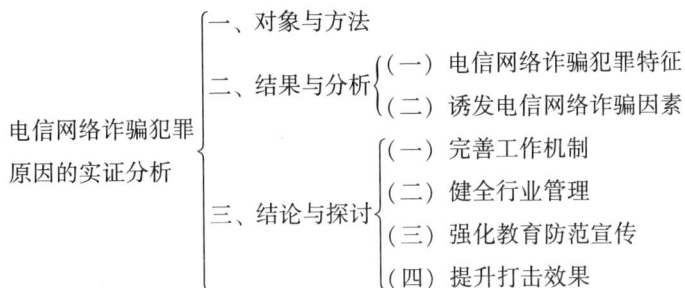

〔1〕　本单元根据张应立：《电信网络诈骗犯罪实证分析》（载《犯罪研究》2022 年第 5 期）编撰，有所删减。

摘要：电信网络诈骗犯罪是近年来常见多发的一种犯罪，从 N 市的情况来看，当前电信网络诈骗犯罪呈现数量多、占比高、发案率较高、高中以上文化程度的犯罪人相对较多、女性占比远高于传统侵财犯罪、城区及农村发案多、小案居多和大案增长快等特点。诱发电信网络诈骗犯罪的因素主要有行业管理疏漏、防范教育宣传不足、被害人普遍存在过错、打击不力等。遏制电信网络诈骗犯罪高发势头需开展完善工作机制、健全行业管理、强化防范教育宣传、提升打击效果等工作，实行多策共治。

关键词：电信网络诈骗犯罪　实证研究　犯罪原因　对策

电信网络诈骗犯罪亦称通讯诈骗、电信诈骗、网络诈骗、非接触性诈骗，是一种借助电信网络通讯手段实施的诈骗犯罪。20 世纪末由我国台湾地区蔓延到大陆地区，并迅速发展起来。据中国司法大数据研究院数据，2017~2021 年网络犯罪中诈骗犯罪占 36.53%，帮助信息网络犯罪活动犯罪占 23.76%；2016~2018 年网络犯罪中 31.83% 涉及诈骗犯罪。[1] 最高人民法院工作报告显示 2021 年仅审结的电信网络诈骗犯罪案件就达 7.9 万件，是 2016~2018 年审结全部网络犯罪案件的 1.68 倍，判决电信网络诈骗罪犯 14.9 万人，是 2016~2018 三个年度判决的全部网络犯罪案件罪犯数的 1.15 倍。2011、2012、2013 年全国通讯诈骗分别发案 10 万起、17 万起、30 万起，年均增长 70%，通讯诈骗刑事案件占全部刑事案件的比例由 2011 年的 1.67% 上升到 2015 年的 8.22%，[2] 4 年间占比上升了 6.55 个百分点。2021 年全国公安机关破获的电信网络诈骗案件是 2015~2018 年三年的 1.25 倍，抓获的电信网络诈骗犯罪嫌疑人是这三年的 4.34 倍，[3] 仅从打击成果上就可以看出电信网络诈骗犯罪增长速度之快。当前电信网络诈骗已经是我国最多见的一种危害群众财产安全、破坏经济秩序和社会安定的严重犯罪。

一、对象与方法

本单元研究的对象是我国沿海一设区的市 N 市 2015~2020 年间的电信网络诈骗犯罪问题。N 市是我国五大计划单列市之一，也是十五个副省级城市之一，现下辖六区两市两县，全市陆地面积 9365 平方公里。2015 年全市户籍人口 586.6 万，流动人口 358.1 万，GDP8011.5 亿元，财政收入 2072.7 亿。2020 年全市户籍人口 613.7 万，流动人口 492.2 万，GDP12408.7 亿元，财政收入 2835.6 亿元。2015 年 N 市列中国城市 GDP 百强榜第 16 位，2020 年上升到第 12 位，并跨入全国财政收入十强城市行列。N 市作为我国沿海经济发达地区，研究其电信网络诈骗犯罪问题有典型意义。

本研究采用数据分析法、案例分析法和专家座谈法。通过对 N 市公安局 2015 年至

---

〔1〕 中国司法大数据研究院：《涉信息网络犯罪特点和趋势司法大数据专题报告》，载最高人民法院网，https://www.court.gov.cn/fabu-xiangqing-368121.html，最后访问时间：2022 年 4 月 20 日。

〔2〕 公安部：《自 2011 年以来全国电信诈骗年均增长 70%》，载中文互联网数据咨询网：https://www.199it.com/archives/286179.html，最后访问时间：2022 年 4 月 20 日。

〔3〕 张应立、孔一：《近十年我国犯罪问题演变分析》，载《犯罪与改造研究》2023 年第 2 期。

2020 年电信网络诈骗犯罪相关数据的梳理分析，从总体上把握 N 市电信网络诈骗犯罪的现状、特点及演变规律；组织资深警官、检察官、法官、专家学者进行座谈，探讨诱发电信网络诈骗犯罪的实践因素及实务对策。

二、结果与分析

（一）电信网络诈骗犯罪特征

从 N 市数据梳理分析来看，当前电信网络诈骗犯罪呈现以下特征：

1. 数量特征：发案（率）高、占比高。犯罪数量特征主要体现在三个方面。

（1）数量变化。具体数量及增（减）情况，一般用刑事治安案件发（立）案数来衡量。2015 年 N 市立电信网络诈骗刑事、治安案件分别为 16593 起、4420 起，总计 21013 起；2020 年立电信网络诈骗刑事、治安案件分别为 10986 起、12230 起，总计 23216 起。2020 年与 2015 年相比，N 市电信网络诈骗刑事案件数减少了 5607 起，下降了 33.79%；但电信网络诈骗治安案件数增长了 176.69%；总数增加了 2203 起，增长了 10.48%。2015 年到 2020 年，N 市电信网络诈骗刑事案件以年均 8.26% 速度波浪式下降。从刑事治安案件总数来看，N 市电信网络诈骗是呈现"V"型增长的态势。实践中各地用刑事案件数减少来宣称电信网络犯罪发案下降，或电信网络诈骗上升势头得到遏制，但从治安刑事案件总数上看，电信网络诈骗发案并没有减少而是上升。正如有学者基于《中国法律年鉴》数据所做的分析的一样，"我国 2014 年电信网络诈骗立案数量就超过了传统诈骗，并保持逐年上升的趋势。"[1] 我国 2016 年网民突破 7 亿，互联网普及率突破 50%，2020 年网民突破 9 亿，互联网普及率突破了 64.5%。因而在目前电信网络快速发展，且电信网络运营中问题还较多情况下，还难以真正实现电信网络诈骗发案的减少。

（2）比例特征。评价一个类型犯罪对犯罪总量、犯罪发展形势的影响，往往要用该类型犯罪的发案数占全部刑事案件或全部治安刑事案件数的比例来衡量。从这个情况来看，N 市 2015~2020 年电信网络诈骗占全部刑事案件比例及全部治安刑事案件数的比例均呈波浪式上升，前者由 2015 年的 15.71% 上升到 2020 年的 25.08%，上升了 9.37 个百分点；后者由 2015 年的 10.37% 上升到 2020 年 14.78%，上升了 4.41 个百分点。与福建三明市相比，后者电信网络诈骗占全部刑事案件比例由 2015 年的 9.8%，上升到 2019 年的 21.7%，[2] 上升了 11.9 个百分点。五年间三明市电信网络诈骗占全部刑事案件比年均为 15.52%；N 市同期年均占比为 20.07%，占比上升了 7.62 个百分点。N 市电信网络诈骗刑事年均占比高于三明市 4.55 个百分点，同期 N 市电信网络诈骗刑事发案情况比三明市严重。占比情况中值得注意的是，N 市电信网络诈骗刑事案件占全部诈骗刑事案件比例高，但占比呈下降趋势，电信网络诈骗占全部诈骗刑事案件比例由 2015 年的 86.97% 下降到

---

〔1〕　秦坤：《"互联网+时代"公安机关打击电信网络诈骗犯罪的难点及对策研究》，载《江西警察学院学报》2021 年第 1 期。

〔2〕　纪熙全：《电信网络诈骗犯罪的打击与防范——以福建省三明市为例》，载《中国刑事警察》2019 年第 6 期。

2020 年的 61.47%，下降了 25.5 个百分点。

（3）发案率。发案率是衡量一个地区犯罪状况的重要标志。国内研究者对发案率计算有两种方法，一种是单纯以刑事发案与常住人口数作比，另一种是治安刑事案件总和与常住人口数作比。笔者认为，治安案件、刑事案件发案总和数更接近犯罪学意义上犯罪的真相和全貌，同时也便于我国犯罪学研究与国际同行的交流，因而我国犯罪学研究的发案率应为治安刑事案件发案总数与常住人口数之比。2015～2020 年 N 市电信网络诈骗发案率呈波浪式下降趋势，发案率由 2015 年的万分之 26.85，下降到 2020 年的万分之 24.69，下降了 2.16 个万分点。综合发案数量、占比及发案率，可以做出一个基本判断，即 N 市 2015～2020 年电信网络诈骗发案快速上升势头初步得到了有效遏制。

2. 类型特征：网络诈骗凸显。为了更深入地分析犯罪规律特征，研究者们往往根据不同标准来对特定犯罪进行分类。有学者根据利用的手段方式来划分电信网络诈骗类型，认为 2015 年之前，打电话、发短信的电信网络诈骗多见；2015～2018 年，电信与网络手段并行，网络慢慢超越了电信成为主要手段；2019 年以后，网络手段成为主流，微信、QQ、支付宝成为此类犯罪的主要工具。[1] 公安统计报表中将电信网络诈骗分为网络诈骗、电信诈骗和微信短信诈骗三大类。这种分类在电信网络尚不够发达，新业态不多，电信网络资源分化尚不够细致情况下是可以的。目前这种分类有一定缺陷，如近年走红，大有取代微信短信之势的抖音的出现，是否应当增加抖音类诈骗？还有就是同一案件中运用两种以上手段方式实施的电信网络诈骗。但作为一种官方统计分类，至少实务部门的数据统计还没有改变之前，说服力上还是可信的。从 N 市 2015～2020 年数据来看，网络诈骗和电信诈骗均呈现波浪式上升态势，而微信短信诈骗则呈波浪式下降态势。总数上看，网络与电信两类诈骗占据了电信网络诈骗的多数，且两者占比越来越大。N 市网络诈骗占全部电信网络诈骗的比例，由 2015 年的 55.56%上升到 2020 年的 58.08%，增长了 2.52 个百分点；同期 N 市电信诈骗占全部电信网络诈骗比例也由 36.71%上升到 39.23%，占比也是增长了 2.52 个百分点；而微信短信 QQ 类诈骗占全部电信网络诈骗比例则由 2015 年的 7.73%下降到 2020 年的 2.69%，占比下降了 5.04 个百分点。同时期 N 市跟其他地区电信网络诈骗类型相比差异不大。如福建三明市 2015 年 7 月至 2016 年 6 月一年里面，三类电信网络诈骗占比分别为 53.2%、37.7%、9.1%。[2] N 市 2015～2016 年两年，三类电信网络诈骗占比年均分别为 56.71%、36.62%、6.68%；与福建三明占比相比，网络诈骗占比略高 3.51 个百分点，电信诈骗、微信短信诈骗占比分别略低 1.08 个百分点、2.42 个百分点。也就是说，同期 N 市网络诈骗水平略高于三明市，而电信诈骗及微信短信诈骗水平略

---

[1] 吴加明：《"电信网络诈骗"的概念界定与立法运用》，载《学海》2021 年第 3 期。

[2] 黄永春、郑丰收：《电信网络诈骗犯罪防控的实践与思考——以福建省三明市为例》，载《江西警察学院学报》2016 年第 6 期。

低于三明市；总体来看，同期两者的网络诈骗都最为突出。从全国法院判决[1]数据来看，2016～2017年电信诈骗为主，但网络诈骗上升明显，前者由2016年占比的78.25%下降到2017年的64.56%，后者由2016年的34.66%上升到60.89%。而N市始终是网络诈骗占比高，这与N市网络普及率高于全国平均水平有关，我国互联网普及率2016年超50%，而N市互联网普及率2010年就超过50%。[2]

3.事由特征：翻新快、变化多。电信网络诈骗之所以防不胜防就在于诈骗事由变化多，从司法实践来看，影响电信网络诈骗犯罪事由的因素主要有区域性和技术性两个方面。诈骗事由的地域性特征是特定地区犯罪分子间相互学习借鉴形成的，故出现诈骗事由相同或者相似，形成电信网络诈骗犯罪事由的区域性色彩。如广东茂名电白"猜猜我是谁"，海南瞻洲"机票退改签"，福建龙岩的网购，等等。此外犯罪分子区域性集聚，也会影响电信网络诈骗事由变化。另一个影响电信网络诈骗事由的重要因素就是电信网络技术的发展，电信网络诈骗犯罪手段方式及事由变化与电信网络技术迭代升级同步，电信网络技术发展史上几大标志性事件，如移动通讯的普及，QQ、微信的出现及迅速占领市场，电商及第三方支付的出现等，在推动电信网络技术进步和方便群众生产生活的同时，也为犯罪分子所利用，助长了电信网络诈骗手段方式及事由的发展演变。

N市没有所谓电诈专业村或乡镇，N市的电信网络诈骗都是输入性的，绝大多数被打击处理对象是从其他地区向N市群众进行电信网络诈骗。值得注意的是，学界研究中常混淆手段方式与诈骗事由，诈骗事由是指电话、短信、微信、QQ等具体内容。公安统计中以最简洁文字总结提炼电信网络诈骗的事由。据此，2015～2020年N市电信网络诈骗事由变化也是较大的。2015年N市前六位电信网络诈骗事由分别是：购物消费、招聘兼职、贷款诈骗、假冒身份、冒充电商客服、冒充公检法；2020年变化为：贷款诈骗、购物消费、招聘兼职、理财、冒充电商客服、Q仔诈骗。在2015年排名第三的贷款诈骗在2020年上升为第一，购物消费由排名第一降为第二，招聘兼职由第二下降为第三，理财类从2016年起进入排名前六，一直保持在第四名，表明理财类诈骗比较稳定。假冒熟人身份类电信网络诈骗2015～2018年四个年份均进入前六，其中2015、2017、2018年三个年份均列第四，2016年上升到第二位，2019年及此后不再进入前六。假冒类始终是电信网络诈骗极为常见的一种事由，2015～2020年间N市前6位电信网络诈骗事由中，假冒类有4年占据了两到三个位置，可见假冒类电信网络诈骗之猖獗。最高人民法院数据显示，2016～2018年全国法院判决的网络诈骗罪中冒充他人身份实施诈骗的占31.52%。[3]有学者根

[1]　最高人民法院：《司法大数据专题报告：电信网络诈骗》，载最高人民法院网，https：//www.court.gov.cn/fabu-xiangqing-115701.html，按照司法大数据研究院解释因部分案件既涉及电信诈骗又涉及网络诈骗，因此两者占比之和大于100%。最后访问时间：2022年4月16日。

[2]　N市网络文化研究中心：《N市互联网发展状况报告》，载牛牛文库网，https//www.niuwk.com/p-394398.html，最后访问时间：2022年4月16日。

[3]　最高人民法院：《司法大数据专题报告：网络犯罪特点和趋势（2016.1-2018.12）》，最高人民法院网，载https：//www.court.gov.cn/fabu-xiangqing-202061.html，最后访问时间：2022年4月30日。

据 2017 年抽取的全国 569 份电信网络诈骗犯罪判决书，分析出冒充熟人、网上购物、假冒公检法、商业投资四类最为多见的电信网络诈骗事由。[1] 有学者根据 2020 年一县级公安统计数据，发现贷款诈骗、兼职刷单诈骗、理财诈骗、购物诈骗、交友诈骗、冒充公检法诈骗等事由多发。[2] 从 N 市的情况来看，排名前六的诈骗事由占电信网络诈骗 80% 左右，影响了电信网络诈骗发案的整体情况。

4. 损失特征：小案居多而大案增加。调查发现，损失较小的案件居多、损失巨大的案件增长较快。从 N 市情况来看，电信网络诈骗刑事案件发案下降，但造成损失增长迅速，反映出大案发案增长迅速。N 市电信网络诈骗刑事案件个案均损波浪式快速上升，由 2015 年的 0.8974 万元上升到 2020 年 6.2594 万元，2020 年个案均损是 2015 年的 6.97 倍，6 年平均个案均损为 2.2386 万元。N 市全部电信网络诈骗刑事案件造成的损失也是波浪式快速上升，由 2015 年共造成 14890.19 万元损失，上升到 2020 年的 68766 万元，2020 年总损失是 2015 年的 4.62 倍。应当注意的是，电信网络诈骗刑事案件造成损失占全部刑事案件造成总损失的比例也是呈快速上升态势，由 2015 年占全部刑事案件损失的 24.95% 上升到 2020 年的 43.51%，占比六年间上升了 18.56 个百分点，年均递增 3.09 个百分点。在电信网络诈骗刑事案件立案数下降的情况下，电信网络诈骗刑事案件造成的损失及占全部刑事案件损失比例却大幅度上升，唯一合理解释就是大要案发案数及案损数的上升。N 市电信网络诈骗大要案数据不全，从了解到的该市下属的一个区的情况来看，1 万以上 10 万元以下案件增长最快，10 万到 20 万次之，20 万元以上损失增长速度列第三。该区 3000 到 10000 元以下案件占全部电信网络诈骗刑事案件比由 2019 年 51.37% 快速下降到 2020 年 25.08%；而 10001 元到 100000 元的案件占比由 29.18% 上升到 42.86%，100001 元到 200000 元案件占比由 0.6% 上升到 1.59%，20 万以上案件占比由 0.79% 上升到 1.12%。[3] N 市 2021 年第一季度百万元以上损失的电信网络诈骗案件就多达 25 起，全年百万元以上损失案件超过 100 起。正是这些大要案推高了全部电信网络诈骗案件损失。小案居多还可以从治安案件占全部电信网络诈骗案件比例来看，损失不足 3000 元的电信网络诈骗立治安案件，3000 元以上立刑事案件。N 市治安案件占全部电信网络诈骗比例也是波浪式上升，由 2015 年的 19.98% 上升到 2020 年的 52.68%，上升 32.7 个百分点，年均上升 5.45 个百分点。

5. 主体特征：外地文化低的无业、务工青壮年男性居多。由于统计报表里没有专门的电信网络诈骗犯罪人的年龄、性别、文化程度及职业的统计，因抓获的诈骗犯罪嫌疑人中大多数是电信网络诈骗的，因而以抓获的诈骗犯罪嫌疑人情况推断电信网络诈骗嫌疑人

〔1〕 赵炜佳：《电信网络诈骗犯罪特征、成因与治理——以 2017 年 569 份判决书为考察样本》，载《福建农林大学学报（哲学社会科学版）》2018 年第 3 期。

〔2〕 方康澜：《基层公安机关打击电信网络诈骗犯罪的困境与出路——以 H 省 C 县调研情况为样本》，载《湖北警官学院学报》2020 年第 6 期。

〔3〕 张应立：《电信网络诈骗被害预防探讨——以宁波市北仑区为例》，载《河南警察学院学报》2021 年第 6 期。

身份特征情况。N 市抓获诈骗犯罪嫌疑人是以初中以下文化为主，2015~2020 年 N 市抓获的诈骗嫌疑人中大专以上文化占比年均 4.67%，高中文化占比年均为 14.16%，初中以下文化占比年均为 81.17%。从全国数据来看，2017 年电信网络诈骗被告人初中及以下占比为 68.5%，大专以上占比为 7.71%，[1] N 市电信网络诈骗犯罪嫌疑人文化程度低于同期全国电信网络诈骗犯罪嫌疑人的平均水平，初中及以下文化程度高于全国平均水平 12.67 个百分点，大专以上文化程度低于全国平均水平 3.04 个百分点，高中文化程度低于全国平均水平 9.63 个百分点。

调查发现：（1）电信网络诈骗犯罪嫌疑人男性居多，但女性占比远高于盗窃中的女性占比。2015~2020 年 N 市抓获的诈骗犯罪嫌疑人男性占比年均为 80.79%，女性年均占比 19.21%。同期 N 市抓获的盗窃犯罪嫌疑人中男性年均占比 92.54%，女性年均占比为 7.46%。从年均占比来看，N 市普通诈骗中女性犯罪嫌疑人高于盗窃中女性犯罪嫌疑人年均占比 11.75 个百分点，电信网络诈骗犯罪嫌疑人中女性占比更高。

（2）电信网络诈骗犯罪嫌疑人以 18~35 岁青壮年人为主。2015~2020 年 N 市抓获的诈骗犯罪嫌疑人中 18~35 岁年均占比为 72.88%，可见诈骗犯罪是较为典型的青壮年人犯罪。电信网络诈骗犯罪中无业人员、务工人员较突出。2015~2020 年 N 市抓获的诈骗犯罪嫌疑人中无业人员和务工人员年均占比为 54.61%。N 市的诈骗犯罪是以外地人（流动人口）为主的犯罪。2015~2020 年 N 市抓获的诈骗犯罪嫌疑人中市外人员作案年均占比 76.09%，其中外省人员作案年均占比 66.21%。

6. 犯罪地特征："四多"。调查发现，电信网络诈骗多发地为城区、乡镇、家中和企业。司法实践中往往将发案区域划分为城区、郊区、乡镇、其他区域四个板块，根据多发的部位将发案部位分为居民家中、工厂企业、银行金融机构、大专院校、商场、广场街道、宾馆饭店、娱乐场所等。从发案区域来看，城区与乡镇始终是电信网络诈骗犯罪高发多发区域。2015~2020 年 N 市电信网络诈骗犯罪发案区域中城区、乡镇占比年均分别为 35.81%、49.26%。6 年间 N 市城区电信网络诈骗发案占比呈波浪式下降，2020 年与 2015 年相比城区发案占比下降了 4.13 个百分点。同期乡镇发案在 N 市全部电信网络诈骗发案中占比呈波浪式上升，2020 年与 2015 年相比乡镇发案占比上升了 14.05 个百分点。

从发案具体部位来看，居民家中、工厂企业始终是最多发的部位，银行金融机构和高校由于防范工作做得较好，发案数量呈明显下降趋势。2015~2020 年发生在居民家中的电信网络诈骗占比始终高企，除 2018 年略下降外，其他年份均处上升态势，年均占比 46.68%。2020 年居民家中发生的电信网络诈骗刑事案件占全部电信网络诈骗刑事案件比例与 2015 年相比上升了 32.74 个百分点。2020 年居民家中发生的电信网络诈骗刑事案件占比高企，与疫情防控极大限制了人们外出活动有关，既增加了上网频率，也增加了被电

---

[1] 最高人民法院：《大数据专题报告：电信网络诈骗》，最高人民法院网，https://www.court.gov.cn/fabu-xiangqing-115701.html，最后访问时间：2022 年 4 月 8 日。

信网络诈骗侵害的概率。企业工厂里发生的电信网络诈骗多与 N 市工业兴市、企业工厂大员工多、企业工厂忙于生产疏于防范有关。企业工厂越重视防范宣传工作，其电信网络诈骗发案就会越少，反之就越多。从实践看，中小企业尤其是小企业对电信网络诈骗防范宣传普遍不够重视。从 N 市情况来看，2015～2020 年发生在企业工厂的电信网络诈骗占比年均 9.07%，除 2017 年略有下降外，其他年份占比均处上升态势，2020 年与 2015 年相比占比上升了 6.53 个百分点。同期银行金融机构发生的电信网络诈骗刑事案件占全部电信网络诈骗刑事案件的年均占比为 8.01%，占比呈波浪式下降，2019 年占比回升，其他年份均处下降趋势。高校是电信网络诈骗发案较多的地方，2015～2020 年 N 市发生在高校内的电信网络诈骗刑事案件年均占比 4.01%，2020 年略下降，其他年份均呈略上升态势。

（二）诱发电信网络诈骗因素

基于以上特征，诱发电信网络诈骗犯罪因素主要来自四个方面，即社会管理疏漏、防范宣传缺位、被害人存在过错和打击治理不力。

1. 社会管理疏漏。这主要体现为电信、网络和银行金融机构存在的管理问题。

（1）电信管理问题。体现在五个方面：①实名制落实不到位。按照要求去四大运营商[1]开户的应当持本人身份证办理，在四大运营商的网点，实名制执行的一般较好。但对于作为分销商的个体户来说，虽然增加了网点，方便了群众，但也增加了管理难度。一些个体户在从事电信业务时，没有认真查验开户者身份信息，甚至放任假冒他人身份信息开户。极个别还一次性从四大运营商处用自己的身份证或企业执照购买多个号段，转卖（租）。②多头开户。目前制度层面，对一证多户没有限制，一个人既可以在任一家电信运营商开多个户头，更能在同一地区不同电信运营商多头开户或异地多头开户，导致一个人名下的电信户头理论上可以无限多。一个人可以不受限拥有电信户头，那么即便拉黑或限制特定的电信户头后，很快就可以使用甚至办理出新的户头，继续实施电信网络诈骗等违法犯罪。③境外引流通道管理缺失。国内外电信运营商间的合作是一种趋势，也是全球一体化下的一种必然。但目前对境外引流通道从业者没有什么限制，导致很容易搭建平台从事短信引流牟利。实践中很多地区出现境外电信网络诈骗团伙通过境内引流通道，将诈骗信息发送给国内潜在受害人，或者打电话给国内潜在受害人。虽然四大运营商省级分支机构都开始建设关键词拦截库，但拦截率不高。有研究者援引官方数据，一沿海经济发达省 2020 年 1～4 月系统识别、拦截准确率平均仅为 29.82%。[2] N 市 2021 年打掉一个特大"帮信"犯罪团伙，专门给境外电信网络诈骗团伙做短信引流，三个月时间发送七千多条诈骗短信，牟利数百万元，识别、拦截率平均不到 5%，拦截准确率更低。④使用车载等流动发射器，广泛发送诈骗信息。虽然电信运营商积极配合公安机关打击查处非法发送电信信号犯罪，但由于车载发送器容易购买或制作，价格不贵，被没收后容易迅速重新购

---

[1] 四大运营商是指电信、移动、联通、广电。
[2] 王枫梧：《网络犯罪治理的问题及对策研究——以公安机关为视角》，载《公安学刊（浙江警察学院学报）》2021 年第 3 期。

买再上路流动发送。⑤电信运营商对客户信息保密措施不够扎实。时常出现"内鬼"出售客户信息牟利现象，为电信网络诈骗犯罪分子精准诈骗提供便利。

（2）网络安全管理问题。信息化时代使得网络世界越来越丰富。网络安全管理即使在发达国家中也不完善，暗网普遍存在，产生了层出不穷的网络安全问题。随着移动互联网的普及，在极大地方便人们的工作和生活的同时，存在的问题和漏洞也为电信网络诈骗犯罪分子所利用。体现在三个方面：①网络实名制落实不力。上网实名和开户实名执行中大打折扣。微信、QQ是较为常见的电信网络诈骗载体，但一个人拥有多少个手机号码就可以注册多少个微信、QQ号，注册时没有实名制，骗子设局群聊，群里更是冒充什么的都有。网络实名制执行不力，导致网络违法犯罪责任追究困难。此外租用境外服务器不仅加大了查证难度，也给犯罪分子毁证或逃跑争得了时间。②网络软件开发与销售安全管理存在盲区。2019年1月14日，成都一家科技公司开发了一款名为"蝙蝠"的APP软件，该软件推出时，因匿名交友、信息双向删除、聊天记录服务器端不留存、群聊截屏提醒等功能迅速成为涉诈、涉黄、涉毒、洗钱等黑灰产的聚集地。随后一定时间段内，该公司又借口保护个人信息、群聊等信息服务器端不留存等理由不配合司法机关调查取证活动，让人一度以为该软件是一个境外公司开发的通讯软件。类似"蝙蝠"软件在我国的网络世界里众多，网络软件开发不设禁区导致了电信网络诈骗分子随意购买到所需要的网络软件，甚至可以按需定向委托开发这类软件。改号软件是很多电信网络诈骗团伙都使用的一种软件，犯罪分子可以在网上轻易买到。这类软件增加了诈骗情景的逼真性，使受害群众更容易上当受骗。③网络信息安全隐患。各类网站、APP、链接大肆收集公民个人信息，一些APP开发商兜售掌握的个人信息牟利，也有"内鬼"擅自出售这些信息，甚至在网上公开兜售个人信息。网络上的个人信息泄露，为电信网络诈骗精准实施创造了条件。

（3）银行金融机构管理问题。主要表现为：①多头开户。从目前情况看，银行金融机构对个人开户没有什么限制，一个人既可以在同一家银行开多个户头，更可以在不同商业银行开多个户头，既可以在本地开户，也可以到外地开户。目前全国有大大小小商业银行数千家，于是"一人多卡"现象普遍存在，不仅有骗子向拥有多余银行卡的人收购、租用银行卡，也有人靠出售、出租银行卡牟利。②网上银行问题。随着电子支付的发展，各类商业银行纷纷开通了网上银行业务。用户在银行开户后，可以同时开通网上银行户头，极大便利了银行客户各项金融业务。银行仅程序化审核开户申请资料和开户文件，进行形式化的企业设立、经营状况和开户意愿问询，仅对少数企业进行上门核实调查。近年来发现越来越多犯罪分子利用企业网银户头来进行洗钱，其中重要手段就是蓄意注册空壳公司、开立企业银行账户，同时申请企业账户网银功能且要求将网银限额调整至最高，企业账户实际控制人通过网银进行资金划转。③第三方电子支付平台利用监管漏洞套现转移资金。平台提供商通过通信、计算机和信息安全技术，在商家和银行之间建立连接，从而实现消费者、金融机构以及商家之间货币支付、现金流转、资金结算、查询统计，其功能主要有三项：第一接受、处理、并向商业银行传递网上客户支付指令；第二，进行跨行间资金清算（分）；第三，代替银行，开展金融增值服务。[1] 2000年我国兴起的电子商务，孕育了商户线上收款需求，从而为第三方支付机构创造了企业服务契机。2011年我国开始出现第三方支付平台，到2016年拥有人民银行发放牌照的第三方支付平台就多达270家。2019年我国第三方支付交易额达250万亿。第三方支付平台间竞争越发激烈，一些中小型第三方支付平台为抢占市场，忽视系统安全建设，监管严重滞后，有的第三方支付平台发放的POS机层层转包，被诈骗分子用来刷卡套现转移赃款。

2. 防范宣传不够到位。防范宣传上存在的问题，也是导致电信网络诈骗犯罪大量发生的重要原因。

（1）长期以来电信网络诈骗的防范宣传呈现公安机关孤军作战局面，甚至公安机关在电视、报纸等媒体上做防范电信网络诈骗等防范宣传都要付费，他们的理由就是预防打击犯罪的职责是公安机关的。

（2）当前虽电信网络诈骗的防范宣传得到重视，但有死角、受众不均。政府部门机关事业单位往往重视对外的防范宣传，却忽视了自身的防范宣传。学校对学生的防范宣传普遍重视了，但对教师的防范宣传不到位；企业尤其是中小企业的防范宣传不到位，甚至有企业重视对普通员工的防范宣传，但对关键岗位如财会人员、高管的防范宣传不到位。

（3）防范宣传的方式上科学性不够，未做到因人施教。如目前一些地方过度依赖新媒体防范宣传，民警面对面防范教育不够，导致群众甚至分不清谁在宣传防范谁在实施诈骗。出于平安考核或影响党和政府、公安机关形象等因素考虑，电信网络诈骗发案情况没有对群众公开，导致群众并不了解身边电信网络诈骗的高发态势，遇防范宣传皆不以为然，想当然的认为电信网络诈骗与己无关，因而掉以轻心。

3. 被害人普遍存在过错。被害人学认为，很多犯罪是犯罪人与被害人互动的结果。电信网络诈骗犯罪中这种互动最明显。"一次成功的电信诈骗计划的完成，离不开被害人的协助。"[2] 电信网络诈骗犯罪中犯罪人与被害人的互动是在被害人过错中实现的，"每起案件中都存在过错，只是过错程度不同而已。很少有哪类犯罪能像诈骗犯罪一样，离不开被害人过错。既遂的诈骗犯罪里离不开被害人的过错，甚至是严重过错；诈骗犯罪的未遂往往是因为被害人过错很小或能及时从过错中醒悟过来进而采取了补救措施。"[3] "电信网络诈骗中被害人与犯罪人互动关系主要有可利用的被害人模式和被害人催化模式两种情况。前者指被害人在无意或根本没有意识到自己行为的诱惑性、过失性情况下，实施了使电信网络诈骗犯罪人感觉到诱惑的行为；后者指被害人单向实施了特定行为进而引诱、刺激、暗示了犯罪人，犯罪人的犯罪行为不过是对被害人这种引诱、刺激、暗示行为的一

---

〔1〕 百度百科词条：载 https：//baike. baidu. com/item/第三方电子支付平台/4762719，最后访问时间：2022年3月18日。

〔2〕 彭瑞楠：《电信网络诈骗犯罪被害人心理研究》，载《安徽警官职业学院学报》2017年第2期。

〔3〕 张应立、董哲理：《诈骗犯罪中被害人过错研究》，载《山东警察学院学报》2010年第1期。

种回应。"〔1〕电信网络诈骗犯罪中被害人常见的过错有五种，即轻信、自信、贪利、盲从和图省事。骗子冒用能使被害人轻易相信的领导、亲友等身份来行骗，受害人因轻信而被骗。自信是对自己知识和识别判断能力的盲目自信，认为自己认准的事不会错。2021 年初，浙江舟山的一位教授先后三次被骗子以投资股票、投资数字货币名义所骗，涉案金额高达 660 万，该教授对公安机关上门劝阻置之不理，始终认为自己参与的是正规的网络投资平台，导致巨额财产被骗。贪利是最为多见致使的被害人被骗的因素，有些正常人不好理解的由头，骗子以"利"为诱饵，"利令智昏"使得被害人在电信网络诈骗中屡屡中招。移动互联网及智能手机的普及，极大影响和改变了人们的生产生活，QQ 和微信交友逐渐成为一种时尚，人们喜欢加入各种好友群，在群里交流交友，一些人喜欢入群又缺乏正常的判断能力，喜欢跟风，容易被虚拟世界里的"好友"影响，随波逐流，群里人谈论什么投资来钱快就跟着投什么，结果上当受骗。网络背景下各种新业态层出不穷，网民逐渐形成有事找网络的心理，但网络从来不是万能的，在图省事心理作用下在网络求助帮忙结果上当受骗。近年来网络贷款诈骗猖獗，很多都是小额借贷，不愿意或不好意思向亲戚朋友开口，便在网上求助，结果被诱导下载 APP 注册缴费成为会员，可缴费后就再也打不开了。

4. 打击处理不够有力。犯罪经济学认为犯罪人与普通人没有区别，都是理性的人，都奉行"趋利避害"原则，都力图以最小代价获取最大的报酬，犯罪是犯罪人权衡利弊作出的理性选择。犯罪人选择实施犯罪是基于对"时间机会成本的考虑"，也可以说"时间机会成本"决定犯罪可能性大小。〔2〕影响犯罪"时间和机会成本"的因素主要来自"自身受教育程度、就业机会、工资、种族等指标"和惩罚成本两个方面，影响犯罪惩罚成本因素包括：一是破案率高低导致的被抓获的概率大小，二是刑期长短和刑罚轻重。目前电信网络诈骗犯罪普遍破案率较低。以 N 市为例，2015～2020 年 N 市电信网络诈骗刑事案件破案率年均 9.81%；同期 N 市全部刑事案件破案率年均为 30.77%。N 市电信网络犯罪诈骗刑事案件年均破案率低于全部刑事案件破案率 20.96 个百分点。三明市 2011～2015 年电信网络诈骗刑事案件年均破案率为 25.8%，低于同期全部刑事案件破案率 10.2 个百分点。〔3〕2019 年广东省电信网络诈骗破案率虽同比创了新高，但仍然也没有超过 20%。〔4〕考虑到立案水分因素，电信网络诈骗刑事案件实际破案率要低于统计数据，目前总体破案率一般不到 10%，且抓获的电信网络诈骗犯罪人多是下游成员，主犯和幕后操纵者躲藏在国外境外，导致电信网络诈骗犯罪人刑罚偏轻。最高人民法院数据显示，2016～2018 年全

〔1〕 张应立：《被害人学视野下电信诈骗犯罪实证研究——以宁波市北仑区为例》，载《公安学刊（浙江警察学院学报）》2018 年第 1 期。

〔2〕 宋浩波：《论犯罪经济学的研究对象及其与相邻学科的关系》，载《湖南公安高等专科学校学报》2002 年第 4 期。

〔3〕 黄永春、郑丰收：《电信网络诈骗犯罪防控的实践与思考——以福建省三明市为例》，载《江西警察学院学报》2016 年第 6 期。

〔4〕 林伟雄：《新时代新形势下打击治理电信网络诈骗犯罪工作策略》，载《中国刑事警察》2020 年第 6 期。

国电信网络诈骗犯罪人被判处 3 年以下刑期的占 50.28%,[1] 而根据对一个省 2020 年生效的电信网络诈骗案件判决书抽样调查,56% 电信网络诈骗犯罪人被判处了 3 年以下有期徒刑,而 3 年以下有期徒刑中又有 60.71% 被判处缓刑。[2] 破案率低加之刑期短、缓刑率高,明显降低了电信网络诈骗犯罪的惩罚成本。根据对抓获的电信网络诈骗犯罪人的审问,打出去的电话、发送出去的短信成功率一般在万分之五以内,但只要成功一例,少的能骗数千,多的数万甚至几十万以上。利用群发功能,一天可以拨打或发送几万、几十万个电话或（条）信息。因此,犯罪的直接成本与惩罚成本都低,犯罪收益大,刺激了犯罪人实施电信网络诈骗犯罪的欲望。电信网络诈骗犯罪中累犯率较高也是受犯罪成本低而收益高的刺激。1989～2001 年浙江抓获的犯罪嫌疑人的累犯年均占比 2.46%,[3] 2015～2020 年 N 市抓获的电信网络诈骗为主的诈骗犯罪嫌疑人中累犯占比年均 3.47%,最高人民法院数据显示 2016 电信网络诈骗犯罪中累犯率 6.38%,2017 年上升到 7.19%。[4]

三、结论与探讨

2021 年 4 月,习近平总书记对打击治理电信网络诈骗犯罪作出重要指示,强调要"统筹发展和安全,强化系统观念、法治思维,注重源头治理、综合治理,坚持齐抓共管、群防群治,全面落实打防管控各项措施和金融、通信、互联网等行业监管主体责任,加强法律制度建设,加强社会宣传教育防范,推进国际执法合作。"[5] 这一重要指示为打击治理电信网络诈骗犯罪指明了方向、提供了根本遵循。当前全面贯彻落实习近平总书记指示精神和《反电信网络诈骗法》,遏制电信网络诈骗高发势头应从以下几方面着手:

（一）完善工作机制

1. 各级党委政府要加强领导,切实担负起打击治理电信网络诈骗犯罪的主体责任,尤其是区县级党委政府的主体责任。改变各级各部门打击电信网络诈骗犯罪主体责任不落实局面。区县党委政府要把打击治理电信网络诈骗犯罪纳入平安建设的重要议程,制定区县五年战略规划,作为经济社会发展规划的组成部分,组织各方力量有计划有重点分层次实施。区县党政主要领导要定期听取工作情况汇报,解决区域内突出问题,对打击治理不力的单位和个人进行问责。

2. 切实发挥联席会议机制的作用。2015 年国务院批准实行打击电信网络诈骗新型违法犯罪部际联席会议机制,收到了较好效果,但实际中区县级联席会议作用不明显问题较

---

[1] 最高人民法院:《司法大数据专题报告:网络犯罪特点和趋势（2016.1-2018.12）》,载最高人民法院网,https://www.court.gov.cn/fabu-xiangqing-202061.html,最后访问时间:2022 年 3 月 18 日。

[2] 刑伟彤:《电信网络诈骗犯罪的考察与启示》,载孙勤、吴言军主编《现代社会与犯罪治理:经济犯罪专题研讨中国犯罪学学会第三十届学术研讨会论文集（2021 年）》,中国检察出版社 2021 年版,第 165～175 页。

[3] 周长康、张应立、钟绿芳:《发展犯罪学——从传统犯罪到现代犯罪》,群众出版社 2006 年版,第 136 页。

[4] 最高人民法院:《司法大数据专题报告:电信网络诈骗》,载最高人民法院网,https://www.court.gov.cn/fabu-xiangqing115701.html,最后访问时间:2022 年 3 月 18 日。

[5] 新华社:《习近平对打击治理电信网络诈骗犯罪工作作出重要指示强调坚持以人民为中心全面落实打防管控措施坚决遏制电信网络诈骗犯罪多发高发态势 李克强作出批示》,载新华网,http://www.xinhuanet.com/politics/leaders/2021-04-09/c_11273130,最后访问时间:2022 年 3 月 18 日。

突出，区县联席会议很少单独进行。为此，要常态化运作区县联席会议机制，实行区县政府主要领导定期召集制度，明确联席会议的常规议程，通报本地电信网络诈骗犯罪发案情况，研究本区域贯彻落实上级政策措施情况及存在的不足，出台本地管控措施。

3. 切实落实各级反诈中心的实体化运作，落实国务院部际联席会议关于加快推进反诈中心建设的要求。[1] 目前，国家、省、市、（区）县四级反诈中心基本建成，但从运行的实际情况看，省以下反诈中心仍然是公安机关唱独角戏的多。但反诈中心毕竟是各级政府下属的部门，办公地址虽设在公安机关，但不能只有公安机关一家进驻，部际联席会议成员单位要常态化进驻。

4. 要扭转目前层层推卸责任，最终把责任都归到公安机关的局面。目前，各级平安考核都有电信网络诈骗发案数的考核，结果是责任层层转嫁到公安机关身上。公安机关无法左右发案，那么公安机关唯一能做的就是立案上的弄虚作假。如果能从源头上治理，骗子不能打诈骗电话，不能使用虚假 APP，不能假冒他人的微信、QQ，潜在被害人——广大人民群众始终保持高度警惕性，那么电信网络诈骗发案必然会大幅度下降，而这些问题公安机关都无法解决。因而，可以在平安考核中把破案率落实到公安机关，把发案根据骗子使用的载体工具归结到电信、移动、联通等部门，根据前三年平均值，设定基数，每上升一个点对这些主体部门平安考核扣相应分值。为杜绝平安考核中层层推责，应当明确各级平安考核的实施细则要上报一级，经上级政府审核未出现推卸责任现象才可以实行。

（二）健全行业管理

1. 严格落实实名制。建立对电信网络运营商及银行金融机构违反实名制情况通报和问责的制度，不仅内部通报问责，还要通过媒体向全社会通报，让群众认识到这些主体是在真正落实实名制。问责要严厉，要让电信网络运营商和银行金融机构切实感觉到"痛"，不仅影响其绩效，还影响责任人及所属运营商、银行金融机构的从业资质。

2. 出台睡眠卡、僵尸卡、一证多卡（户）清理制度。规定连续一年没有使用的卡（户），经电信网络运营商、银行金融机构提醒后，仍然没有启用的，或短暂启用后又进入睡眠状态的，启动自动注销程序。

3. 规范异地开户（卡）。明确凡异地开户（卡）的需用人单位出具证明，出具证明的单位要承担连带责任。

4. 建立黑名单制度。凡有涉及诈骗的个人、单位身份信息下的卡（户），被强制注销后，一般不能重新开户；确需重新开户的，应当由属地公安机关进行正当性审核后，再到电信网络运营商、银行金融机构处重新办理开卡（户）手续。

5. 规范网络软件 APP 开发。有危害网络安全的，一律不得开发，更不得上网销售使用。对开发涉诈软件 APP 的个人或单位，实行从业禁止，限制其相关行业从业资格。

---

〔1〕　郭声琨：《坚决把电信网络诈骗犯罪分子嚣张气焰打下去》，载人民网（时政频道），http://politics. people. com. cn/n1/2016/0923/c1001-28736879. hmtl，最后访问时间：2022 年 3 月 18 日。

6. 规范国际合作，预防由此发生的电信网络诈骗犯罪。为此，要明确境外短信引流通道、境外网络运营商、境外银行金融机构的资格条件及限制。个人或单位在境外网络、银行金融机构开户的，实行备案或审批制度。境外银行金融机构在我国境内网点分支机构对我国公民个人或单位开户的情况，应向中国人民银行报备。境外电信网络运营商同我国境内机构合作的，涉及境内数据的，应当向工信部门、电信管理部门、网络安全监管部门留存报备。

7. 强化对第三（四）方支付平台的监管。目前越来越多的电信网络诈骗通过第三方甚至第四方（网络商城）支付平台洗钱，针对拥有牌照的第三方支付平台数量不断增加趋势，建议提升门槛，实行总量控制和越轨淘汰机制。根据涉诈等违法犯罪情况，规定实施警告、摘牌制度，同时明确规定这些平台数据必须接入国家反诈中心平台，严查无证第三方支付平台，一经发现根据所涉违法犯罪情况，按照帮助犯或同案犯处理。

（三）强化教育防范宣传

1. 要杜绝作秀应付。由于平安考核中有对防范教育宣传的指标要求。为了凑数字，印刷防范宣传资料，制作横幅标语，但内容没有研究当地的电信网络诈骗实际，甚至出动队伍进行防范宣传教育也只是为了制作影像资料，营造氛围。防范电信网络诈骗犯罪的教育宣传必须实打实，杜绝形式主义。

2. 防范教育中要向受众及时通报本地电信网络诈骗发案的真实情况，要让群众了解身边真实的发案情况，产生容易被骗的危机感，增强群众防范的自觉性。

3. 要补短板，要使防范宣传由大水漫灌向精准滴灌转变，也就是要瞄准重点人群、高危被害人群，开展针对性的防范教育宣传。

4. 防范教育宣传形式上要现代与传统并举。在应用新媒体进行反诈教育宣传的同时，不能丢弃警民座谈等防范教育的优良传统。

5. 防范教育中必须讲清被害预防的重要性。被害人学认为"人人都是潜在受害人，人人都有防止被害责任"，"很多犯罪，尤其是电诈犯罪，是犯罪人与被害人彼此配合的结果。"[1] 因此，"防止电诈犯罪的实践表明，被害预防是控制电诈犯罪、降低其犯罪率乃至消灭这一犯罪过程中极其重要的一个环节。"[2] 只有在防范教育宣传中讲明被害人的责任与风险，防范教育的受众才能听到心里，落实到具体行动上，防范教育才能真正见实效。被害预防是一项长期性、系统性工程，被害预防短期以提高警惕性做到来历不明信息（短信、微信、QQ 等）不看、来历不明了链接不点、不熟悉电话不接、不泄露个人信息密码、不轻信转账等为主，中长期要以树立正确价值观、人生观，提升识别辨别能力为

---

〔1〕 陈和华：《被害性与被害预防》，载《政法论丛》2009 年第 2 期。

〔2〕 王洁：《电信网络诈骗犯罪的独特属性与治理路径》，载《中国人民公安大学学报（社会科学版）》2019 年第 4 期。

目标。[1]

6. 反诈中心的劝阻人员要进行上岗培训。做到既懂沟通技巧，又懂群众心理，提高劝阻的精准性、有效性。

（四）提升打击效果

1. 建立快打快侦机制。坚持省厅主打境外、地市主打跨省、县区主打本地（省）原则，建立"任务有侧重、职责能明确、成效可兜底"的侦查打击组织指挥体系，跨区域系列性案件提级侦办，探索"一地发起、多地响应、统一指挥、规模打击"的集群打击模式。[2] 按照这个模式，可以较好地缓解目前县区级公安机关打击电信网络诈骗任务过重、困难过多的问题。目前多数电信网络诈骗犯罪侦查破案任务压在县区级公安机关，与打击这种新型犯罪所需要的技术人才和资源极不相称。

2. 整合数据技术资源。电信网络诈骗犯罪技术性强，对数据资源网络技术等要求较高。目前一些地方公安机关的大数据中心、侦查中心、新型犯罪侦查中心分立，造成有限的经费及资源和人才的浪费。为此，建议将大数据中心建立在地市级以上公安机关，对接地市以上政府大数据管理部门，对内可增挂新型犯罪侦查支（大）队，与侦查中心合署办公，既能打破部门壁垒、整合资源、培养人才，又可以有效地提升电信网络诈骗打击能力。地市以上公安机关大数据（侦查）中心，为区县级公安机关主侦案件提供技术及数据上的支持。

3. 加强复合型人才培养。电信网络诈骗犯罪侦查需要既懂网络技术，又懂法律和侦查技巧的复合型人才，目前公安机关尤其是县区级公安机关这种复合型人才匮乏，为此要营造复合型人才培养选拔机制，在干部任用和职级晋升上切实贯彻落实公安机关民警职务职级改革方案，向人才倾斜。坚持两条腿走路，既要鼓励民警自学成才，又要求公安院校加强复合型人才的培养。

4. 要加大处罚力度。一方面要通过强化国际警务合作等措施设法抓获主犯及骨干分子，对他们进行严厉处罚。另一方面要调整对这类犯罪人的量刑。当下对电信网络诈骗犯罪按照现行《刑法》第266条（普通）诈骗罪定罪量刑，刑罚分为三档，即数额较大的，处三年以下有期徒刑、拘役、管制；数额巨大或者有其他严重情节的，处三年以上十年以下有期徒刑；数额特别巨大或者有其他特别严重情节的，处十年以上有期徒刑或无期徒刑。司法大数据显示，2016~2018年全国法院判决的电信网络诈骗案件中50.28%量刑为三年以下有期徒刑。[3] 超半数以上为3年以下刑期，在电信网络诈骗犯罪持续高发态势下，刑罚震慑力不够。最高人民法院、最高人民检察院（下称"两高"）2011、2016年

---

〔1〕 张应立：《被害人学视野下电信网络诈骗犯罪实证研究——以宁波市北仑区为例》，载《公安学刊（浙江警察学院学报）》2018年第1期。

〔2〕 林伟雄：《新时代新形势下打击电信网络诈骗犯罪工作策略》，载《中国刑事警察》2020年第6期。

〔3〕 最高人民法院：《司法大数据专题报告：网络犯罪特点和趋势（2016.1-2018.12）》，载最高人民法院网，https：//www.court.gov.cn/fabu-xiangqing-202061.htm，最后访问时间：2022年3月18日。

相继出台《办理诈骗刑事案件具体应用法律若干问题的解释》（法释〔2011〕7号）、《关于办理电信网络诈骗等刑事案件适用法律若干问题的意见》（法发〔2016〕32号），2021年"两高"一部（公安部）（法发〔2021〕22号）《关于办理电信网络诈骗等刑事案件适用法律若干问题的意见（二）》，对电信网络诈骗犯罪定罪量刑做出规范。一个解释、两个意见，初步规范了电信网络诈骗犯罪及上下游犯罪定罪量刑问题，为打击电信网络诈骗犯罪提供了法律支撑。但局限于现有刑法体系，无法提升刑罚的震慑力。当前"无论从立法技术方面还是从司法实务方面，设立网络诈骗罪的条件都已基本成熟。"[1] 但是笔者认为应当单独设立"电信网络诈骗罪"而非"网络诈骗罪"，既是保持法律延续性稳定性的需要，也是因为电信网络诈骗犯罪是使用现代电信通讯技术与网络技术两种技术而不仅仅是单纯利用网络技术实施的犯罪。此外信息化时代背景下，电信网络诈骗犯罪将在较长时间内保持高发态势，因而有必要在刑罚结构上进行调整，上限提高至死刑，下限取消拘役、管制，明确数额较大处五年以下有期徒刑，数额巨大处五年以上有期徒刑，数额特别巨大或有造成被害人死亡等特别严重情节的，处无期徒刑、死刑；并处没收财产。这样既有别于（普通）诈骗罪，又能提高刑罚震慑作用。

---

[1] 王雅丽：《电信网络诈骗犯罪刑事控制体系构建分析》，载《河南警察学院学报》2020年第6期。

第十六单元　职务犯罪原因实证研究

【思维导图】

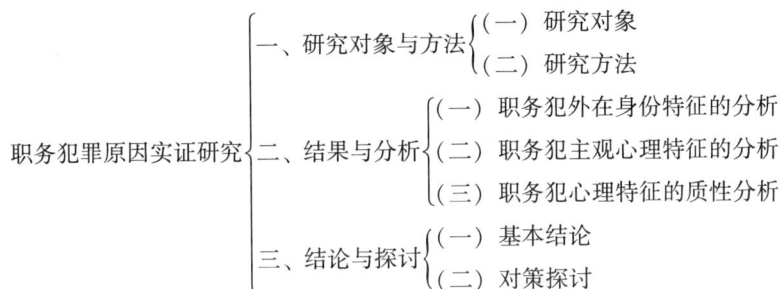

职务犯罪原因实证研究
- 一、研究对象与方法
  - （一）研究对象
  - （二）研究方法
- 二、结果与分析
  - （一）职务犯外在身份特征的分析
  - （二）职务犯主观心理特征的分析
  - （三）职务犯心理特征的质性分析
- 三、结论与探讨
  - （一）基本结论
  - （二）对策探讨

摘要：职务犯罪侵害了职务的正当性、廉洁性以及国家对职务活动的管理职能。与一般刑事犯罪相比，职务犯罪的社会危害性特别是对国家政权的危害更大。分析职务类罪犯外在身份特征和内在心理特征，探讨职务犯罪产生机理，不仅为职务类罪犯监管改造提供方法指导，以促进其有效改造，同时为减少职务犯罪，维护国家政权稳定，促进经济社会发展提供科学的参考和客观的依据。

关键词：职务犯罪　外在身份特征　主观心理特征　预防机制

职务犯罪泛指国家公职人员利用职务之便实施的犯罪行为。在司法实践中，对职务犯罪作出了区别于一般犯罪的具体规定，是指国家机关工作人员在履行职务过程中的作为或不作为行为触犯了刑法而构成的犯罪。职务犯罪所侵害的是职务的正当性或廉洁性以及国家对职务活动的管理职能，这是职务犯罪区别于其它犯罪形式的最突出特征。职务犯罪为何能形成，究其缘由需从职务犯罪人本身和社会治理问题两个维度考量。

一、研究对象与方法

（一）研究对象

对职务犯罪人特征的实证研究，需要对他们外在身份特征进行分析，重在对其外在的法律身份特征进行探讨。然而，如果单纯依据判决书中的外在身份特征对犯罪人与非犯罪人进行比较，只能在外在的社会反应层面发现二者的区别。因此，区分犯罪人与非犯罪人，在认定两者之间存在的差异性、剖析其是否实施犯罪行为的基础上，还需要进一步分析这种行为是不是在一定的主观心理支配下实施的，即考察当时的主观心理特征。正是基于这两方面，选取 Z 省某监狱 2018～2022 年新入监的 106 名职务类罪犯作为调查对象，整体地展开实证分析，以期能对未来预防职务犯罪提供新的指导依据。

（二）研究方法

职务犯罪侵害的是国家对职务活动的管理职能。职务犯罪的行为人滥用职权或者玩忽职守，致使公共财产、国家和人民利益遭受重大损失；或者利用职务便利，侵占、挪用单位财产；或者严重不负责任，不履行应履行的职责。职务犯罪的形成有着复杂的犯罪人个体因素和社会问题原因，需要从罪犯本身和社会两个层面考虑。犯罪人角度包括行为人的客观身份特征和主观心理特征；社会层面包括权力的监督问题、社会环境的各种现实性特点和预防、控制职务犯罪的体系建设等。

1. 文献综述法。文献综述法是一种通过搜集、筛选、整合和分析相关文献，以总结前人研究成果和提出研究问题或假设的方法。它在研究前期的论证中具有重要作用，能够帮助研究者了解和掌握研究领域的现状和前沿，提高研究的有效性和可靠性。文献综述法主要侧重观点的前期论证，通过对犯罪学理论、犯罪心理学理论、犯罪社会学相关文献资料进行综合，整理有关内容、研究的观点、方法等，汇成综述资料。

2. 实证分析法。

（1）量化分析法。笔者对 106 名职务类罪犯进行问卷调查，收集心理特征数据，从外倾、聪慧、同情、从属、波动、冲动、戒备、自卑、焦虑、暴力倾向、变态心理、犯罪思维等方面分析职务类罪犯主观心理特征，通过卡方检验来检测职务犯心理特征在这 12 个方面的偏离程度，从而探究职务犯罪心理特征。

（2）典型访谈法。笔者对职务类罪犯开展普遍的结构性访谈，准确地把握他们的犯罪原因和基本的心理特征，深入地进行定性分析，在自身个人心理特征之外分析影响职务犯罪人主观心理特征生成的各方面因素。

二、结果与分析

（一）职务犯外在身份特征的分析

外在身份特征的具体要素包括职务犯罪人的年龄、文化程度、职务职级、主体身份、犯罪类型等。

1. 年龄。调查数据显示（见表 16-1），不同年龄阶段发案占比不同。出生于 20 世纪 60 年代及以前的占比为 48%，70 年代的占比为 36%；20 世纪 70 年代之前出生的人在职务犯罪中的比例高达 84%，20 世纪 80 年代及之后出生的人占比为 16%。因为，20 世纪 60 年代和 70 年代出生的人，犯罪时 40 岁至 55 岁左右，处于职业生涯中期，身居要职或手握一定职权。职权是他们手中最重要的犯罪"筹码"，在碰到或主动谋求到一定的犯罪"机遇"时，易于利用手中的"筹码"从事犯罪活动。在当前职务、职称晋升的基本规则之下，年龄偏大的人更易于获得一定的职权。职务便利为犯罪人实施犯罪提供了必要条件，从而增加了职务犯罪的可能性。当然，职权的获得也不是一蹴而就的，除个别情况外，大多数公职人员想要取得一定的职权，需要一定的工作业绩和资历，业绩和资历与年龄息息相关。因此，职权构成了年龄与犯罪人特征之间相联系的桥梁，职务犯罪人在年龄方面表现出与其他犯罪人不同的特征。

表 16-1　Z 省某监狱 106 名职务类罪犯的年龄结构

年龄结构	20 世纪 50 年代	20 世纪 60 年代	20 世纪 70 年代	20 世纪 80 年代	20 世纪 90 年代	21 世纪 00 年代
	4%	44%	36%	13%	3%	0%

此外，这一年龄阶段的人正处于生命历程的特殊境况之中，承受着赡养父母、子女就业、子女婚育等家庭负担，容易产生强烈的腐败动机，促使他们成为职务犯罪人。一些人与同龄成功人士攀比，心生嫉妒，失去平常心，从而实施职务犯罪行为；还有的人即将面临退休，趁着手中还有权利大肆从事权钱交易，走上犯罪道路等等。

2. 学历。样本中的职务类罪犯，第一学历为初中的只占总人数的 1%；高中学历的占总人数的 14%；大专学历的 52%，本科学历的 29%；硕士学历的占 4%（见表 16-2）。很显然，职务犯罪人学历明显高于社会平均水平。接受继续教育后，职务犯取得学历水平更高，全部具有专科以上学历，本科学历占 65%，研究生学历以上占 16%。

表16-2 Z省某监狱106名职务类罪犯的学历情况

第一学历	初中	高中	专科	本科	硕士	博士
	1%	14%	52%	29%	45%	0%
最高学历	初中	高中	专科	本科	硕士	博士
	0%	0%	19%	65%	14%	2%

注：第一学历，指入职时取得的学历；最高学历，指犯罪时已经取得的学历。

从学历与职务（职称）的对应关系来看（见表16-3），学历越高，副处（副高职称）职级以上占比也越高，二者呈现正相关。尤其是具有研究生学历者，副处（副高职称）职级以上人员占比显著高于副科及以下人员。我国自古存在"学而优则仕"以改变自身命运的教育传统。到了现代，成为公务员对学历有着较高的要求。调查数据表明，当前职务犯具有参加学历教育的优势或便利条件。

表16-3 学历与副处级以上职务、受贿罪对应关系

最高学历		副处级（或副高职称）以上占比	受贿罪占比
高中	0%	0%	0%
专科	19%	2%	11%
本科	65%	49%	41%
硕士	14%	100%	79%
博士	2%	100%	100%

教育的社会分层功能影响犯罪类型。受教育程度在一定程度上决定了一个人在行为选择上的优先性，实施犯罪时，受教育程度更高的人能够选择更加隐蔽和完善的犯罪手段。在职务犯罪类型当中，贿赂犯罪往往都是一对一的单线交易，只有"天知、地知、当事人知"。同时，教育的社会分层功能，使受教育程度不同的人具备不同的社会地位，私人交往范围也有很大差异。对于副处级（副高职称）人员而言，私下交往结识了很多不法商人，所犯罪行大多为受贿罪。而对于副科（中级职称）及以下职级人员来说，他们面对的群体大多为普通老百姓，职权相对较小，缺少权钱交易的基础，犯罪多是手段相对简单的贪污、失职渎职犯罪。

3. 职级（职称）。调查数据显示，受贿罪更多集中在副处（副高职称）职级以上人员，贪污罪、挪用公款罪或失职、渎职罪相对集中在职级（职称）较低的副科级以下人员（见图16-1）。

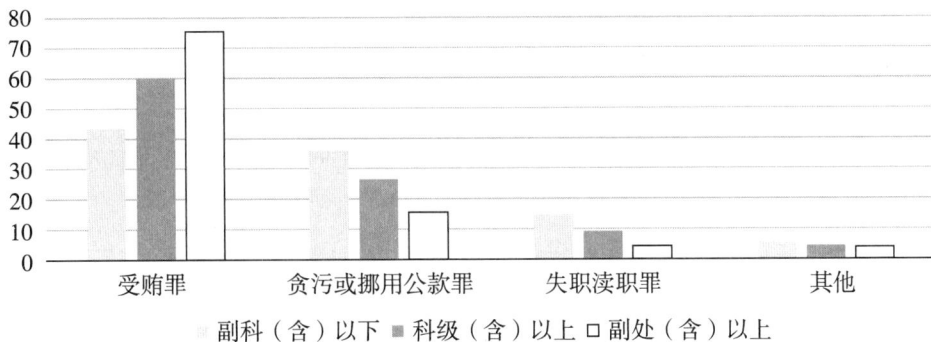

图 16-1　职务犯罪类型与职级（职称）对应关系

职级（职称）的高低与犯罪类型存在相关性。职务类犯罪以"受贿罪""贪污罪""挪用公款罪"居多，多数罪犯人缘关系好，社交圈子宽泛，人脉较广。职级（职称）越高，手中拥有的权力和可调用的资源相对越多，加上更加广泛的社交圈子，结交更多数量的商人朋友，因此就有更多的机会收受贿赂。

4. 主体身份。在国家的职级阶层中，每个行使公权力的人都有可能成为潜在的犯罪人，并成为反腐对象。观念的改变，打破了人们对职级的病态认知和对特权的盲目崇拜，人们对行使权力者不再盲目屈从，公共媒体也对公权力阶层给予了更多的关注，在国家反腐全民参与的今天，腐败问题在各个职级层面都有所暴露，而反腐也涵盖了国家权力的各个领域。调查数据显示，入监改造的职务犯中公务员和参公管理人员占总人数的 49%；事业单位人员占总人数的 11%；国有企业管理人员占总人数的 19%；公办的教科文卫体人员占总人数的 14%；农村基层组织人员占总人数的 5%；其他人员占总人数的 2%（见表16-4）。

表 16-4　Z 省某监狱 106 名职务类罪犯的主体身份

主体身份	公务员和参公管理人员	事业单位人员	国有企业管理人员	公办教科文卫体人员	农村基层组织人员	其他
	49%	11%	19%	14%	5%	2%

主体身份也与政策的倾向密不可分。在不同职权、不同身份者之间，职务犯罪爆发的情况是不同的。一些新政策出台或推行时由于制度不成熟、法网不严密等原因，为公职人员带来了职务犯罪的各种"商机"，导致一些新业态、新行业或新领域成为职务犯罪的高发区。一批自我约束力较弱的国企干部利用手中权力寻租、大肆收受贿赂，从而成为犯罪人。

（二）职务犯主观心理特征的分析

1. 职务犯心理特征的量化分析。

（1）中国罪犯心理评估个性分测验[1]（COPA-PI, Chinese Offender Psychological Assessment-Personality Inventory）。运用 COPA-PI 量表对 106 名职务类罪犯以及监狱关押的剩余所有罪犯进行检测，从外倾、聪慧、同情、从属、波动、冲动、戒备等 12 个性格特征方面，通过卡方检验对二者的指标进行量化对比分析（见表 16-5）。

表 16-5　罪犯心理评估个性分测验

对比指标		t	自由度	显著性（双尾）
配对 1	外倾 1 - 外倾 2	-5.705	30	0.006
配对 2	聪慧 1 - 聪慧 2	-7.650	30	0.001
配对 3	同情 1 - 同情 2	0.243	30	0.524
配对 4	从属 1 - 从属 2	6.587	30	0.000
配对 5	波动 1 - 波动 2	-.103	30	0.956
配对 6	冲动 1 - 冲动 2	0.607	30	0.447
配对 7	戒备 1 - 戒备 2	0.378	30	1.407
配对 8	自卑 1 - 自卑 2	5.240	30	0.001
配对 9	焦虑 1 - 焦虑 2	5.042	30	0.003
配对 10	暴力倾向 1 - 暴力倾向 2	4.891	30	0.001
配对 11	变态心理 1 - 变态心理 2	0.495	30	0.716
配对 12	犯罪思维 1 - 犯罪思维 2	0.748	30	0.492

＊注：1 为常模，是全监所关押罪犯的数据，3250 名；2 为所调查的 2018～2022 年新入监 106 名职务犯。

从上述数据中可以看出，职务类罪犯较常模在外倾、聪慧、从属、自卑、焦虑、暴力倾向方面有显著区别，整体表现为外向、聪慧、不容易偏信于他人，能独立思考，自主决策，遇事冷静，处事果敢，有较好的沟通能力及较低的自卑心理、性格方面较为沉稳，能控制住自己的情绪等。

---

[1]　中国罪犯心理评估个性分测验是中国第一个自行研制的、符合中国国情与犯情的、拥有全国常模的、用于初步测查罪犯个性心理特征的专用量表。该量表由中国罪犯心理评估课题组（由司法部监狱管理局、司法部预防犯罪研究所、中央司法警官学院和中国心理学会法制心理专业委员会联合组成）历时十余年（1994 年至 2006 年）研制而成，属于《中国罪犯心理评估》系列量表之一。

（2）艾森克人格量表测验（EPQ）。从表16-6中可看出职务类罪犯与常模在ET、LT中有显著差异，PT有差异，NT没有明显差异。

表16-6 罪犯艾森克人格量表测验结果

EPQ	常模（x±s）	职务类（x±s）	t值	备注
ET：内外向分量表测验	49.13±9.78	51.59±13.31	−0.514	＊＊p<0.001
NT：神经质分量表测验	50.27±16.38	47.21±14.23	3.37	
PT：精神质分量表测验	51.34±17.23	44.54±6.38	−0.22	＊p<0.05
LT：掩饰性或说谎分量表测验	51.34±17.23	56.38±9.97	−0.27	＊＊p<0.001

ET（内外向分量表测验）：性格较外向，情绪稳定，善于自我控制。待人热情，乐于助人。为人自信，处事果敢，给周围人士形成干练、精明的印象。处事冷静，遇突发情况不易冲动，平时会控制自己的情绪，营造左右逢源的人际关系。

LT（掩饰性或说谎分量表测验）：具有成熟度，更强的掩饰性，不愿轻易的表达自己。他们了解自己的长处和短项，清楚自己被利用或可利用他人的价值，善于采纳别人正确的观点，且不轻易受他人摆布。喜怒不形于色，好恶不言于表，伪装自己真实的想法，"装得很正，藏得很深"，有很强的隐蔽性和迷惑性。

PT（精神质分量表测验）：为人圆滑，处事周全，处理各类关系"游刃有余"，能快速较好的适应周遭环境。面带微笑，态度温和，亲和力较强。善于合作，善从人意，"广结交多朋友，讲义气好人缘"。

（三）职务犯心理特征的质性分析

对106名职务类罪犯均进行了结构性访谈，以下是问卷调查和访谈结果。

表16-7 职务类罪犯访谈结果

序号	问题	选项（1-20可多选，不限选项数；21-26单选）	比率
1		被发现前担心出事，思想斗争，忐忑不安。	48%
2	你在第一次作案时，是怎样的心理状况？	拿钱办事，自己也有付出，合情合理。	31%
3		大家都是这样干的，运气没那么差，应该没事，顺其自然。	20%
4		体会到权力"魅力"，感到既害怕又兴奋刺激。	16%
5		可以改善家人的生活质量，对单位对他人也是说得过去的。	16%
6		想自首，害怕服刑，丢脸，没有勇气。	9%

序号	问题	选项（1-20 可多选，不限选项数；21-26 单选）	比率
7		做了违法犯罪的事情，是自己的原因，没有把好关，没有抵制住诱惑。	51%
8		家人、亲戚、朋友请托，人情世故，身不由己。	29%
9		主观上没有故意犯罪，是过失造成的，判太重了。	11%
10	你认为是什么原因导致自己犯罪的？	是社会风气不好，那些要办事的人千方百计地行贿，无孔不入。	18%
11		为社会做出了贡献，拿点好处也是应该的。	20%
12		也要行贿上级，总不能做亏本买卖。	19%
13		领导暗示要抱团受贿，不这么做会被孤立，在单位难立足。	18%
14		监督机制不到位，"一把手"同级监督缺失、上级缺位。	48%
		惩治法规制度不健全，腐败问题永远解决不了。	52%
15		十分后悔，对不起自己、家人，影响子女。	56%
16		罪有应得，自作自受。	42%
17	你现在对自己腐败行为有什么认识？	恨自己没有守住底线，也恨那些行贿的人。	21%
18		损害了公务员的形象，对社会造成不良影响。	7%
19		那些比自己贪得多的人却判得比自己轻，心理不平衡，有些冤。	13%
20		是站队出了问题，自己是权力斗争的牺牲品。	11%
21		情绪低落，适应困难，心理落差大，身份从官员变成罪犯，感到丢脸羞愧。	6%
22	你自我评估一下自己当前服刑的情绪状态？	情绪一般，勉强适应，日子总是要过的，已经接受了罪犯的身份，面对现实。	44%
23		情绪正常，已经适应环境，希望发挥自己的作用，争取早日出狱。	50%
21		情绪低落，适应困难，心理落差大，身份从官员变成罪犯，感到丢脸羞愧。	86%
22	你回顾一下自己当时被捕后的情绪状态？	情绪一般，勉强适应，日子总是要过的，已经接受了罪犯的身份，面对现实。	12%
23		情绪正常，已经适应环境，希望发挥自己的作用，争取早日出狱。	2%

从调查和访谈情况来看，职务类罪犯在犯罪的过程中普遍表现出明显的心理特征主要有：

1. 后悔心理。职务类罪犯，案发前许多人都是天之骄子、风光无限的官员或公职人员。案发后摇身一变，成了阶下囚。为了满足自己的贪欲付出了极大代价，心理落差可想而知，教训不可谓不深刻。绝大多数罪犯承认做了违法犯罪的事情，其中56%的罪犯很后悔，觉得对不起自己、家人，影响子女；42%罪犯认为罪有应得，自作自受；7%罪犯认为自己损害了公务员的形象，对社会造成不良影响。从后悔的内容上看，更多的是站在自我利益的角度考虑，其中还有13%罪犯认为别人比自己贪得多却判得比自己轻，心理不平衡，有些冤；11%罪犯认为是"站队"出了问题，自己是权力斗争的牺牲品。由此可见，职务类罪犯很后悔，但悔罪更从个体的自身或家庭利益出发，对为何自己会犯罪，犯罪给集体、国家带来的严重损害并没有深刻反思，悔罪程度不深。

2. 推卸心理。受访者对自己贪腐事件归因时，多数人为自己的行为辩护。不少的罪犯认为是管理制度、监督机制的问题；部分认为是不良文化造成的，或者避重就轻地选择有利于自己的观点来为自己辩解与推脱：29%罪犯认为是家人、亲戚、朋友请托，人情世故，身不由己；18%罪犯认为是社会风气不好，那些要办事的人千方百计地行贿，无孔不入；19%罪犯觉得自己也要行贿上级，总不能做亏本买卖；18%罪犯归结为领导暗示要抱团受贿，不这么做会被孤立，在单位难立足；52%罪犯认为惩治法规制度不健全，腐败问题永远解决不了；48%罪犯认为是监督机制不到位，"一把手"同级监督缺失、上级缺位；51%的罪犯认为是自己的原因，没有把好关，没有抵制住诱惑。从以上情况可以看出，职务类罪犯更倾向于把犯罪归于外因，推卸责任心理较重。

3. 补偿心理。许多干部，通过自己努力，在任上确实勤勤恳恳，为国家、社会付出了时间和精力，也做了不少贡献。然而对比身边把自己捧为"上宾""恩人"的企业家，深感自己"权力大，收入小"，心理渐渐出现失衡，冠冕堂皇地开始为自己"谋福利"。31%罪犯认为拿钱办事，自己也有付出，合情合理；20%罪犯认为自己为社会做出了贡献，拿点好处也是应该的；16%罪犯认为这样可以改善家人的生活质量，与单位与他人也是说得过去的。补偿心理导致受贿合理化，为贪欲找到了借口，从而彻底放弃了底线意识。

4. 矛盾心理。在问到第一次受贿，是怎样的心理状况时，绝大多数职务类罪犯出现较复杂的心理状态，善恶就在一瞬间，一失足成千古恨：48%的罪犯担心出事，思想斗争，忐忑不安；20%的罪犯认为大家都是这样干的，运气没那么差，应该没有事，顺其自然；16%的罪犯体会到权力"魅力"，感到既害怕又兴奋刺激；还有9%的罪犯想自首，害怕服刑，丢脸，没有勇气。值得一提的是，对比被捕前后，服刑较长时间后的罪犯情绪变化非常大，被捕前有86%的罪犯情绪低落，适应困难，心理落差大，身份从官员变成罪犯，感到丢脸羞愧；在监狱服刑一段时间后，仍感到情绪低落的只有6%。

5. 埋怨心理。还有一些职务类罪犯，本来安安稳稳过过日子的，对造成自己"落马"的人出现了恨意，甚至是扭曲的认知。11%罪犯认为是"站队"出了问题，自己是权力斗争的牺牲品；13%罪犯认为那些比自己贪得多的人却判得比自己轻，心理不平衡，有些冤；20%罪犯认为大家都这么做，自己不这么做会被孤立，在单位难立足；21%罪犯恨自己没有守住底线，也恨那些行贿的人；11%罪犯认为主观上自己没有故意犯罪，是过失造成的，判太重了。

三、结论与探讨

（一）基本结论

正确认识职务类罪犯的各种外在、内在特征，对于预防、揭露和惩治职务犯罪具有重要的理论意义和现实意义。借助于前面的调查、分析，综合职务犯犯罪的成因解析，初步得出如下结论：

1. "三观"扭曲是职务犯罪的主要成因。因受微观个人环境和宏观社会环境的影响，公职人员的"人生观、价值观、世界观"发生了扭曲变化。即使他们比别人拥有更高的学历、地位，以及外向、聪慧、成熟和较强社会适应能力等优势，但在个体与周边不良环境长期的相互作用下，导致一些人员"三观"蜕变和异化。这一点对大部分职务类罪犯群体而言，都有着切身体会。面对物欲横流的社会大潮冲击，尤其是身边经常接触的人员持续诱导或撺掇其利用职务实施犯罪，很多人往往把持不住，以至于沉沦其中。

2. 公职人员的能力与社会资本优势使其犯罪难以被发现。前面分析到，公职人员性格成熟，善于掩饰自己的真实想法，"装得很正，藏得很深"，有较强的隐蔽性和迷惑性。他们的领导、同事难以察觉或发现他们存在的违法犯罪事实。同时，公职人员对社会适应能力强，处理各类人际关系"游刃有余"，利用手中权利或职务便利"广结交多朋友"，使他们获得经济利益良多，有资本结交、拉拢那些具有干部"任用、提拔"实权的上级领导或重要人物，甚至行贿，"讲义气好人缘"又为他们挣得"好名声"及更多"光环"，从而进入"越贪上得越快""越贪越有能力"的怪圈，这又进一步扭曲、异化他们已不正常的"三观"，反复地正向强化、自我膨胀最终"东窗事发"。

3. 监督疏漏是职务犯罪的重要原因。调查、访谈中发现，几乎所有的职务犯罪在其第一次"伸手"时都有着极其复杂的纠结心态和矛盾心理。由于未被及时发现和制止，就导致公职人员对自身行为"预期"的误判和心理的变化，从"忐忑不安"到"坦然自若""愈陷愈深"，甚至"不能自拔"。监督疏漏主要体现在缺乏有效制约机制。"一把手"权力集中，同级不愿监督、下级不敢监督、上级疏于监督，存在着重提拔、轻管理、弱监督的现象。同时，当前政务公开机制仍不够完善，公职人员大多文化程度高，社会经历丰富、认知能力强、对事物善于分析思考，社会公众难以对职务犯罪进行及时有效监督。

4. 惩治体系不健全也是职务犯罪易发多发的因素之一。职务犯罪易发多发，很大程度上与我国反腐力度不断加大密切相关，但也与当前惩治腐败的体系机制不健全有关。职务犯罪易发多发高发领域，往往存在权力的寻租空间和利益输送，这些现象的出现与新业态新领域新事物的快速发展相一致，法规制度的健全完善需要一个过程，存在时间上的滞后性。同时，对公职人员在履职过程中的纠错问责机制不够严肃、规范，存在避重就轻的现象。

（二）对策探讨

公职人员代表国家行使公权力，具有特殊的身份，但本质上也是普普通通的"人"。

职务行为在"外延"上也是人的行为，人具有两面性，有优点就存在着弱点，集中表现为难以遏制贪利、贪色、贪权。人对权势有极大的欲望和追求，权势最容易暴露人的弱点。在职务犯罪的实施过程中，"人"是不可或缺、最重要且最关键的因素。因此，在思考职务犯罪防控方面，必须对职务犯罪人有足够的关注。职务犯罪防控与治理需要综合多种力量，运用多种手段，采取多种措施。从外在身份和内在主观心理特征两个层面入手，使防控与治理对策更加全面，避免出现遗漏。例如，预防职务犯罪需要覆盖国有企业管理人员、农村基层组织人员等；为使防治对策更加具有针对性，直接定位最有可能实施职务犯罪的群体，重点关注，对症下药，从而使防治策略发挥真正作用。

1. 建立"不愿为"的预防机制。以政治教育引导强化廉政思维。预防公职人员职务犯罪，关键是要解决公职人员思想错位问题，以教育引导强化其廉政思维，继而达到"警钟长鸣"的教育预防之效。具体而言，一方面，要强化公职人员思想教育，使教育从"一把手"覆盖至一线人员，通过思想教育、释法说理实现鉴别、改造、震慑、感化的目的，引导每位干部提升思想修养，以坚定的理想信念与党性修养自觉抵制贪欲诱惑，永葆公职人员队伍的纯洁性。另一方面，要强化警示教育，将公职人员接受警示教育的情况纳入日常考核。开展有针对性的"小班化"法治讲座等教育活动，通过职业道德、法律知识等教育，提升公职人员法律意识、道德情操及自查自纠能力。同时，要定期组织公职人员分析职务犯罪案例，借法律的警示与教化功能，使存在不良动机的公职人员主动放弃犯罪行为，使不存在不良动机者得到勉励，增强公职人员拒腐防变能力。此外，要加强公职人员权力观及廉政教育，重点针对易发人群及领域开展教育，提高其拒腐防变能力与风险防控能力，使之在金钱等利益诱惑面前独善其身。尤为重要的是，要在公职人员廉政教育中明确向其传递职务犯罪的危害，提升领导干部预防自身职务犯罪的自觉性。

职务犯罪带来的社会危害甚于一般刑事犯罪，其对国家经济社会建设产生破坏性影响的同时，也危害政治安全。为了预防公职人员职务犯罪，必须算清职务犯罪的金钱账、家庭账、事业账、亲情账、健康账、名誉账，深刻认识到廉政教育对公职人员职务犯罪防范的重要性，从小处教育起，从身边人教育起，从源头上遏制该行为，构建起有效的"不愿为"职务犯罪预防机制。

2. 健全"不敢为"的预防机制。以权力监督巩固预防效果。加强对权力的监督。权力与监督保持平衡关系，才能保持权力运行的合法。应当加强对内部权力的制约作用，将权力置于监督制约的笼子里。一是建立权力的奖惩激励制度。将领导的决策权与责任相结合，在决策不谨慎、不作为和重大决策失误时应当承担责任，尽量减少决策失误。对于恪尽职守、依法履行职责的领导给予奖励、表彰和提拔。二是加大权力运行的公开透明度。建立透明政务，如公开干部选拔任用、重大事项报告、收入登记、廉政档案等，保证群众的知情权，有效监督制约权力滥用。同时，加强审计监督的公开，对"一把手"进行任期内和离任前的经济审计，及时向社会公开审计结果。三是健全对权力运行的评价机制。评价机制主要包括：年度考核、民主评议、廉政测评、职工代表大会提案、职工代表建议与批评、组织巡视、质询制度等。四是完善权力运行的监督协调机制。纪委、监察委发挥组织协调职能，协调各监督主体，使党内监督与专职（专门）机关的监督、民主党派的监督、群众的监督和舆论的监督等相结合。

完善纠错问责机制。一是问责主体：从行政主导到多方参与。一方面加强党对纠错问责工作的集中统一领导，强调纪检监察机关追责问责的独立性；另一方面，调动群众参与监督的积极性，拓宽群众监督举报渠道。多方参与的优势在于打破信息壁垒，保证调查处理的公平性和专业性。二是问责对象：扩大审查调查范围。以事实为依据，根据直接原因和间接原因，结合不同层面的证据材料，认定责任人的违法、违纪、违章、未能履职等错误行为，并根据其职务、职责进行关联性认定，进而确认其责任。三是问责标准：技术、管理和制度差序分析。在对事实的呈现中，按照技术、管理和制度三个层面进行差序分析。其中，技术层面注重对背后的专业细节的分析，旨在发现最本质的原因；管理层面注重监督管理职责的履行情况；制度层面则关注制度存在的问题和不足等问题。三个层面相互依赖、彼此影响，实现从事实细节到责任人的对应和转化。四是问责程序：协同配合的工作机制。问责主体需要通过严格的程序确保问责过程符合要求。纪委、监察委在内部进行纪法贯通，在外部与司法机关和执法部门进行纪法衔接，基于纪在法前、纪严于法的要求，采取上下联合审理、分级审核把关的方式，组织协调问责工作的开展。五是问责方式：多种处理措施的差异化组合。在责任追究过程中需要统筹考虑多种因素，按照责任类型"分类"和问责严厉程度"分层"相结合的模式确保问责处理的公正，防止出现问责尺度不一的问题。责任分类主要有刑事责任、行政责任、政治责任、民事责任。"问责分层"是指在相应责任种类下，根据程度轻重进行区分，由此对不同岗位层级责任人的责任追究和处理。六是问责效果：实现政治效果、纪法效果、社会效果的有机统一。问责是一种融合了多重功能的机制，问责的目的不仅在于惩治不良行为，而且在于实现政治效果、纪法效果、社会效果的有机统一。对个体或组织而言，问责是一种关于人身自由、职位、财产、声誉的惩罚机制；但对于整个社会而言，可将问责视为一种复杂的组合型策略，可以切实提供监督保障，起到以案促改和压实责任的作用。

3. 完善"不能为"的预防机制。以科学立法保持反腐高压。一是针对立法不全等问题，加快全国性职务犯罪预防立法的步伐。党的十八届四中全会明确要求加快推进反腐败国家立法，完善惩治和预防腐败体系，形成不敢腐、不能腐、不想腐的有效机制。应加快职务犯罪预防工作全国立法的步伐，将近年来各地实践中形成的一些好的工作制度、机制、方法用法律的形式固定下来。二是赋予预防调查、监察（检察）建议等预防工作方式以强制性和约束力，为预防工作的开展提供明确法律依据。国家要全面推进反腐败法等法律法规的立法进程，持续健全惩治职务犯罪的法律法规体系，保持反腐高压态势。三是要按照罪刑相适应的原则进一步修正《刑法》，对于参与职务犯罪的领导干部的刑事责任认定，要充分考虑犯罪行为的社会危害性，考量犯罪分子的主观恶性，确定相应的刑事责任。四是打破行政级别的限制，建立对应审核机构，针对入职前的公职人员——进行财产申报，对其财产变动进行跟踪监督，并推行离退休财产审核制；推行公职人员金融信息透明化，使之自觉接受有关部门及群众的监督，还要完善公职人员职业回避制，明确公职人员履职回避条件、程序及责任，避免其在履职中出现不必要的利益瓜葛，要注重规避该岗位与其他机构、企业形成关系网。

推行政务公开制度。政务公开制度的构建与运作实践的发展对进一步构建与完善社会主义法治体系，提高政府信用，实现权力的有效制约与监督，保障公民的基本权益发挥着重要作用。加强政务公开有利于公民对公职人员行使权力的监督和制约。一是完善重点领域的政府信息公开和执法公示制度。二是完善执法监督员与投诉举报的机制，推进"互联网+"执法、电子监察系统建设。要切实建立起强有力的政府机关内部监督机制，对掌握审批权、执法权、分配权的部门和单位，加强政务公开监督。三是完善政务公开问责机制。政务公开问责机制能有效地对执法人员起到规范作用，使执法人员在其权力范围内对自己的言行及其产生的结果负责，对群众负责。能减少执法人员操纵权力与信息的可能性，有效防止权力的滥用。提高公共行政权力运作的透明度，是监督政务公开制度是否落实的有力武器。因此，要不断完善政务公开问责机制，加大问责力度，对信息公开不准确、不及时、不完全、故意回避、隐瞒、漏报、误报的，要追究相关责任部门和责任人的责任。

建立预防职务犯罪信息系统，完善信息共享机制和预警机制。根据工作岗位的职业特点进行分析，明确不同岗位的犯罪风险高低，从而有针对性地制定预防对策，特别是对公职人员容易发生权力滥用的岗位部门要予以特别关注。具体做法可参考一些国家的岗位风险评估制度，按照出现职务犯罪机会和频率的大小以及有可能产生腐败的工作量占整个工作量的比例划分等级，超过50%的确定为特别风险岗位。这种评估针对的是岗位而不是个人，划分的主要依据是与外界接触的多少以及岗位职责的内容。以避免其与某些企业或者机构长期联系而建立关系网，滋生以权谋私等问题。

第十七单元　HIV 携带者犯罪成因与控制对策质性研究[1]

【思维导图】

```
                    ┌── 一、研究架构与流程
                    │
                    │                  ┌（一）研究对象
                    ├── 二、研究对象与方法┤
                    │                  └（二）研究方法
                    │
                    │                  ┌（一）个人层面
HIV 携带者犯罪成因     │                  │（二）家庭层面
与控制对策质性研究 ────┤── 三、结果与分析 ┤
                    │                  │（三）学校层面
                    │                  └（四）社会层面
                    │
                    │                  ┌（一）个人层面
                    │                  │（二）家庭层面
                    └── 四、结论与探讨 ┤
                                       │（三）学校层面
                                       └（四）社会层面
```

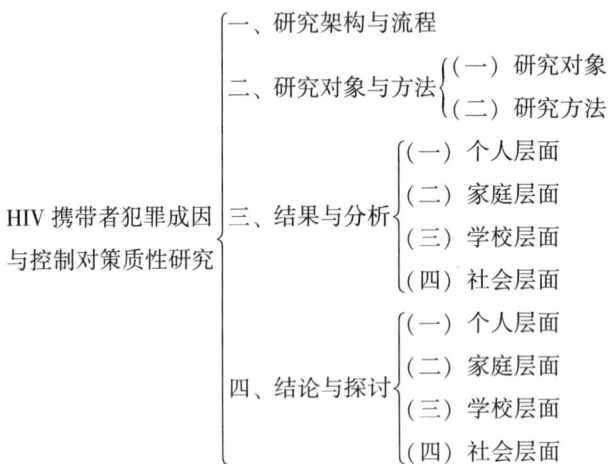

[1]　本单元根据朱志钢、冯德良：《艾滋病病毒携带者犯罪成因与对策研究》（载《犯罪与改造研究》2023 年第 11 期）编撰，有所删减和调整。

摘要：HIV 携带者在我国逐年增多，HIV 携带者犯罪现象也不容忽视。准确分析和探讨其发生的规律和原因是采取科学对策的依据。本单元研究样本来自某省一个监狱的 HIV 罪犯关押监区。深度访谈该监区 356 名 HIV 罪犯中的 20 名。通过对访谈资料的系统分析，深入探究 HIV 携带者犯罪的原因，旨在为预防 HIV 携带者犯罪提供一定的借鉴和参考。

关键词：HIV 携带者　犯罪成因　对策　质性研究

一、研究架构与流程

综合相关文献的探讨，HIV 携带者犯罪的成因大致可区分为犯罪人、犯罪对象、犯罪情形等因素。犯罪人的家庭教养方式、感染 HIV 后的思想状况、交友不慎等因素是导致 HIV 携带者犯罪的主要因素。同时，HIV 携带者犯罪与社会交往圈子影响到底有多大，以及性取向是否是导致其犯罪的原因，都值得研究。根据文献回顾和理论梳理，笔者建立了 HIV 携带者犯罪成因与控制对策的研究框架（见图 17-1）和流程（见图 17-2）。

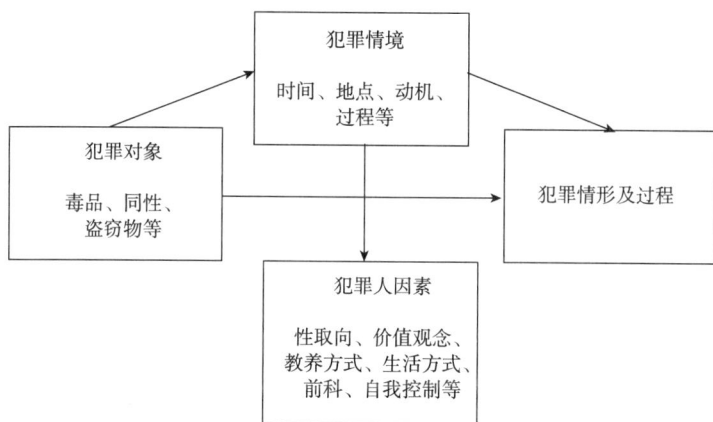

图 17-1　HIV 携带者犯罪成因与控制对策的研究框架

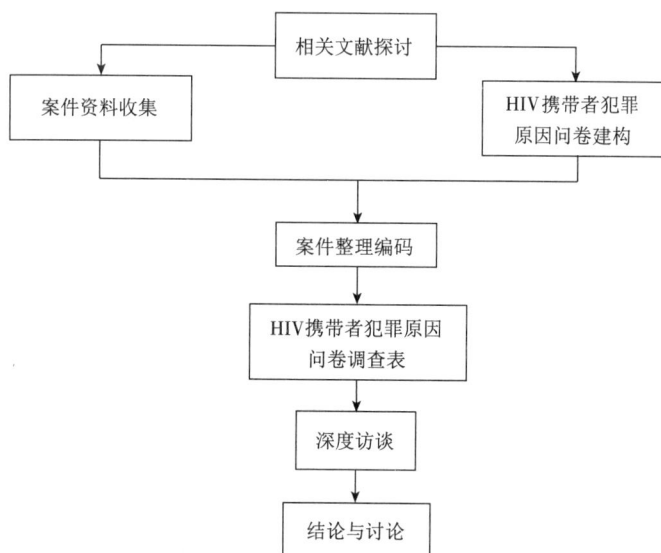

图 17-2　HIV 携带者犯罪成因与控制对策的研究流程

二、研究对象与方法

（一）研究对象

HIV 携带者犯罪并被判刑收监关押的人员，本研究将其简称为"HIV 罪犯"。本单元的研究样本来自某省一个监狱 HIV 罪犯关押监区。采用目的抽样法。2022 年 12 月至 2023 年 3 月，在该 HIV 罪犯关押监区的 356 名 HIV 罪犯中选取访谈对象。访谈对象具有正常的语言表达能力和沟通能力，了解本研究并同意接受访谈。为提高访谈对象的代表性，根据差异最大化原则，选择样本时充分考虑年龄、婚姻状态、居住地、文化程度等因素，纳入多样化的访谈对象。样本量以访谈资料饱和为依据，并在饱和后再增加 3 例或 4 例访谈对象，以确保访谈内容无遗漏信息，最终访谈了 20 例。收集资料包括：①起诉书、判决书。②前科情况。③同案犯笔录。④电话随访家属录音。研究对象一般资料见表 17-1。

表 17-1　受访个案基本资料

序号	年龄（岁）	文化程度	居住地	感染 HIV 途径	犯罪类别	犯罪时是否感染 HIV
P1	36	初中	农村	同性性行为	经济类	是
P2	43	小学	农村	毒品注射	经济类	是
P3	56	小学	农村	同性性行为	经济类	否
P4	52	文盲	农村	嫖娼	经济类	是
P5	37	高中	城市	同性性行为	暴力类	是
P6	28	小学	城市	嫖娼	性犯罪	是
P7	34	初中	城市	同性性行为	经济类	否
P8	28	初中	城市	嫖娼	经济类	是
P9	45	硕士	城市	同性性行为	经济类	是
P10	39	高中	农村	嫖娼	经济类	是
P11	51	初中	农村	嫖娼	暴力类	否
P12	64	文盲	农村	同性性行为	性犯罪	是
P13	32	初中	城市	同性性行为	经济类	否
P14	29	大专	城市	毒品注射	暴力类	是
P15	42	初中	城市	同性性行为	性犯罪	否
P16	49	小学	农村	毒品注射	经济类	是
P17	32	初中	农村	嫖娼	经济类	是
P18	47	小学	农村	嫖娼	暴力类	是
P19	41	初中	城市	同性性行为	性犯罪	否
P20	35	高中	城市	同性性行为	经济类	是

（二）研究方法

1. 制定访谈提纲。对于任何研究项目而言，研究的伦理实践都是以尊重人、善行和公正为基础。尊重人强调的是研究者不能把参与研究中的那些研究对象作为达到目的的手段，研究者应当尊重他们的隐私、他们的匿名要求以及他们参与或者不参与的权利。这些都是应当由研究对象自由决定的。本研究的对象是 HIV 携带者，更需要尊重他们的隐私和参与权利。

根据研究目的，制定访谈提纲。通过预访谈 5 例 HIV 携带者，对访谈提纲不断进行修改。并请经过质性研究培训的专业人员，对最终访谈提纲的可行性进行验证。最终确定的访谈提纲内容包括：你感染 HIV 的年龄是；你感染 HIV 后犯罪的最大动机是；你的性取向是；影响你犯罪的因素是；你感染 HIV 后最担心的事情；感染 HIV 后，对未来是否有积极规划。

2. 深度访谈。深度访谈主要目的之一是研究 HIV 携带者犯罪原因及其人格特质。因涉及个人隐私，主要采取焦点访谈法，作为收集资料的主要方法。焦点访谈法是对受访者实施相同的刺激之后，根据预先拟定与研究主题相关的访谈纲要对受访者进行半结构式的访谈。访谈主要探究：HIV 携带者生活轨迹、生活方式（主要包括同性性行为圈子、涉毒圈子）、家庭情况；感染 HIV 后的心理状况。访谈的主要内容如下：

（1）犯罪的动机：金钱、享乐、报复、同性需求等。

（2）犯罪的决意：个人理性选择、朋友影响、家庭影响等。

（3）犯罪的计划：周密计划、临时起意、吸毒后思维混乱等。

（4）目标物选择情形：是否与其他同犯交流犯罪信息；是否加入个人偏好。

（5）被公安逮捕的看法：是否担心被公安逮捕、如何被逮捕等。

（6）被判刑的看法：是否担心判刑等。

最后，在完成前两个部分并向受访者介绍本研究的目的后，与其进行开放式的讨论，探讨 HIV 犯罪成因的其他属性。

在访谈过程中，深度访谈注意事项包括研究者应该敏锐地观察受访者的表情、声调的变化，掌握访谈节奏，实时予以安抚稳定情绪。如若受访者不愿意回答一些敏感的问题，如你是同性恋吗？你是怎么感染 HIV 的？研究者可以先忽略这些问题，尝试转换话题，维持好谈话氛围。

3. 信度与效度控制。信度是任何基础研究与应用研究在测量上不可或缺的条件。它是指测量结果的一致性或稳定性，也就是当研究者对相同或相似的群体进行测量其所得结果的一致的程度。所谓效度是指测量工具或手段能够准确测出所需测量的事物的程度，也就是测量到的结果反映所想要考察内容的程度。测量结果与要考察的内容越吻合，则效度越高；反之，则效度越低。为了提高访谈的信度和效度，本研究开展了以下工作：

（1）凝聚研究人员共识。本研究在开展之前，对参与访谈工作人员进行分工，设定访谈范围和目的，并编制好访谈大纲。同时，访谈工作人员与受访者建立良好信任关系，取得其配合。在个案访谈中，与受访者进行交流，然后将反馈结果提供给访谈工作人员，再做进一步的求证，以交互印证的方式实现三角互证，确保访谈的准确性。

（2）严格遵守操作程序。首先，初次和受访者见面时，要尝试与受访者建立良好的关系，不需要着急切入主题，同时要告知访谈者身份、访谈目的、访谈内容的保密制度，并以半结构式方式开展。其次，访谈人员在进行访谈之前，要明确访谈的重点，充分了解个案所有背景资料，能够做到与访谈期间的谈话进行交互比对及验证。最后，在访谈过程中，经受访者同意，采取录音方式记录，以减少记录时间，避免干扰访谈效果。同时，在访谈结束后，立即整理访谈记录，将访谈内容转化为文字形式，以确保资料的准确性。

（3）重复验证研究结果。本研究初次结果出炉之后，再重复进行资料验证。研究者对初次访谈后的资料记录进行检查，并将发现的问题设计成为下次访谈的要点。重复验证受访者前后回答的一致性程度。并通过档案查阅、管教民警访谈、同监舍罪犯访谈提供的资料，来佐证访谈资料的信度。

4. 资料收集方法。由研究者对 HIV 罪犯进行个人深度访谈，采用半结构式访谈收集资料。告知受访者研究目的与方法，受访者知情同意后，约定合适的时间。与 HIV 罪犯共同商议确定访谈时间，选择安静的环境进行访谈。2 名经过专业质性访谈培训的研究人员参加访谈，1 人进行提问，另外 1 人进行补充记录。每次访谈时间为 30~60 分钟。访谈时灵活调整访谈提纲顺序，避免诱导性提问。访谈过程中始终关注受访者表情、动作、神态等非语言性行为，当访谈无新信息出现时则停止访谈。

5. 资料的整理与分析。每次访谈结束后 24 小时内，研究小组成员反复听取录音，将其转化为文字。2 人沟通核对，将访谈整理结果返还给受访者确认，以确认访谈者的理解，保证研究的准确性。对访谈资料进行详细标记、保存及备份。同时，请教质性研究专家把控思路并提炼归纳主题，以保证研究的有效性。在此过程中注意语句停顿、沉默等非语言性信息。依据 Colaizzi 七步资料分析法进行资料分析。[1] 具体步骤：

（1）仔细阅读访谈资料；

（2）摘录出与诱发 HIV 携带者犯罪有价值的陈述；

（3）进行提炼和归纳并进行编码；

（4）根据受访者的描述，寻找共同的诱因和特性，提炼出主题、主题群；

（5）将主题进行详尽叙述；

（6）陈述构成该现象的本质性结构；

（7）将研究结果返回至研究对象进行核实，实现三角互证，确保研究资料的完整性和真实性。

---

〔1〕 Coates V. , "Qualitative research: a source of evidence to inform nursing practice", *Journal of Diabetes Nursing*, 2004, 8 (9).

三、结果与分析

（一）个人层面

1. 同性恋倾向比重较高。性取向是指一个人在情感、浪漫、与性上对男性或女性有何种型态的耐久吸引。从个别谈话结果发现，同性恋取向比例为 31.93%。可见同性恋比重非常高。尽管公众对同性恋的外显态度总体上呈现越来越宽容的趋势，但内隐态度依然普遍消极。[1] 而与女同性恋相比，男同性恋更容易遭受偏见的冲击，生活满意度更低。[2] 当男同性恋因社会排斥导致自我怀疑和嫌恶，而又不能通过改变自己的同性恋身份来改变这一状况时，会导致更多的情绪困扰、无助感和更低的生活满意度。同时男同性恋也有可能采取更多的冒险行为以获得更多的即时快感。[3] 在访谈中发现，65.27%受访者表示，从生下来就认为自己是女性，长大后对女生毫无兴趣。如 P13："小时候我妈妈就给我穿花衣服，我就认为自己是女孩子。长大后我从软件平台上认识了很多同性恋，然后发生同性关系，最后越来越堕落了。"

2. 吸毒成瘾现象严重。毒品吸食者的行为败坏了社会风气，与社会主义核心价值观背道而驰，且毒品会诱发犯罪，如吸食毒品后出现幻觉、情绪失控，在群体吸毒行为中，极容易出现集体淫乱的情况，破坏了正常的伦理关系。如 P11，吸毒后，组织朋友一起聚众淫乱。"吸毒之后，让人无法控制自己的思想，精神涣散、萎靡不振。"在访谈中，60.55%受访者表示，自己有较强的好奇心，特别是对于新鲜事物。如 P14 原本是一名公职人员，家庭条件较好，父母是退休人员。25 岁开始进入公安系统工作，勤恳奋进。但好景不长，由于工作原因，熟人经常邀请他到 KTV 唱歌，进入高消费场所。之后，朋友给他介绍了海洛因。出于好奇心作祟，P14 尝试吸了几口。飘飘欲仙的感觉从此断送了前程。"当时如果没有好奇心鼓动自己去吸的话，也不会成为现在这样子。"P14 愧疚道。

3. 感染后心态受挫较重。通过个别访谈发现，感染 HIV 后 40.5%的人群存在后悔心态，认为感染 HIV 就等于绝症，随时都有死亡的可能，对不起亲人，败坏家风。如 P9 是一名硕士研究生。他是父母眼中的希望，原本准备研究生毕业后有个好前途，但贩卖毒品罪被判处无期。"我最对不起父母。他们这么爱我，我却乱搞同性行为感染了 HIV。现在想想太后悔了。"33.5%的人群产生了悲观绝望的心理，对生活和生命没有信心。

4. 吸毒后盗窃成瘾现象较多。P5，37 岁，高中文化，未婚，因盗窃罪，被判处有期徒刑 2 年 8 个月，是"七进宫"罪犯。因无技能，靠外出打工维持生活，小时候一直跟着其奶奶一起生活。P5 认为，一旦实施了犯罪行为以后，犯罪行为不仅能带来现实、可见的利益和好处，还可给人以精神层面的良好感受，这种良好的感受独立于对犯罪行为的认

---

〔1〕唐日新、王思安、张璟：《近 15 年国内同性恋态度的实证研究》，载《湖州师范学院学报》2015 年第 12 期。

〔2〕张严文、叶宝娟、郑清：《责任性对同性恋者生活满意度的影响：有调节的中介效应》，载《中国临床心理学杂志》2016 年第 5 期。

〔3〕Dong MJ, Peng B, Liu ZF, etal. The prevalence of HIV among MSM in China: A large-scale systematic analysis. BMC Infect Dis, 2019, 19（1）:1000.

知。表 17-2 所示是 P5 的感受。他参与盗窃 12 次。在进行访谈之前,研究者专门翻阅了 P5 的档案,初步了解了 P5 的相关情况,为深度访谈奠定基础。在这个案例中,采用刨根问底的方式了解了 P5 对盗窃的认知。在表 17-2 的左框中呈现的是访谈的一部分,右框中呈现的是对这些刨根问底式问题的评论。刨根问底就是为了得到更多的信息:更多的解释、澄清、描述和评价,这取决于受访者的后续言论是什么。刨根问底有很多形式:从沉默到发出声音,到说一个单词,再到说一句完整的话。

表 17-2 在深度访谈中刨根问底的案例

人物	访谈转录	评论
研	你知道偷东西犯法吗?	可以了解受访者对法律的认知程度。
P5	一开始是不知道,后来坐牢了才知道的。	
研	每次偷过东西是什么感觉?	引导受访者回忆感受
P5	偷的时候紧张,怕人家抓到。偷到了之后就是一种很刺激、很有成就感。	针对一个问题,给出了简短的回答。
研	你认为很有成就感?	以这种刨根问底的方式开始访谈,能够刺激 P5 回忆很多问题。
P5	有啊。我有专门的开锁工具,只要插进去,锁就能打开。进入房间后,看到项链、皮包等贵重物品,就疯狂地抢到手。偷这些东西的时候,总感觉还有好多值钱东西没带走,于是继续在房间里翻找。当看到名表之类的更让人兴奋,有一种不虚此行的感觉。	
研	偷了东西之后,你怎么做的?	延续"盗窃"这个行为
P5	偷了之后典卖成现金,然后去吃好的、玩好的,最重要的吸毒钱有了,感觉很刺激。犯罪行为到了欲罢不能的地步,尤其是对于一个已经走上犯罪道路,每天都可能是末日的绝望的犯罪者来说,已经做了第一次了,为什么不做第二次、第三次呢?不仅不会停止,反而会对犯罪行为有一种依赖感。	
研	在你偷东西的时候,如果被人家发现怎么办?	
P5	首先想到要跑啊。如果真跑不了的话,那就用刀刺他们,反正我已经是艾滋病了,我又不怕谁。	

注:"研"是访谈工作人员;P5 是受访者。

(二) 家庭层面

1. 家庭教养方式有缺陷。家庭的教养方式是能够诱发 HIV 携带者犯罪的因素之一。42.18%受访者的家庭教养方式是忽视型,24.49%受访者的家庭教养方式是专制型。忽视型家庭教养方式的受访者表示,父母纵容了他们人性的扩张与享乐欲的产生,从来不关心他们的成长。在访谈中发现，HIV 携带者认为，因父母忙于赚钱，从小父母很少管教，由着他们花钱买东西、玩游戏。如 P6："我父母办工厂的，天天在外面不回家，我要多少钱就给我多少钱。"专制型家庭教养方式的受访者认为，父母管他们就知道用暴力打他们或者变相惩罚。如 P4："从小父母就认为我是多余的，经常因为小事打我，我感觉很委屈，冲动之下我用刀剁了自己的一根手指。"

2. 家族主要成员的影响。一部分父母忙于工作、法律意识淡薄、存在严重的不良行为，对未成年子女的保护与监管不到位。上班期间，给孩子一个手机打发了事。部分未成年人逐渐对网络产生浓厚的兴趣，他们会沉迷于游戏，进而增加他们犯罪的概率。还有一部分父母外出务工，爷爷奶奶照顾未成年人，有时老年人无法感知到他们的情绪变化，更谈不上心理疏导。如 P6："从小的时候，父母都在外地打工，一年只能见面 3~4 次，爷爷奶奶照顾我的生活。读到三年级就厌学了。"有些父母自身存在严重的不良行为。如部分父母存在酗酒、赌博、犯罪等行为，这些行为会直接影响到未成年，会增加其犯罪的风险。如 P20："记得小时候，爸妈经常抱着我进赌场，他们赌博我就在旁边看着。耳濡目染地学会了赌博。"

3. 家庭环境影响。如 P2，幼时因父母贩毒入狱，由祖父母抚养，小学辍学后，跟随出狱后的父亲加入贩毒团伙，共同犯罪，被判刑 10 年。

（三）学校层面

立德树人是教育的根本任务。我国虽然在推进中小学生素质全面发展上取得重大成果，但有的学校教育仍过分强调应试教育，片面追求升学率，不注重学生德智体美劳全面发展，思政课程针对性不强，审美教育缺乏、生理健康教育存在不足。在现在的生理卫生课教学中，有很多内容不上或者是回避的，比如，对于生殖系统、月经来潮、乳房发育、性教育等敏感知识和相关的卫生保健知识，很多老师在教学中，都是尽可能的回避，或者是蜻蜓点水地加以讲解，其实，这对于学生深入了解这些内容很不利。P10："记得读初中时，生理课老师从来不上，就让我们自己看课本内容。其实那个时候对异性很好奇。"

（四）社会层面

1. 地域分布较集中。党的二十大报告指出：在充分肯定党和国家事业取得举世瞩目成就的同时，必须清醒看到，我们的工作还存在一些不足，面临不少困难和问题。发展不平衡不充分问题仍然突出。从统计角度来说，目前世界上艾滋病暴发和流行的主要地区都是经济非常落后的地区，而这些地区中患艾滋病的人群也主要以穷人为主。例如，在世界范围内艾滋病感染最多的地区主要在撒哈拉以南的非洲国家和地区，且在这些国家和地区中受感染者大都以穷人为主。在中国，艾滋病也大都在经济落后的地区流行较多。[1] 从个别访谈得知，HIV 感染者犯罪存在地域差别，主要集中于云南、贵州、四川西南地区。

---

〔1〕 汪开明、程建华：《艾滋病防治中隐私权与知情权的冲突及其解决——以艾滋病不同"问题意识"为视角的分析》，载《中国卫生法制》2020 年第 6 期。

在个别访谈中 P18 说："我是四川大凉山的，从小生活在农村，家里很穷。村里很多人都吸毒。我是看着他们吸我也吸了，最后因贩毒被公安抓了。" P11："我是云南的，我们那里离缅甸近。同村人带着我吸毒，然后偷渡到缅甸贩毒。赚了好多钱。" 四川的占 21%。通过谈话了解到，特别是四川大凉山一带，吸毒贩毒现象较严重。

2. 社交圈子较复杂。从捕前职业看，HIV 携带者 31% 来自外出打工这个人群。这个特殊群体中大部分要么是远离老婆要么是远离老公，临时夫妻现象普遍严重，嫖娼、盗窃、贩卖毒品犯罪突出。从访谈中了解到，HIV 携带者同性恋居多，他们的圈子主要集中于夜市隐秘的地方，他们有专属的社交软件和社交平台。正是因为有这样的复杂社交圈子，他们的生存价值才感觉更有意义。如 P15："我和几个'姐妹'每天在一起，感觉很开心。有时晚上做两个生意，就够我的生活费了。" P18："每天忙着做生意应酬客户。他们都希望我带他们来 KIV 找小姐。为了生活只能这样。" 社会排斥感将导致社会关系的恶化。同性恋群体的利益要求和自尊得不到实现，通常会感到压抑、自卑、无助、受挫、孤立，进而其社会心理会趋于冷漠化，这种不正常的心理有可能发展为反社会的心理或者宿命的心理。[1] 如 P9："我和家人都是分开住的。他们虽然嘴里不说，但嫌弃总有一点，即使父母不嫌弃，兄弟姐妹总认为会感染他们。并且他们知道我是个同性恋。所以，我自己在山里建了一间房子。平时和圈子里的朋友打打麻将。"

3. 就业渠道较狭窄

HIV 感染者一旦病情被公开，他们就会受到来自社会各方面的排斥与歧视，其个人生活就会受到来自社会或公众的严重负面影响，就业问题一直困扰着 HIV 携带者。HIV 携带者犯罪前职业中，外出打工的占总数的 31%，感染 HIV 后，就业渠道受到限制。如 P8："我以前是开饭店的。因为嫖娼感染了 HIV 后，疾控部门和工商部门不让我开了，说办不了健康证明。为了养家糊口就开始贩毒了。" 无业的占总数的 24.5%。无业问题是社会安全的一大隐患。P1："我是贵州的，初中后发现自己不喜欢女生，后来结交了同性恋圈子才知道自己是同性恋。染上病之后，我就什么都不做，整天待在家里。"

四、结论与探讨

HIV 携带者犯罪问题是一个涉及社会、经济、文化、法律、治疗等诸多方面的综合性问题。本研究通过对 20 位 HIV 携带者的访谈，初步了解到目前 HIV 携带者的生存状况和犯罪的原因。以下将对 HIV 携带者个人成长史、家庭环境、社交圈子以及为何犯罪等问题作进一步探讨。

（一）个人层面

1. 犯罪原因。

（1）同性性行为。HIV 携带者中有过同性性行为人员较多，他们所处的社会圈子复杂

---

〔1〕 奥泳、肖水源：《中国社会文化背景下社会态度对同性恋人群的影响》，载《中国健康心理学杂志》2017 年第 3 期。

而且隐蔽，处于几乎失控的状态。在属于他们自己的世界里，纵欲享乐，不顾家人反对与阻挠，背弃亲人，沉浸于同性恋世界。这也导致了同性恋群体数量不断增加，性传播犯罪率持续攀高。如笔者所谈话的两名 HIV 携带者都是硕士研究生，其中，P9 是一位大学老师，曾多次以补课为理由，让其学生到自己宿舍，然后引诱其发生性关系。当学生把他告上法庭时，P9 的老婆才知道。P9 只能对其实话实说："我对女性从来没有兴趣。我也不知道为什么。"这样的案件反映出 HIV 携带者性别观、价值观的特殊之处，令人深思。

（2）价值观念严重扭曲。从访谈对象总体看，他们的价值观念普遍存在问题，如消极悲观、报复社会的心理突出。这可能与感染 HIV 后的思想变化有关。受访谈的 64 岁的 P12："我现在是无期，染上了这个病，我就没想好好活着。我不贩毒，靠什么生存?"

（3）主观恶性比较大。部分 HIV 携带者主观恶性大且易得手，常以艾滋病作为"挡箭牌"，规避法律制裁。在犯罪过程中，一旦被发现或者遭到反抗，就以抓人、咬人、用带血的针头扎人、用带血的刀片划伤对方、自残等方式恐吓他人、对抗执法。

2. 本研究建议。

（1）学校、社会要加强对性别知识方面的宣传普及力度。一方面要针对其好奇心与求异心，进行性教育，提高其对毒品危害的认知能力，要通过公益广告宣传片、微视频、视频公众号、发放宣传册等方式，帮助学生树立积极健康的性价值评判观念和正确的价值观念。同时，围绕务工经商人员及其家属、留守青少年、外流贩毒、艾滋病感染存在人数较多的地方如四川、贵州、云南的农村，要经常性开展毒品常识、毒品危害宣传教育。

（2）要加强对 HIV 携带者吸毒犯罪的打击力度。公安机关要树立大安全观、大统一思想，做好分工与协作，发挥各自优势，坚持发现一起，打击一起，做到"零容忍"。要加强网络舆情监测与监控，严厉打击网络贩毒行为。及时发现有价值的涉毒线索，切实落实网上查控和落地打击等措施，坚决遏制网络贩毒猖狂的局面。深化涉毒重点地区整治。针对辖区内外流贩毒严重、新增吸毒人员比例大、吸毒人员肇事肇祸案件多发、违法犯罪比较突出的乡镇（街道），强化重点整治。

（3）建立心理干预机制。父母需要提升对青少年心理咨询与治疗工作的重视程度，并通过与学校开展沟通来明确自身在青少年心理咨询与治疗工作中的重点，从而有效发挥出其在心理咨询治疗体系构建工作中的重要作用。在此基础之上，社区也需要为青少年群体身心健康发展创造良好环境，通过组织心理咨询与治疗相关的社区志愿活动、构建心理咨询与治疗工作室等方式，帮助青少年解决心理困惑。

（二）家庭层面

1. 犯罪原因。HIV 感染者与家庭的联系出现弱化甚至断裂。造成此种局面主要源于：一是人口流动的加剧，导致留守儿童的大量出现，也就是忽视型家庭存在的缘由。二是离婚、婚外情、家庭暴力等一些家庭的变故。社会资本严重缺失的情况下，他们只有"抱团取暖"，突破法律的红线铤而走险。对于家庭而言，很多 HIV 携带者是顶梁柱。他们面对上有老下有小的压力，必须拼命赚钱才能维系家庭生活。但是一旦感染了 HIV，他们顿时万念俱灰。如 HIV 携带者 P19："我以前是开饭店的，生活还算勉强。因为嫖娼不慎感染了 HIV。之后我再去工商、健康管理部门办理营业执照，他们建议我不能再开饭店了。这让我原本经济情况不好的家庭雪上加霜。我后来便和一起玩的朋友贩卖毒品了。"

2. 本研究建议。

（1）构建采用科学的教养方式。在养育子女方面，父母在生活中应通过积极的教养方式给予孩子充满温暖、安全感的生活环境，建设积极和睦的家风，通过家庭教育，提高孩子人力资本的积累。另外，随着信息化技术的迅猛发展，互联网已成为日常生活、学习和工作中越来越重要的交往手段和媒介。互联网繁荣发展的同时，也极易成为不良行为的发生地带，特别是同性恋者使用的各种社交平台，更容易滋生犯罪。因此，父母应帮助孩子提高甄别平台信息的能力。同时，要加快"家校区"一体化建设，不断完善家庭与学校信息沟通的平台，使父母了解孩子的情况，从而科学地设置要求，适度地给予反应。

（2）强化监护职责。父母不仅需要增强对孩子的保护和监管意识，而且需要承担相应的责任。一是父母要科学兼顾工作与陪伴孩子之间的关系，每天挤出一定时间陪孩子学习。二是父母要严格控制孩子使用网络的时间，并监督孩子使用手机的平台是否有违法情况。三是营造良好的家庭环境。其身正，不令则行；其身不正，令则不行。父母要以身作则，给孩子树立正面的榜样示范，教育孩子什么事情该做，什么事情不该做。要不断提升家长素质，优化教育方式，由简单粗暴型向民主友爱型提档升级。

（三）学校层面

1. 犯罪原因。从学校层面分析 HIV 感染者犯罪的原因，主要存在两个方面。一是受传统思想的影响。传统文化中存在谈"性"色变现象，学校是传道授业解惑的机构，受传统观念影响更不会把性别及性教育放在重要位置。二是重视程度不够。素质教育虽日益盛行，但应试教育仍然居于主导地位，学校对预防犯罪教育不够重视，相关课程开设不足，教育教学效果尚未充分发挥出来。

2. 本研究建议。教育事业发展要与时俱进，深入贯彻党的二十大精神之以人民为中心的发展思想，树立正确的业绩观、价值观，把学生当作未来走向社会成为国家有用之才。第一，通过开设多元化课程，满足学生求知兴趣，增长他们的知识储备，特别是在法治教育宣传上下足功夫，让法治信仰成为学生走向社会的铺路石。第二，学校要重视生理卫生课程的开设。青春期对学生而言，是一个美好的时期，也是一个危险的时期。在这个时期，学生对性处于朦胧冲动期。因此，一定要重视生理卫生课，通过改革教学理念、教学方式，促进生理卫生教学的有效发展，为学生的健康成长保驾护航。第三，除了校内教育，还要定期开展校外教育，如走进社区矫正机构、戒毒机构开展警示教育活动，教育他们从小敬畏法律，不敢突破法律红线。

（四）社会层面

1. 犯罪原因。部分 HIV 携带者会把自身的失败归于社会制度的不公，进而将失败所带来的不满和仇视等心理转移到社会层面或亲友身上。随着社会压力的不断加重，朋友成了他们生活中的重要部分。当 HIV 携带者与同伴在一起时，往往更多的体验到愉快、兴奋的感觉，在这种情绪状况下，他们更容易受同伴影响，更可能因一时冲动作出冒险举动。根据社会资本理论，HIV 携带者处于社会资本的弱势位置，这导致他们拥有的往往是一种"弱关系"。在弱关系下，HIV 携带者容易建立功利性或表层的关系网，交往中遮掩文化底色，封闭自我，进而推动亚文化的产生。对 HIV 感染者随访调查结果报告显示，严重的自我病耻感还会显著降低其生活质量。在中国传统文化的影响下，同性恋仍被视为一种病态，而媒体对同性恋带有偏见的报道，加深了这一误解；同性恋人群与主流社会的性价值观差距较大，社会排斥亦较为明显，这些都对同性恋人群产生了一定的影响。[1]

2. 本研究建议。

（1）加快社会结构调整，缩小地域间经济差距。制度方面还需对四川、贵州、云南西南部地区在经济结构、人才引进、就业渠道等方面予以扶持，让"共建共富共享"制度践行到位，吸引外出打工人员尽可能返回本地，照顾好家庭和孩子，把爱还给家庭，特别是照顾 HIV 携带孤儿，减少他们对社会的报复心理和行为。

（2）健全病情救助保障机制。贯彻总体国家安全观，不断完善国家安全领导体制和法治体系、战略体系、政策体系。首先，建立国家和地方传染病基金制度。地方政府相关多部门要齐力并举，不断深入落实"四免一关怀"政策。同时广泛发动、引导和鼓励社会慈善力量，建立民间慈善帮扶组织和资助基金，为 HIV 携带者提供病情救治等各种困难资助。其次，培养 HIV 携带者正确的价值观和择友观，净化其社交圈子，规范网络圈子交往，建构网络道德空间与道德共同体。再次，完善 HIV 携带者就业保障机制。根据地方企业特点，建立一些专门服务于、适合于 HIV 携带者的工作场所，为他们提供专业的技能培训、就业基地等。邀请劳动和社保部门、技术培训机构为他们开展就业指导知识讲座，提高 HIV 携带者的文化知识水平。

综上所述，HIV 携带者犯罪预防问题面临诸多挑战，只有个人、家庭、社区（村委会）、学校、社会多方配合，才能最大限度减少 HIV 携带者犯罪。本研究通过对 20 名不同年龄阶段、不同家庭教养方式 HIV 罪犯进行深入访谈，对 HIV 携带者犯罪成因的现状进行分析，丰富了此领域的研究成果。但本研究也存在一些局限性：首先，本研究的研究对象均来自某省一个监狱的 HIV 罪犯关押监区，样本量相对较小，样本覆盖地区有限，可能无法代表全国 HIV 携带者犯罪成因的整体情况。其次，定性研究无法充分揭示现象之间的因果关系，研究结果的外推性可能受到一定限制。建议未来研究适当扩大样本量及其覆盖范围，并将定性研究与定量研究相结合，以进一步准确剖析我国 HIV 携带者犯罪的成因，为防控 HIV 携带者犯罪提供更有效的对策建议。

---

〔1〕 舆泳、肖水源：《中国社会文化背景下社会态度对同性恋人群的影响》，载《中国健康心理学杂志》2017 年第 3 期。